제2판

FTA 무역실무

구종순 이제현

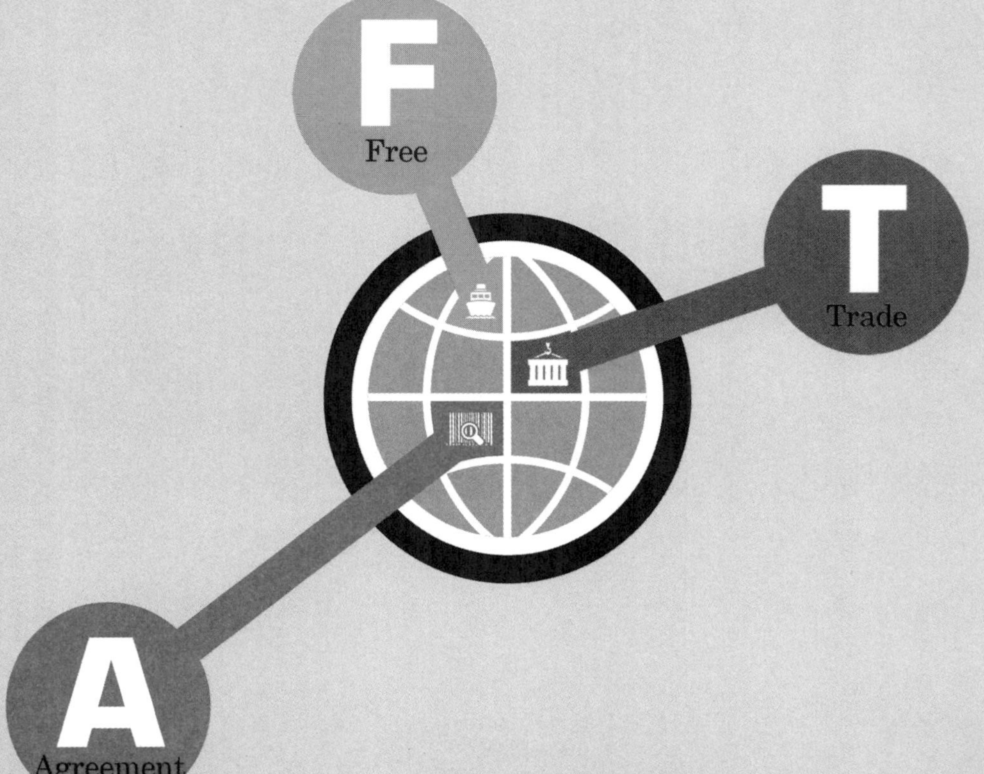

도서출판
청람

▪ 개정판을 내면서 ▪

우리는 시간이 참 빨리 간다는 말을 자주 하곤 한다. 시간이 흐르는 속도는 예나 지금이나 똑같지만 우리를 둘러싼 사회환경은 시간이 흐르는 속도와 다르게 급변하는 시대에 살고 있어서 무역거래 관습도 급변하게 되었다.

책을 출간한 시점에서 보면 무역거래 관습은 고정되어 있는 것처럼 보이지만 그 시점에서도 변화하고 있었고 2년 4개월 동안 무역거래 관습이 너무나 많이 바뀌어서 더 이상 개정을 미룰 수가 없게 되었다.

국제상업회의소(International Chamber of Commerce)는 변화된 무역거래 관습을 반영하여 Incoterms를 여덟 번째로 개정한 Incoterms 2020을 발간하였다. 그에 따라 Incoterms 2010의 규칙은 역사 속으로 밀려나고 그 자리를 Incoterms 2020이 대신하게 되었다.

제3장 무역거래조건을 Incoterms 2020 규칙의 내용으로 구성을 하고 나머지 내용은 일부 보완하여 개정을 마무리하였다.

한남대학교 오정골에서
저자 씀

■ 머리말 ■

2017년 우리나라의 무역은 1조 달러를 달성하였고 국민총생은(GDP)은 1조 5천 308억 달러 국민소득(GNI)은 2만 8천 380달러로 우리나라는 풍요로운 국가로 성장하였다. 1960년대 우리나라의 무역은 1억 달러, 국민총생산은 20달러, 국민소득은 79달러로 최빈국 상태에 있었다. 58년이 지난 우리나라는 세계가 부러워하는 살기 좋은 나라로 발전하였다. 1960년대의 지독한 가난에서 벗어나기 위해 혼신의 노력을 다하신 선배님들의 노고에 깊은 감사를 드린다. 오늘날의 부는 과거 선배들의 피와 땀으로 형성되었다는 것과 과거를 망각한 민족은 한순간에 패망하게 된다는 역사적 진실 앞에 무역인들의 희생과 노력을 두고두고 기억하여야 할 것이다.

국가의 부를 창출하기 위해 어두컴컴한 해외시장에서 무역실무 책을 등불삼아 노력한 무역인들에 의해 오늘날 우리가 있다는 사실과 무역인들에게 등불이 된 무역실무 책을 저술하신 선배학자들도 있다는 사실을 또한 두고두고 기억하여야 할 것이다.

현재 우리나라는 모든 기업이 무역을 하지 않으면 생존하기 어려운 환경에 처해있다. 우리나라는 국토는 협소하지만 여러 나라들과 FTA를 체결하여 무역영토를 끊임없이 확장하여 왔고 앞으로도 무역영토는 계속해서 확장되어 우리나라는 해가 지지 않는 위대한 무역 대한민국이 될 것이다.

이 책은 최근 우리나라 무역의 화두인 FTA를 염두에 두고 이에 걸맞는 무역실무를 체계화한 것이다. 모두 12개장으로 구성되어 있고 그 내용에 따라 크게 2부로 나누었다.

먼저 제1부에서는 FTA 개념 및 현황, 상품분류와 원산지결정기준, 무역거래조건과 Incoterms, 국제운송, 해상보험 및 외국환, 대금결제 등을 다루었다. 무역거래에 필수적인 내용에다 FTA에서 반드시 다루어야 할 상품분류와 원산지결정기준을 강조하였으며 제1부의 내용을 모두 묶어 FTA 무역구성이라고 명명하였다.

그리고 제2부에서는 FTA 시장조사, 오퍼와 무역계약, 수출이행의 주요 과정, 수입이행의 주요 과정, 무역관련 제도, 클레임과 상사중재 등 주로 FTA 무역을 실제 수행하는데 필요한 내용을 다루었는데 특히 무역관련 제도에서는 FTA 활용제도 등을 소개하였다.

무역실무는 국가 간의 상거래에서 사용되는 상관습을 연구하고 이를 통일시키는 학문이다. 이론적으로 명쾌한 답이 떨어지는 학문이 아니라, 이익을 추구하고 상거래에 필요하다면 얼마든지 이럴 수도 있고 저럴 수도 있는 범위가 매우 넓은 학문이다. 특히 FTA는 우리나라가 세계 주요 국가와 개별적으로 체결한 것이기 때문에 똑같은 이치도 나라마다 다를 수 있다. 따라서 이런 다양한 상관습 학문을 일목요연하게 정리하는 것은 애초부터 무리라 생각하여 이 책에서는 기존의 무역실무에서 다루었던 주요 내용을 토대로 FTA 무역거래를 수행하는 데 꼭 필요한 무역실무지식만을 접목하였다. 여러 가지 부족한 점이 많을 줄로 생각하지만 아무쪼록 아낌없는 비판을 바라며 저자 또한 이런 비판을 토대로 끊임없이 매진할 것을 약속한다.

이 책을 집필하는 과정에서 전동화 충남대학교 초빙교수는 시종일관 옆에서 많은 자료를 정리해 주었고 주옥같은 조언을 아끼지 않으셨다. 이 자리를 통해 다시 한 번 감사드린다.

끝으로 이 책의 출간을 허락해 주신 도서출판 청람의 이수영 사장님에게 감사드리고 까다로운 편집을 묵묵히 수행해 주신 편집부 일동에게도 진심으로 감사드린다.

2019년 1월
저자 씀

■ 차 례 ■

제3장 무역거래조건

제4장 국제운송

제5장 해상보험

제6장 외국환과 대금결제

제2부 FTA 무역거래의 절차

제7장 FTA 시장조사

제8장 오퍼와 무역계약

제9장 수출이행의 주요 과정

제10장 수입이행의 주요 과정

제11장 무역관련 제도

제12장 클레임과 중재

1 PART

FTA 무역의 구성

F T A 무 역 실 무

CHAPTER 1

FTA 무역거래의 기초

제1절 FTA와 무역거래

1. FTA

1.1 FTA의 의의

무역은 국가 간의 상거래인데 역사적으로 세계무역을 상징했던 것은 실크로드를 통한 교역이라 할 수 있다. 중국산 비단은 고대 로마에서는 금의 무게와 똑같이 거래될 수 있었기 때문에 대상들은 많은 위험을 무릅쓰고 실크로드를 따라간 것이다. 상거래는 상거래 자체로서 이익을 만들어내고, 교역량이 많아질수록 이익도 많다는 것을 상인들은 일찍이 깨달았다.

이후 아담 스미스(Adam Smith)를 비롯한 많은 경제학자들이 무역은 그 자체만으로도 이익을 창출한다는 경제이론을 제시하였다. 그렇다면 모든 국가가 자국의 시장을 완전 개방하여 자유롭게 무역을 할 수 있도록 하면 전 세계의 부는 최대한도로 만들어질 수 있다는 이론이 성립된다.

하지만 이 지구상의 어느 한 국가도 자국 시장을 완전히 개방한 국가는 없다. 대부분의 국가는 수단과 정도의 차이는 있어도 대외무역에 대해서 관세, 수량제한 등 여러 수단을 통해 통제를 하고 있다. 아무리 이론적으로 자유무역이 최선이라 하더라도 각국마다 경제발전의 수준차이가 있기 때문에 세계 전체가 자유무역을 주창한다는 것은 현실적으로 어려운 것이다.

이에 따라, 우선 경제여건이 비슷하고 지리적으로 인접한 몇몇 나라들만이라도 서로 협력하여 교역을 자유화해 보자는 움직임이 나타났다. 그것은 바로 자유무역지역, 공동시장 등과 같은 지역경제통합이고 대표적인 것이 유럽의 28개(2018년 7월 현재) 국가가 동일한 통화를 사용하는 유럽연합(European Union : EU)이다. 다양한 형태의 통합이 있지만 이들 지역통합이 공통적으로 추구하는 목적은 가맹국 간의 무역자유화이다.

이런 경제통합의 일환으로 최근 많이 활용되고 있는 것이 자유무역협정(free trade agreement : FTA)이다. 이는 특정지역 내의 국가들이 상호 간에 관세 등의 장벽을 철폐하여 상품, 서비스 등이 자유롭게 이동하도록 보장하는 협정을 의미하고, 이런 협정이 체결된 지역을 자유무역지역이라 한다. 자유무역협정은 경제통합 중에서도 가장 낮은 단계이지만 현재 전 세계에서 가장 많이 활용되고 있는 경제통합의 형태이다.

1.2 우리나라의 FTA 체결 현황

우리나라는 2002년 칠레와 처음으로 FTA를 체결했는데 이 협정은 2004년 4월부터 발효 중이다. 일반적으로 FTA를 체결하게 되면 체약국 간에는 실질적으로 모든 품목이 자유롭게 거래되는데 경쟁력이 있는 산업분야는 별문제가 없지만 그렇지 못한 산업은 그 피해가 매우 클 수 있다. 그동안 우리나라는 경쟁력이 매우 취약한 농업분야에 대한 피해의 우려가 높아 FTA 체결에 소극적이었다. 그러나 칠레는 우리나라와 지리적으로 너무 멀어 교역규모가 많지 않았기 때문에 농업분야에 미치는 영향도 적을 것으로 판단하여 처음으로 우리나라와 칠레와의 FTA가 체결되었다.

한・칠레 FTA를 시발점으로 하여 우리나라는 본격적으로 여러 국가와 FTA를 체결하기 시작했는데 먼저 2006년도에는 우리나라와 싱가포르 간에 자유무역협정이 체결되었다. 특히 한・싱가포르 FTA는 금융, 전자상거래, 상호인정협력 등이 추가로 포함된 포괄적인 높은 수준의 내용을 담고 있다. 그리고 개성공단에서 생산된 제품에 대해 우리나라를 거쳐 수입될 경우에는 우리나라를 원산지로 인정한다는 내용도 담고 있다.

2006년 9월부터는 유럽자유무역연합(EFTA)과의 협정이 발효되었고 이어서 아세안(ASEN) 10개국과는 2007년도부터 상품에 대한 자유무역협정이 체결되었다. 아세안은 우리나라의 5대 교역국이고 제3위의 해외 직접투자대상지역이다. 지금은 교역품목 중 80% 이상에 대해서 관세가 철폐되었고 서비스분야에 대해서도 협정을 타결하려고 노력하고 있다. 우리나라와 인도 간의 자유무역협정은 2010년 1월부터 발효 중이고, EU 및 페루하고는 2011년도부터 발효 중이다.

가장 큰 관심거리인 우리나라와 미국과의 자유무역협정은 2012년 3월부터 발효 중이다. 우리나라와 미국은 2007년 4월 2일에 한・미 FTA 협상을 완전 타결했는데 한・미 FTA는 상품, 무역구제, 투자, 서비스, 경쟁, 지적재산권, 정부조달, 노동, 환경 등 무역과 관련된 모든 분야를 망라한 포괄적 협정이다.

터키, 호주, 캐나다, 중국, 뉴질랜드, 베트남, 콜롬비아와의 자유무역협정도 타결되어 발효 중이며, 파나마, 코스타리카 등 중미 6개국과의 FTA는 2017년 3월 가서명되어 정식서명 및 발효를 앞두고 있다. 그 밖에도 한・중・일, 에콰도르, 이스라엘 등과의 FTA도 추진 중에 있으며, 유라시아경제연합(EAEU)과의 FTA도 공동연구 중이다.

참고로 우리나라의 FTA 체결 및 진행 현황을 요약하면 [표 1-1]과 같다.

표 1-1 | 우리나라의 FTA 체결 및 추진 현황

	추진 현황
발효된 FTA	칠레(2004.4), 싱가포르(2006.3), EFTA 4개국(2006.9),[1] ASEAN 10개국(2009.9),[2] 인도(2010.1), EU(2011.7), 페루(2011.8), 미국(2012.3), 터키(2013.5), 호주(2014.12), 캐나다(2015.1), 중국(2015.12), 뉴질랜드(2015.12), 베트남(2015.12), 콜롬비아(2016.7)
타결된 FTA	중미 6개국(2017.3 가서명)[3]
협상 중인 FTA	한·중·일, RCEP,[4] 에콰도르, 이스라엘
협상재개 여건조성 FTA	멕시코, GCC[5]
협상준비 공동연구	EAEU[6]

주 : 1) EFTA 4개국은 EU에 참가하지 않은 스위스, 노르웨이, 아이슬란드, 리히텐슈타인을 말한다.
2) ASEAN 10개국은 태국, 인도네시아, 필리핀, 말레이시아, 싱가포르, 브루나이, 베트남, 라오스, 미얀마, 캄보디아 등을 말한다.
3) 중미 6개국은 파나마, 코스타리카, 과테말라, 온두라스, 엘살바도르, 니카라과를 말한다.
4) RCEP(Regional Comprehensive Economic Partnership)은 아시아, 태평양 지역을 하나의 자유무역지대로 통합하는 'ASEAN+6' FTA를 말하는데 ASEAN 10개국과 한·중·일 3개국, 호주, 뉴질랜드, 인도 등 총 16개국의 관세장벽 철폐를 목표로 한다.
5) GCC(Gulf Cooperation Council)는 페르시아만 안의 6개 아랍산유국이 역내 협력을 강화하기 위해 결성한 지역협력기구를 말한다.
6) EAEU(Eurasian Economic Union)는 러시아를 주축으로 카자흐스탄, 벨라루스, 키르키즈스탄, 아르메니아 등 구소련권 5개국이 공동시장형성을 목표로 결성한 연합체이다.

자료 : 관세청 FTA 포털(www.customs.go.kr)

2. FTA 무역거래

2.1 FTA 무역거래의 의의

무역은 국가와 국가 간에 물품을 사고파는 상거래를 말한다. 무역은 곧 물품의 교환이나 매매를 의미하지만 동일한 국가 내에서 이루어지는 매매에 대해서는 대체로 무역이라는 표현을 쓰지 않는다. 일반적으로 말하는 무역은 다른 국가 간에 이루어지는 상거래, 즉 외국과의 무역을 의미하는데 FTA를 체결한 국가와 국가 간에 이루어지는 거래는 FTA 무역거래라 할 수 있다. 일반적인 무역거래에 비해 FTA 무역거래가 지니는 몇 가지 특징을 살펴보면 다음과 같다.

1) 관세 철폐

관세는 수출입물품에 부과되는 조세이며 수입관세와 수출관세로 구분된다. 수입관세는 국가의 재정수입이나 국내 산업을 보호하기 위해서 부과되는데 수입을 억제하는 효과가 있다. 수출관세도 재정수입의 확보나 수출통제의 효과는 있지만 모든 국가들이 수출을 장려하는 입장에 있기 때문에 수출관세는 거의 부과되지 않는다.

그런데 자유무역협정은 양국 간에 관세를 철폐하거나 세율을 연차적으로 인하하여 양국 간의 무역을 자유롭게 하자는 것이 목적이다. 따라서 FTA 체약국가 간의 무역거래에서는 원칙적으로 관세가 적용되지 않는다. 예를 들어 우리나라는 한·미 FTA에 의해 미국에서 수입되는 자동차에 대해서는 관세가 적용되지 않는다. 따라서 똑같은 토요타(Toyota) 자동차라도 미국에서 생산·수입될 경우에는 관세가 없지만 일본에서 생산·수입될 경우에는 소정의 관세가 적용된다.[1]

2) 협정국가 간의 차이

FTA는 여러 국가에 공동으로 적용되는 다자간 협정이라기보다는 양국 간에 체결되는 단일 협정이다. 다자간 협정일 경우에는 똑같은 내용의 협정이 가맹국들에 동일하게 적용되지만 FTA의 경우에는 우리나라와 협정을 체결한 체약상대국에 따라서 차이가 난다. 예를 들어 우리나라 수출업자가 싱가포르 수입업자와 거래할 경우에는 우리나라 상공회의소 등 기관에서 발급한 원산지증명서가 필요하지만 미국의 수입업자와 거래할 경우에는 수출업자 본인이 자율적으로 원산지증명서를 발급하여 사용할 수도 있다.

3) 원산지증명

일반적으로 무역거래에서 이용되는 원산지증명서(certificate of origin)는 특정물품이 그 나라에서 재배, 사육, 제도(drawing) 또는 가공된 것임을 증명하는 문서를 말한다. 원산지증명서는 수입업자가 통관, 수입관세율 적용 등에 필요하기도 하고, 간혹 수입국가가 덤핑방지나 외환관리를 위해 요구하기도 하지만 무역거래에서 반드시 필요하고 발급요건이 까다롭거나 시일이 걸리는 무역서류는 아니다. 보통 수출업자가 자국의 상공회의소로부터 발급받아 수입업자에게 보내주게 된다.

---

1 관세 외의 다른 수단, 즉 복잡한 통관절차, 국산품 애용 운동 등과 같은 수단으로 무역을 통제하는 것을 비관세장벽(non-tariff barrier)이라고 하는데 FTA 협정을 체결한 국가 간에는 어떠한 비관세장벽도 활용될 수 없다.

FTA 무역거래는 체약국가 간에 관세를 철폐하거나 인하된 세율을 적용하는 것이므로 모든 거래에서 당연히 대상물품이 체약국을 원산지로 한다는 사실을 증명하는 원산지증명서가 필요하다. 특히 FTA 무역거래에서는 3국에서 수입한 물품을 자국 물품으로 위장하여 체약상대국으로 다시 수출하는 위장 우회 수출이 발생할 수 있다. 예를 들어 우리나라 수출업자가 중국산 양말을 수입하여 이를 한·미 FTA 협정에 따라 무관세로 미국으로 수출할 수 있다.

이에 따라 FTA 체약국들은 원산지결정기준, 증명방식, 발급요건 등을 별도로 규정하고 있다. 따라서 FTA 무역거래에서 수출업자는 협정에서 규정하고 있는 요건에 따라 원산지증명서를 발급받아 이를 수입업자에게 송부하고 수입업자는 이를 해당 세관에 제출하여 수입물품이 체약국을 원산지로 한다는 사실을 증명함으로써 관세 혜택을 받게 되는 것이다.

4) 직접운송원칙

FTA 무역거래에서 관세 혜택을 보기 위해서는 수출입물품이 혜택의 대상이 되더라도 체약국 간에 직접 운송되어야만 한다. 이는 운송 도중 제3국에서 가공을 한다든지 제3국의 물품으로 교체되는 것을 방지하기 위한 것이다. 다만 부득이한 사유로 환적 혹은 일시 장치되는 경우는 예외적으로 허용된다. 그러나 이런 경우에도 자유로운 유통을 위해 반출되지 않아야 하고 물품을 보존하기 위한 공정을 수행한 경우에만 인정된다.

2.2 FTA 무역거래 관계법

1) 대외무역법

FTA 무역거래를 포함한 우리나라의 모든 대외무역거래는 기본적으로 대외무역법의 적용을 받는다.

대외무역법은 우리나라의 대외무역거래를 전반적으로 조정하기 위한 기준법으로서 1987년 7월 1일부터 시행되고 있다. 아울러 대외무역법에서 위임된 사항과 그 시행에 따른 필요사항을 정하기 위해 대외무역법시행령 및 대외무역관리규정이 시행되고 있다. 따라서 우리나라의 대외무역법령은 대외무역법, 대외무역법시행령 및 대외무역관리규정으로 구성되어 있다.

대외무역법은 대외무역을 진흥하고 공정한 거래질서를 확립하여 국제수지의 균형과 통상의 확대를 도모함으로써 국민경제의 발전에 이바지함을 목적으로 한다(대외무역법 제1조).

현행 대외무역법이 지니는 특징을 살펴보면 다음과 같다.

첫째, 대외무역법은 대외무역에 관한 일반법이며 기준법으로서 헌법 제125조 "국가는 대외무역을 육성하며 이를 규제·조정할 수 있다"는 규정에 따라 제정되었다.

둘째, 대외무역법은 대외무역의 자유화를 원칙으로 한다. 통상의 확대를 통한 국민경제의 발전을 도모하기 위하여 모든 품목의 수출과 수입은 자유롭게 이루어지도록 한다. 다만, 수출은 수출자율규제나 국내수급의 조정이 필요한 경우, 수입은 1차 산품이나 불요불급의 사치품인 경우 예외적으로 규제한다.

셋째, 대외무역법은 자유롭고 공정한 무역을 원칙으로 한다. 정부는 헌법에 의하여 체결·공포된 무역에 관한 조약과 일반적으로 승인된 국제법규가 정하는 바에 따라 자유롭고 공정한 무역이 이루어지도록 한다.

넷째, 대외무역법은 국제성의 인정 및 제한의 최소한을 원칙으로 한다. 대외무역법은 국제상관습법이나 국제조약을 준수하며, 국제법규나 국제협정에 무역에 관한 제한규정이 있을 경우에는 최소한의 범위 내에서 운영되도록 한다.

마지막으로, 대외무역법은 수출입질서와 대외신용의 유지 및 향상을 중요시한다. 수출입질서 유지를 위한 협약을 체결하고, 불공정 수출입행위를 금지시키는 등 수출입질서와 대외신용의 유지·향상을 위해 적극적인 역할을 하고 있다.

2) 관세법

수출입물품은 일정한 통관절차를 거쳐 소정의 관세를 납부해야만 합법적으로 수출입이 가능하다. 이와 관련된 기본법은 관세법이며 이를 시행하기 위한 관세법시행령, 관세법시행규칙 등이 있다.

관세법은 관세의 부과·징수 및 수출입물품의 통관을 적정하게 하여 관세수입을 확보함으로써 국민경제의 발전에 이바지함을 목적으로 한다(관세법 제1조).

3) 외국환거래법

외국환거래법은 외국환거래와 그 밖의 대외거래의 자유를 보장하고 시장기능을 활성화하여 대외거래의 원활화 및 국제수지의 균형과 통화가치의 안정을 도모함으로써

국민경제의 건전한 발전에 이바지함을 목적으로 한다(외국환거래법 제1조).[2]

4) FTA 관세특례법

현재 우리나라에서 FTA와 직접 관련되는 법은 FTA 관세특례법, 이를 시행하기 위한 FTA 관세특례법시행령 및 시행규칙이 있다. FTA 관세특례법의 정식 명칭은 「자유무역협정의 이행을 위한 관세법의 특례에 관한 법률」이다.

FTA 관세특례법은 우리나라가 체약상대국과 체결한 자유무역협정의 이행을 위하여 필요한 관세의 부과·징수 및 감면, 수출입물품의 통관 등 관세법의 특례에 관한 사항과 자유무역협정에 규정된 체약상대국과의 관세행정 협조에 필요한 사항을 규정함으로써 자유무역협정의 원활한 이행과 국민경제의 발전에 이바지함을 목적으로 한다(FTA 관세특례법 제1조).

그리고 이 법은 관세특례법이기 때문에 관세법에 우선해서 적용된다. 다만 관세특례법에 없는 사항에 대해서는 관세법에서 정한 바에 따른다. 그러나 관세법 혹은 관세특례법상의 내용이 개별체약국과의 협정과 상충되는 경우에는 협정을 우선하여 적용한다(FTA 관세특례법 제3조).

5) 체약국가와의 개별협정

FTA 무역거래에서는 체약국 간에 체결된 협정내용이 최우선으로 적용된다. 일반적으로 법이나 규칙은 공통되는 사항만을 규정하고 개별적으로 국한되는 사항에 대해서는 당사자들 간에 별도로 정하여 사용하도록 한다. 만약 일반규정과 개별규정이 상충될 경우에는 개별규정을 우선 적용하는 것이 원칙이다. FTA는 체약국 간에만 적용되는 개별적 사항을 규정한 것이기 때문에 일반적인 사항을 규정한 관세특례법 등에 우선하게 된다.

2 대외무역법, 관세법 및 외국환거래법을 무역의 3대 기본법이라 한다.

제2절 무역거래자와 수출입물품

1. 무역거래자

무역거래자는 수출 또는 수입을 하는 자, 외국의 수입업자 또는 수출업자의 위임을 받은 자 및 수출·수입을 위임하는 자 등 물품의 수출·수입 행위의 전부 또는 일부를 위임하거나 행하는 자를 말한다(대외무역법 제2조 제3호).

여기에서는 무역거래자를 편의상 무역업을 직접 수행하는 무역업자, 무역업을 대리하는 무역대리업자, 전자무역 관련 사업자 및 기타 무역관계업자로 구분하여 살펴보기로 한다.

1.1 무역업자

우리나라는 2000년 1월 1일부터 무역업이 완전 자유화되어 누구나 사업자등록증만 있으면 무역거래를 할 수 있다. 다만 산업통상자원부에서는 전산관리체제의 개발과 운영을 위하여 무역거래자별 무역업고유번호를 부여하고 있다.

이 제도는 의무사항은 아니지만 무역업고유번호가 없으면 수출실적을 공인받을 수 없는 등 여러 불편이 따른다. 무역업고유번호를 받고자 하는 자는 한국무역협회장에 신청하여야 하며 한국무역협회장은 신청서류를 접수하는 즉시 무역업고유번호를 부여한다.

1.2 무역대리업자

무역대리업자는 무역거래자 중에서 수출업자 또는 수입업자의 위임을 받아 수출 또는 수입을 대신해 주는 업자를 뜻한다고 볼 수 있다. 우리나라의 경우 관습적으로 오퍼상, 구매대리업자 등으로 불리는 무역대리업자들이 활동하고 있다. 무역대리업도 2000년 1월 1일부터 무역업과 마찬가지로 완전 자유화되었다.

1) 오퍼상

우리나라에서 오퍼상이라고 하면 외국의 수출업자를 대리하여 국내 수입업자에게 물품매도확약서를 발행하고 부수적으로 수입업무를 대행해 주는 무역대리업자를 말한다. 물품매도확약서는 무역대리업자가 매매당사자에게 상품명세, 가격조건 등을 주요 내용으로 하는 매입 또는 매도의사를 문서로 발행한 물품공급에 관한 확약서를 말한다. 물품매도확약서를 무역거래에서는 통상 '오퍼장(offer sheet)'이라고 하기 때문에 이런 무역대리업자를 오퍼상으로 부르고 있다.

오퍼상은 해당 분야에 대한 전문지식과 정보를 가지고 국내 수입업자가 요구하는 물품에 대해 여러 해외 수출업자들로부터 거래조건을 받아 가장 유리한 조건으로 수입할 수 있는 경우를 선정하여 이를 수입업자에게 제시하고 일정한 수수료를 받는다. 그러나 오퍼상은 단순히 물품매도확약서만 발행하지 않고 수입거래에 따른 여러 가지 부대업무도 처리해 주기 때문에 일종의 수입대행업자로 간주될 수 있다. 전문적으로 무역부서를 운영하고 있지 않은 경우나 무역에 대한 지식이나 정보가 부족할 경우 오퍼상을 통하여 대행 수입하는 경우가 유리하다.

2) 구매대리업자

구매대리업자는 외국의 수입업자를 대리하여 국내에서 물품의 구매, 구매알선 또는 이에 부대되는 업무를 취급하는 외국기업의 국내 대리점이거나 국내 지사를 말한다. 보통 외국 수입업자들은 국내 관련업계에 정통한 사람이나 업체를 구매대리점(buying agent)으로 지정하거나, 구매대리업무만을 전문으로 수행하는 지사(buying office)를 운영한다. 이들은 외국 수입업자의 국내 대리인으로서 외국의 수입업자로부터 위임을 받아 우리나라 수출업자와 물품구매계약을 체결하고 구매물품을 외국으로 선적해 보낸다.

1.3 전자무역 관련 사업자

오늘날 무역거래에서는 인터넷 등 정보통신기술을 활용하여 무역업무를 보다 신속·정확하게 수행하는데 이와 같이 무역의 일부 또는 전부가 전자무역문서로 처리되는 거래를 전자무역(e-trade)이라 한다(전자무역촉진에 관한 법률 제2조). 현재 우리나라에서는 다음과 같은 사업자가 전자무역을 지원하고 있다.

1) 전자무역 기반사업자

우리나라 정부는 전자무역을 효율적으로 지원하고 이를 신속히 확산시키기 위해 전자무역 기반사업자를 지정·운영하고 있다. 현재 전자무역 기반사업자로는 한국무역정보통신(KTNET)이 단독 지정되어 있으며 이의 역할은 전자무역기반시설의 운영업무, 전자무역기반시설과 외국의 전자무역망 간의 연계업무, 전자무역문서의 중계사업 등이다(전자무역촉진에 관한 법률 제6조 제2항).[3]

2) 전자무역전문서비스업자

전자무역전문서비스업자는 전자무역기반시설 및 정보통신망을 이용하여 중개알선, 온라인 해외마케팅, 전자무역대행 등 부가서비스를 제공하는 전문사업자를 말한다. 이러한 사업을 수행하기 위해 사업체는 일정한 요건을 갖추어 산업통상자원부장관에게 등록을 했어야 하나 현재는 관련 사업체들의 공정한 경쟁을 위해 등록제도가 폐지되어 있다.

1.4 기타 무역관계업자

국가 간의 거래에서는 관습, 법령, 문화 등의 차이로 인해 무역과 관련된 업무를 독자적으로 수행하는 업자들이 활동하고 있는데 대표적으로 다음과 같은 경우가 있다.

1) 중개인

중개인(broker)은 수출업자와 수입업자 간의 무역계약 체결을 주선하는 자를 말하며 쌍방으로부터 중개수수료(brokerage)를 받는다. 중개인은 무역계약을 직접 체결하지 않기 때문에 대리인은 아니다.

2) 지급보증대리인

지급보증대리인(factor, del credere agent)은 물품의 판매알선과 함께 수출업자에게 대금지급을 보증하는 중개업자를 의미한다. 만약 수입업자가 수입대금을 지급하지 않으면 대신 지급보증대리인이 수출업자에게 보상해 준다. 따라서 지급보증대리인은 판

3 여기서 의미하는 전자무역기반시설은 정보통신망을 통하여 무역업자와 무역관계기관을 체계적으로 연계하여 전자무역문서의 중계·보관 및 증명 등의 업무를 수행하는 정보시스템을 말한다(전자무역촉진에 관한 법률 제2조).

매수수료 외에 지급보증에 따른 지급보증수수료를 받는다. 그러나 오늘날의 팩터는 거래알선업무보다 신용을 제공하는 금융 기능을 주로 수행한다.[4]

3) Confirming House

이는 수입업자를 대리하여 직접 주문을 하거나 수입업자의 주문을 확인해 주는 영국에서 발달한 일종의 무역보조자이다. 최근에는 이를 'Export House'라고도 한다. Confirming House는 수입업자의 주문을 확인해 주기 때문에 수출업자에 대해서 대금지급의무를 진다.

4) 연합수출간사회사

회사 내 수출업무를 전담할 수 있는 독립부서가 없을 경우 여러 제조업자들이 공동으로 활용할 수 있는 수출전담부서를 만들 수 있는데 이러한 업무를 수행하는 회사를 연합수출간사회사(combined export manager firm : CEM) 혹은 수출관리회사(export management company)라 한다. 연합수출간사회사는 제조업자의 수출부서 역할을 대행하는 것이므로 대외거래나 해외광고 등은 모두 제조업자의 명의로 한다. 주로 취급물품의 종류가 다르고, 상호 비경쟁적인 입장에 있는 소규모 제조업자들이 연합수출간사회사를 많이 이용한다.

2. 수출입물품

2.1 수출입물품의 제한

모든 물품은 원칙적으로 아무런 제한 없이 자유롭게 수출입이 이루어지지만 대부분의 국가들은 경제적·정치적·사회적 목적에 따라 수출입물품의 범위를 제한하고 있다. 우리나라의 경우 산업통상자원부장관은 다음 각 호의 어느 하나에 해당하는 이행 등을 위하여 필요하다고 인정하여 지정·고시하는 물품 등의 수출 또는 수입을 제한하거나 금지할 수 있다(대외무역법 제11조 제1항). 이에 따라 수출 또는 수입이 제한되는 물품 등을 수출하거나 수입하려는 자는 산업통상자원부장관의 승인을 받아야 한다(대외무역법 제11조 제2항).

4 국제팩토링에 관한 것은 제6장에 자세히 설명되어 있다.

① 헌법에 따라 체결·공포된 조약과 일반적으로 승인된 국제법규에 따른 의무의 이행
② 생물자원의 보호
③ 교역상대국과의 경제협력 증진
④ 국방상 원활한 물자 수급
⑤ 과학기술의 발전
⑥ 그 밖에 통상·산업정책에 필요한 사항으로서 대통령령으로 정하는 사항

2.2 수출입공고

산업통상자원부장관은 필요하다고 인정하는 경우에는 수출입승인물품 등의 품목별 수량·금액·규격 및 수출 또는 수입지역 등을 한정할 수 있다. 이에 따라 수출입의 제한, 금지, 승인, 신고, 한정 및 그 절차 등을 정했을 경우 이를 공고하여야 한다. 이와 같이 개별적인 수출 또는 수입물품에 대하여 수출·수입이 제한되는지의 여부와 이에 따른 추천 또는 확인사항 등을 산업통상자원부장관이 종합적으로 정리하여 공고하는 것을 수출입공고라 한다.

수출입공고에는 수출금지품목, 수출제한품목, 수입제한품목 등을 게기한다. 따라서 수출입공고상의 수출금지품목, 수출제한품목 및 수입제한품목으로 게기되지 않은 품목은 원칙적으로 수출입자유화품목이다. 수출입제한품목을 수출입하려면 동 공고상의 품목별 수출입요령에 따라 수출입승인을 받아야 한다.

그리고 수출제한품목의 수출요령, 수입제한품목의 수입요령 및 수출입절차 간소화를 위한 수출입요령에서 정하는 승인기관의 장은 산업통상자원부장관의 합의(승인)를 얻어 동 승인요령을 공고하여야 한다. 다만, 단체의 경우에는 주무관서의 장을 경유하여야 한다.

수출입공고의 예를 살펴보면 [표 1-2]와 같다.

표 1-2 | 수출입공고의 예

수출제한품목

HS	품목	수출요령
2505	천연모래(착색된 것인지의 여부를 불문하며, 제26류의 금속을 함유하는 모래를 제외한다)	
10	규사	다음의 것은 한국골재협회의 승인을 받아 수출할 수 있음 ① 규산분(SiO_2)이 90% 이하의 것
90	기타	
2517	자갈 · 왕자갈 · 쇄석(콘크리트용 · 도로포장용 · 철도용 또는 기타 밸러스트용에 일반적으로 사용되는 것에 한한다). 싱글과 플린트(열처리한 것인지의 여부를 불문한다), 슬랙 · 드로스 또는 이와 유사한 산업폐기물의 매카담(이호의 앞부분에 열거한 물품들과 혼합한 것인지의 여부를 불문한다), 타르매카담 및 제2515호 또는 제2516호의 암석을 입상 · 파편상 · 분상으로 한 것(열처리한 것인지의 여부를 불문한다	
10	자갈 · 왕자갈 · 쇄석 · 싱글과 플린트	1. 다음의 것은 승인없이 수출할 수 있음. ① 구석, 싱글과 플린트 2. 기타의 것은 한국골재협회의 승인을 받아 수출할 수 있음
41	대리석의 것	
7206	잉곳(ingot)이나 그 밖의 일차제품(primary form) 형태인 철과 비합금강(제7203호의 철은 제외한다)	
10	잉곳(ingot)	다음의 것은 한국철강협회의 승인을 받아 수출할 수 있음
90	기타	

2.3 통합공고

우리나라의 경우 대외무역법 이외의 법령에 의하여 물품의 수출 또는 수입요령을 정한 것이 있는 경우 산업통상자원부장관은 그 법령에 의해서 규정된 물품의 수출 또는 수입요령을 통합하여 공고하도록 되어 있는데, 이를 통합공고라 한다. 예를 들어 향정신성의약품 품목은 보건복지부장관의 허가를 받아야 하고, 총포, 도검, 화약류 중에서 군용에 쓰는 물자는 국방부장관의 허가를 받아야 수출입할 수 있다.

통합공고에 대한 자료는 관계행정기관의 장이 산업통상자원부장관에게 제출해야 한다. 현재 약사법 등 67개 관련 법규 중 수출입과 관련된 부문이 통합고시되고 있다. 통합공고에 대한 자료는 관계행정기관의 장이 산업통상자원부장관에게 제출해야 한다.

그리고 산업통상자원부장관은 제출된 소관물품의 수출입요령에 관한 자료에 대해서 수출입규제의 필요성, 대상물품의 타당성, 유사물품과의 혼동, 무역관행 등을 검토·조정하여 수출입요령을 정한다. 만약 수출입 통합공고에서 정한 요건확인의 내용과 수출입공고의 제한내용이 동시에 적용될 경우에는 모두 충족되어야만 수출 또는 수입이 가능하다(통합공고 제7조).

2.4 전략물자의 수출입

1) 전략물자의 고시 및 수출허가

현재 주요 국가들은 세계적인 테러행위를 방지하기 위해 대량살상무기의 제조에 사용되는 원료, 물품, 기술 등을 전략물자로 분류하여 이의 유통을 엄격히 제한하고 있다. 전략물자는 다자간 국제수출통제체제의 원칙에 따라 국제평화 및 안전유지와 국가안보를 위하여 수출허가 등 제한이 필요한 물품·기술 등으로 세부 품목은 산업통상자원부장관이 지정·고시한다.[5]

지정·고시된 전략물자를 수출할 경우 수출업자는 매 수출 시마다 사전에 산업통상자원부장관이나 관계행정기관의 장의 수출허가를 받아야 한다(대외무역법 제19조). 그리고 전략물자에는 해당되지 않더라도 대량파괴무기와 그 운반수단인 미사일의 제조 등의 용도로 전용될 가능성이 높은 물품 등을 수출할 경우에도 수입업자나 최종사용자가 그 물품 등을 대량파괴무기 등의 제조개발 등에 전용할 의도가 있음을 알았거나, 최종용도에 대해 필요한 정보제공을 회피할 경우 등에는 산업통상자원부장관이나 관계행정기관의 장으로부터 상황허가를 받아야 한다.[6]

2) 전략물자의 이동중지명령

산업통상자원부장관과 관계행정기관의 장은 전략물자나 상황허가대상인 물품 등이

5 한편 무역거래자는 자기가 거래하는 물품이 전략물자에 해당되는지 궁금할 경우 이를 산업통상자원부장관이나 관계행정기관의 장에게 판정을 신청할 수 있다(대외무역법 제20조).
6 현재 우리나라는 전략물자의 수출입업무와 관리업무를 효율적으로 지원하기 위하여 전략물자관리원을 설립·운영하고 있다.

허가를 받지 아니하고 수출되거나 거짓이나 그 밖의 부정한 방법으로 허가를 받아 불법 수출되는 경우 적법한 수출이라는 사실이 확인될 때까지 전략물자 등의 이동중지명령을 할 수 있다. 그리고 전략물자 등을 국내 항만이나 공항을 경유하거나 국내에서 환적하려는 자로서 대통령령으로 정하는 자는 대통령령으로 정하는 바에 따라 산업통상자원부장관이나 관계 행정기관의 장의 허가를 받아야 한다(대외무역법 제23조).

3) 전략물자의 중개허가

전략물자 등을 제3국에서 다른 제3국으로 이전하거나 매매를 위하여 중개하려는 자는 대통령령으로 정하는 바에 따라 산업통상자원부장관이나 관계 행정기관의 장의 허가를 받아야 한다. 다만, 그 전략물자 등의 이전·매매가 수출국으로부터 국제수출통제체제의 원칙에 따른 수출허가를 받은 경우 등 대통령령으로 정하는 때에는 제외된다(대외무역법 제24조).

4) 자율준수무역거래자

산업통상자원부장관은 기업 또는 대통령령으로 정하는 대학 및 연구기관의 자율적인 전략물자 관리능력을 높이기 위하여 전략물자 여부에 대한 판정능력, 수입자 및 최종 사용자에 대한 분석능력 등 대통령령으로 정하는 능력을 갖춘 무역거래자를 자율준수무역거래자로 지정할 수 있다(대외무역법 제25조). 자율준수무역거래자로 지정받은 자는 대통령령으로 정하는 바에 따라 전략물자에 대한 수출통제업무의 일부를 자율적으로 관리할 수 있다. 그리고 자율준수무역거래자는 자율적으로 관리하는 전략물자의 수출실적 등을 대통령령으로 정하는 바에 따라 산업통상자원부장관에게 보고하여야 한다.

2.5 플랜트 수출

일반적으로 플랜트 수출은 단순한 물품의 수출뿐만 아니라 물품인 기계, 설비, 장치 등과 이들을 설치해서 가동시킬 수 있는 설계, 시공, 기술 등이 결합된 복합적인 수출을 말한다. 이처럼 플랜트 수출은 기술, 인력 등이 함께 묻어가는 수출이기 때문에 일반 수출과는 달리 산업통상자원부장관의 승인을 요하고 있다.

이에 따라 다음 각 호의 어느 하나에 해당하는 플랜트 수출을 하려는 자는 산업통상자원부장관에게 수출승인을 받아야 하고 그 승인된 사항을 변경할 때에도 마찬가지이다(대외무역법 제32조).

① 농업·임업·어업·광업·제조업, 전기·가스·수도사업, 운송·창고업 및 방송·통신업을 경영하기 위하여 설치하는 기재·장치 및 대통령령으로 정하는 설비 중 산업통상자원부장관이 정하는 일정 규모 이상의 산업설비의 수출

② 산업설비·기술용역 및 시공을 포괄적으로 행하는 수출(일괄수주방식에 의한 수출)[7]

제3절 무역의 형태

현재 국가 간에 빈번히 이루어지는 무역거래를 유사한 성격끼리 묶어서 살펴보면 다음과 같다.

1. 유형무역과 무형무역

우리나라 대외무역법(제2조)에 의하면 무역은 물품, 용역 및 전자적 형태의 무체물 중 어느 하나에 해당하는 것의 수출과 수입을 말한다.[8] 이 중 형태를 갖추어 눈으로 볼 수 있는 물품을 수출입하는 경우를 유형무역이라 한다. 우리가 알고 있는 일반적인 상품의 수출입이 여기에 해당된다. 반면 경영상담을 한다든지, 법무관련 서비스를 제공한다든지 등 용역을 거래하거나 애니메이션 등 전자적 형태의 무체물을 전송하는 거래는 무형무역에 해당된다.

7 일괄수주방식(turn key system)은 키를 돌리면 모든 설비가 가동되는 상태로 수출하는 방식인데 주로 개발도상국을 대상으로 플랜트 수출이나 해외건설공사 등에서 많이 이용된다.

8 대통령령으로 정하는 용역 및 전자적 형태의 무체물 범위에 관한 자세한 것은 제9장에서 설명하기로 한다.

2. 제3국과 관련된 무역

2.1 중계무역

중계무역(intermediate trade)은 물품 등을 수입하여 보세구역[9] 등과 같은 특정지역을 제외한 국내에 반입하지 않고 다시 외국으로 수출하는 거래를 말한다. 예를 들어 우리나라 무역업자가 일본산 자동차용 에어백을 수입하여 부산항 보세구역에 장치한 후 이를 다시 중국으로 수출했을 경우 우리나라의 입장에서 보면 이런 무역거래는 중계무역에 해당된다.

중계무역의 경우 중계무역업자는 수입액과 수출액의 차이를 갖게 된다. 그리고 중계무역은 주로 해상운송이 편리한 중계무역항을 통하여 이루어지는데 중계무역항은 외환거래가 자유롭고 관세가 부과되지 않는 자유항(free port)을 말하며 대체로 싱가포르, 함부르크 등과 같이 지리적으로 물품이 집산될 수 있는 지역에 위치한다.

중계무역은 제조시설을 갖추지 않고 무역서류만으로 거래가 가능하기 때문에 일반수출에 비해 시간, 비용 등이 절약된다. 그리고 자국 물품의 공급능력에 한계가 있는 경우에도 제3국의 물품을 수입하여 수출하면 수출시장을 상실하지 않는 장점이 있다.

그러나 최종수입업자는 필요 이상의 높은 가격으로 물품을 수입하기 때문에 가능한 한 중계무역업자를 배제하려 한다. 또한 수입국이 무역정책상 최초 수출국과의 무역거래를 억제하고 있는 상황에서 중계무역업자가 최초 수출국의 상품을 중계하면 수입국은 중계국가와의 교역에 제동을 걸 수 있어 중계무역에는 어느 정도 한계가 따른다.

2.2 중개무역

제3국의 무역중개업자가 자신들이 가지고 있는 무역정보를 이용하여 수출업자와 수입업자 간의 거래를 알선하고 중개수수료를 받는 거래를 제3국의 입장에서 중개무역(merchandising trade)이라 한다. 예를 들어 우리나라의 무역업자가 일본의 자동차용 에어백 생산·수출업자와 중국의 수입업자를 연결시키고 수수료를 받았을 경우 우리나라 입장에서 보면 이는 중개무역에 해당된다.

---

9 보세구역은 외국물건 또는 일정한 내국물건에 대하여 관세법에 따라 관세의 부과가 유보되는 지역을 말하는데 이 지역에서는 물품의 반출입, 작업 등은 세관장이 통제한다. 여기에 관한 자세한 것은 제10장에서 설명하기로 한다.

앞서 설명한 중계무역과의 차이점을 살펴보면 다음과 같다.

첫째, 중계무역의 경우 물품은 중계국가의 보세구역 등으로 일단 반입되었다가 다시 재수출되지만 중개무역의 경우는 물품이 수출국에서 수입국으로 직접 운송된다.

둘째, 중계무역의 경우 중계무역업자가 수출업자로부터 직접 수입하고, 이를 다시 수입업자에 재수출하므로 무역 관련 업무를 모두 수행하지만, 중개무역의 경우는 수출업자가 수입업자에게 물품 등을 직접 선적해 보내기 때문에 중개업자는 무역 관련 업무에 전혀 관여하지 않는다.

셋째, 중계무역업자는 무역계약의 직접 당사자이지만 중개무역업자는 거래를 알선만 할 뿐 계약에 직접 참여하지 않는다.

마지막으로 중계무역은 수입금액과 재수출금액과의 차이, 즉 매매차익을 목적으로 하고 중개무역은 중개수수료 취득을 목적으로 한다.

2.3 스위치무역

스위치무역(switch trade)은 수출업자와 수입업자가 직접 매매계약을 체결하고 물품도 수입국으로 송부되지만 대금은 제3국의 무역업자로부터 받는 거래를 말한다. 제3국의 무역업자를 스위처(switcher)라 하고 스위처가 받는 수수료를 스위처 커미션(switcher commission)이라 한다.

중계무역 혹은 중개무역의 경우 수입업자는 중계차익이나 중개수수료 등으로 수입비용이 많이 들기 때문에 어떻게든 원래의 수출업자와 직접 거래를 성사시키려고 한다. 그래서 중간무역업자, 수입원가 등을 감추기 위해 물품은 수출업자가 직접 수입업자에게 운송하지만 대금은 수입업자가 제3자에게 지급하도록 한다. 제3자는 이 금액에서 수수료를 제외한 나머지를 수출업자에게 보내는데 이런 무역을 스위치무역이라 한다.

2.4 통과무역

통과무역(transit trade)은 물품이 수출국에서 수입국으로 직접 운송되지 않고 제3국을 경유하는 경우에 제3국의 입장에서 본 무역을 말한다. 예를 들어 우리나라의 수출업자가 가전제품을 시베리아 대륙 횡단철도를 이용해서 폴란드로 수출할 경우 이를 러시아의 입장에서 보면 통과무역이 된다. 통과국은 물품이 통과·운송되는 동안 운송료, 보험료, 보관료 등의 수익을 얻을 수 있어 각국은 통과무역을 장려하고 있다.

3. 연계무역

양국 간의 수출입 균형을 유지하기 위해 수출과 수입을 연계시킨 거래를 연계무역(counter trade)이라 한다. 우리나라의 대외무역관리규정(제2조 제10호)에서는 연계무역을 수출과 수입에 연계된 무역거래로서 물물교환, 구상무역, 대응구매 및 제품환매의 형태로 이루어지는 수출입으로 규정하고 있다.

3.1 물물교환

당사국 간에 외환거래가 없이 물품만을 서로 교환하는 무역거래를 물물교환(barter trade)이라 한다. 물물교환은 하나의 매매계약서로 수출입거래가 이루어지고 상품의 양과 질에 의해 쌍방 간의 지급의무가 상쇄된다. 그리고 대응수입기간은 통상 1년이지만 거의 동시에 상품이 교환되며 대응수입의무를 제3국에 전가시킬 수 없다. 물물교환은 가장 초보적인 연계무역의 형태이며 양국 간에 수출·수입할 수 있는 물품이 적절할 경우에만 이용될 수 있는 한계점이 있다.

3.2 구상무역

구상무역(compensation trade)은 수출입물품의 대금을 그에 상응하는 수입 또는 수출로 상쇄하는 무역거래를 말한다. 즉, 수출한 만큼 수입하고, 수입한 만큼 수출함으로써 수출과 수입을 서로 상쇄시킨다. 구상무역은 물물교환과 마찬가지로 하나의 계약서로 수출입거래가 이루어지지만 환거래가 발생하여 쌍방 간에 합의된 통화로 대금이 결제된다. 그리고 구상무역에서는 수입의무를 제3국으로 전가시킬 수 있는데 이 경우를 삼각구상무역(triangular compensation trade)이라 한다.

3.3 대응구매

대응구매(counter purchase)는 연계무역의 가장 보편적인 형태로 수출액의 일정 비율만큼을 반드시 구매하겠다는 별도의 계약서를 체결하고 수출하는 거래방식이다. 구상무역과 별 차이는 없지만 두 개의 계약서에 의해 쌍방 간의 거래가 이루어진다는 점이 다르다. 따라서 대응구매는 수출계약과 형식상 완전히 분리된 별도거래(two-way trade)이다. 그리고 대응수입의무를 제3국으로 전가시킬 수 있다.

대응구매와 정반대의 거래가 선구매(advance purchase)이다. 선구매는 수출업자가 수출하기에 앞서 수입업자로부터 제품을 먼저 구매하고 일정 기간 후 수입업자로 하여금 수출업자의 제품을 수입하도록 약속하는 거래방식이다.

3.4 제품환매

제품환매(buy-back)는 수출업자가 플랜트, 장비, 기술 등을 수출하고 이에 대응하여 동 설비나 기술로 생산된 제품을 다시 구매하는 것을 말한다. 이는 수입국의 산업을 발전시킬 목적으로 자본, 기술 등을 공여하는 산업협력의 일환으로 이용된다.[10]

지금까지 설명된 네 가지 형태의 연계무역을 비교・요약하면 [표 1-3]과 같다.

표 1-3 | 연계무역의 비교

구분	물물교환	구상무역	대응구매	제품환매
계약서	하나의 계약서	하나의 계약서	수출・수입 별도의 계약서	수출・수입 별도의 계약서
신용장	없음	특수신용장	일반신용장	별도 발행
상계방법	• 환거래 없음 • 상품에 의한 상계	• 환거래 발생 • 합의된 결제통화로 상계	• 환거래 발생 • 합의된 결제통화로 상계	• 환거래 발생 • 합의에 의한 결제
대응 수입비율	100%	합의에 의해 결정 (10~100%)	합의에 의해 결정 (10~100%)	합의에 의해 결정 (100% 초과 가능)
대응 수입기간	통상 1년 이내 (대부분 동시에 교환됨)	통상 3년 이내	통상 5년 이내	통상 3, 4~25년 이내 (대응수입이 1회에 한하지 않고 계속됨)
수입의무의 3국전가 여부	불가	가능	가능	가능

10 연계무역의 성격과 유사한 것으로 절충교역거래(off-set deal)는 군수품거래 시 많이 이용되는 연계무역의 일종이다. 예를 들어 우리나라가 미국에서 전투기를 도입할 때 미국의 수출업자로 하여금 일부 부품을 우리나라에서 수입하도록 함으로써 전투기수입과 부품수출을 연계시킨다. 우리나라는 부품 생산을 시작으로 항공기산업을 육성할 수 있는 기반을 마련할 수 있다.

4. 가공무역

가공무역은 원자재의 일부 또는 전부를 외국에서 수입한 후 이를 가공하여 다시 외국으로 수출하는 거래를 말한다.

4.1 위탁가공무역

위탁가공무역은 가공임을 지급하는 조건으로 가공할 원자재의 전부 또는 일부를 외국의 상대방에게 수출(위탁)한 후 가공 완제품을 다시 수입하는 거래를 말한다. 보통 자국에 비해서 가공임이 저렴한 국가나 기술이 상대적으로 발달한 국가로 원자재를 수출하고 가공해 줄 것을 위탁하는 경우가 많다.

4.2 수탁가공무역

수탁가공무역은 가득액(완제품 수출금액－원재료 수입금액)을 얻기 위해서 원자재의 전부 또는 일부를 거래상대방의 위탁에 의하여 외국으로부터 수입하고, 이를 가공한 후 위탁자 또는 그가 지정하는 자에게 수출하는 거래이다. 수탁가공무역은 원자재의 조달방법에 따라서 유환수탁가공무역과 무환수탁가공무역으로 구분된다.

유환수탁가공무역은 대상 원자재를 유환으로 수입하여 이를 가공한 후 완제품을 수출하는 거래로서 원자재의 수입대금과 완제품의 수출대금이 직접 지급되고 수취된다. 반면 무환수탁가공무역은 대상 원자재를 무환으로 수입하여 가공한 후 가공임만을 받고 그대로 수출하는 거래이다.

4.3 보세가공무역

가공무역 중에서 보세가공무역(bonded process transaction)은 수출을 촉진시키기 위해서 정부가 지정한 특정보세지역(예 : 마산의 자유무역지역)에 가공설비를 설치하여 외국에서 수입한 원료를 가공한 후 다시 외국으로 수출하는 거래를 말한다. 모든 거래가 보세지역에서 이루어지기 때문에 원료를 수입할 때 관세를 부담하지 않는다. 우리나라는 「자유무역지역의 지정 및 운영에 관한 법률」에 의해 자유무역지역에서 보세가공무역이 이루어지고 있다.

5. 수 · 위탁판매무역

5.1 위탁판매수출

위탁판매수출(export on consignment)은 위탁자(수출업자)가 외국에 있는 수탁자(유통업자)에게 물품을 무환 수출하면서 판매를 위탁하고 물품이 판매된 범위 내에서 수출대금을 회수하는 거래이다. 수출업자는 자기의 비용과 위험부담으로 물품을 위탁·수출하므로 물품의 소유권은 수출업자에게 있으며 판매하고 남은 물품도 수출업자에게 반송된다.

위탁판매방식은 신시장의 개척이나 신규 상품인 경우 많이 이용된다. 즉 현지 내의 광범위한 판매망을 가진 유통업자에게 판매를 위탁해서 먼저 수출대상지역의 시장성을 시험해 본 후 본격적인 거래를 시작한다. 그리고 상품의 가격변동이 심할 경우에도 정식으로 수출계약을 체결하지 않고 위탁판매를 의뢰하여 가격이 가장 유리할 때 판매하도록 한다.

그러나 위탁판매의 경우 일정 기간에 전량이 판매되지 않으면 잔여분을 재고품으로 처리해야 하므로 이에 따른 비용이 소요된다. 또한 수출대금은 물품이 판매된 후 결제되므로 대금회수에 상당한 시간이 소요되고 경우에 따라서 대금회수불능의 위험도 발생할 수 있다.

5.2 수탁판매수입

수탁판매수입(import on consignment)은 물품을 무환 수입하여 당해 물품이 판매된 범위 내에서 수입대금을 결제하는 거래를 말한다. 위탁판매수출을 수탁자의 입장에서 보면 수탁판매수입이 된다.

수탁자(수입업자)는 판매 대리인으로서 위탁자가 지정한 조건에 따라 상품을 시판하고 그 판매대금에서 경비, 수수료 등을 공제한 잔액을 송금한다. 그리고 잔여분은 위탁자에게 반송한다. 따라서 수입업자는 수입에 따른 자금부담이 전혀 없을 뿐만 아니라 판매에 대한 위험도 없다.

5.3 보세창고도거래

보세창고도거래(bonded warehouse transaction : BWT)는 수출업자가 외국의 주요 항구에 설치되어 있는 보세창고(bonded warehouse)에 상품을 운송한 후 현지의 시장 상황에 따라 판매하는 일종의 위탁판매방식의 거래를 말한다. 보세창고에 보관 중인 물품은 관세, 내국세 등이 부과되지 않으므로 보세상태에서 수시로 판매 또는 반송될 수 있다.

보세창고도거래에서 수출업자는 물품을 보세창고에 보관하면서 시장상황에 따라 적기에 판매할 수 있는 장점을 누릴 수 있다. 그렇지만 시황이 불리하여 본국으로 물품을 반송할 경우 여러 가지 비용이 발생하며 또한 일반 수출에 비해 대금회수가 늦는 편이다. 반면 수입업자는 보세창고에서 현품을 확인하고 수입하므로 국내거래와 같은 효과가 있다. 즉 일반 수입에 비해 시간, 비용 등을 절약할 수 있고 수입시차에 따른 손실을 최대한으로 줄일 수 있다.

우리나라는 보세창고도거래를 지원하기 위해 파나마의 콜롱(Colon)에 이러한 보세창고를 설치·운영하고 있다. 그리고 네덜란드의 로테르담(Rotterdam)에도 보세창고와 유사한 CTS(central terminal station)시설을 운영하고 있다. CTS는 우리나라 수출업자로부터 물품을 위탁받아 현지에서 판매된 범위 내에서 대금을 결제하는 법인을 말한다.

6. 임대차무역

6.1 임대수출

임대수출은 임대(사용임대 포함)계약에 의하여 물품을 수출하고 일정 기간 후 이를 재수입하거나 또는 임대기간이 만료되기 전이나 만료된 후 당해 물품의 소유권을 수입업자에게 이전해 주는 수출을 말한다. 시설, 기자재 등은 가액이 높기 때문에 임대기간 동안 임대료를 분할·지급받는 조건의 방식으로 많이 수출된다.

임대조건으로 수출하면 수입업자의 자금부담이 완화되어 시설, 기자재 등의 수출판로가 확대되며 또한 이들의 가동에 필요한 기술제공에 따라 양국 간의 경제협력체제를 이룰 수 있다. 그리고 노임, 원료 등 기타 생산여건이 불리할 경우 이들 조건이 유리한

국가로 시설, 기자재 등을 이전하고 동 시설을 이용하여 생산된 완제품을 수입할 수 있다.

6.2 임차수입

임차수입은 임차(사용임차 포함)계약에 의하여 물품을 수입하고 일정 기간 후 다시 수출하거나 또는 임차기간이 만료되기 전이나 후에 당해 물품의 소유권을 이전받는 수입을 말한다. 임대수출을 반대의 입장에서 보면 임차수입이 된다.

임차수입을 하면 수입업자는 시설, 기자재 등 고액의 자본재를 자금부담 없이 확보할 수 있으며 또한 임대인의 기술제공에 따라 시설 가동에 필요한 새로운 기술을 도입할 필요가 없다. 그리고 임차한 시설을 이용하여 생산된 제품은 모두 임대인에게 수출할 수 있다.

그러나 임대인이 생산된 제품을 모두 수입해 가기 때문에 가격이 임차인에게 불리하게 결정되는 경우가 많다. 또한 시장경기가 좋아서 수출전망이 있어도 임대임이 제시하는 수량 이상의 생산은 불가능한 단점이 있다.

7. 외국인도수출과 외국인수수입

7.1 외국인도수출

외국인도수출은 국내에서 통관되지 않은 물품을 외국에서 외국으로 인도하여 수출하고 그 대금은 국내에서 영수하는 거래방식을 말하는데 외국에 있는 우리나라 물품을 외국으로 직접 수출할 때 이용된다. 예를 들어 해외건설현장에서 사용했던 중고시설 기자재를 국내로 반입하지 않고 이를 다시 외국으로 매각할 때나 항해 중이거나 어로 작업 중인 선박을 현지에서 매각할 경우 이 방식의 수출거래가 이용된다.

7.2 외국인수수입

외국인수수입은 국내에서 수입대금을 지급하지만 물품은 외국의 사업현장으로 직접 운송되도록 하는 거래방식이며 해외건설, 해외투자, 위탁가공 등 해외의 사업현장에 필요한 기자재를 외국에서 수입할 때 많이 이용된다. 즉 해외에서 필요한 물품을 우리나라로 운송했다가 이를 현지로 보내려면 시간과 비용이 많이 들기 때문에 수입대금은 국내에서 지급하고 물품은 외국에서 사업현장으로 직접 운송되도록 한다.

8. 기타의 무역

8.1 전자무역

오늘날 무역거래에서는 인터넷, 전자문서교환(electronic date interchange : EDI) 등 각종 정보통신기술이 많이 활용되어 무역업무 중 상당부분이 전자적으로 신속하게 처리되고 있는데 이와 같이 무역의 일부 또는 전부가 전자무역문서로 처리되는 거래를 전자무역(e-trade)이라 한다(전자무역촉진에 관한 법률 제2조). 이로 인해 그동안 해외 시장조사, 거래제의 및 알선, 계약 등 전통적으로 많은 시간과 비용이 소요되었던 무역과정을 신속·정확하게 수행할 수 있어 무역부대비용을 절감할 수 있게 되었다.[11]

8.2 OEM방식 수출

OEM(original equipment manufacturing)방식의 수출은 외국의 수입업자로부터 제품의 생산을 의뢰받아 생산된 제품에 주문자의 상표를 부착하여 인도하는 주문자상표부착방식의 수출을 말한다. 이 방식의 거래는 주문자의 요청에 따라 생산된 제품은 모두 수출되므로 수출확대와 기술축적의 계기는 될 수 있지만, 주문량이 줄어들거나 중단될 경우 수출도 자동으로 영향을 받아 독자적인 수출활동이 어려운 점이 있다. 그리고 주문자의 상표를 계속 사용함으로써 새 모델을 개발한다든지 자사 상품의 이미지를 알리는 기회가 없게 된다.

---

11 EDI를 통해 서로 다른 거래당사자들이 전자문서 등 자료를 효율적으로 교환하기 위해서는 먼저 EDI 표준(standard)이 이루어져야 한다. 특히 국가 간의 거래를 위해서는 전 세계의 모든 산업에 공통되고 사용자들이 함께 사용할 수 있는 국제표준이 필요하다. 이에 따라 UN 산하의 유럽경제위원회에서는 EDI 국제표준으로 '행정, 무역 및 운송에 관한 EDI 국제표준(Electronic Data Interchange for Administration, Commerce and Transport : UN/EDIFACT)'을 개발하였다. UN/EDIFACT는 국제상업회의소, 각국의 EDI 관련 단체들로부터 호응을 받아 1987년 국제표준화기구에 의해 EDI 국제표준으로 승인되어 현재 각국에서 널리 사용되고 있다.

8.3 녹다운방식 수출

녹다운(knock-down)방식의 수출은 완제품을 수출하는 것이 아니라 조립생산설비를 갖춘 거래처에 부품이나 반제품을 수출하고 실수요지에서 제품을 완성하는 현지조립방식의 수출을 말한다. 부품이나 반제품의 형태로 수출함으로써 완제품에 대한 수입제한이나 고율의 관세가 부과되는 것을 피할 수 있다. 자동차 등 기계류의 수출에 이 방식이 많이 이용된다.

예를 들어 현재 우리나라 쌍용자동차는 KD방식으로 자동차를 러시아로 수출하고 있다. 자동차 부분품을 영일신항만을 통해 러시아 블라디보스토크 공장으로 보내면 현지에서는 도장·용접 등의 절차 없이 단순 조립·생산해서 러시아 전역으로 판매하고 있다. 그리고 일본의 마츠다 자동차도 러시아로 신차를 KD방식으로 수출하고 있는데 일본에서 신차가 우리나라 영일신항만으로 수송되고 거기서 부분품으로 분해되어 러시아로 운송된 후 다시 러시아에서 자동차로 조립·완성되고 있다.

8.4 각서무역

각서무역(memorandum trade)은 일본과 중국 간에 국교가 정상화되기 전인 1962년 양국 간의 무역에 처음 사용되었던 무역형태이다. 양국이 일·중 총합무역(日中總合貿易)에 관한 각서를 교환함으로써 무역이 이루어져 이를 각서무역이라 하였다.

양국 간의 연간 교역금액이 각서로 확정되었기 때문에 일본의 수출업자가 중국으로 일정액을 수출하게 되면 일정 기간 후 동일금액만큼을 중국에서 수입하겠다는 각서를 발행해야만 한다. 각서무역은 국교가 정상화되지 않은 두 국가 사이에 처음 시작하는 거래형태로 활용될 수 있다.

8.5 삼각무역

삼각무역(triangular trade)은 두 나라 사이에 수출 또는 수입이 일치하지 않아 이를 한 국가의 국제수지가 적자인 경우에 이를 시정하기 위해서 제3국을 개입시켜 거래하는 것을 말한다.

한국의 한남 상사가 베트남의 하노이 상사에게 원단을 수출하는 전제조건으로 베트남의 하노이 상사로부터 의류를 수입하여 이를 미국의 캘리포니아 상사에게 판매하는 거래에서 원단은 베트남으로 운송되고 의류는 한국으로 운송되는 것이 아니라 베트남에서 미국으로 직접 운송되며 한남 상사는 캘리포니아 상사로부터 의류 수출대금을 한국에서 받아 하노이 상사로 지급하고 하노이 상사는 원단대금을 한남 상사로 지급하게 된다. 따라서 한국과 베트남 간에 발생한 국제수지 적자를 미국을 개입시켜 균형을 이루게 된다.

8.6 다국간무역

다국간무역(multilateral trade)은 여러 국가가 개입된 거래를 말한다.

한국의 한남 상사가 베트남의 하노이 상사에게 핸드폰을 수출하는 전제조건으로 베트남의 하노이 상사로부터 수산물을 수입하여 이를 일본의 야마모토 상사에게 판매하고 이 판매조건으로 일본의 야마모토 상사로부터 소형농기계를 구매한 후 이를 미국의 캘리포니아 상사에게 판매한다. 핸드폰은 한국에서 베트남으로 운송되고 수산물은 베트남에서 일본으로 운송되며 소형농기계는 일본에서 미국으로 운송된다. 한남 상사가 수산물의 판매대금을 야마모토 상사로부터 받아 하노이 상사로 지급하고 하노이 상사로부터 핸드폰 대금을 받는다. 한남 상사는 소형농기계 대금을 캘리포니아 상사로부터 받아 야마모토 상사에게 지급한다.

FTA

FTA 무역실무
Free Trade Agreement

2 CHAPTER 상품분류와 원산지 결정기준

제1절 상품분류와 HS

1. 상품분류의 의의

무역에서는 수많은 상품이 거래되고 있는데 이들 상품의 이름은 국가마다 조금씩 차이가 있고 동일한 이름의 상품도 독특한 기능이 추가됨에 따라 여러 가지로 분류될 수 있다. 또한 똑같은 기능을 가진 상품이더라도 그 용도에 따라서 적용되는 관세율이 달라질 수 있다.[1] 따라서 무역상품에 대한 업무를 신속히 처리하거나 수출입 통계를 작성하고 적절한 관세율을 적용하기 위해서는 상품을 체계적으로 분류하는 기준을 만들어 그 기준에 따라서 세계 각국이 공통으로 사용할 수 있는 고유번호를 부여하는 것이 필요하다.

이에 따라 1950년 유엔에서 표준국제무역분류(standard international trade classification : SITC) 방식을 제정했는데 이 방식은 1960년에 전면 개정되었고 이후 2차례 개정되어 오늘에 이르고 있으며, 대부분의 국가들이 무역통계를 집계할 때 이 방식을 사용하고 있다. 이 분류체계는 경제분석 및 산업정책 그리고 상품별 무역자료의 통계를 내는 데 편리하도록 상품을 식료품과 원재료·화학제품·기계류 등으로 통합하여 상품의 제조단계별 또는 산업용도별로 분류하여 수록하고 있는데 총 45,000여 개의 품목을 구분하고 있다.[2]

한편 우리나라 통계청은 무역상품에 관련된 자료를 수집, 분석 및 비교하기 위하여 상품을 그 특성과 생산에 투입된 재료의 특성, 생산단계 등의 일정한 기준과 원칙에 따라 체계적으로 유형화한 한국표준무역분류(Standard Korean Trade Classification)를 사용하고 있는데 여기서의 분류기호 및 분류내용은 SITC 분류항목과 일치한다.

한편 1955년 관세협력이사회(현, 세계관세기구)에서는 관세를 공정하게 부과하고 제각각인 세계 여러 나라의 관세행정을 통일시키기 위해 재료, 제조과정, 노동과정 및 용도를 중심으로 총 60,000여 개의 상품을 분류한 관세협력이사회 품목표(customs cooperation council nomenclature : CCCN)를 만들어 사용했다. 이 품목표는 새로운

1 예를 들어 우리나라에서 스쿠버 다이빙을 할 때 적용되는 재킷의 경우 일반의류 재킷으로 판단되면 13%의 관세율이 적용되지만 수상운동용품으로 판단되면 8%가 적용된다.

2 SITC는 45,000여 개의 품목을 1,312개의 기본 항목(basic item), 177개의 그룹, 625개의 소그룹(sub-group), 56개의 디비전(division) 및 10개의 섹션(section)으로 구분되어 있다.

방식이 채택되기 전까지 전 세계의 관세율표로 활용되었다.

그러나 과학기술의 발달로 새로운 상품이 많이 개발됨으로써 모든 상품을 분류할 수 있는 방식이 필요하여 관세협력이사회에서는 국제무역의 촉진을 위해 기존의 관세협력이사회 품목표(CCCN)를 바탕으로 '통일상품명 및 부호체계에 관한 국제협약(The International Convention on the Harmonized Commodity Description and Coding System)'을 채택하였으며 이 협약은 1988년 1월 1일부터 발효되고 있다. 우리나라를 포함한 전 세계 대부분의 국가가 이 협약에 가입되어 있다.

그리고 이 협약의 부속서는 무역거래 상품의 이름을 통일하고 이를 체계적으로 분류할 수 있는 품목분류표인 통일상품명 및 부호체계(harmonized commodity description and coding system)인데 이 체계에 의해 상품을 분류하는 방식을 'HS방식'이라 한다. 현재 세계 각국은 HS방식에 따라 상품을 공통으로 분류하고 있다.

2. HS 분류체계와 예시

2.1 HS 분류체계

HS 분류체계는 먼저 대분류 수준에서 21개의 부(section)를 수평으로 배열하고, 각 부는 중간 단계 차원에서 류(chapter)로 중분류하고, 각 류는 그 다음의 낮은 단계 차원에서 호(heading)로 소분류하고, 호는 다시 더 낮은 단계의 소호(sub-heading)로 세분류하는 순으로 하향 수직 배열되어 있다. 류→호→소호 순으로 각각 2단위의 코드번호가 부여되는데 총 6단위의 코드번호는 세계 공통이다.

1) 부

부는 대분류 수준에서 비슷하거나 관련된 상품을 분류한 것인데 [표 2-1]과 같이 제1부부터 제21부까지 총 21개의 부로 구성되어 있고 각 부에는 편의상 표제가 설정되어 있다. 제1부는 '산 동물 및 동물성 생산품', 제11부는 '방직용 섬유와 그 제품'과 같이 각 부별로 표제가 있지만 이는 참조로 설정된 것이고 법적 구속력은 없다. 그리고 부가 21개로 나누어지지만 상품을 분류할 때 각 부에 대한 번호는 부여하지 않는다.

표 2-1 | HS 상품분류체계 : 부

1부	2부	3부	4부	5부
01류 산 동물 02류 육과 식용설육 03류 어패류 04류 낙농품·조란·천연꿀 05류 기타 동물성 생산품	06류 산수목·꽃 07류 채소 08류 과실·견과류 09류 커피·차·향신료 10류 곡물 11류 곡물의 분과 조분 밀가루·전분 12류 채유용 종자·인삼 13류 식물성 엑기스 14류 기타 식물성 생산품	15류 동·식물성 유지	16류 육·어류조제품 17류 당류·설탕과자 18류 코코아·초콜릿 19류 곡물, 곡분의 주제품과 빵류 20류 채소·과실의 조제품 21류 기타의 조제 식료품 22류 음료, 주류, 식초 23류 조제사료 24류 담배	25류 토석류·소금 26류 광, 슬랙, 회 27류 광물성 연료, 에너지
6부	**7부**	**8부**	**9부**	**10부**
28류 무기화합물 29류 유기화합물 30류 의료용품 31류 비료 32류 염료, 안료, 페인트잉크 33류 향료·화장품 34류 비누, 계면활성제·왁스 35류 카세인·알부민·변성전분·효소 36류 화약류·성냥 37류 필름인화지, 사진용 재료 38류 각종 화학공업생산품	39류 플라스틱과 그 제품 40류 고무와 그 제품	41류 원피·가죽 42류 가죽제품 43류 모피, 모피제품	44류 목재·목탄 45류 코르크·짚 46류 조물재료의 제품	47류 펄프 48류 지와 판지 49류 서적·신문 인쇄물
11부	**12부**	**13부**	**14부**	**15부**
50류 견·견사견직물 51류 양모·수모 52류 면·면사면직물 53류 마류의사와 직물 54류 인조필라멘트섬유 55류 인조스테이플섬유 56류 워딩·부직포 57류 양탄자 58류 특수직물 59류 침투, 도포한 직물 60류 편물 61류 의류(편물제) 62류 의류(편물제 이외) 63류 기타 섬유제품·넝마	64류 신발류 65류 모자류 66류 우산·지팡이 67류 조제우모·인조제품	68류 석, 시멘트, 석면제품 69류 도자제품 70류 유리	71류 귀석, 반귀석, 귀금속	72류 철강 73류 철강제품 74류 동과 그 제품 75류 니켈과 그 제품 76류 알루미늄과 그 제품 77류 (유보) 78류 연과 그 제품 79류 아연과 그 제품 80류 주석과 그 제품 81류 기타의 비금속 82류 비금속제공구, 스푼·포크 83류 각종 비금속제품
16부	**17부**	**18부**	**19부**	**20부**
84류 보일러·기계류 85류 전기기기·TV·VTR	86류 철도차량 87류 일반차량 88류 항공기 89류 선박	90류 광학·의료·측정·검사·정밀기기 91류 시계 92류 악기	93류 무기	94류 가구류·조명기구 95류 완구·운동용구 96류 잡품
21부				
97류 예술품·골동품				

2) 류

류는 중간 단계 수준에서 특정 부에 속하는 품목을 재질, 가공형태, 용도 등에 따라 분류한 것인데 반드시 두 단위수로 표시된다. 제1류부터 제97류까지 총 97개의 류가 있는데 제77류는 유보된 상태이므로 현재는 96개의 류를 사용하고 있다.

표 2-2 | HS 상품분류체계 : 류

	0	1	2	3	4	5	6	7	8	9
0		산 동물	육과 식용설육	어패류	낙농품 · 조란 · 천연꿀	기타 동물성 생산품	산수목 · 꽃	채소	과실 · 견과류	커피 · 차 · 향신료
10	곡물	곡물의 분과 조분 밀가루 · 전분	채유용 종자 · 인삼	식물성 엑기스	기타 식물성 생산품	동·식물성 유지	육·어류 조제품	당류 · 설탕과자	코코아 · 초콜릿	곡물, 곡분의 주제품, 빵류
20	채소 · 과실의 조제품	기타의 조제 식료품	음료, 주류, 식초	조제 사료	담배	토석류 · 소금	광, 슬랙, 회	광물성 연료, 에너지	무기 화합물	유기 화합물
30	의료용품	비료	염료, 안료, 페인트 잉크	향료 · 화장품	비누, 계면활성제, 왁스	카세인 · 알부민 · 변성전분 효소	화약류 · 성냥	필름 인화지, 사진용 재료	각종 화학공업 생산품	플라스틱과 그 제품
40	고무와 그 제품	원피 · 가죽	가죽 제품	모피, 모피 제품	목재 · 목탄	코르크 · 짚	조물재료의 제품	펄프	지와 판지	서적 · 신문 인쇄물
50	견 · 견사 견직물	양모 · 수모	면 · 면사 면직물	마류 의사와 직물	인조필라멘트섬유	인조스테이플섬유	워딩 · 부직포	양탄자	특수 직물	침투, 도포한 직물
60	편물	의류 (편물제)	의류 (편물제 이외)	기타 섬유 제품 · 넝마	신발류	모자류	우산 · 지팡이	조제우모 · 인조제품	석, 시멘트, 석면제품	도자 제품
70	유리	귀석, 반귀석, 귀금속	철강	철강 제품	동과 그 제품	니켈과 그 제품	알루미늄과 그 제품	(유보)	연과 그 제품	아연과 그 제품
80	주석과 그 제품	기타의 비금속	비금속제 공구, 스푼 · 포크	각종 비금속 제품	보일러 · 기계류	전기기기 · TV · VTR	철도차량	일반차량	항공기	선박
90	광학 · 의료 · 측정 · 검사 · 정밀기기	시계	악기	무기	가구류 · 조명기구	완구 · 운동용구	잡품	예술품 · 골동품		

류는 앞의 부를 세분한 것이므로 각 부는 그 성질에 따라 1개류가 있을 수도 있고 여러 개의 류가 있을 수도 있다. 예를 들어 제3부에는 동・식물성 유지(제15류)의 1개류만 있지만 제11부에는 견(제50류)을 비롯하여 기타 섬유제품(제63류) 등과 같이 14개의 류가 있다. 각 부별에 있는 류를 합하면 모두 97개이다.

[표 2-2]는 HS방식에 따른 97개의 류를 분류한 것인데 맨 왼쪽 칸은 류의 첫째 숫자를 나타내고, 각 줄에서 수평으로 배치된 숫자는 류의 둘째 숫자를 의미한다. 따라서 산 동물의 류 번호는 01이 되고 일반차량은 87이 된다. 그리고 맨 위 칸에서부터 수평으로 각 부에 해당되는 류가 순차적으로 배열되는데 1번 산 동물에서 시작하여 5번까지가 제1부이고, 그 다음부터 14류 기타 식물성 생산물까지가 제2부에 해당된다. 이와 같이 수평으로 왔다 갔다 하면서 21부로 나누어지게 된다.

3) 호

호는 류를 품목에 따라 4단위로 세분한 것으로서 2012년 현재 총 1,244개의 호가 있다. 앞의 2단위는 류를 의미하고 뒤의 2단위는 류 내에서의 품목번호를 나타낸다. 호의 용어는 4단위 코드번호와 연결하여 설정되어 있는 품목명을 의미하며 이는 품목분류에 있어서 법적 구속력이 있는 협약된 용어이다.

4) 소호

소호는 호(4단위)를 5단위 또는 6단위로 세분한 것으로 총 5,225개의 소호가 있다. 소호의 용어는 코드번호(6단위)와 연결된 품목을 의미하며 법적 구속력이 있는 협약된 용어이다.

2.2 HS 품목분류 예시

HS 코드번호는 모두 6단위를 기본으로 하는데 제일 먼저 상품의 성질에 따라 부가 결정되면 그 다음 2단위의 류 번호가 부여된다. 류가 확정되면 다시 성질에 따라 2단위의 호 번호가 부여된다. 따라서 호 번호는 류의 번호를 포함하여 모두 4단위로 구성된다. 소호는 상품의 분류 성질에 따라서 앞의 류 및 호의 번호 4단위에다 다시 2단위의 번호가 부여되는데 그 예를 살펴보면 다음과 같다.

예시 1. 실린더 2,000~3,000cc 사이의 신차 HS 코드

제17부에는 철도차량(제86류), 일반차량(제87류), 항공기(제88류) 및 선박(제89류)의 4개 류가 있다. 신차는 일반차량으로서 제87류에 해당되므로 87 번호가 부여되고 87류는 다시 16개의 호로 구분되는데 그 중 주로 사람을 수송할 수 있도록 설계·제작된 승용자동차와 기타 차량의 코드번호는 03이다. 따라서 8703의 번호가 확정된다. 그리고 8703 코드번호 내에는 실린더의 용량, 신차와 중고차 등의 여부에 따라 여러 개의 소호로 분류되어 있는데 실린더 용량이 1,500cc 초과 3,000cc 이하인 것은 8703.23이다. 따라서 실린더 용량이 2,000~3,000cc 사이의 신차는 세계 공통으로 8703.23이다.

명칭	자릿수	번호	품목명
류	2	87류	자동차
호	4	8703호	자동차-승용자동차
소호	6	8703.23소호	자동차-승용자동차-1,500cc 초과 3,000cc 이하

예시 2. 립스틱 HS 코드

립스틱은 향료·화장품이기 때문에 제6부 제33류에 해당된다. 제33류는 그 성질에 따라 에센셜 오일(3301)부터 면도용 제품류, 실내용 조제방취제(3307)까지 7개의 호로 세분된다. 그 중에서 립스틱은 미용 또는 메이크업 제품류와 기초화장품(3304)에 해당되고 그 밑에 총 5개의 소호가 있는데 이 중 3304.10이 입술화장품 소호이다. 따라서 립스틱은 세계 공통으로 3304.10이 HS 코드번호이다.

명칭	자릿수	번호	품목명
류	2	33류	향료·화장품
호	4	3304호	메이크업 제품류와 기초화장품
소호	6	3304.10소호	입술화장품

3. 관세·통계통합품목분류

HS방식을 사용하는 모든 국가는 6단위까지는 동일한 분류체계를 사용하고 6단위를 초과하는 세부분류는 자국의 사정에 따라 별도로 정한다. 미국·EU·중국 등은 HS 8단위까지 세분류하고, 일본은 HS 9단위까지 세분류하고 있다. 우리나라는 세계 공통의 6단위 분류에다 국내의 제반사정을 감안하여 자체 분류 4단위를 합해 모두 10단위로 품목을 분류해 놓고 있는데, 이를 관세·통계통합품목분류표 혹은 한국통일상품분류

(Harmonized System Korea : HSK)라 한다.

HSK 4단위는 개별품목에 대해 우리나라가 관세율 적용, 통계작성 등으로 부여한 자체 번호에 해당된다. 산업통상자원부 고시로 공포·시행되며, 관세율표, 수출입공고, 통합공고, 무역통계 작성 등에 활용되고 있다.

예시 1-1. 실린더 2,000~3,000cc 사이의 신차 HSK 코드

우리나라는 실린더 용량을 자동차-승용자동차-1,500cc 초과 3,000cc 이하를 다시 2,000cc 이상 3,000cc 이하로 세분화하여 2단위 번호를 부여하고 그 다음 신차 혹은 중고차에 따라서 2단위 번호를 부여하여 총 4단위 번호가 추가된다.

명칭	자릿수	번호	품목명
류	2	87류	자동차
호	4	8703호	자동차-승용자동차
소호	6	8703.23소호	자동차-승용자동차-1,500cc 초과 3,000cc 이하
HSK	2	8703.23-10	자동차-승용자동차-1,500cc 초과 3,000cc 이하 -2,000cc 이상 3,000cc 이하
최종 HSK	2	8703.23-1010	자동차-승용자동차-1,500cc 초과 3,000cc 이하 -2,000cc 이상 3,000cc 이하-신차

예시 2-1. 립스틱 HSK 코드

립스틱은 세계 공통 6단위 중 소호가 우리나라에서는 다시 3304.1010(입술화장품) 및 3304.1090(기타 화장품)으로 나누어진다. 이에 따라 립스틱의 최종 HSK 번호는 3304.101000이 된다.[3]

명칭	자릿수	번호	품목명
류	2	33류	향료·화장품
호	4	3304호	메이크업 제품류와 기초화장품
소호	6	3304.10소호	입술화장품
HSK	2	3304.1010	입술화장품
최종 HSK	2	3304.101000	더 이상 세분화는 안 되지만 균형을 맞추기 위해 번호 부여

3 미국은 최종 8단위를 쓰기 때문에 립스틱의 HS 번호는 3304.1000이고 9단위를 사용하는 일본에서는 립스틱의 HS 번호는 3304.10000이다.

4. 상품분류와 FTA

현재 세계 대부분의 국가가 공통으로 사용하고 있는 상품의 HS 코드는 FTA에서 다음과 같은 두 가지 점에서 매우 유용하게 사용되고 있다.

첫째, HS 코드는 FTA 체약국 간 협상대상물품의 기준으로 활용된다.

FTA는 체약국 간에 자국을 원산지로 하는 물품에 대해서 관세를 철폐하거나 연차적으로 인하함으로써 무역거래를 활성화하는 것이므로 FTA를 체결할 때에는 체약국 간에 협정대상물품을 구체적으로 정하게 된다. 그런데 체약국 간에는 협정대상물품을 표시하거나 인식하는 데 차이가 있을 수 있고, 동일한 물품이라 하더라도 그 용도에 따라서 관세율상의 차이가 있다. 따라서 협정대상물품을 표기할 때에는 가급적이면 세계 공통으로 인식할 수 있는 표시를 해야 한다.

이런 취지에 따라서 FTA 체결 시에는 체약국 간의 협정대상물품에 대해서는 반드시 세계 공통으로 사용하는 상품분류체계 코드를 명시하도록 되어 있다. 현재 FTA 체약국은 각각 자국의 HS 상품분류 코드에 따라 타결한 상품별 관세양허 내용을 협정문 부속서에 포함시키게 되어 있다.

둘째, HS 코드는 원산지결정기준으로 활용된다.

FTA는 체약국을 원산지로 하는 물품에 대해서만 관세상의 혜택을 주기 때문에 협정대상물품은 체약국 간에 합의한 원산지기준을 반드시 지켜야 한다. 체약국에서 100% 생산되거나 수확된 물품은 큰 문제가 되지 않지만 제조과정에서 어떤 변형이 이루어진 물품에 대해서는 원산지를 결정하는 것이 매우 어렵다. 특히 요즈음 같이 글로벌시대에서는 하나의 제품 안에 여러 국가의 부품이 들어갈 수 있고 생산라인도 여러 국가로 분업화되어, 여러 국가의 부품이 여러 국가의 공장을 거친 후에 하나의 제품이 생산되기도 한다.

이에 따라 FTA에서는 모든 제품에 대해 개별적으로 기준을 정하여 그 기준을 충족해야만 원산지로 인정하는데 그 기준 중 하나로 활용되는 것이 세번(tariff heading)을 변경시킨 국가를 원산지로 인정하는 방법이다. 이는 HS 코드번호를 변경시킨 국가를 원산지로 인정하는 것인데, 예를 들어 철판(HS 코드 : 7220)을 수입가공하여 부엌용 냄비(HS 코드 : 7324)를 만들었을 경우 세번이 변경된 것으로 간주되고 부엌용 냄비를 만든 국가가 원산지로 인정될 수 있다.

제2절 원산지결정기준

1. 원산지결정기준의 의의

FTA는 체약국 간 관세를 철폐하거나 점진적으로 인하하여 상호 자유무역의 혜택을 누리자는 것인데 이런 자유무역의 이점을 최대한 누리기 위해서 대상물품은 반드시 체약국을 원산지로 해야 한다. 왜냐하면 FTA를 체결하지 않은 국가의 물품이 수입되어 원상 그대로 혹은 약간의 가공을 거쳐 체약상대국으로 수출될 수도 있고, 대부분의 원재료를 수입하여 체약국에서 단지 조립・생산만 하여 수출할 수도 있기 때문이다. 따라서 이런 위장우회수출이나 단순조립수출 등을 방지하기 위해서 FTA 체약국 간에는 상호 거래물품에 대해 원산지증명을 필요로 한다.

일반적으로 FTA상 원산지는 관세의 부과, 징수 및 감면, 수출입물품의 통관 등을 할 때 각 협정에서 정하는 기준에 따라 물품의 생산, 가공, 제조 등이 이루어진 것으로 보는 국가를 말하는데 오늘날과 같은 글로벌 경제시대에는 물품의 원산지를 증명하는 것이 쉽지가 않다. 이에 따라 FTA에서는 원산지증명에 따른 혼란과 분쟁을 사전에 방지하기 위해 원산지결정기준(product specific rules)을 마련하고 그 기준을 충족시킨 경우에 한해서만 원산지를 인정하고 있다.

현재 각 FTA에서 사용하고 있는 원산지결정기준은 크게 일반기준과 품목별 기준으로 구분되는데 양자를 모두 충족시켜야만 원산지로 인정된다. 일반기준은 다시 기본원칙과 분야별 특례로 나눌 수 있는데 기본원칙은 원산지를 결정하는 기반이 되는 절대원칙을 말하고, 분야별 특례는 품목에 따라서 원산지결정기준이 너무 엄격하거나 불합리한 경우 그리고 원산지결정이 너무 복잡하여 시간과 비용이 많이 소요될 경우 이를 완화하기 위한 특례규정이다.

각각의 품목에 대해서는 세번변경기준, 가공공정기준, 부가가치기준, 조합기준 및 선택기준 중 하나가 개별적으로 적용된다. 원산지결정기준을 요약해 보면 [표 2-3]과 같다.

표 2-3 | 원산지결정기준

구분	내용	
일반기준 (총칙)	기본원칙	완전생산품
		불완전생산품 : 역내가공원칙 및 충분가공원칙
		직접운송요건
	분야별 특례기준	누적기준, 최소기준, 중간재, 대체가능물품, 간접재료 부속품·예비품, 포장·용기, 세트물품 등에 대한 특례
품목별 기준 (각칙)	실질적 변형기준	세번변경기준, 부가가치기준, 가공공정기준(조합기준, 선택기준)

2. 원산지결정의 일반기준

2.1 기본원칙

1) 완전생산품

완전생산품은 다른 나라 혹은 원산지 불명의 원재료가 전혀 사용되지 않고 그 물품의 생산과정이 한 나라에서만 이루어진 경우이다. 농산물의 경우는 종자부터 원산지물품이어야 하고, 공산품의 경우는 부품 또는 그 부품의 원재료까지도 다른 나라 원재료가 사용되지 않아야 한다.[4] 구체적 예를 살펴보면 다음과 같다.

① 소·말·돼지·닭 등 산 동물의 경우에는 역내에서 번식되어 사육한 것만 해당된다. 예컨대, 아르헨티나에서 수입한 송아지를 칠레에서 일정 기간 사육하여 국내로 수입한 경우 당해 수입소는 칠레에서 태어나지 않았으므로 원산지가 인정되지 않는다.

② 역외에서 수입한 씨앗(seed)·인경(bulb)·근경(root stock)·삽수(揷樹)·접수(接樹) 또는 기타 산식물의 일부에서 성장한 농산물 및 원예작물은 원산지가 인정된다.[5]

③ 영해 밖의 해저 또는 해저층에서 채취·채굴한 원유·광산물 등 해저자원이나 기

4 완전생산품기준은 통상 '일반기준'으로서 품목에 관계없이 적용되나, 예외적으로 '품목별 기준'에서 완전생산품 요건을 두는 경우도 있다(예 : 한·아세안 FTA : 참기름(HS1515.50) – 참깨가 당사국 완전생산품일 것)

5 인경은 줄기가 짧아져 그 주위에 양분을 저장하여 두껍게 된 잎이 많이 겹친 파, 마늘 등의 뿌리를 말하고, 근경은 연꽃과 같이 뿌리모양을 하고 땅속으로 뻗는 줄기를 총칭한다.

타 물품의 경우, 역내국가가 영해 밖의 해저를 탐사하거나 채굴할 수 있는 권리를 소유하고 있는 때에는 역내산으로 인정된다.

④ 역내에서 행하여진 생산과정에서 발행한 폐기물 및 부스러기와 역내에서 수집되어 사용이 끝난 물품 중 원재료 회수용으로 적합한 것도 역내산으로 인정된다.

⑤ 역내산으로 인정되는 것을 원료로 하여 역내에서 완전히 생산한 물품도 완전생산물품으로 인정된다.

2) 역내가공원칙

원산지결정의 일반원칙 중 하나는 모든 물품의 생산공정은 모두 체약국 역내에서 수행되어야 한다. 완전생산기준은 생산공정이 역내에서 수행되고, 사용된 재료도 원산지물품일 것을 요한다.

대부분의 FTA에서는 역내가공을 원칙으로 하고 역외가공을 금지하고 있지만 특수한 국가의 사정에 따라서 역외가공을 일부 허용하기도 한다. 예를 들어 한・싱가포르 FTA에서는 역외가공을 허용하고 있지만 한・미 FTA나 한・칠레 FTA에서는 허용하지 않고 있다.

3) 충분가공원칙

역외국가의 재료를 사용한 불완전생산품도 역내의 생산과정에서 만들어진 새로운 상품이라 할 수 있을 만큼 '충분한 정도의 공정'을 거쳤다면 원산지물품으로 인정한다. 여기서 말하는 충분한 정도의 공정은 각 협정에서 정한 품목별 기준과 일반기준을 충족한 경우를 말한다.

4) 직접운송요건

FTA 혜택을 보기 위해서는 모든 요건을 다 갖추었다 하더라도 물품은 수출체약국을 출발하여 곧바로 수입체약국으로 운송되어야 한다. 이 원칙은 가급적이면 체약국 내 운송업을 이용하도록 촉진하고 운송과정에서 비체약국산 물품이 체약국 원산지물품으로 둔갑되는 것을 방지하기 위한 것이다. 그러나 비체약국을 경유하더라도 그 나라에서 환적 등 운송에 필요한 작업 이외의 다른 행위가 없는 경우에는 예외가 허용된다.

현재 우리나라와 EFTA・싱가포르・아세안・인도와의 FTA에서는 직접운송요건을 두고 있는데 비체약국 세관의 통제하에서 하역, 재선적 또는 상품을 양호한 상태로 유지하기 위한 작업 이외의 어떠한 가공 또는 작업도 없어야 하고 이를 서류로 입증할 경우는 예외로 인정된다. 한・아세안 FTA는 지리적 또는 운송상의 이유에 한하여 비체약국 경유를 인정한다. 그러나 우리나라와 칠레 및 미국과의 FTA에서는 직접운송요건을 두지 않고 있다.

2.2 분야별 특례기준

앞의 일반규정을 획일적으로 적용할 경우 원산지증명이 어렵거나 불합리한 경우가 발생할 수 있고 원산지결정과정이 아주 복잡해질 수도 있기 때문에 다음과 같은 특례를 인정하고 있다.

1) 누적기준

누적(accumulation)기준은 FTA 체결국가 간에 상대방의 원재료를 자국의 원재료로 서로 인정하는 원칙을 말한다. 예를 들어 우리나라의 자동차회사가 미국산 엔진을 수입하여 자동차를 만들어 미국으로 수출했을 경우 한・미 FTA에 따라 그 엔진은 우리나라산으로 인정해 준다는 것이다. 마찬가지로 미국의 자동차회사가 우리나라 타이어를 수입해서 자동차를 만들어 우리나라로 수출했을 경우 그 타이어는 비록 우리나라에서 만들어졌지만 미국산으로 인정한다.

이렇게 누적기준을 적용하면 원산지 범위가 FTA 체약국 전체로 넓어져서 유리한 원산지 판정을 받을 수 있다. 따라서 우리나라 자동차회사는 미국으로 수출되는 자동차에 대해서는 가급적 미국산 엔진을 더 많이 사용할 것이고, 미국 자동차회사도 우리나라로 수출되는 자동차에 대해서는 한국산 타이어를 장착할 것이다. 이렇게 되면 우리나라와 미국의 자동차 시장은 향후 하나로 통합될 수도 있다.

2) 최소기준

원산지 판정을 면제해 주는 최소한의 허용범위를 최소기준 혹은 미소기준이라 한다. 즉 물품의 생산과정에 사용된 여러 재료 중에서 차지하는 비중이 아주 미미한 재료가 원산지요건을 충족하지 못하더라도 그 재료를 원산지물품으로 인정하는 원칙을 말한다.

최소기준은 일반적으로 그 허용범위를 가격 혹은 중량을 기준으로 하고 적용품목도 일반품목, 섬유류 및 농수산물로 분류하여 별도로 정한다. 일반품목은 대개 가격을 기준으로 정하고 섬유류는 중량을 기준으로 하는데 섬유류에 대해서는 일반품목에 비하여 그 허용범위를 좁게 인정한다. 그리고 농수산물은 민감성을 고려하여 최소기준을 아예 두지 않는 것이 일반적이다. 예를 들어 한・미 FTA에서는 일반품목은 가격기준으로 10% 허용되고 섬유류는 중량기준으로 7%가 허용되지만 농수산물에 대해서는 최소기준을 적용하지 않는다.

3) 중간재

중간재(intermediate materials)는 자동차에 장착되는 에어백, 보일러에 들어가는 모터 등과 같이 최종제품을 만드는 데 소요되는 물품을 최종제품 생산자가 직접 생산한 것을 말한다. FTA에서 활용되고 있는 중간재규정은 원산지물품과 비원산지물품이 투입되어 생산된 중간재가 협정에서 정한 원산지기준을 충족하면 중간재 생산에 투입된 재료비 모두를 원산지 재료비로 계상하고, 만약 원산지기준을 충족하지 못하면 그 재료비 전체를 비원산지 재료비로 계상하는 것을 말한다.[6]

예를 들어 완성차 제조업체인 A사가 역외에서 수입부품(30$)을 사용하여 자동차 생산에 필요한 에어백(100$)을 직접 생산한다고 하자. 이 경우 A사는 70% 이상의 가치를 부가시켰다고 볼 수 있다. 이것이 해당 FTA 협정에서 정한 원산지요건을 충족한다면 'roll up'되어 최종재인 자동차의 원산지를 고려할 때 동 에어백에 사용된 수입부품(30$)의 원산지를 불문하고 에어백 전체(100$)를 국내산으로 인정받을 수 있다.

현재 한・미 FTA, 한・칠레 FTA, 한・싱가포르 FTA 등에서는 자가생산품에 한하여 중간재를 인정하고 있다.

4) 대체가능물품

대체가능물품은 물품의 특성이 본질적으로 동일하여 원산지가 서로 다르더라도 얼마든지 대체 사용할 수 있는 동종 동질의 곡물・원유・가스 등과 같은 물품을 말한다. 이런 물품은 보통 섞여 있어 원산지 혹은 비원산지물품으로 구분하는 것이 어렵고, 구분하는 데도 상당한 비용이 들 수 있다. 이런 점을 고려해서 대체가능물품에 한하여 회계에서 활용되는 재고관리기법에 따라 원산지를 결정할 수 있도록 한다.

재고관리기법에는 선입선출법, 후입선출법, 평균법 등이 있는데 선입선출법은 먼저 입고된 재료가 먼저 출고된 것으로 보고 입고된 재료의 원산지 등을 기준으로 해당 물

6 전자의 경우를 'roll up', 후자의 경우를 'roll down'이라 한다.

품의 원산지를 결정하는 방법이다. 후입선출법은 가장 늦게 들어 온 재료가 먼저 출고된 것으로 보고 그에 따라 원산지를 결정하는 방법이다. 그리고 평균법은 보관 중인 원산지 재료와 비원산지 재료의 구성비율을 기준으로 물품의 원산지를 결정하는 방법인데 그 구성비율은 보관 또는 취득한 원산지 재료와 비원산지 재료의 취득가격이나 수량 등을 기준으로 한다.

5) 간접재료

제품의 생산 혹은 검사과정에 사용되지만, 그 제품에 물리적으로 결합되지 않은 촉매제, 에너지, 공구, 연료 등과 같은 재료, 혹은 설비나 건물을 유지하기 위한 물품 등을 간접재료 혹은 중립요소라 한다. 간접재료는 원산지를 결정할 때 일반적인 재료로 간주되지 않으므로 원산지를 따지지 않는 것이 원칙이다. 하지만 부가가치를 기준으로 원산지를 결정할 시에는 간접재료비도 제조경비에 포함된다.

6) 부속품 · 예비부품 · 공구

전자제품 매뉴얼, 예비타이어, 차량용 잭 등과 같은 부속품·예비부품·공구는 원산지가 없는 것으로 보고 이의 원산지는 본 상품과 같이 거래되고 그 수량과 금액이 통상적으로 인정되는 것이면 본 상품의 원산지와 동일한 것으로 간주한다. 그러나 한·EFTA FTA는 이런 예외를 인정하지 않고 부속품·예비부품·공구도 본체와 일체로 간주하여 일반재료와 같이 일일이 원산지를 확인하여 본체의 원산지를 결정한다.

7) 소매용 · 수송용 포장 · 용기

일반적으로 FTA에서는 상품을 구성하는 모든 재료에 대하여 각각 원산지를 확인하여 결정하지만, 악기나 면도기의 케이스 등과 같은 소매용 포장·용기, 컨테이너 등과 같은 수송용 포장·용기는 원산지결정을 제외하는 예외가 인정된다.[7]

8) 세트물품

세트물품은 '소매를 위하여 세트로 된 물품'으로 HS 코드상 서로 다른 호에 분류되어 있으면서 특정목적을 위해 하나로 조합한 것을 말한다. 예를 들어 이발세트(8510)는

7 수송용 포장·용기는 원산지 판정이 100% 제외되지만 소매용 포장·용기는 부가가치기준 품목의 경우 각각 원산지를 확인하여 내용물의 원산지를 결정한다.

보통 전기식 헤어클리퍼(8510), 빗(9615), 가위(8213), 브러시(9603), 직물제 타월(6302), 가죽케이스(4202) 등으로 구성되어 있다. 원산지 결정은 각각의 물품별로 하므로 세트물품도 그 구성품별로 원산지를 결정하는 것이 원칙이나, 세트 구성품 중 비원산지물품이 차지하는 비율이 일정 수준 이하일 경우 그 세트 구성품 전체를 원산지물품으로 간주하는 예외가 인정된다.

3. 원산지결정의 품목별 기준

비체약국인 역외에서 수입된 재료가 사용된 불완전생산품이 체약국인 역내에서 충분한 정도의 가공과정을 거쳐 생산되었는지를 판단하는 기준은 품목에 따라 각각 다른 유형이 적용되는데, 이를 품목별 기준(product specific rule)이라 하고 여기에는 세번변경기준, 부가가치기준 및 가공공정기준이 있다.

3.1 세번변경기준

세번(HS code)은 국제무역에서 거래되는 상품의 품목분류체계인 HS방식에 따라 특정품목에 부여된 품목번호를 말하는데, 세번변경기준은 체약국 내에서의 생산과정에 투입된 비원산지재료의 세번과 다른 세번의 상품이 생산되면 그 상품을 체약국 내에서 생산된 원산지물품으로 인정하는 것을 말한다. HS방식은 통상 가공 정도에 따라 번호를 부여하므로 번호가 바뀌면 상품의 본질적 특성이 바뀐 것으로 볼 수 있기 때문에 원산지결정의 기준으로 활용하는 것이다.

그런데 세번변경기준에서는 세번이 어느 정도 수준에서 변해야 원산지가 변하는 것으로 인정하는 가가 매우 중요하다. HS방식에서는 모든 상품에 대해 일차적으로 2단위(류의 번호)를 부여하고 그 다음의 성질을 고려해서 4단위(호의 번호), 더 세부적인 성질을 고려해서 6단위(소호의 번호)를 부여한다. 단위가 적을수록 큰 변화가 필요하고 단위가 클수록 작은 범위의 변형을 요구한다.[8] 따라서 단위수가 커질수록 기준을 쉽게 충족할 수 있기 때문에 각국은 경쟁력이 강한 품목은 6단위, 중간 수준인 경우 4단위, 약한 품목은 2단위 기준을 채택하려는 경향이 있다.

8 예를 들어 철판의 HS 코드는 7220이고 이를 절단하고 압력해서 만든 세숫대야는 7324이므로 류의 2단위 번호를 바꾸려면 많은 작업이 필요하다. 그러나 볶지 않은 커피(0901.11)를 간단히 볶으면 볶은 커피(0901.21)가 되어 소호의 6단위 번호가 바뀐다.

그런데 현재 HS방식에서는 모든 세번이 상품의 본질적 특성을 기준으로 번호가 정해진 것은 아니다. 예를 들면 페니실린을 대용량으로 포장한 경우 세번은 제3003호이나, 소매용으로 포장된 것은 제3004호가 되어 상품의 본질적 특성이 변화지 않았는데도 품목번호가 바뀐다. 그리고 제7019호에 분류되는 유리섬유를 직조하여 직물을 만들면 상품의 특성이 섬유에서 직물로 본질적으로 바뀌지만 해당 세번은 바뀌지 않는다. 이러한 품목분류체계상의 한계로 인해 세번변경기준 적용품목에서 배제하거나, 세번변경기준을 채택하더라도 다른 기준을 추가하는 경우가 있다.

3.2 부가가치기준

체약국 내에서 일정한 수준의 가치가 부가되었을 경우에 원산지물품으로 인정하는 기준을 부가가치기준(value contents criterion)이라 한다. 즉 완제품에 소요된 수입산 원재료의 가격이 완제품의 가격에서 차지하는 비율이 일정 비율 이하인 경우에 원산지로 인정하는 기준이다. 예를 들어 우리나라가 일본에서 자동차 에어백 부품 100원어치를 수입해서 180원어치의 에어백을 만들었다면 우리나라는 80%의 가치를 부가시킨 셈이 된다. 이 수치가 협정에서 정한 기준을 상회하면 에어백의 원산지는 우리나라가 되는 것이다.

세번변경기준은 원재료와 완제품 간의 성질, 형상 등의 차이로 원산지를 결정하기 때문에 원산지 판정이 비교적 용이하다. 반면 부가가치기준은 원재료와 완제품 간의 가격을 비교하는 것이기 때문에 각각의 가격을 알아야 하고 가격에 포함되는 요소를 어디까지 인정할 것인가 하는 어려운 점이 있다. 하지만 세번변경기준에 한계가 있기 때문에 이를 보완하기 위해 FTA에서 부가가치기준을 많이 사용하고 있다.

FTA를 체결할 시 체약국 간에는 부가가치비율 계산공식, 상품 및 재료가격 계상기준, 품목별 부가가치비율을 정한다. 재료비에 포함되는 물품의 구체적인 범위, 제조경비·이윤 및 일반경비 등의 계상기준은 체약국에서 일반적으로 인정된 회계기준을 따르도록 한다. 그리고 부가가치비율은 각국의 품목별 경쟁력을 기초로 결정하는데, 경쟁력이 강한 품목은 비율을 낮게 정하여 수출을 촉진하고, 경쟁력이 낮은 품목은 비율을 높게 정해 수입을 억제한다.

3.3 가공공정기준

가공공정기준(processing operation criterion)은 체약국 역내에서 협정이 정한 일정한 가공공정을 거쳐야 원산지물품으로 인정하는 것을 말한다. 이 기준은 세번변경기준이나 부가가치기준이 반영하지 못한 부분에 대한 보완적인 기준으로 대개 두 기준에 추가되어 단서규정으로 사용된다. 이 기준은 필수적인 공정을 원산지기준으로 활용하기 때문에 섬유제품이나 석유제품 중 일부에만 적용된다. 예를 들어 한·미 FTA에서 남성용 직물코트(6201)의 원산지결정기준에 대해서 다음과 같이 규정하고 있다.

다른 류에 해당하는 물품에서 제6201.19호로 변경된 것(일부 섬유사 및 직물 제외), 다만 그 상품이 어느 한쪽 또는 양 당사국의 영역에서 재단 및 봉제 또는 달리 결합되어야 한다.[9]

9 이 밖에 선택기준 및 조합기준이 있는데 선택기준은 세번변경기준과 가공공정기준 중 하나를 골라 적용할 수 있는 것으로 어류·식물성 생산품·석유제품·화학제품·플라스틱제품 등에 적용된다. 그리고 조합기준은 세번변경기준 및 부가가치기준을 동시에 충족하도록 하는 것인데, 섬유제품에 적용되기도 한다.

FTA
FTA 무역실무
Free Trade Agreement

3
CHAPTER

무역거래조건

제1절 무역거래조건의 의의와 Incoterms

1. 무역거래조건의 의의

국내거래에서의 상품가격은 대개가 생산비용에다 매도인의 적정한 이윤을 합한 것이다. 그러나 무역거래에서는 수출국내에서의 운송비, 수출통관비용, 목적지까지의 운송비 및 보험료, 수입통관비 및 수입관세, 수입국내에서의 운송비 등 부차적으로 고려해야 할 가격요소가 많다. 따라서 이러한 수출입비용 중 어느 정도를 가격에 포함시켜야 하는가를 결정해야 한다.

막연하게 일정 금액으로만 상품가격을 표시하게 되면 양 당사자들은 자기들에게 유리한 방향으로 해석하기가 쉽다. 예를 들어 컴퓨터를 대당 1,000달러로만 제시하게 되면 수출업자는 생산비와 수출국 내에서 소요되는 운송비 정도만 포함된 가격으로 보고 나머지 부대비용은 모두 매수인이 부담하는 것으로 생각할 수 있다. 그러나 수입업자는 이 가격에 모든 수입비용이 다 포함된 것으로 생각하여 선뜻 가격결정에 동의할 수 있는데 이 양자는 엄청난 가격 차이를 초래할 수 있다.

그리고 국가 간의 거래는 매매당사자가 멀리 떨어져 있고 나라마다 상관습이 다르기 때문에 매도인과 매수인의 책임한계를 특정 지점으로 미리 합의를 해야 한다.

이와 같이 무역거래에서는 매매당사자들이 상품의 가격을 약정할 때 그 가격에 어떤 수출입부대비용을 포함시킬 것인가, 그리고 당사자들의 책임은 어느 지점에서 이전되는가를 동시에 결정해야 한다. 그렇다고 하여 계약을 체결할 때마다 당사자들이 모여 각자가 부담해야 할 비용과 책임한계를 정하도록 하는 것은 현실적으로 불가능하다. 이에 따라 무역거래에서는 오래전부터 매매당사자들의 비용부담 및 책임한계가 상관습적으로 어느 정도 표준화된 FOB, CIF 등과 같은 용어들이 사용되어 왔는데 이를 무역거래조건이라 한다.[1]

1 이 조건을 나타내는 영문이 “trade terms”이기 때문에 거래조건 또는 무역용어로 번역된다. 이 중 무역거래조건이 가장 영문의 뜻에 가깝지만 그 의미가 너무 광범위하여 거의 관습적으로 통용되고 있는 번역 외에는 무역가격조건으로 표현하기로 한다.

2. Incoterms

2.1 Incoterms의 제정

무역계약은 낙성계약과 불요식 계약의 특징을 가지고 있어서 무역거래 당사자의 의사표시의 합치만으로 성립하고 무역거래 당사자의 합의 외에 다른 특별한 방식이 필요하지 않다. 따라서 무역거래조건은 무역거래 당사자들의 합의에 따라 국가별, 업종별로 다양한 형태의 무역거래 관습이 존재하게 되었고 이러한 무역거래 관습은 국가 간 무역의 발전을 저해하는 요인이 되었다.

국제상업회의소(International Chamber of Commerce)는 1920년부터 정형거래조건 위원회(Trade Terms Committee)를 설치하여 정형거래조건의 초안을 연구하게 하였고 그러한 노력으로 1923년 "Trade Terms Definitions"의 초판을 발행하였다. 그 후 1929년에 FAS와 C&F를 추가한 "Trade Terms" 제2판을 발간하였다. 국제상업회의소는 1936년 1월에 제2판을 근거로 무역거래조건 해석에 관한 국제규칙 초안을 통과시켜 Incoterms 1936이 탄생하게 되었다.

2.2 1차 개정

제2차 세계대전이 끝난 후에 발생한 국제정세의 변화로 새로운 무역거래 관습이 생겨났는데 Incoterms 1936는 이러한 새로운 무역거래 관습을 반영하지 못하여 무역거래에서 혼란을 발생시켰다. Incoterms 1936의 Free...named point of shipment 조건과 Free or Free Delivered...named point of destination는 통일된 기준을 도출하기가 어렵고 거의 사용되지 않아서 이 두 조건이 삭제된 9개 조건으로 구성된 Incoterms 1953이 제14차 비엔나 총회에서 통과되었다.

2.3 2차 개정

1960년에 발생한 냉전시대는 무역거래 관습에 큰 변화를 가져왔다. 냉전시대 이전에는 유럽의 수출국에서 매수인이 물품을 인수하거나 수입국에서 매도인이 매수인에게 물품을 인도하는 무역거래 관습이 정착되었다. 그러나 냉전시대의 도래로 이러한 무역거래 관습이 국경에서 물품을 인도하는 무역거래 관습으로 바뀌게 되었다. 또한 1960

년에 해상운송에 컨테이너가 도입됨에 따라 매도인이 해상운송뿐만 아니라 수입통관을 거쳐 매수인이 원하는 수입국의 목적지까지 인도하는 무역거래 관습이 고착화되었다.

따라서 이러한 무역거래 관습의 변화를 수용한 “Delivered of Frontier”와 “Delivered Duty Paid”조건이 포함된 Incoterms 1967이 공포되었다.

2.4 3차 개정

1970년에 접어들면서 항공운송이 큰 폭으로 증가하였고 그에 따라 FOB무역거래조건을 항공운송에 사용함에 따라 부작용이 발생하였다. 해상운송과 항공운송은 완전히 다르기 때문에 해상운송조건에 맞은 FOB무역거래조건을 항공운송에 사용함에 따라 법리적 해석의 차이가 발생하였다. 따라서 항공운송에 사용할 수 있도록 “FOB Airport... named airport of departure(FOB)라는 조건으로 된 “Supplement 1976”의 부칙을 추가하여 12개 무역거래조건으로 구성된 Incoterms 1976이 공포되었다.

2.5 4차 개정

1980년에 들어서 컨테이너운송이 해상운송을 포함한 내륙운송에도 사용됨에 따라 복합운송이 일반화되었다. 이러한 복합운송은 국제운송 형태의 변화를 가져왔고 이러한 변화는 무역거래 관습도 변화시켰다. “Freight or Carriage Paid to”의 무역거래조건을 컨테이너나 트레일러를 사용한 RoRo(Roll on-Roll off) 운송방식에도 사용할 수 있도록 수정하여 복합운송에도 사용할 수 있도록 하였다. “Free Carrier(FRC)” 무역거래조건과 “Freight or Carriage and Insurance Paid(CIP)”를 추가한 총 14가지 무역거래조건이 포함된 Incoterms 1980이 공포되었다.

2.6 5차 개정

1990년에 들어서 인터넷의 등장으로 전자무역이 활성화되었다. 그동안 종이문서로 이루어진 무역거래가 전자문서로 바뀌게 되었고 이러한 변화는 전자문서교환(Electronic Data Interchange : EDI) 방식이 주도하였다. 전자문서가 사용되는 무역거래 관습과 컨테이너를 이용한 복합운송이 큰 폭으로 증가하여 이를 뒷받침할 새로운 규정이 필요하게 되었다.

Incoterms 1980의 FOR/FOT와 FOB Airport를 Free Carrier...(named place)로 통합하고 Incoterms 1980의 Delivered Duty Paid를 Delivered Duty Paid(DDP)와 Delivered Duty Unpaid(DDU)로 나누어 13가지 무역거래조건으로 축소된 Incoterms 1990을 공포였다.

2.7 6차 개정 사유

2000년에 접어들어서 세계무역기구의 등장으로 관세자유지대의 급격한 확대와 전자통신문의 사용증가, 운송관습의 변화 등은 기존의 무역거래 관습을 변화시켰다. FOB무역거래에서 물품의 인도지점은 본선의 난간인데 물품은 선박의 본선에 적재하기 전에 육상에 있는 컨테이너야드에서 물품을 컨테이너에 적입하기 위해 인도하는 무역거래 관습이 일반화되었다. 비유통운송서류의 사용증가로 이에 대한 새로운 규정을 도입하고 FAS무역거래조건에서 수출통관 의무를 수입상에서 수출상으로 변경하고 DEQ무역거래조건에서 수입통관과 수입관세 의무를 수출상에서 수입상으로 변경한 Incoterms 2000을 공포하였다.

2.8 7차 개정 사유

Incoterms 2010는 Incoterms 2000의 DAF, DES, DEQ, DDU를 통합하여 DAT (Delivered at Terminal)와 DAP(Delivered at Place)로 신설하였다. 미국과 유럽의 경우 국내거래에서도 Incoterms를 사용하였기 때문에 Incoterms 2010에서는 국내거래에서도 Incoterms를 사용할 수 있도록 규정을 신설하였다. 매수인이 국제운송 중에 있는 물품을 전매하는 거래가 새롭게 생겼고 이런 경우 매수인의 의무를 어떻게 규정해야 하는지에 대한 문제가 발생하여 매수인의 의무는 조달(procure)의무라는 규정을 신설하였다.

표 3-1 | Incoterms 개별규정의 신설 및 변경(1차, 2차, 3차, 4차 개정)

제정 (1936)	1차 개정 (1953)	2차 개정 (1967)	3차 개정 (1976)	4차 개정 (1980)
Ex Works	Ex Works	Ex Works	Ex Works	EXW
Free– FOR/ FOT FAS FOB	– FOR/FOT FAS FOB	FOR/FOT FAS FOB	FOR/FOT FOB Air FAS FOB	FRC FOR/FOT FOA FAS FOB
C&F CIF DCP –	C&F CIF DCP –	C&F CIF DCP –	C&F CIF DCP	CFR CIF DCP CIP
Ex Quay Ex Ship Free Delivered –	Ex Quay Ex Ship –	Ex Quay Ex Ship – DAF DDP	Ex Quay Ex Ship – DAF DDP	EXQ EXS – DAF DDP
11개	9개	11개	12개	14개

표 3-2 | Incoterms 개별규정의 신설 및 변경(5차, 6차, 7차, 8차 개정)

5차 개정 (1990)	6차 개정 (2000)	7차 개정 (2010)	8차 개정 (2020)
EXW	EXW	EXW	EXW
FCA – – FAS FOB	FCA – – FAS FOB	FCA – – FAS FOB	FCA – – FAS FOB
CFR CIF CPT CIP	CFR CIF CPT CIP	CFR CIF CPT CIP	CFR CIF CPT CIP
DEQ DES DDU DAF DDP	DEQ DES DDU DAF DDP	DAT DAP – – DDP	– DAP DPU – DDP
13개	13개	11개	11개

2.9 Incoterms의 개정기준

Incoterms는 8차례 개정되었다. Incoterms가 개정되어야만 하는 이유는 무엇인가? 무역거래 관습은 Incoterms가 개정된 시점에서 보면 고정되어 있는 것처럼 보이지만 무역환경의 변화에 따라 끊임없이 변화하는 것이다. 무역거래 관습은 살아있는 생물과 같다. Incoterms는 개정 당시의 무역거래 관습만을 반영하였기 때문에 고정되어 있어서 무역거래 관습의 변화와 괴리가 발생한다.

따라서 Incoterms의 개정 당시에 반영된 무역거래 관습과 무역환경의 변화에 따라 변화된 무역거래 관습 간의 차이가 얼마나 크냐에 따라 Incoterms의 개정 내용이 결정되었다.

2.10 Incoterms 2020의 개정사유

2020년에 8차 차례 개정된 Incoterms 2020의 개정사유를 살펴보면 다음과 같다.

첫째, Incoterms 2020은 위험, 비용, 운송, 통관과 같은 사항에서 거래당사자 간의 의무를 정확하게 명시하고 있는데 이를 무역계약에 삽입하면 법적 분쟁의 가능성을 줄일 수 있다는 것이다.

둘째, 국제물류에서 물류보안이 대두됨에 따라 관련 협약에서 이에 대한 규정을 신설하거나 개정하고 있기 때문에 Incoterms 2010에서는 이에 대한 규정을 신설하였는데 수출입 통관에서 발생하는 비용을 세부적으로 명시하지 않아서 Incoterms 2020에서는 수출통관, 허가, 수출입을 위한 보안 통관, 선적전 검사 및 기타 공적 허가 등에 대한 규정을 도입할 필요가 있었다.

셋째, 물품 및 운송의 형태에 따라 부보의 범위를 탄력적으로 적용할 수 있도록 관련 규정을 개정할 필요성이 제기되었다.

넷째, FCA무역거래조건에서 금융을 제공하는 은행은 선적선하증권을 소지하고 있어야만 되는 관행이 발생하여 이를 수용할 필요성이 있었다.

다섯째, Incoterms의 사용자 입장에서 보면 기존의 대칭적 방법은 11가지 무역거래조건의 차이점을 구분하기가 어려워서 수평적 편제방법을 사용하여 사용자가 쉽게 11가지 무역거래조건의 차이점을 정확하게 알 수 있도록 해야 된다는 주장을 수용할 필요성이 있었다.

2.11 Incoterms 2020의 주요 개정내용

1) DAT를 DPU로 명칭 변경

Incoterms 2010에서 DAT는 매도인이 화물을 터미널에 도착한 화물을 운송수단으로부터 하차시켜서 터미널에 두면 매도인의 인도의무가 끝난다. DAP는 매도인이 화물을 지정목적지에 도착한 운송수단에 적재한 상태로 두면 매도인의 의무는 끝난다. DAT를 DPU로 명칭을 변경한 사유를 살펴보면 화물이 운송수단으로부터 적재된 상태에서 하차가 이루어지는데 이러한 화물의 하차과정과 다르게 DAT와 DAP의 배치 순서가 다르게 되어 있다는 점과 화물이 터미널뿐만 아니라 어떤 장소든지 목적지가 될 수 있다는 것을 강조하기 위해서라고 밝히고 있지만 DAT를 DPU로 변경한 근본적인 이유는 매도인이 도착지에서 화물을 운송수단으로부터 하차하여 매수인에게 인도하길 원하는 경우에 Incoterms 2010에서는 사용할 무역거래조건이 없다는 점이다.

Incoterms 2010 DAT의 한정된 도착지 터미널을 Incoterms® 2020 DPU에서는 폭넓은 의미를 가지는 장소로 변경하여 이 문제를 해결하려고 하였고 화물이 도착된 장소에서 운송수단으로부터 하차시킬 수 있는지에 따라 DAP나 DPU가 결정된다. Incoterms® 2020에서 DAT를 DPU로 변경시킴에 따라 매도인의 의무와 비용부담이 확대된 반면에 매수인의 의무와 비용부담은 축소되는 문제점을 발생시켰다.

2) Incoterms 11가지 규칙의 조항 순서 조정

Incoterms® 2010에서는 매도인과 매수인의 의무조항을 대칭적으로 구성하였는데 이는 사용자가 매도인과 매수인의 의무조항을 상호 비교하는데 불편하다는 주장이 있었고 Incoterms® 2020에서는 이를 수용하여 수평적으로 구성하여 매도인과 매수인의 의무조항을 편리하게 비교할 수 있도록 하였다.

Incoterms는 인도, 비용, 위험의 분기점을 제시하는 핵심적인 역할을 하고 있지만 이런 핵심적인 역할에 따라 조항의 순서가 정해져야 되는데 Incoterms 2010에서는 그렇게 순서가 정해지지 않아서 Incoterms® 2020에서는 Incoterms의 핵심적인 역할에 따라 조항 순서를 조정하였다고 밝히고 있지만 그 목적에 맞게 재배치를 했는지 의구심이 든다.

Incoterms의 주된 기능은 매도인과 매수인의 의무와 책임, 인도, 위험, 비용의 분기점을 제시하는 것이다. 따라서 조항도 A9/B9에 있는 비용분담을 A4 B4로 옮겨서 일반

의무, 인도, 인도의 수령, 위험이전, 비용분담의 분기점을 동시에 확인할 수 있도록 재배치되어야 한다.

표 3-3 | Incoterms 조항별 순서

조항	Incoterms 2010	Incoterms 2020
A1/B1	일반의무	일반의무
A2/B2	허가, 인가, 보안통관, 기타절차	인도/인도의 수령
A3/B3	운송계약과 보험계약	위험이전
A4/B4	인도/인도의 수령	운송
A5/B5	위험이전	보험
A6/B6	비용분담	인도/운송서류
A7/B7	매수인/매도인에 대한 통지	수출/수입통관
A8/B8	인도서류/인도의 증빙	점검/포장/화인표시
A9/B9	점검, 포장, 화인표시/물품검사	비용분담
A10/B10	정보에 관한 협조 및 관련비용	통지

3) CIP부보조건을 ICC(C)에서 ICC(A)로 변경

Incoterms® 2020 초안을 위한 의견 수렴과정에서 협회적하약관의 C약관에서 A약관으로 변경하여 매도인의 부보범위를 확대시켜 매수인에게 이익이 되게 하자는 의견이 있었고 상당한 반대의견도 있었지만 결국 Incoterms 2010의 CIF와 CIP무역거래조건에서 매도인은 매수인을 위하여 ICC(C)조건으로 적하보험계약을 체결하도록 되어 있었는데 Incoterms® 2020에서는 CIF무역거래조건과 다르게 CIP무역거래조건에서는 ICC(A)조건으로 보험계약을 체결하도록 변경하여 CIF무역거래조건에서는 최소 보험조건으로 CIP무역거래조건에서는 최대 보험조건으로 규정하였다.

왜 이렇게 변경했는지에 대한 근거를 찾을 수 없다. 무역거래 관습의 변화로 이렇게 변경하지 않으면 안 되는 그 어떤 변경기준도 찾을 수 없다. CIF무역거래조건은 해상운송과 내수로운송에 사용가능한 규칙이고 CIP무역거래조건은 어떠한 단일 또는 복수의 운송방식에 사용가능한 규칙이다. 이 차이로 부보조건도 다르게 규정해야 된다는 것인가이다. CIF무역거래조건에서 담보는 선적항 본선에서 시작되어 도착항 본선에서 끝난다. CIP무역거래조건의 담보는 매도인이 그가 지정한 최초의 운송인에게 물품을 인도하면 그 시점에서 시작되어 본선이 도착항에 도착하면 도착한 시점에서 끝난다. 따라서 담보범위는 CIP무역거래조건에서 매도인이 그가 지정한 최초의 운송인에게 물품을 인도하면 그 시점에서 시작되어 선적항에서 선박의 본선에 물품이 적재될 때까지를 제외하고 CIP무역거래조건의 담보범위와 동일하다. C약관에서 A약관으로 변경하는 것이 수입상에게 이익이 된다고 하나 변경된 만큼 보험료가 상승하고 상승한 보험료는 결국 수입상이 지불하기 때문에 결코 수입상에게 이익이 된다고 주장할 수 없다.

1936년 제정 당시부터 CIF무역거래조건의 부보조건은 ICC(C)로 1980년 4차 개정에서 신설된 CIP무역거래조건의 부보조건은 ICC(C)로 결정되어 수년간 지속되어 오다가 2020년에 변경하였는데 이러한 변경은 무역업계에 혼란만 부추길 뿐 실익이 없는 것으로 어느 누구에게도 도움이 안 되는 개정이었음을 지적한다. 적하보험 부보조건은 무역거래 당사자인 매도인과 매수인이 합의하여 결정하기 때문에 변경할 필요가 없었다고 본다. 이는 매도인과 매수인의 사적자치에 해당하기 때문에 Incoterms가 이래라 저래라 할 수 없다. Incoterms® 2020의 CIP무역거래조건에서 C약관을 A약관으로 변경한 것은 무역거래 당사자의 사적자치에 깊숙이 개입하였다.

매도인과 매수인이 수출입매매계약에서 적하보험조건에 대해서 합의하지 않았을 경우에만 Incoterms의 부보규정이 적용되지만 합의하여 수출입매매계약에 부보조건을 명시한 경우에는 Incoterms의 부보규정보다 우선하여 적용된다.

4) FCA무역거래조건에서 본선적재 표시 선하증권

Incoterms® 2020에서는 매수인이 매도인에게 매수인의 대리인으로서 운송인으로부터 수취식선하증권 대신에 본선적재선하증권을 발행하도록 지시할 수 있는 선택 규정을 두었다. FCA무역거래조건으로 물품을 매매하고 해상운송으로 운송하도록 된 경우에 매도인과 매수인 또는 신용장이 개설된 경우에 은행이 본선적재표시가 있는 선하증권을 원할 수 있으나 FCA무역거래조건에서 물품의 인도는 물품이 본선에 적재되기 전에 인도가 완료되어 매도인이 운송인으로부터 선적선하증권을 취득할 수 있는지 확신할 수 없어서 추가적인 옵션을 규정하였다고 한다.

따라서 이러한 추가옵션에 따라 매수인과 매도인은 매수인이 선적 후에 선적선하증권을 매도인에게 발행하도록 그의 운송인에게 지시할 것에 합의할 수 있고 그에 따라 매도인은 전형적으로 은행들을 통하여 매수인에게 선적선하증권을 제공할 의무가 있다고 보아 국제상업회의소는 선적선하증권과 FCA무역거래조건의 인도 간에 불일치함에도 불구하고 시장의 증명된 필요에 부응한다고 인정하였다.

국제상업회의소의 이러한 개정 이유는 FCA무역거래조건에 따른 수취식선하증권으로 이루어지는 신용장거래의 현실을 파악하지 못한 무지에서 비롯되었다고 본다. FCA 무역거래조건에서 매도인은 매수인이 지정한 운송인에게 화물을 인도하면 인도의무가 끝난다. 운송인은 매도인으로부터 화물을 인수하고 수취식선하증권을 매수인에게 발행하는 것이 아니라 매도인에게 발행한다. 해상운송인은 본선이 부두에 정박하고 있지 않은 상태에서 화물을 인수한 경우 인수한 화물을 부두에 있는 창고나 컨테이너야적장에 보관하고 선하증권에 "received"를 기재한 수취식선하증권을 발행하고 화물이 선박에 실제로 선적되면 먼저 발행한 수취식선하증권에 실제로 선적된 선적일자(on board notation)를 기재하고 서명하면 선적선하증권과 동일한 법적효력을 가진다.

FCA무역거래조건에서 운송계약은 매수인이 체결하지만 운송계약의 이행은 매수인의 대리인으로써 매도인이 수행한다. 매도인은 매수인을 대신해서 매수인과 운송인이 체결한 운송계약에 의거 운송물품을 매수인이 운송계약을 체결한 운송인에게 인도하고 운송인은 인수받은 물품을 본선에 선적하기 전에 매수인의 대리인인 매도인에게 물품을 인수했다는 증거로 수취식선하증권을 매수인의 대리인인 매도인에게 발행한다.

수취식선하증권은 통상적인 무역거래에서 통용되지 않는 운송서류이고 수취식선하증권이 법적 효력을 갖기 위해서는 수취식선하증권에 물품이 실제로 본선에 선적되었다는 본선적재일자가 표기되어 있어야 한다. 수취식선하증권에 본선적재일자가 표기되어 있지 않으면 하자 운송서류가 되어 무역거래에서 사용할 수 없다.

운송인이 매도인으로부터 화물을 인수하고 수취식선하증권을 발행한 다음에 화물이 본선에 적재되면 수취식선하증권에 본선에 적재된 날짜를 기재하게 된다. 매도인으로부터 화물을 인수한 날짜와 화물이 본선에 실제로 선적된 선적날짜와 다르게 되는데 선적일자는 본적적재 일자가 되기 때문에 이러한 규정은 실익이 없다.

UCP 600 제20조 선하증권에서 이 점을 정확하게 규정하였다. 선하증권의 발행일자는 선하증권이 선적일자를 나타내는 본선적재 표기를 기재하고 있지 않으면 선적일자로 간주되며 본선적재 표기일자가 있는 경우에는 본선적재 표기일자를 선적일자로 간주하며 선하증권이 선박명과 관련하여 예정된 선박 또는 이와 유사한 제한 조건을 포함하고 있는 경우에는 선적일자를 나타내는 본선적재 표기와 실제 화물을 선적한 선박명이 함께 표시되어야 유효한 선하증권으로 간주한다고 명시하였다.

5) FCA와 D무역거래조건에서 매수인과 매도인의 자가 운송허용

FCA무역거래에서 매수인이 지정한 운송인이 운송의무의 분기점이 되어 그 이후부터 최종목적지까지 매수인이 운송의무를 부담하게 되는데 Incoterms 2010에서는 제3자를 이용하여 운송하도록 되어 있었다. Incoterms® 2020에서는 이 규정에 매수인이 자가 운송수단을 소유하고 있는 경우에 자가 운송수단을 이용하여 운송할 수 있다는 내용을 추가하였다.

DAP, DPU, DDP무역거래조건에서는 매도인이 화물을 최종 목적지까지 제3자를 이용하여 운송하도록 되어 있었다. Incoterms® 2020에서는 이 규정에 매도인이 자가운송수단을 소유하고 있는 경우에 자가운송수단을 이용하여 운송할 수 있다는 내용을 추가하였다. 11가지 무역거래조건에서 매도인과 매수인이 운송수단을 소유한 경우에 자기 운송수단을 이용하여 화물을 운송하는 것이 제3자를 이용하는 것보다 더 경제적이라면 양 당사자가 합의하여 결정할 것이다.

매도인과 매수인의 자가운송은 매도인과 매수인이 합의하여 결정하는 사적자치에 해당되는데 Incoterms® 2020이 너무 깊숙이 사적자치에 개입하여 매도인과 매수인이 운송인인지에 대한 법적 문제를 발생시키고 있다. 매도인과 매수인이 전 운송구간을 자가운송하는 경우는 거의 없고 자가운송구간과 제3자 운송인이 운송하는 구간이 결합되는데 자가운송인이 주된 운송인이고 제3자 운송인은 하청운송인인지 아니면 반대인지, 수출입통관에서 필요한 선하증권은 누가 발행해야 되며, 매도인과 매수인은 수출입통관에 필요한 선하증권을 발행할 수 있는지 등의 운송측면에서 여러 가지 법적 문제를 발생시키고 있다.

6) 조달규정(procure)의 확대

FAS, FOB, CFR, CIF무역거래조건에서 매수인이 최초의 매도인으로부터 구매한 물품을 운송 중에 있는 동안에 제3자에게 매도하는 연속매매(string sales)를 할 경우 매수인은 매도인이 되고 제3자는 매수인이 되는데 선적은 최초의 매도인이 이미 했기 때문에 매도인이 된 매수인은 선적의무를 부담할 수 없게 되었다. 따라서 Incoterms 2010에서는 선적의무 대신에 조달의무를 도입하였다.

연속매매는 FAS, FOB, CFR, CIF무역거래조건과 같은 1차 상품거래에서만 일어나는 것이 아니라 FCA, CPT, CIP, DPU, DDP무역거래조건에서도 일어날 수 있기 때문에 Incoterms® 2020에서는 이러한 조달 규정을 FCA, CPT, CIP, DPU, DDP무역거래조건에도 적용할 수 있도록 조달규정을 적용하도록 하여 10가지 무역거래조건으로 확대하였다.

Incoterms® 2020의 조달규정은 매도인으로부터 물품을 매입한 매수인이 운송 중에 있는 물품을 매수인이 있는 국가나 지역에 있는 제3자에게 매매한다는 전제로 도입되었다. 이와 같은 경우에 매수인은 수출입매매계약에서 명시된 인도의무에 의거 계약물품을 인도할 의무가 있고 그에 따라 계약물품을 인도하면 되기 때문에 굳이 조달규정이 필요 없다.

연속매매는 매수인이 매수인이 있는 국가나 지역에 있는 제3자에게 운송 중에 있는 물품을 매매하는 경우에만 발생하는 것이 아니라 매수인이 운송 중에 있는 물품을 매수인이 있는 국가나 지역 이외의 제3국에 있는 매수인에게 매매할 수 있고 이런 경우에 매수인의 의무를 어떻게 규정할 것인지에 대한 문제가 발생한다.

운송 중에 있는 물품은 목적지가 변경됨에 따라 운송구간의 어느 지점에서 양하하여 목적지로 가는 운수수단에 환적되어 목적지로 운송이 이루어져야 하는데 이러한 과정에서 발생되는 여러 가지 의무와 책임을 어떻게 규정할 것인지에 관한 문제가 발생한다.

이러한 의무와 책임은 Incoterms에서 규정할 수 있는 사항이 아니라 매도인과 매수인이 합의하여 결정할 사항이기 때문에 Incoterms® 2020의 조달규정은 다음 개정 시에 삭제되어야 한다.

7) 운송의무와 비용 조항에 보안관련 요건 추가

Incoterms 2010에서는 보안관련 요건을 A2/B2와 A10/B10에다 두었는데 Incoterms® 2020에서는 운송관련 보안의무는 A4에, 통관관련 보안의무는 A7에 두었고 운송과 통관에 관련된 보안비용은 A9과 B9에 두었다.

Incoterms 2010의 보안관련 의무를 Incoterms® 2020에서는 운송관련 보안의무와 통관관련 보안의무로 나누어 따로 규정하였다. 세계관세기구는 화물이 수입국의 목적지에 도착하기 전에 수출국의 선적지에서 위험도가 높은 화물이나 컨테이너를 검색하기 위해 최첨단장비인 대형 X-ray, Gamma-ray, Radiation을 사용하도록 했고, 세관 통제, 위험평가, 출발지 통제, 봉인, 고유화물 식별번호, 데이터 전송, 인증공급망에 대한 표준안과 화물의 검사권한, 검사장비의 현대화, 위험관리시스템, 위험도가 높은 화물이나 컨테이너, 최신전자정보, 타깃팅과 의사교통, 성과측정, 보안평가, 종업원의 무결점, 수출보안 검사 표준안을 마련하여 관세지침에 의거 각국 세관이 통합 통관절차를 준수하도록 했다.

이와 같은 통관관련 보안의무는 매도인이 부담하는 것으로 매도인은 세계관세기구의 통관관련 보안규정을 준수해야 한다. 따라서 매도인 또는 그의 대리인은 화물을 컨테이너에 적입하거나 운송수단에 적재하기 전에 화물에 대한 정보를 수출지 세관에 전자방식으로 수출신고서로 제출하여야 한다.

매도인은 수출신고서에 화주, 운송인, 운송인 번호, 수입업자, 화물인수지, 목적지, 경유국가, 대리인, 관세코드, 위험화물 코드, 화물종류, 컨테이너 번호, 봉인번호, 송장총액, 화물의 고유식별번호 등을 기재하여야 한다.

운송관련 보안의무는 매도인이 이행하는 것이 아니라 운송인이 이행하는 것이다. 컨테이너보안협정에서 위험한 화물이 미국에 도착하기 전에 수출국 선적항에서 화물을 최첨단장비를 사용하여 이상 유무를 확인하고 이상이 없는 화물만을 선박에 선적하고 화물과 선박에 관한 정보를 선박이 미국에 입항하기 전에 전자방식으로 미국세관에 제공하도록 규정하였는데 선박정보는 매도인이 제공할 수 없다.

미국의 화물정보 선적 24시간 전 신고제도에서 화주의무와 선사의무로 구분하여 규정하였는데 화주는 선사에게 정확한 화물정보 15개 항목을 제공할 의무를 부여하였고, 선사는 화물을 선적하기 24시간 전에 화물정보를 미국 관세청에 신고하고 미국 항만에 양하하지 않는 양하정보도 동시에 신고하도록 하였다.

이와 같이 통관관련 보안의무와 운송관련 보안의무는 의무주체가 완전히 달라서 운송관련 보안의무를 매도인이 이행할 수 없음에도 불구하고 운송관련 보안의무를 매도인이 이행하도록 규정된 Incoterms® 2020 보안관련 의무 규정은 매도인이 감당할 수 없는 책임을 지도록 했기 때문에 다음에 개정할 때 삭제하여야 한다.

3. Incoterms 2020의 역할

Incoterms 2020은 매도인에서 매수인으로 이전하는 의무, 위험, 비용, 인도의 분기점을 제시하는 것으로 국제조약이 아니고 민간단체인 국제상업회의소가 제정한 국제규칙으로서 어떠한 구속력도 가지지 못하며 단지 매매당사자들의 합의에 의해서만 이용될 수 있다.[2]

Incoterms 2020은 모든 물품을 거래할 수 있는 거래관행을 반영한 것으로 매매계약도 아니고 매매계약을 대체하지도 않는다.

2 우리나라의 경우 무역거래에서는 Incoterms상의 가격조건을 사용하도록 대한상공회의소가 단체로 협약하였다.

따라서 매매계약의 존재, 매매물품의 성상, 대금지급의 시기, 장소, 방식 또는 통화, 매매계약 위반에 대한 구제수단, 계약상 의무이행 지연 및 위반, 제재의 효력, 관세부과, 수출 또는 수입의 금지, 불가항력 또는 가혹한 계약이행, 지식재산권, 의무위반에 따른 분쟁해결 방법, 장소 또는 준거법, 매매물품의 소유권 이전, 물권 이전을 다루지 않으며 상기와 같은 사항은 매매계약에서 매도인과 매수인이 합의할 사항임을 명시하였다.

Incoterms 2020은 매매계약과 하등의 관계가 없으며 매도인과 매수인이 매매계약에 Incoterms 2020의 규칙을 명시함으로써 매매계약의 일부를 구성하지만 준거법과 매매계약의 법률체계은 Incoterms 2020의 규칙에 따르는 것이 아니라 국제물품매매협약(CISG)와 같은 협약이나 국내 강행법규에 따른다.

4. Incoterms 2020의 구성

Incoterms 2020에는 11가지 거래조건이 규정되어 있으며 이들 조건은 [표 3-2]에서처럼 해상, 항공, 육상 등 운송수단에 상관없이 모든 운송에 사용가능한 거래조건과 해상 혹은 내수로운송에서만 사용할 수 있는 거래조건으로 분류되어 있다.[3]

그리고 Incoterms 2020은 거래조건별로 매도인과 매수인의 의무가 [표 3-5]에서처럼 10가지씩 수평적으로 배열되어 있다. 즉 모든 조건에서 매도인의 첫째 의무에는 매매계약과 일치하는 물품, 증명서류 등을 제공해야 하는 매도인으로서의 일반적 의무가 규정되어 있고, 매수인의 첫째 의무에는 매매계약에서 정해진 대금을 지급하는 등의 매수인으로서의 일반적 의무가 규정되어 있다.

또한 당사자들이 합의하거나 관습적인 경우, 전자기록이나 절차 등 전자적 통신수단도 서면통신과 동일한 효력이 있도록 규정하고 있다. 따라서 매도인은 일반 서류 대신 전자적 형태의 서류를 제시해도 자신의 의무를 충분히 수행한 것으로 간주될 수 있다.

---

3 그동안 Incoterms에서는 각각의 조건을 거래조건(trade terms)으로 표현해 왔는데 Incoterms 2020에서는 각각의 규칙(rule)으로 표현하고 있다. 하지만 오랜 관습으로 아직까지는 거래조건이라는 표현이 익숙하기 때문에 특별한 경우를 제외하고는 관습적으로 표현하고자 한다.

표 3-4 | Incoterms 2020 11가지 거래조건

구분	거래조건	전신약호
모든 운송에 사용하는 거래조건	작업장인도(Ex Works)	EXW
	운송인인도(Free Carrier)	FCA
	운송비지불인도(Carriage Paid To)	CPT
	운송비・보험료지불인도(Carriage and Insurance Paid To)	CIP
	도착지양하인도조건(Delivered At Place Unloaded)	DPU
	목적지인도조건(Delivered At Place)	DAP
	관세지급인도(Delivered Duty Paid)	DDP
해상운송, 내수로운송에 사용하는 거래조건	선측인도(Free Alongside Ship)	FAS
	본선인도(Free On Board)	FOB
	운임포함인도(Cost and Freight)	CFR
	운임・보험료포함인도(Cost, Insurance and Freight)	CIF

표 3-5 | 매도인 및 매수인 의무 배열표

매도인의 의무	매수인의 의무
A1 매도인의 일반적 의무	B1 매도인의 일반적 의무
A2 인도/인도의 수령	B2 인도/인도의 수령
A3 위험이전	B3 위험이전
A4 위험이전	B4 위험이전
A5 운송	B5 운송
A6 보험	B6 보험
A7 인도/운송서류	B7 인도/운송서류
A8 수출/수입통관	B8 수출/수입통관
A9 점검/포장/화인	B9 점검/포장/화인
A10 통지	B10 통지

제2절 무역거래조건의 해설

Incoterms 2020에는 [표 3-4]에서처럼 11가지의 조건들이 2개의 그룹으로 나누어 규정되어 있다. 이 절에서는 각 조건의 개념과 매매당사자의 주요 의무를 살펴보기로 한다.

1. 모든 운송에서 사용가능한 조건

모든 운송에서 사용가능한 거래조건은 해상, 항공, 육상 등 운송수단에 상관없이 그리고 하나의 운송수단을 활용하든 두 가지 이상의 운송수단을 사용하든 상관없이 사용할 수 있는 거래조건을 의미하는데 현재 7가지 거래조건이 규정되어 있다.

1.1 작업장인도조건(Ex Works : EXW)

1) 개념

작업장인도조건(EXW)은 매도인이 계약물품을 지정된 장소에서 매수인의 처분하에 두어 매수인에게 인도하는 조건이다. 이 조건에서 의미하는 작업장은 계약물품의 성격에 따라 공장, 농장, 광산 등의 장소가 된다. 실제 거래에서는 이 장소를 구체적으로 표시하여 매도인과 매수인의 책임분기점을 분명히 한다. 만약 물품이 있는 장소가 공장이면 'Ex Factory', 공장 중에서도 제철 · 제분 · 제지공장이면 'Ex Mill', 농장이면 'Ex Plantation', 창고이면 'Ex Warehouse', 광산이면 'Ex Mine'으로 표현한다. 지정된 장소는 매도인의 영업장 구내일 수도 있고 아닐 수도 있다.

매도인은 작업장에 계약물품을 적치할 때까지의 비용과 위험을 부담한다. 별도의 합의가 없는 한 매도인은 매수인이 제공한 운송수단에 계약물품을 적재하거나 수출통관을 이행해야 할 필요는 없다. 반면, 매수인은 계약물품이 현존하는 장소에서부터 최종 목적지까지 운송하는 데 소요되는 모든 비용과 책임을 부담해야 한다. 따라서 Incoterms의 11가지 거래조건 중 매도인에게는 최소한의 의무가 부여되는 조건이다.[4]

4 유럽에서는 작업장인도조건을 'Ex Loco' 또는 'Spot'라고 표현하여 계약물품이 있는 현장에서 물품을 인도하는 경우에 사용한다. Loco는 라틴어로 영어의 Spot의 의미와 같다. 반면 미국에서는 'Ex Point of Origin' 또는

2) 매도인의 의무

① **물품의 인도** : 매도인은 지정된 일자 또는 기간 내에, 지정된 인도장소에서 매수인이 임의로 처분할 수 있는 상태로 물품을 인도해야 하며, 만약 그러한 장소와 시기가 규정되어 있지 않은 경우와 여러 장소를 이용할 수 있는 경우 매도인은 인도하기에 가장 좋은 장소를 선택할 수 있다. 매도인은 합의한 날짜와 합의한 기간 내에 물품을 인도하여야 한다.

② **운송과 보안규정 · 수출, 수입통관** : 매도인은 매수인의 요청이 있을 경우 매수인의 위험과 비용으로 운송관련 보안규정, 수출, 통과, 수입허가, 수출, 통과, 수입을 위한 보안통관, 선적전 검사, 기타 공적 인증을 필하기 위한 모든 협조를 매수인에게 제공해야 한다.

3) 매수인의 의무

① **물품의 인수** : 매도인의 의무에 따라 물품이 매수인의 임의처분상태로 인도하여 매수인에게 인수통지를 하면 매수인은 즉시 그 물품을 인수해야 한다.

② **인도의 증거 · 수출, 수입통관** : 매수인은 매도인에게 인수했음을 입증하는 합당한 증거를 제공해야 한다. 매수인은 자신의 위험과 비용으로 수출, 통과, 수입허가, 수출, 통과, 수입을 위한 보안통관, 선적전 검사, 기타 공적 인증을 취득해야 한다.

1.2 운송인인도조건(Free Carrier : FCA)

1) 개념

운송인인도조건(FCA)은 매도인이 계약물품을 지정된 장소에서 운송인에게 인도하는 조건이다. 지정된 장소는 매도인의 영업장 구내와 영업장 외의 기타 장소로 구분할 수 있는데 매도인의 영업장 구내인 경우에는 매도인은 물품을 매수인이 보낸 운송수단에 상차시키면 매도인의 인도의무가 끝난다. 운송수단에 상차시키는 의무가 매도인에게 있다.

지정된 장소가 영업장 외의 기타 장소가 된 경우 매도인은 물품을 운송수단에 상차

'FOB Origin'이란 표현으로 원산지 매매에 이 조건을 많이 이용하고 있다. Incoterms에서는 이를 통일하여 'Ex Works'로 표현한 것이다.

시켜서 지정된 장소까지 운송하여 물품이 운송수단에 상차된 상태로 매수인이 지정한 운송인이나 제3자의 임의처분하에 두면 인도의무가 끝난다. 물품을 운송수단으로부터 하차하는 의무는 매도인에게 있는 것이 아니라 매수인에게 있다.

운송인은 매수인이 목적지까지 운송계약을 체결하고 그 이름을 매도인에게 통보한 운송인이며 해상운송인, 육상운송인, 항공운송인 등 운송수단에 상관없다. 그리고 지정된 장소는 매도인의 작업장 구내 혹은 다른 장소가 될 수 있지만 보통 상거래에서는 매도인이 위치한 장소를 뜻한다.

따라서 이 조건에서는 지정된 장소에서 운송인에게 계약물품이 인도되는 시점이 바로 매매당사자 간의 비용부담과 책임의 분기점이 된다. 매도인은 계약물품의 수출에 필요한 통관절차를 필한 후 합의된 기일 내 지정된 운송인에게 물품을 인도해야 한다. 그리고 매수인은 충분한 여유를 두고 운송인의 명의를 매도인에게 통보해주어야 한다.

이 조건의 뒤에는 매도인이 운송인에게 물품을 인도하는 수출국 내 장소가 구체적으로 표시된다. 예를 들어 매수인이 김포공항 내 항공운송인을 지정·통보하면 'FCA Kimpo Airport', 혹은 용산 화물터미널 내의 육상운송인을 지정하면 'FCA Yongsan Cargo Terminal' 등과 같이 표기된다. 그리고 이 지점은 매도인과 매수인의 비용 및 책임분기점이 된다.

Incoterms 2020의 운송인인도조건(FCA)에는 조달규정(or procure goods delivered)과 본선적재 선하증권(Bill of lading with on-board notation in FCA sales)에 대한 규정이 새롭게 신설되었다.

2) 매도인의 의무

① **물품의 인도** : 매도인은 물품을 지정된 장소에서, 그 지정된 장소에 지정된 지점이 있는 경우에는 그 지점에서 매수인이 지정한 운송인 또는 제3자에게 인도하거나 그렇게 인도된 물품을 조달하여야 한다. 합의된 인도기일이나 기간 내에 명시적으로 합의된 장소 또는 관례적으로 인도되는 장소에서 매수인에 의해 지정된 운송인의 관리하에 계약물품을 인도해야 한다. 만약 인도지점이 합의되지 않아서 여러 개 지점을 이용할 경우에는 매도인은 자신의 목적에 가장 적합한 인도장소를 선택할 수 있다.

그리고 이 조건하에서 매도인이 운송인에게 물품을 인도 완료하는 시점은 다음과 같다.

첫째, 지정된 장소가 매도인의 영업장 구내인 경우에는 물품이 매수인이 제공한 운송수단상에 상차된 때
둘째, 첫 번째 이외의 장소가 지정된 경우에는 물품이 매도인의 운송수단에서 하차되지 않은 채 매수인에 의하여 지정된 운송인이 임의처분할 수 있을 때

② **운송관련 보안규정 · 수출허가 · 수출을 위한 보안통관 · 선적전 검사 및 기타 공적 인가** : 매도인은 자신의 위험과 비용으로 운송관련 보안규정 · 수출허가 · 수출을 위한 보안통관 · 선적전 검사 및 기타 공적 인가를 취득해야 하고 물품의 수출에 필요한 통관절차도 이행해야 한다.

③ **점검 · 포장 · 화인표시** : 매도인은 물품 인도에 필요한 품질검사, 용적측량, 중량측량, 수량확인과 같은 점검작업으로 발생되는 비용을 부담하여야 한다. 매도인은 자기의 비용으로 물품을 포장하고 포장에 화인을 표시하여야 한다. 다만 특정 거래에서 통상적으로 포장하지 않는 상태로 운송되는 물품의 경우에는 예외로 한다.

3) 매수인의 의무

① **위험 이전 및 비용부담** : 매수인은 계약물품이 자기에게 인도된 이후의 모든 위험과 운송관련 보안비용과 수출통관 보안비용이 포함된 모든 비용을 부담하며 만일 계약에서 정한 기일 내에 운송인을 지정하지 못하거나 또는 지정된 운송인이 계약물품을 지정된 기일 내에 인수하지 못하게 되면 그로부터 발생하는 모든 위험과 비용을 부담하여야 한다.

② **운송계약의 체결** : 매도인이 운송인을 선택하는 경우를 제외하고 매수인은 자신의 비용으로 지정장소로부터 운송계약을 체결해야 한다.

③ **인도/운송서류** : 매수인은 매도인의 인도의무에 따라 인도되었다는 증거를 수락하여야 한다. 당사자들이 합의한 경우에는 매수인은 물품이 본선에 선적되었음을 나타내는 본선적재표기가 있는 운송서류를 자기의 비용과 위험으로 매도인에게 발행하도록 운송인에게 지시하여야 한다.

④ **매도인에 대한 통지** : 매수인은 매도인에게 운송인의 명의와 운송관련 보안요건에 관하여 정확히 통지를 해야 한다. 필요한 경우에는 운송방식, 인도일자 또는 인도기간을 명시해야 하며 그리고 계약물품이 운송인에게 인도되어야 할 장소 내의 지점도 통지해야 한다.

1.3 운송비지불인도조건(Carriage Paid To : CPT)

1) 개념

운송비지불인도조건(CPT)은 매도인이 자신과 목적지까지 운송계약을 체결한 운송인에게 계약물품을 인도하고 또는 그렇게 인도된 물품을 조달함으로써 운송비를 지불하는 조건을 말한다. 여기서 운송인은 매도인이 목적지까지 운송계약을 체결한 운송인이다.

이 조건에서 매도인은 먼저 자신의 위험과 비용으로 수출에 필요한 모든 통관절차를 이행해야 한다. 그리고 합의된 목적지까지 적합한 운송계약을 체결하고 정해진 기일 내에 계약물품을 운송인에게 인도 완료하고 운송비를 지불해야 한다.

그러나 매도인이 목적지까지 운송계약을 체결하고 운송비를 지급한다고 해서 자신의 책임이 목적지까지 연장되는 것은 아니며 매도인의 책임은 자신과 운송계약을 체결한 운송인에게 물품을 인도하는 시점에서 끝이 난다. 즉 매도인과 매수인의 책임분기점은 매도인이 체결한 운송인에게 물품을 인도하는 시점이 된다.

앞의 운송인인도조건(FCA)은 매수인이 물품을 실어가기 위해 매수인 자신이 운송계약을 체결하고 운송인에게 운송비를 지불하는 것이지만, 이 조건은 반대로 매도인이 목적지까지의 운송계약을 체결하고 운송인에게 운송비를 지불하는 조건이다. 매도인이 지급한 운송비는 물품의 가격에 포함되어 있다.

목적지에서 발생한 양륙비용과 관련하여 당사자가 달리 합의한 경우를 제외하고 매도인이 지불한 양륙비용을 매수인으로부터 받을 권리가 없다. 운송인이 운송비에 선적비용과 양륙비용을 포함시켜 매도인으로부터 운송비를 받을 경우 비용의 분기점상 매수인이 부담하는데 비용을 매도인이 부담한 결과가 된다. 매매계약에서 당사자가 목적지에서 발생하는 양륙비용을 매도인이 부담하는 경우에 이 비용을 매수인으로부터 받는다고 합의한 경우를 제외하고 매도인은 매수인에게 이 비용을 청구할 수 없다고 하였다. 따라서 매도인은 양륙비용을 자기가 부담하면 이 비용을 매수인에게 청구한다는 내용을 매매계약에 포함시켜야 한다.

2) 매도인의 의무

앞의 운송인인도조건(FCA)에 비해 매도인은 목적지까지 운송계약을 체결하고 운송비를 지급해야 할 의무가 있다.

① **위험 이전 및 비용부담** : 매도인은 물품을 자신과 운송계약을 체결한 운송인에게 인도할 때까지의 모든 위험과 운송관련 보안비용과 수출통관 보안비용이 포함된 모든 비용을 부담해야 한다.

② **운송계약 체결** : 매도인은 인도장소로부터, 그 인도장소에 합의된 인도지점이 있는 경우에는 그 인도지점부터 그 지정 목적지까지 또는 그 지정목적에 합의된 어느 지점까지 적합한 운송계약을 체결하거나 조달하고 운송비를 지급해야 한다. 인도지점이나 목적지의 지점을 합의하지 않은 경우 또는 관례적으로 결정되지 않는 경우에는 매도인은 그의 목적에 가장 적합한 인도지점이나 지정목적지의 지점을 선택할 수 있다. 운송계약은 해상, 육상, 항공운송 등 상관없으며 목적지까지 여러 운송을 사용하는 운송계약을 체결해도 무방하다.

③ **운송관련 보안규정·수출허가·수출을 위한 보안통관·선적전 검사 및 기타 공적 인가** : 매도인은 자신의 위험과 비용으로 운송관련 보안규정·수출허가·수출을 위한 보안통관·선적전 검사 및 기타 공적 인가를 취득해야 하고 물품의 수출에 필요한 통관절차도 이행해야 한다.

④ **점검·포장·화인표시** : 매도인은 물품 인도에 필요한 품질검사, 용적측량, 중량측량, 수량확인과 같은 점검작업으로 발생되는 비용을 부담하여야 한다. 매도인은 자기의 비용으로 물품을 포장하고 포장에 화인을 표시하여야 한다. 다만 특정 거래에서 통상적으로 포장하지 않는 상태로 운송되는 물품의 경우에는 예외로 한다.

3) 매수인의 의무

① **물품의 인수** : 매수인은 매도인의 인도의무에 따라 인도된 때에 그 물품의 인도를 수령하여야 하고 지정 목적지에서 또는 지정 목적지 내의 합의된 지점에서 계약물품을 운송인으로부터 인수해야 한다.

② **위험 이전** : 물품이 운송인에게 인도 완료되는 시점 이후부터 발생하는 위험을 부담해야 한다.

③ **수입통관** : 매수인은 수입국에서 부과되는 수입허가, 수입을 위한 보안통관, 선적전 검사, 기타 공적 인가를 수행하고 관련비용을 부담해야 한다.

1.4 운송비 · 보험료지불인도조건(Carriage and Insurance Paid To : CIP)

1) 개념

운송비 · 보험료지불인도조건(CIP)은 매도인이 목적지까지 운송계약 및 운송보험계약을 체결한 후 계약물품을 자신과 운송계약을 체결한 운송인에게 인도하거나 그렇게 인도된 물품을 조달함으로써 운송비와 보험료를 지불해야 하는 조건을 말한다. 이 조건에서 매도인은 자신의 위험과 비용으로 수출에 필요한 통관절차를 이행하고, 목적지까지 운송계약과 운송보험계약을 체결하여 운송비 및 운송보험료를 지불해야 한다.

이 조건은 앞의 운송비지불인도조건(CPT)과 동일한데 단지 매도인이 목적지까지 적합한 운송보험계약을 체결하고 운송보험료를 지불해야 한다는 점이 다르다. 그러나 매도인이 목적지까지 운송보험계약을 체결한다고 해서 매도인의 책임이 목적지까지 연장되는 것은 아니며 자신의 책임은 어디까지나 운송인에게 물품을 인도하는 시점에서 끝이 난다. 따라서 운송 도중의 물품에 대해서 매도인은 책임질 필요가 없다.

목적지에서 발생한 양륙비용과 관련하여 당사자가 달리 합의한 경우를 제외하고 매도인이 지불한 양륙비용을 매수인으로부터 받을 권리가 없다. 운송인이 운송비에 선적비용과 양륙비용을 포함시켜 매도인으로부터 운송비를 받을 경우 비용의 분기점 상 매수인이 부담하는데 비용을 매도인이 부담한 결과가 된다. 매매계약에서 당사자가 목적지에서 발생하는 양륙비용을 매도인이 부담하는 경우에 이 비용을 매수인으로부터 받는다고 합의한 경우를 제외하고 매도인은 매수인에게 이 비용을 청구할 수 없다고 하였다. 따라서 매도인은 양륙비용을 자기가 부담하면 이 비용을 매수인에게 청구한다는 내용을 매매계약에 포함시켜야 한다.

2) 매도인의 의무

이 조건에서 매도인의 의무는 앞의 운송비지불인도조건(CPT)에서의 매도인의 의무에다 목적지까지 운송보험계약을 체결하고 운송보험료를 지불해야 하는 의무가 추가된다. 이 조건은 모든 운송에서 사용될 수 있는 조건이기 때문에 매도인은 매수인과 합의하여 운송보험조건을 선정하고 보험가입금액은 희망이익 10%를 가산하여 통상 CIP 금액의 110%로 한다.[5]

---

5 보험가입금액은 보험자의 최고보상금액인데, 이 금액을 기준으로 보험료가 산정된다. 양 당사자 간의 분쟁을 막기 위하여 CIP 금액의 110%로 규정하고 있다. 여기서 10%는 희망이익(expected profit)을 의미한다. 즉, 상품

특정한 거래에서 합의나 관행이 없는 경우를 제외하고 매도인은 자기의 비용으로 사용한 운송수단에 적합한 (로이즈시장협회/국제보험업협회) 협회적하보험약관 A약관이나 이와 유사한 약관이 담보하는 담보조건으로 적하보험에 들어야 한다.

3) 매수인의 의무

매수인은 물품이 운송인에게 인도 완료되는 시점 이후부터 발생하는 위험을 부담해야 한다. 이 조건에서 비록 매도인이 목적지까지 운송보험계약을 체결하지만 운송 도중 물품의 위험에 대해서는 매수인이 책임져야 한다. 만약 운송 도중 물품에 대한 사고가 발생하면 매수인이 보험자에게 클레임을 제기해야 한다.

매수인은 수입국에서 부과되는 수입허가, 수입을 위한 보안통관, 선적전 검사, 기타 공적 인가를 수행하고 관련비용을 부담해야 한다.

1.5 목적지인도조건(Delivered At Place : DAP)

1) 개념

목적지인도조건(DAP)은 매도인이 계약물품을 지정된 목적지에서 매수인에게 인도하는 조건을 말한다. 이 조건에서 당사자 간의 책임 및 비용분기점은 지정된 목적지가 된다.

매도인은 계약물품에 대한 수출통관을 필한 후 이를 자신의 책임과 비용으로 지정된 목적지까지 운송할 책임이 있다. 그러나 매도인은 지정 목적지에 도착한 운송수단으로부터 물품을 하역해 줄 의무와 목적지에서 수입통관을 필할 의무는 없다.

2) 매도인의 의무

① **인도의무** : 매도인은 물품을 지정 목적지에서, 지정 목적지 내의 합의된 지점이 있는 때에는 그 지점에서 도착한 운송수단에 물품을 실어둔 채로 하차준비가 된 상태에서 매수인의 임의처분하에 두거나 그렇게 인도된 물품을 조달하면 인도의무가 끝난다.

② **위험 이전** : 매도인은 물품을 지정 목적지까지 또는 지정 목적지 내의 합의된 지점

이 운송 도중 멸실되지 않고 무사히 목적지에 도착하게 되면 10% 정도의 이익이 생길 것이라고 희망한 것이다.

까지 가져가는데 발생하는 모든 위험을 부담한다.

③ **운송계약 체결** : 매도인은 자기의 비용으로 물품을 지정된 목적지까지 또는 지정된 목적지 내의 지점까지 운송하는 운송계약을 체결해야 한다. 특정한 지점이 합의되지 않거나 관례에 의해서 결정되지 않는 경우에는 매도인은 지정 목적지 내의 가장 적합한 지점을 선택할 수 있다. 매도인은 목적지까지 운송하는데 요구되는 운송관련 보안규정을 준수하여야 한다.

④ **운송관련 보안규정 · 수출허가 · 수출을 위한 보안통관 · 선적전 검사 및 기타 공적 인가** : 매도인은 자신의 위험과 비용으로 운송관련 보안규정 · 수출허가 · 수출을 위한 보안통관 · 선적전 검사 및 기타 공적 인가를 취득해야 하고 물품의 수출에 필요한 통관절차도 이행해야 한다.

⑤ **점검 · 포장 · 화인표시** : 매도인은 물품 인도에 필요한 품질검사, 용적측량, 중량측량, 수량확인과 같은 점검작업으로 발생되는 비용을 부담하여야 한다. 매도인은 자기의 비용으로 물품을 포장하고 포장에 화인을 표시하여야 한다. 다만 특정 거래에서 통상적으로 포장하지 않는 상태로 운송되는 물품의 경우에는 예외로 한다.

3) 매수인의 의무

매수인은 수입허가 및 통과를 위한 필요한 허가, 수입과 통과를 위한 보안통관, 선적전 검사, 기타 공적 인가를 필하고 지정 목적지에서 계약물품을 인수해야 한다. 그리고 매수인은 지정 목적지에 도착한 운송수단으로부터 물품을 하역하는 데 드는 비용을 부담해야 한다.

매수인은 매수인이 합의한 기간 내에 언제 운송할 것인지에 대한 운송시점과 지정 목적지 내의 인도지점을 결정할 권한을 가지고 있다고 합의한 경우에 매도인이 이러한 의무를 수행할 수 있는 충분한 시간을 가지도록 사전에 통지를 해야 한다.

1.6 도착지양하인도조건(Delivered At Place Unloaded : DPU)

1) 개념

도착지향하인도조건(DPU)은 매도인이 계약에서 합의한 지정된 목적지에서 또는 지정된 목적지 내의 어떤 지점을 합의한 경우에 그 지점에서 도착한 운송수단으로부터 물품을 하차시켜 매수인의 임의처분하에 두면 된다. 이 조건에서 매매당사자 간의 비용 및 위험부담의 분기점은 지정된 목적지가 된다. 따라서 매도인은 자신의 위험과 비용으로 계약물품의 수출통관을 필한 후 이를 지정된 목적지까지 자신의 책임으로 운송을 하고 지정된 목적지에서 계약물품을 운송수단으로부터 하차해야 한다. 그러나 매도인은 수입통관을 필할 필요는 없다.

2) 매도인의 의무

① **물품의 인도** : 매도인은 물품을 지정된 목적지 또는 지정된 목적지 내의 합의한 지점에 도착한 운송수단으로부터 하차시켜 매수인의 임의처분하에 두거나 그렇게 인도된 물품을 조달함으로써 인도하여야 한다. 매도인은 합의한 기일에 또는 합의한 기간 내에 물품을 인도하여야 한다.

② **운송계약의 체결** : 매도인은 자기의 비용으로 물품을 지정된 목적지까지 또는 지정된 목적지 내의 지점까지 운송하는 운송계약을 체결해야 한다. 특정한 지점이 합의되지 않거나 관례에 의해서 결정되지 않는 경우에는 매도인은 지정 목적지 내의 가장 적합한 지점을 선택할 수 있다. 매도인은 목적지까지 운송하는데 요구되는 운송관련 보안규정을 준수하여야 한다.

④ **운송관련 보안규정 · 수출허가 · 수출을 위한 보안통관 · 선적전 검사 및 기타 공적 인가** : 매도인은 자신의 위험과 비용으로 운송관련 보안규정 · 수출허가 · 수출을 위한 보안통관 · 선적전 검사 및 기타 공적 인가를 취득해야 하고 물품의 수출에 필요한 통관절차도 이행해야 한다.

⑤ **점검 · 포장 · 화인표시** : 매도인은 물품 인도에 필요한 품질검사, 용적측량, 중량측량, 수량확인과 같은 점검작업으로 발생되는 비용을 부담하여야 한다. 매도인은 자기의 비용으로 물품을 포장하고 포장에 화인을 표시하여야 한다. 다만 특정 거래에서 통상적으로 포장하지 않는 상태로 운송되는 물품의 경우에는 예외로 한다.

3) 매수인의 의무

① **수입통관** : 매수인은 수입국에서 부과되는 수입허가, 수입을 위한 보안통관, 선적전 검사, 기타 공적 인가를 수행하고 관련비용을 부담해야 한다.

② **비용부담** : 매수인은 매도인으로부터 계약물품을 인도받은 시점 이후 발생하는 비용을 부담해야 한다.

1.7 관세지급인도조건(Delivered Duty Paid : DDP)

1) 개념

관세지급인도조건은 매도인이 자신의 위험과 비용으로 계약물품을 매수인이 지정한 수입국의 장소까지 운송하여 인도하는 조건으로 매도인의 의무가 가장 많은 조건이다.

이 조건에서 매도인은 자신의 위험과 비용으로, 첫째 수출국에서 수출통관을 필하고, 둘째 수입항까지의 운송계약과 운송보험계약을 체결하고, 셋째 수입국에서 수입허가를 취득하고, 관세 등을 지급하여 수입통관을 필한 후 마지막으로 수입국의 지정 목적지까지 계약물품을 운송하고 물품의 인수에 필요한 관례적인 운송서류를 매수인에게 인도해야 한다.[6]

그리고 매수인은 자신의 비용으로 목적지에 도착한 운송수단에서 계약물품을 하차해야 한다.

2) 매도인의 의무

① **위험 이전 및 비용부담** : 이 조건에서 당사자 간의 위험과 비용부담의 분기점은 수입국 내의 지정된 장소이므로 매도인은 이 지점까지의 모든 비용과 위험을 부담해야 한다. 그러나 매도인은 계약물품을 지정된 목적지에 도착하는 운송수단으로부터 하차하지 않은 상태로 매수인에게 인도할 수 있다.

② **운송관련 보안규정 · 수출/통과/수입허가 · 수출/통과/수입을 위한 보안통관 · 선적전 검사 및 기타 공적 인가** : 매도인은 자신의 위험과 비용으로 운송관련 보안규정 · 수출/통과/수입허가 · 수출/통과/수입을 위한 보안통관 · 선적전 검사 및 기타 공적 인가를 취득해야 하고 물품의 수출에 필요한 통관절차도 이행해야 한다.

② **매수인에 대한 통지** : 매도인은 계약물품의 운송에 관해 매수인에게 충분히 통지를 해야 하며 뿐만 아니라 매수인이 물품을 정상적으로 인수하는 데 필요한 조치에 대해서도 통지를 해야 한다.

---

6 이 조건은 매수인에게 아주 편리하지만 매도인에게는 모든 수출입부대업무가 따르기 때문에 불리한 거래조건으로 볼 수 있다. 특히 매도인이 관세 등을 부담해야 하므로 물품의 가격이 그만큼 상승되어 가격경쟁력도 떨어지게 된다. 하지만 자유무역협정(FTA)에 따라 관세 등이 면제되면 매도인은 매수인에게 절대 유리한 거래조건, 즉 관세지급 인도조건으로 거래를 성사시킬 수 있어 최근 우리나라 기업들이 미국으로 수출할 경우 이 거래조건을 많이 활용하고 있다(관세청, FTA 활용 성공기업 DNA로 본 비즈니스모델 40선, 2012, pp.59-64 참조).

3) 매수인의 의무

① **수출/수입통관** : 매수인은 매도인의 요청에 따라 매도인의 위험과 비용으로 수출국/통과국/수입국에 의하여 부과되는 수출/통과/수입통관 절차에 관한 서류 및 정보를 취득함에 있어서 매도인에게 협력하여야 한다.

② **비용부담** : 매수인은 지정된 목적지에서 계약물품을 운송수단으로부터 하역하는데 필요한 비용을 부담해야 한다.

2. 해상 혹은 내수로운송에서만 사용가능한 조건

현행 Incoterms의 11가지 조건 중에서 FAS, FOB, CFR 및 CIF 4가지는 해상운송 혹은 내수로운송에서만 사용가능한 조건이다. 이들 조건은 전통적으로 국제무역에서 많이 사용되어 왔던 조건인데 최근 운송방식이 여러 운송수단을 동시에 활용하는 방식으로 바뀜에 따라 Incoterms 2010에서는 후순위에 규정되어 있다.

2.1 선측인도조건(Free Alongside Ship : FAS)

1) 개념

선측인도조건(FAS)은 매도인이 본선의 선측에 계약물품을 인도하거나 그렇게 인도된 물품을 조달하는 조건이다. 여기서 본선은 매수인이 운송계약을 체결하여 매도인에게 통보해 준 선박을 말하고, 선측은 통상 물품을 선적할 수 있는 부두의 장소 또는 부선(barge)을 말한다.[7]

이 조건에서 매매당사자 간의 비용부담과 책임의 분기점은 본선의 선측이 된다. 따라서 매도인은 계약물품의 수출통관절차를 필한 후 이를 지정된 선박의 옆까지 인도해야 한다. 그리고 매수인은 계약물품을 본선에 선적해야 하고 이에 따른 비용 등을 부담해야 한다.

이 조건은 주로 본선의 선적에 비용, 시간 등이 많이 들고 부피가 큰 원목, 원면, 양곡 등의 1차 산품 거래에서 주로 이용되고 있다.

---

7 만약 항구의 여건상 본선이 부두 밖에 정박하게 되면 매도인은 부선을 이용하여 본선의 양화기가 도달할 수 있는 지점까지 계약물품을 운송해야 하고 부선 사용료를 부담해야 한다.

2) 매도인의 의무

① **인도** : 매도인은 물품을 지정된 선적항에서, 그 지정된 선적항 내에 매수인이 지정한 지점이 있는 경우 그 지점에서 매수인이 지정한 선박의 선측에 두거나 그렇게 인도된 물품을 조달함으로써 인도하여야 한다.

② **위험 이전 및 비용부담** : 매도인은 계약물품을 본선의 선측에 인도할 때까지의 모든 위험과 비용을 부담해야 한다.

③ **운송관련 보안규정 · 수출허가 · 수출을 위한 보안통관 · 선적전 검사 및 기타 공적 인가** : 매도인은 자신의 위험과 비용으로 운송관련 보안규정 · 수출허가 · 수출을 위한 보안통관 · 선적전 검사 및 기타 공적 인가를 취득해야 하고 물품의 수출에 필요한 통관절차도 이행해야 한다.

④ **매수인에 대한 통지** : 매도인은 계약물품이 지정된 선박의 선측에 인도되었다는 사실을 매수인에게 충분히 통지해야 한다.

3) 매수인의 의무

① **위험 이전 및 비용부담** : 선적항의 본선 선측에서 계약물품을 인수한 이후 모든 위험과 비용을 부담해야 한다.

② **운송계약의 체결** : 매수인은 자신의 비용으로 지정된 선적항으로부터 계약물품의 운송계약을 체결해야 한다.

③ **수입통관** : 매수인은 수입허가 및 통과를 위하여 필요한 허가, 수입과 통과를 위한 보안통관, 선적전 검사, 기타 공적 인가를 취득하고 관련비용을 부담하여야 한다.

④ **매도인에의 통지** : 매수인은 매도인에게 운송관련 보안규정, 선박명, 선적장소 및 인도기간 내에 선택된 인도일자가 있는 경우에는 충분한 통지를 해야 한다.

2.2 본선인도조건(Free On Board : FOB)

1) 개념

본선인도조건(FOB)은 매도인이 계약물품을 본선에 적재하거나 그렇게 인도된 물품을 조달하는 조건을 말한다. 즉 매도인이 지정된 선적항에서 매수인이 지명 통보한 선박에 계약물품을 선적함으로써 자신의 인도의무가 완료되는 조건을 말한다. 따라서 매매당사자 간의 비용 및 책임부담의 분기시점은 계약물품이 본선상에 적재되는 시점이 된다.

이 조건에서 매도인은 합의된 선적기간 내에 매수인이 지정한 운송선박에 계약물품을 선적할 의무가 있다. 그리고 매수인은 계약물품을 수입항까지 운송할 선박과 운송계약을 체결하고 선박명, 정박지, 선적기일 등을 매도인에게 충분한 여유를 두고 통지해야 한다.

이 조건은 원래 해상매매거래에서 활용되어 왔으나 미국에서는 육상매매의 관습으로도 많이 활용되었다. 그래서 1990년의 개정 미국무역정의에서는 미국의 대륙적인 특수한 사정을 고려하여 이 조건을 6가지 조건으로 분류하고 있는데 현행 Incoterms의 FOB조건은 해상운송 시에 적용되기 때문에 개정 미국무역정의의 'FOB Vessel'과 유사하다.

2) 매도인의 의무

① **물품의 인도** : 매도인은 지정된 선적항에서, 그 지정된 선적항에서 매수인이 지정한 지점이 있는 경우에는 그 지점에서 매수인이 지정한 선박의 본선에 지정된 일자 또는 기간 내에 그리고 항구의 관례에 따라 계약물품을 선적하거나 그렇게 인도된 물품을 조달함으로써 인도하여야 한다.

② **위험 이전과 비용부담** : 매도인은 계약물품이 선적항의 본선에 선적될 때까지의 모든 위험과 비용을 부담해야 한다.

③ **운송관련 보안규정 · 수출허가 · 수출을 위한 보안통관 · 선적전 검사 및 기타 공적 인가** : 매도인은 자신의 위험과 비용으로 운송관련 보안규정 · 수출허가 · 수출을 위한 보안통관 · 선적전 검사 및 기타 공적 인가를 취득해야 하고 물품의 수출에 필요한 통관절차도 이행해야 한다.

④ **점검 · 포장 · 화인표시** : 매도인은 물품인도에 필요한 품질검사, 용적측량, 중량측량, 수량확인과 같은 점검작업으로 발생되는 비용을 부담하여야 한다. 매도인은 자기의 비용으로 물품을 포장하고 포장에 화인을 표시하여야 한다. 다만 특정거래에서 통상적으로 포장하지 않는 상태로 운송되는 물품의 경우에는 예외로 한다.

3) 매수인의 의무

① **위험 이전과 비용부담** : 매수인은 계약물품이 지정 선적항에서 본선에 선적된 후부터 모든 위험과 비용을 부담해야 한다.

② **운송계약 체결** : 매수인은 자신의 비용으로 지정 선적항으로부터 물품의 운송계약을 체결해야 한다.

③ **수입통관** : 매수인은 수입허가 및 통과를 위하여 필요한 허가, 수입과 통과를 위한 보안통관, 선적전 검사, 기타 공적 인가를 취득하고 관련비용을 부담하여야 한다.

④ **매도인에의 통지** : 매수인은 매도인에게 운송관련 보안규정, 선박명, 선적장소 및 인도기간 내에 선택된 인도일자가 있는 경우에는 충분한 통지를 해야 한다.

2.3 운임포함인도조건(Cost and Freight : CFR)

1) 개념

운임포함인도조건(CFR)은 매도인이 목적항까지 계약물품의 운송계약을 체결하고 운임을 지급하는 거래조건을 의미하는데 매도인이 지급한 운임은 계약물품의 가격에 포함시키기 때문에 이를 운임포함인도조건이라 한다. 앞의 본선인도조건(FOB)에서는 매수인이 해상운송계약을 체결하고 운임을 지급하지만 이 조건에서는 매도인이 대신 하게 된다.

이 조건에서 비록 매도인이 목적지까지 해상운송계약을 체결하지만 그 책임은 선적항의 본선에서 끝나도록 한다. 따라서 이 조건에서 매매당사자 간의 책임분기점은 본선인도조건과 마찬가지로 선적항의 본선이다. 즉 계약물품이 선적항의 본선에 적재된 이후 물품과 관련된 모든 책임은 매수인에게로 이전된다.

이 조건에서 매도인은 매수인을 위해 목적항까지 해상운송계약을 체결하고 운임을 지급해야 하므로 만약 매도인이 이 조건으로 수출가격을 제시하려면 먼저 목적지까지의 해상운임을 계산해야만 한다. 계약체결 시 해상운임을 확정할 수 없으면 이를 유보하여 선적 시의 운임률을 적용한다는 유보조항을 명시하는 것이 일반적이다.

복수의 운송인이 참여하는 경우에 어느 운송인이 인도와 위험의 분기점이 되는지에 관하여 당사자가 매매계약에서 합의할 사항이지만 합의가 없는 경우에는 인도와 위험의 분기점은 최초 운송인이 물품을 선적한 장소가 된다. 오사카항에서부터 부산항까지는 피더선으로 운송하는 운송인이 담당하고 부산항에서부터 LA항까지는 현대상선이 운송하는 경우에 인도와 위험이 오사카항에서 매도인에서 매수인으로 이전되는지 부산항에서 이전되는지 문제가 발생한다. 매매계약에서 합의하지 않는 경우에는 최초 운송인이 담당하는 오사카항이 인도와 위험의 분기점이 되어 매수인이 부담하는 기간이 연장된다. 따라서 매수인이 인도와 위험의 분기점을 부산항으로 하길 원한다면 매매계약에 명시하여야 한다.

목적지에서 발생한 양륙비용과 관련하여 당사자가 달리 합의한 경우를 제외하고 매도인이 지불한 양륙비용을 매수인으로부터 받을 권리가 없다. 운송인이 운송비에 선적비용과 양륙비용을 포함시켜 매도인으로부터 운송비를 받을 경우 비용의 분기점상 매수인이 부담하는데 비용을 매도인이 부담한 결과가 된다. 매매계약에서 당사자가 목적지에서 발생하는 양륙비용을 매도인이 부담하는 경우에 이 비용을 매수인으로부터 받는다고 합의한 경우를 제외하고 매도인은 매수인에게 이 비용을 청구할 수 없다고 하였다. 따라서 매도인은 양륙비용을 자기가 부담하면 이 비용을 매수인에게 청구한다는 내용을 매매계약에 포함시켜야 한다.

2) 매도인의 의무

이 조건에서 매도인의 주요한 의무는 목적지까지 해상운송계약을 체결하고 운임을 지불해야 하는 것이다.

① **인도** : 매도인은 물품을 지정된 선적항에서, 그 지정된 선적항 내에 매수인이 지정한 지점이 있는 경우 그 지점에서 매수인이 지정한 선박에 적재하거나 그렇게 인도된 물품을 조달함으로써 인도하여야 한다.

② **위험 이전 및 비용부담** : 매도인은 계약물품이 선적항에서 본선에 선적될 때까지 모든 위험을 부담해야 한다. 그리고 매도인은 위험이 매수인에게로 이전되는 시점까지 소요되는 모든 비용과 목적항까지의 운임, 운송관련 보안비용, 매도인이 부담하기로 한 양륙비용, 통관비용, 수출통관과 관련된 비용을 부담해야 한다.

③ **운송계약의 체결** : 매도인은 자신의 비용으로 계약물품을 운송하는 데 적합한 원양선박(seagoing vessel) 또는 내수로선박을 선정하여 목적항까지의 통상 항로를 따라 항해하는 운송계약을 체결하고 운임을 지불해야 한다.[8]

④ **운송서류의 제공** : 매도인은 별도 합의가 없는 한 자신의 비용으로 계약물품과 관

8 이는 매도인이 자기에게 유리한 해상운송계약을 체결하지 못하도록 선박형태, 항로 등에 대해 엄격히 규정한 것이다.

련되는 운송서류를 지체 없이 매수인에게 제공해야 한다. 이 운송서류는 계약물품을 목적지까지 운송하는 것을 나타내고 또한 매수인이 물품을 청구할 수 있는 것이어야 한다. 그리고 별도 합의가 없는 한 매수인은 서류를 양도하거나 운송인에게 지시하여 물품을 제2의 매수인에게 양도할 수 있어야 한다. 만약 운송서류의 원본이 여러 통 발행되면 매도인은 원본 모두를 매수인에게 제시해야 한다.

⑤ **운송관련 보안규정 · 수출허가 · 수출을 위한 보안통관 · 선적전 검사 및 기타 공적 인가** : 매도인은 자신의 위험과 비용으로 운송관련 보안규정 · 수출허가 · 수출을 위한 보안통관 · 선적전 검사 및 기타 공적 인가를 취득해야 하고 물품의 수출에 필요한 통관절차도 이행해야 한다.

⑥ **점검 · 포장 · 화인표시** : 매도인은 물품인도에 필요한 품질검사, 용적측량, 중량측량, 수량확인과 같은 점검작업으로 발생되는 비용을 부담하여야 한다. 매도인은 자기의 비용으로 물품을 포장하고 포장에 화인을 표시하여야 한다. 다만 특정 거래에서 통상적으로 포장하지 않는 상태로 운송되는 물품의 경우에는 예외로 한다.

3) 매수인의 의무

① **물품의 인수** : 매수인은 물품이 매도인의 인도의무 이행에 따라 인도된 때에 그 물품의 인도를 수락하고 지정된 목적항에서 운송인으로부터 계약물품을 인수해야 한다.

② **위험 이전 및 비용부담** : 매수인은 물품이 선적항의 본선상에 적재된 때부터 모든 위험과 비용을 부담해야 한다. 따라서 목적항에 도착할 때까지 운송 중의 물품과 관련된 비용을 부담하고 만약 매수인이 목적항을 선택할 수 있는 권한과 선적기일을 지정할 수 있는 권한이 있는데도 이를 적절히 행사하지 못하면 이로 인해 야기되는 추후 비용과 위험을 부담해야 한다.

③ **수입통관** : 매수인은 수입허가 및 통과를 위하여 필요한 허가, 수입과 통과를 위한 보안통관, 선적전 검사, 기타 공적 인가를 취득하고 관련비용을 부담하여야 한다.

④ **매도인에의 통지** : 매수인은 본인이 물품의 선적시기 또는 지정된 선적항 내의 어떤 지점을 선택할 권리를 가지는 것으로 합의된 경우에 매도인에게 충분한 통지를 하야야 한다.

2.4 운임 · 보험료포함인도조건(Cost, Insurance and Freight : CIF)

1) 개념

운임·보험료포함인도조건(CIF)은 매도인이 목적항까지 해상운송계약 및 해상보험계약을 체결하고 운임과 보험료를 지불해야 하는 조건을 말하며, 매도인이 부담한 운임과 보험료는 계약물품의 가격에 포함시키기 때문에 이를 운임·보험료포함인도조건이라 한다. 그리고 이 조건에서 당사자 간의 책임분기점은 계약물품이 선적항의 본선에 선적된 시점이다.

따라서 이 조건과 본선인도조건(FOB) 및 운임포함인도조건(CFR)의 당사자 간 책임분기점은 모두 선적항의 본선이 된다.

이 조건에서 매도인은 계약물품을 목적지까지 운송하는 해상운송계약과 항해 중의 위험에 대비한 해상보험계약을 체결하고 운임 및 보험료를 지급해야 한다. 그리고 매도인은 이러한 계약이 적합하게 체결되었음을 증명하는 운송서류를 매수인에게 제시해야 한다. 그러나 매도인의 책임은 선적항의 본선에서 끝나기 때문에 만약 해상운송 도중 사고가 발생하더라도 이에 대한 책임은 매수인에게 있다.

복수의 운송인이 참여하는 경우에 어느 운송인이 인도와 위험의 분기점이 되는지에 관하여 당사자가 매매계약에서 합의할 사항이지만 합의가 없는 경우에는 인도와 위험의 분기점은 최초 운송인이 물품을 선적한 장소가 된다. 오사카항에서부터 부산항까지는 피더선으로 운송하는 운송인이 담당하고 부산항에서부터 LA항까지는 현대상선이 운송하는 경우에 인도와 위험이 오사카항에서 매도인에서 매수인으로 이전되는지 부산항에서 이전되는지 문제가 발생한다. 매매계약에서 합의하지 않는 경우에는 최초 운송인이 담당하는 오사카항이 인도와 위험의 분기점이 되어 매수인이 부담하는 기간이 연장된다. 따라서 매수인이 인도와 위험의 분기점을 부산항으로 하길 원한다면 매매계약에 명시하여야 한다.

목적지에서 발생한 양륙비용과 관련하여 당사자가 달리 합의한 경우를 제외하고 매도인이 지불한 양륙비용을 매수인으로부터 받을 권리가 없다. 운송인이 운송비에 선적비용과 양륙비용을 포함시켜 매도인으로부터 운송비를 받을 경우 비용의 분기점상 매수인이 부담하는데 비용을 매도인이 부담한 결과가 된다. 매매계약에서 당사자가 목적지에서 발생하는 양륙비용을 매도인이 부담하는 경우에 이 비용을 매수인으로부터 받는다고 합의한 경우를 제외하고 매도인은 매수인에게 이 비용을 청구할 수 없다고 하였다. 따라서 매도인은 양륙비용을 자기가 부담하면 이 비용을 매수인에게 청구한다는 내용을 매매계약에 포함시켜야 한다.

2) 매도인의 의무

① **물품의 인도** : 매도인은 물품을 합의한 기일에 또는 합의한 기간 내에 당해 항구에서 관행적인 방법으로 적재하거나 그렇게 인도된 물품을 조달함으로써 인도하여야 한다.

② **위험 이전 및 비용부담** : 매도인은 계약물품이 선적항에서 본선에 선적될 때까지 모든 위험을 부담해야 한다. 그리고 매도인은 위험이 매수인에게로 이전되는 시점까지 소요되는 모든 비용과 목적항까지의 운임과 적하보험료, 운송계약상 매도인이 부담하기로 한 양륙비용, 통과비용, 수출통관과 관련된 비용을 부담해야 한다.

③ **운송계약의 체결** : 매도인은 물품을 인도장소로부터, 그 인도장소에 매수인이 지정한 지점이 있는 경우에 그 지점으로부터 지정목적항까지 또는 그 지정목적항에 매수인이 지정한 지점이 있는 경우에 그 지점까지 운송계약을 체결하거나 그렇게 인도된 물품을 인도하고 목적지까지 운송하는데 요구되는 운송관련 보안규정을 준수하여야 한다.

④ **보험계약 체결** : 특정한 거래에서 다른 합의나 관행이 없는 경우 매도인은 자기의 비용으로 인도지점부터 지정목적지까지 (로이즈시장협회/국제보험업협회) 협회적하약관이나 그와 유사한 C약관에서 담보하는 담보조건으로 적하보험을 들어야 한다. 보험계약은 믿을 만한 보험인수업자나 보험회사와 적하보험계약을 체결하여야 하고, 보험은 물품이 피보험이익을 가지는 제3자가 보험자에게 보험금을 직접 청구할 수 있어야 한다.

매도인은 자신의 비용으로 적하보험계약을 체결하고, 매수인에게 보험증권을 제공해야 한다. 보험조건은 다른 명시적 합의가 없는 한 현재 해상보험에서 사용하고 있는 협회적하약관(Institute Cargo Clauses)의 최소담보조건으로 하고[9] 최소보험금액은 매매계약에서 약정된 금액에 10%를 더한 110% 금액으로 한다.

---

9 CIF조건에서는 매도인이 매수인을 위하여 해상보험계약을 체결하기 때문에 반드시 보험조건과 보험금액(insured amount)에 관한 명시적 규정이 필요하게 된다. 매도인은 보험료를 적게 부담하기 위해서 보험요율이 낮은 보험조건을 선호할 것이고, 반면 매수인은 광범위하게 보상을 받기 위해서 보험요율이 가장 높은 보험조건을 선호하게 된다. 이에 따라 Incoterms 2010에서는 최저의 보험조건으로 계약을 체결하도록 규정하고 있다.

⑤ **운송관련 보안규정·수출허가·수출을 위한 보안통관·선적전 검사 및 기타 공적 인가** : 매도인은 자신의 위험과 비용으로 운송관련 보안규정·수출허가·수출을 위한 보안통관·선적전 검사 및 기타 공적 인가를 취득해야 하고 물품의 수출에 필요한 통관절차도 이행해야 한다.

⑥ **점검·포장·화인표시** : 매도인은 물품인도에 필요한 품질검사, 용적측량, 중량측량, 수량확인과 같은 점검작업으로 발생되는 비용을 부담하여야 한다. 매도인은 자기의 비용으로 물품을 포장하고 포장에 화인을 표시하여야 한다. 다만 특정 거래에서 통상적으로 포장하지 않는 상태로 운송되는 물품의 경우에는 예외로 한다.

3) 매수인의 의무

① **물품의 인수** : 매수인은 물품이 매도인의 인도의무 이행에 따라 인도된 때에 그 물품의 인도를 수락하고 지정된 목적항에서 운송인으로부터 계약물품을 인수해야 한다.

② **위험이전** : 매수인은 물품이 매도인의 인도의무에 따라 인도된 때부터 물품의 멸실 또는 손상의 모든 위험을 부담한다.

③ **수입통관** : 매수인은 수입허가 및 통과를 위하여 필요한 허가, 수입과 통과를 위한 보안통관, 선적전 검사, 기타 공적 인가를 취득하고 관련비용을 부담하여야 한다.

④ **매도인에의 통지** : 매수인은 본인이 물품의 선적시기 또는 지정된 선적항 내의 어떤 지점을 선택할 권리를 가지는 것으로 합의된 경우에 매도인에게 충분한 통지를 하여야 한다.

3) FOB조건 · CFR조건 및 CIF조건의 비교

CIF조건은 앞의 FOB조건 및 CFR조건과 더불어 무역거래에서 가장 많이 이용되고 있는 거래조건인데 이 세 가지 조건을 비교해보면 다음과 같다.

① **비용 및 위험의 분기점** : FOB조건은 당사자 간의 비용과 위험부담의 분기점이 선적항의 본선으로 동일하다. 그러나 CFR조건과 CIF조건에서는 이를 달리하여 비용부담의 분기점은 목적항으로 하고, 위험부담의 분기점은 FOB조건과 마찬가지로 선적항의 본선으로 한다.

따라서 FOB조건 뒤에는 선적항, 즉 수출항구명을 기재하고 CFR조건 및 CIF조건 뒤에는 목적항, 즉 수입항구명을 기재한다. FOB조건에서는 매도인과 매수인의 책임 및 비용분기점이 동일하게 계약물품의 본선 선적이기 때문에 이를 표현하기 위해 수출항구명을 기재하게 된다. 반면 CFR조건 및 CIF조건에서는 당사자간의 책임분기점은 FOB조건과 마찬가지로 선적항의 본선이지만 목적항까지 해상운송계약을 체결하고 운임을 지급하거나 해상보험계약을 체결하고 보험료까지를 부담해야 하므로 매도인이 어느 항구까지의 운임과 보험료를 부담하는가를 나타내기 위해 수입항구명을 기재한다.

② **FOB 수출금액 및 CIF 수입금액** : FOB가격은 수출금액과 그리고 CIF가격은 수입금액과 유사하다. 예를 들어 우리나라의 수출업자가 뉴욕의 수입업자에게 컴퓨터를 세 가지 조건으로 제시하면 FOB Busan 조건은 1,000달러, CFR New York 조건은 대략 1,080달러, 그리고 CIF New York 조건은 1,100달러 정도가 된다고 하자. 왜냐하면 CFR조건의 경우는 운임이 포함되어야 하고 CIF조건의 경우는 운임과 보험료가 포함되기 때문이다.

수출업자의 입장에서 보면 CIF가격이 가장 높지만 수입업자로부터 받은 금액 중 100달러 상당액은 운임과 보험료로 선박회사와 보험회사에 각각 지급해야 하므로 실제 수출금액은 FOB가격과 유사하게 된다.

그리고 수입업자의 입장에서 보면 FOB조건이 가장 낮은 가격이기 때문에 이 조건으로 수입하고 싶지만 100달러 정도의 자기 비용으로 운송계약과 보험계약을 체결해야 하므로 실제 수입가격은 CIF가격과 유사하게 된다.

따라서 어느 조건으로 매매계약이 체결되더라도 수출업자가 갖는 수출금액이나 수입업자에게 소요되는 수입금액은 동일하게 된다. 이런 연유로 수출통계는 FOB가격으로 집계하며 만약 그 외의 조건으로 수출되면 특별한 환산율에 의해서 FOB가격으로 집계된다. 그리고 수입통계는 CIF가격이 기준이 되고 수입관세도 이 가격을 토대로 부과된다.

FTA

FTA 무역실무
Free Trade Agreement

4 CHAPTER 국제운송

제1절 해상운송

1. 해상운송의 의의

일반적으로 해상운송은 선박을 운송수단으로 하여 타인의 화물이나 사람을 운송하고 그 대가로 운임을 받거나 또는 선박회사가 자기의 화물을 직접 운송하여 이익을 얻는 상업활동을 뜻한다. 그러나 무역에서 의미하는 해상운송은 주로 매매당사자 간에 약정된 상품을 국가 간에 운송해 주고 운임을 취득하는 전자의 경우를 말한다.

해상운송은 육상운송이나 항공운송에 비해 다음과 같은 몇 가지 특성을 지니고 있다.

첫째, 해상운송은 대량운송이 가능하다. 선박건조기술의 발달로 오늘날의 선박은 기타의 운송수단에 비해 일시에 대량의 화물을 운송할 수 있다.

둘째, 해상운송은 경제성이 있다. 해상운송은 대량운송이 가능하기 때문에 단위당 운송비가 육상운송이나 항공운송에 비해 상당히 저렴하다.

셋째, 해상운송은 원거리의 국제운송에 적합하다. 육상운송은 특정국가에 국한되지만, 해상운송은 공해에서 국적에 관계없이 상업활동을 할 수 있기 때문에 원거리의 국제운송에 적합하다.

이러한 특성으로 인하여 해상운송은 국제무역의 운송수단으로서 중요한 위치를 차지하고 있다. 특히 우리나라의 경우는 육상운송에 의한 국제교역이 불가능하기 때문에 대부분의 수출입 물동량은 해상운송에 의존하고 있는 실정이다.

이 밖에도 해상운송은 국민경제에 지대한 영향을 미친다. 운송서비스를 통한 운임획득과 각종 해운종사자들이 벌어들이는 외화수입은 국제수지에 기여하는 바가 매우 높다. 그리고 해운산업은 조선업, 철강업, 해상보험업, 창고업 등 관련 산업에 대한 파급효과가 높으며 또한 선박은 전시에 보조군함으로서 병력 및 군사물자를 수송하는 등 국방목적에도 크게 기여한다.

2. 해상운송의 형태

해상운송은 선박의 운항형태에 따라서 정기선 운송과 부정기선 운송으로 구분된다.

2.1 정기선 운송

정기선 운송은 소량의 화물을 여러 화주로부터 위탁받아 운송하는 것으로 반드시 공시된 항로와 운항일자에 따라 규칙적으로 운항한다. 여기서 투입되는 선박을 정기선(liner)이라 하는데 이의 특징을 살펴보면 다음과 같다.

첫째, 정기선은 고정된 항로(정기선 항로)를 따라 만선 여부에 관계없이 공시된 운항일정표(sailing schedule)에 의해 규칙적이고 반복적으로 운항한다.

둘째, 정기선에서 취급하는 상품은 주로 완제품 내지 반제품인 2차 상품이며, 이들 제품은 거의 컨테이너에 적입되어 컨테이너 전용선에 의해 운송된다.

셋째, 정기선 운임은 사전에 고시된 운임표상의 운임률이 적용된다.

마지막으로 정기선박회사는 각각의 화주와 개별적으로 해상운송계약을 체결한다.

정기선 항로는 전 세계적으로 많이 개설되어 있으며, 대표적인 항로에는 북미와 유럽지역을 연결하는 북대서양 항로, 유럽과 아시아 및 오세아니아를 연결하는 수에즈운하 항로, 북미와 남미를 연결하는 남미 항로 그리고 태평양을 중심으로 하는 환태평양 항로 등이 있다.[1]

우리나라의 정기선이 취항하고 있는 항로는 ① 한일 항로, ② 동남아 항로, ③ 북미주 항로, ④ 중동 항로, ⑤ 유럽 항로, ⑥ 호주 항로, ⑦ 홍해·지중해 항로, ⑧ 아프리카 항로, ⑨ 중남미 항로의 9개이다.

2.2 부정기 운송

부정기 운송은 고정항로, 운항일정 등이 없이 주로 단일 제품을 단일 화주로부터 위탁받아 불규칙적으로 운항하는 형태이고 여기에 투입되는 선박을 부정기선(tramper)이라 한다. 부정기선에는 일반 건화물을 취급하는 건화물 부정기선과 화물의 성질에 따라 특수한 시설을 갖춘 냉동선, 유조선, 곡물전용선, 목재전용선 등과 같은 특수전용선이 있다.[2]

1 정기선 항로에는 선박회사 간의 경쟁을 배제하고 안정적으로 운임 수입을 확보하기 위해 1875년부터 해운(운임)동맹(shipping conference; freight conference)이 결성되어 주요 선박회사들이 항로를 독점적으로 운영해 왔다. 그러나 해운동맹은 가맹선사 간의 공동합의를 전제로 운영되기 때문에 해운시장의 민감한 환경변화에 탄력적으로 대응할 수 없어 대형 선박회사들이 점차 해운동맹을 탈퇴하기 시작하였다. 더구나 미국에서 독점을 강력히 규제하는 신해운법(Shipping Act, 1984) 및 외항해운개혁법(Ocean Shipping Reform Act, 1998)이 연달아 제정됨에 따라 해운동맹의 기능이 매우 약화되었다. 그리고 유럽연합(EU)에서도 2008년 이후부터 유럽지역을 운항하는 선사는 해운동맹, 컨소시엄, 전략적 제휴 등 그 명칭과 관계없이 어떠한 형태로든 운임 또는 할증료에 대한 협의, 가이드라인 설정, 담합, 선복조정, 감축 등 경쟁제한행위를 할 수 없게 되었다.

부정기선이 취급하는 화물은 원유, 원면, 원당, 양곡 등 주로 1차 산품이고 일시에 대량으로 운송되며 또한 이들이 수확되는 계절에 집중적으로 운송되는 계절적 특징을 지니고 있다. 그리고 부정기선 운임은 당시의 수요와 공급에 따라 선주와 화주 간의 협상에 의해 결정된다. 정기선 운임은 일정 기간 고정되어 있지만 부정기선 운임은 계절적인 물동량의 상황, 경기변동, 국제정세 등에 따라서 수시로 변동한다.

참고로 정기선 운송과 부정기선 운송을 비교해 보면 [표 4-1]과 같다.

표 4-1 | 정기선 운송과 부정기선 운송의 비교

구분	정기선 운송	부정기선 운송
선박	정기선	부정기선
운항형태	고정항로, 운항일정에 의한 규칙적 운항	지역별·시기별 불규칙적 운항
화물	여러 화주의 컨테이너 화물, 포장화물 (2차 상품)	단일 화주의 원유, 철광석, 석탄, 곡물, 시멘트 (벌크 화물)
운임	공시된 고정운임	수요와 공급에 따른 변동운임

3. 컨테이너 정기선 운송

3.1 컨테이너 정기선 운송의 의의

정기선 운송은 재래식 선박에 의한 재래 정기선 운송과 컨테이너 전용선에 의한 컨테이너 정기선 운송으로 구분된다. 하지만 오늘날 무역거래에서 완제품이나 반제품 등 거의 모든 공산품은 컨테이너에 적재·운송되고 있는 실정이기 때문에 해운시장에서 정기선 운송은 곧 컨테이너 전용선에 의한 컨테이너 정기선 운송을 말한다.

컨테이너 정기선을 이용할 경우에는 선주와 화주 간에 개품운송계약이 체결되는데 이는 선주가 여러 화주로부터 소량 화물의 운송을 위탁받아 이들 화물을 혼재하여 운송할 경우 체결되는 일반적인 해상운송계약을 말한다. 개품운송계약에서는 운송계약서를 따로 작성하는 것은 아니고, 선적 후 선박회사가 발행하는 선하증권(bill of lading : B/L)에 의하여 운송계약이 성립된다.

화주가 개품운송계약을 신청하려면 각 선박회사가 고시하는 항해일정표에서 항로별

2 화물은 그 형태가 고체 혹은 액체인가에 따라 건화물(dry cargo)과 탱커화물로 분류되는데 건화물은 고체화물을 말하고 탱커화물은 액체화물로 탱커로 운송된다. 국제연합의 국제해상물동량 통계에 화물분류법으로 사용된다.

선박명, 입항예정일, 출항예정일 등을 비교해 보고 적합한 선박을 선택한 다음 선박회사에 비치된 선적신청서(shipping request)의 양식에 화물의 명세 등 해당 사항을 기재하여 제출하면 된다. 주요 정기 선박회사들은 중·단기 운항계획을 자사의 홈페이지에 고시하거나 화주들에게 정기적으로 제공하기 때문에 화주는 선박의 운항계획을 쉽게 알 수 있고 표준화된 선적신청서를 사용하여 적합한 선박을 인터넷으로 자동 예약할 수 있다.[3]

3.2 컨테이너의 의의와 종류

1) 컨테이너의 의의

1960년대부터 해상운송에서 컨테이너가 본격적으로 사용되기 시작했는데 이 컨테이너(container)는 일정 화물을 안전하게 보관하여 운송할 수 있는 규격화된 운송용기를 말한다. 컨테이너의 장점을 살펴보면 다음과 같다.

첫째, 정박기간이 단축된다. 컨테이너는 동일한 규격으로 설계되어 있고 밀폐된 용기이기 때문에 대량 화물을 일시에 적재하거나 양륙할 수 있을 뿐 아니라 악천후에도 작업이 가능하여 재래식 하역에 비해 10배 이상의 시간을 단축할 수 있다.

둘째, 운송수단 간의 환적이 용이하여 운송 효율성이 높다. 컨테이너는 모든 운송수단에 적재될 수 있도록 설계되어 있어 운송수단 간의 환적이 매우 쉽다. 내륙지역에서 컨테이너를 철도화차나 트레일러로 항구나 공항으로 운송하고 이를 선박 혹은 항공기에 적재하여 목적지로 운송하기 때문에 운송의 효율성을 높일 수 있다.[4]

셋째, 창고료가 절감되고 안전하다. 컨테이너는 하나하나가 별개의 독립된 창고 역할을 하므로 부두의 유료 창고에 보관할 필요가 없고 모든 화물이 견고하고 밀폐된 기구에 의해 운반되므로 파손이나 도난의 위험이 적다.

2) 컨테이너의 종류

국제운송에서 컨테이너의 활용도가 매우 높아짐에 따라 다양한 형태의 컨테이너가 개발·이용되고 있다.

---

3 우리나라의 경우 수출입 전반에 걸친 화물유통과 정보흐름의 원활화를 위하여 운송, 하역, 보관, 입출항분야의 물류자동화를 구현하는 종합물류정보망인 'KL-Net'가 구축되어 있어 화주와 선주 간의 운송계약절차가 매우 간단하다.

4 컨테이너를 철도화차에 적재하는 것을 피기 백(piggy back), 선박에 적재하는 것을 피시 백(fishy back), 항공기에 적재하는 것을 버디 백(birdy back) 수송이라 한다.

① 드라이 컨테이너(dry container) : 온도조절이 필요하지 않는 일반 잡화를 수송하기 위한 표준 컨테이너로서 가장 널리 이용되고 있다.

② 냉동 컨테이너(reefer container) : 육류, 생선, 과일, 채소 등 냉동화물을 수송하기 위한 냉동기가 달린 컨테이너로서 온도조절이 가능하다.

③ 탱크 컨테이너(tank container) : 유류, 약품, 식료품 등의 액체화물을 운송하기 위한 컨테이너이다. 원유를 수송하는 유조선이 여기에 해당된다.

④ 오픈 톱 컨테이너(open top container) : 파이프, 철근 등의 장척화물(lengthy cargo)이나 중량품, 기계류 등을 운송하기 위한 지붕이 없는 개방식의 컨테이너이다. 크레인으로 컨테이너의 위쪽을 통하여 화물을 적재한다.

⑤ 플랫 랙 컨테이너(flat rack container) : 승용차, 기계류, 합판 등의 화물을 운송하기 위한 컨테이너로서 천장과 벽이 없는 대신 밑부분은 견고하고 화물을 고정시키는 장치가 설치되어 있다.

⑥ 펜 컨테이너(pen container, livestock container) : 소, 말 등의 동물을 운송하는 데 이용되는 컨테이너로서 통풍을 위한 환기장치와 동물에게 먹이를 줄 수 있도록 되어 있다.

⑦ 플랫폼 컨테이너(platform container) : 중량화물이나 부피가 큰 화물을 운송하기 위한 컨테이너인데 길이 6.75m, 너비 4.10m, 높이 4.50m, 중량 40톤까지의 화물을 적재할 수 있다.

⑧ 의류용 컨테이너(garment container) : 양복 등의 고급 의복류를 옷걸이에 걸린 상태로 적재하여 운송할 수 있는 컨테이너이다. 최종목적지에 도착한 후 다림질하지 않고 그대로 사용하거나 판매할 수 있다.

3.3 컨테이너 정기선 운임

컨테이너 정기선에 적용되는 운임은 크게 기본운임, 할증운임, 수수료 등으로 구분된다.

1) 기본운임

컨테이너 정기선 기본운임은 선박회사가 사전에 작성하여 공시한 운임표에 따르며 컨테이너 단위를 기준으로 한 주요 운임표는 다음과 같다.

① **품목별 운임(commodity rate)** : 이는 컨테이너 내용물의 가치에 따라 운임을 정하는 방식이다. 고가품일 경우에는 높은 운임을 적용하고, 저가품에 대해서는 상대적으로 낮은 운임을 적용하는 일종의 종가운임제이다. 운임표에서 해당 품목의 운임을 찾아 계산해야 하는 번거로움이 있다. 대부분의 정기선 선박회사는 컨테이너 화물에 대해서 품목별 운임을 적용하고 있다.

② **무차별 운임(freight all kinds rate)** : 컨테이너에 적재된 화물의 종류에 관계없이 컨테이너 1단위당 동일한 운임을 적용하는 방식이다. 운임을 계산하는 것이 손쉬운 장점이 있다.

③ **품목별 박스운임(commodity box rate)** : 품목별 운임과 무차별 운임을 절충하여 물품을 몇 가지 등급으로 분류해서 운임을 차등 적용하는 방식이다. 품목별 운임방식에 비해 해당 품목의 운임을 찾는 것이 간결하다.[5]

2) 할증운임

정기선 운임은 일정 기간 고정되어 있기 때문에 운임을 긴급히 인상할 필요가 있을 때는 기본운임 외에 다음과 같은 할증운임을 적용시킨다.

① **유류할증료(bunker surcharge)** : 선박의 주 연료인 벙커류의 가격이 인상되었을 경우 부과되는 할증료이다.

② **통화할증료(currency surcharge)** : 해상운임의 지급수단으로 많이 이용되는 미국 달러화의 환차손을 보전하기 위해서 부과되는 할증료이다. 통상 미국 달러화가 강세이면 마이너스(–), 약세이면 플러스(+) 통화할증료가 적용된다.

③ **외항할증료(out port surcharge)** : 대부분의 정기선 선박회사들은 정기선의 기항항구를 'main port(base port)'와 'out port'로 구분하고 'out port'에 대해서는 일정한 할증료를 부과시키는데 이를 외항할증료라 한다.

④ **전쟁위험할증료(war risk surcharge)** : 어떤 나라가 전쟁 중일 경우에 그 나라의 항구로 운송되는 화물에 대하여 부과되는 할증료이다.

⑤ **체선할증료(port congestion surcharge)** : 항만시설, 하역능력 또는 장비 등의 부족으로 하역작업이나 선박의 입출항에 상당한 지연이 발생할 경우 부과되는 할증료이다.

5 컨테이너에 적입되지 않은 화물의 운임 단위는 중량과 용적 중에서 운임이 높게 계산되는 편을 택하는데 이를 운임 톤(freight ton, revenue ton)이라 한다. 그리고 보석, 미술품 등의 고가 화물에 대해서는 가격에 따른 종가운임을 적용한다.

⑥ **특수할증료**(peak season surcharge) : 원양항로에서 수출화물이 특정 기간에 집중되어 화주들의 선복수요를 충족시키기 위해 선박용선료, 기기확보 비용 등 성수기 비용상승을 보전받기 위해 적용되고 있는 할증료이다.

3) 수수료

컨테이너 정기선 운송의 경우 원래의 운송조건이 변경되거나 화주가 특별한 운송조건을 요구할 경우에는 주로 다음과 같은 운송수수료가 부과된다.

① **환적료**(transshipment charge) : 화물이 운송 도중 특정항구에서 다른 선박으로 환적 될 경우 부과된다.

② **양륙항 선택료**(optional charge) : 본선 출항 시까지 화물의 양륙항을 지정하지 못하거나 양륙항으로 여러 개의 항구를 선택하였을 경우 그 항구수의 증가에 비례하여 부과되는 할증료이다.

③ **양륙항 변경료**(diversion charge) : 운송 도중 양륙항을 변경할 경우 부과되는 할증료이다. 그러나 양륙항의 변경은 선박에 따라 가능한 경우도 있고 불가능한 경우도 있다.

④ **최저운임** : 운임을 산정한 결과 그 운임이 일정 금액에 미달될 경우에는 일괄적으로 최저운임이 적용된다.

⑤ **반송운임**(back freight) : 양륙항에서 수화인이 화물인수를 거절할 경우 선주는 화물을 원래의 송화인에게 반송할 수 있는데 이때의 운임을 말한다.[6]

3.4 컨테이너 운송의 유통기지

컨테이너 운송을 위해 컨테이너 화물이 집결되거나 컨테이너에 화물을 혼재하는 유통기지는 다음과 같다.

1) 컨테이너 터미널

컨테이너 터미널(container terminal : CT)은 육상운송과 해상운송을 연결할 수 있는

6 이 외에도 부두사용료(wharfage) 등의 부대비용이 드는데 부두사용료는 부두운영업자 혹은 부두소유자가 부두의 유지, 개조 등을 위해 사용자로부터 징수하는 수수료를 말한다. 우리나라의 경우 '무역항의 항만시설사용 및 사용료에 관한 규정'에 따라 부두사용료의 일종으로 화물입출항료를 선박회사나 하역회사가 화주로부터 받아 지방해양항만청장에게 대납한다.

항구 앞 장소에 설치된 컨테이너 전용대합실을 말한다. 컨테이너 터미널에는 컨테이너 선박이 자유로이 입출항할 수 있도록 충분한 수심과 안벽시설이 갖추어져 있고 컨테이너 하역에 관련된 여러 가지 기기 및 시설이 설치되어 있다.

따라서 모든 컨테이너 화물은 내륙지역으로부터 항계 내에 위치한 컨테이너 터미널로 집결한 후 컨테이너 전용선의 출항시간에 맞춰 반출·선적된다. 그리고 목적항에 도착한 컨테이너 화물도 일단 컨테이너 터미널에 장치된 후 다른 운송수단에 의해 최종목적지까지 운송된다.

2) 내륙 컨테이너 기지

내륙 컨테이너 기지(inland container depot : ICD)는 컨테이너 화물을 효율적으로 운송하기 위해 내륙지점에 설치된 컨테이너 화물의 집결지를 말한다. 만약 내륙지점에 이 기지가 설치되어 있으면 송화인은 컨테이너 화물을 컨테이너 터미널로 직접 반입하지 않고 먼저 내륙 컨테이너 기지로 보낸다. 이 기지에 집결된 컨테이너 화물은 선박회사나 운송인이 전세 계약한 컨테이너 전용열차(container unit train) 등을 이용하여 컨테이너 터미널로 들어간다.

3) 컨테이너 야드

컨테이너 야드(container yard : CY)는 선박회사가 송화인으로부터 컨테이너 화물을 인수하거나, 본선에서 하역된 컨테이너 화물 혹은 빈 컨테이너를 쌓아두는 장소를 말한다. 주로 항만 내 컨테이너 터미널에 설치되어 있다.[7]

4) Container Freight Station(CFS)

1개의 컨테이너를 채울 수 없는 소량의 화물을 여러 화주로부터 인수하여 목적지별로 선별하여 컨테이너에 적입(vanning, stuffing)하거나 또는 목적항구에 도착한 화물을 각 화주에게 인도하기 위해 한 컨테이너로부터 해체(devanning)하는 컨테이너 화물 조작 장소를 CFS라 한다. CFS는 컨테이너 터미널에 설치되어 있으며, 내륙 컨테이너 기지에도 CFS가 설치된 경우가 있다.[8]

7 컨테이너 터미널이 항만 내 설치된 경우를 'On-Dock CY'라 하고, 항만이 비좁을 경우 그 부근에도 조성하는데 이 경우는 'Off-Dock CY'라 한다.

8 컨테이너 화물은 그 양에 따라 FCL(full container load) 화물 및 LCL(less than container load) 화물로 구분한다. FCL 화물은 20피트 혹은 40피트 컨테이너에 가득 차는 화물인 경우를 말한다. 따라서 화물의 양을 '40피트

3.5 컨테이너 운송의 경로

컨테이너 화물의 일반적인 운송경로는 [그림 4-1]에 나와 있듯이 화주(송화인)가 선박회사와 운송계약을 체결하면 선박회사는 운송화물을 적입할 수 있는 빈 컨테이너를 송화인의 공장이나 창고로 보내준다.[9]

화주는 자신의 창고 혹은 공장에서 수출통관을 필한 물품을 컨테이너에 적입·봉인한 후 이를 내륙 컨테이너 기지(ICD)로 보내면 선박회사가 전세 계약한 전용열차에 의해 컨테이너 터미널의 컨테이너 야드(CY)로 운송된다. 만약 내륙지점에 컨테이너 기지가 없으면 화주가 직접 컨테이너 터미널로 화물을 운송한다.

컨테이너 야드(CY)에 야적된 컨테이너 화물은 컨테이너 전용선박에 적재되어 목적항까지 해상운송된다. 만약 대형 컨테이너 선박을 충족시킬 만한 화물이 없거나 이들의 출입이 불가능한 경우는 소형 컨테이너 선박에 의한 지선운송(feeder service)을 이용하여 인접한 대형 컨테이너 터미널까지 운송한다.

목적항에 도착한 컨테이너 화물은 일단 컨테이너 터미널에 하역되었다가 다시 목적지 주변의 내륙 컨테이너 기지로 철도나 도로에 의해 운송된다. 그 후 트럭에 의해 최종목적지인 수화인의 창고나 공장까지 운송되어 문에서 문까지(door to door)의 컨테이너에 의한 일괄운송이 실현된다.

그림 4-1 컨테이너 운송경로

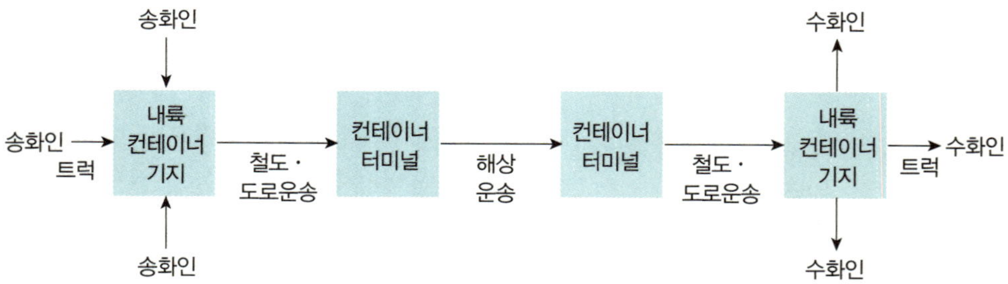

컨테이너 5대분'과 같이 표시한다. FCL 화물인 경우 화주가 자신의 공장이나 창고 등에서 선박회사 등이 보내준 컨테이너에 화물을 직접 적입·봉인하여 선박회사에 인도한다. LCL 화물은 한 컨테이너에도 차지 않는 소량의 화물을 말한다. 이런 화물은 운송주선업자들이 동일한 목적지까지 가는 소량 화물을 모아 FCL 화물로 만든 다음 이를 운송인에게 인도한다.

9 우리나라의 경우 만약 수출업자의 창고가 대전 이북에 있으면 주로 의왕 ICD의 컨테이너를 인도하고 대전 이남에 있으면 양산 ICD에서 컨테이너를 조달한다. 그런데 화주가 정해진 기간 내에 화물을 적입하지 않거나 되돌려주지 않을 경우에는 선박회사는 detention charge를 화주에게 부과한다.

4. 부정기 운송

4.1 용선계약

원면, 원유, 양곡, 석탄 등 주요 벌크(bulk) 화물은 일시에 대량운송되고 계절에 따라 집중적으로 운송되는 경향이 있다. 또한 대부분 단일 화주의 화물이기 때문에 화주는 자신의 대량 화물만을 운송하기 위해서 선박 전체를 빌려 운송하는 용선(charter)계약을 체결한다. 용선계약은 화물을 운송하기 위하여 화주가 선박회사로부터 선복(ship's space)의 일부 또는 전부를 빌리는 운송계약을 말한다. 용선계약이 체결되면 선주와 화주 간에 용선계약서(charter party)가 작성된다.

용선은 특정선박의 일부만을 빌리는 일부용선(partial charter)과 한 선박 전체를 빌리는 전부용선(whole charter)으로 구분되는데 일반적으로 용선은 전부용선을 뜻한다. 그리고 전부용선은 용선방법에 따라 기간용선 및 항해용선으로 구분된다.

4.2 기간용선

기간용선(time charter) 또는 정기용선은 화주가 일정 기간 선주로부터 선박을 빌리는 경우를 말한다. 기간용선의 경우 선주는 선박의 운항에 필요한 모든 선박 용구를 갖추고 선원도 배승시켜 합의된 항구에서 선박을 용선계약자에게 인도해야 한다. 이때 선주는 선박의 감가상각비, 보험료 등의 간접비와 선박의 운항에 직접 필요한 선원비, 수리비, 선박의 용품비용 등을 부담하고, 용선계약자는 용선료, 연료비, 항만사용료, 하역비 등을 부담해야 한다.

자기 화물을 운송하기 위해 선박을 일정 기간 용선하는 경우도 있지만 대개 다른 사람의 화물을 운송하고 운임을 벌기 위해서 전문적인 해운업자들이 정기 용선하는 경우가 많다. 전문 해운업자는 화물을 운송하고 받는 운임과 용선비용의 차액을 얻게 된다.

그리고 전문 해운업자들이 선박을 정기 용선할 경우에는 대부분 나용선(bareboat charter)을 하게 되는데 이는 선주가 아무런 장비를 갖추지 않은 선체(bareboat)만 빌려주고 선박의 운항에 필요한 선원, 장비, 소모품 등은 용선계약자가 갖추는 용선계약을 말한다. 선원, 장비 등을 쉽게 구비할 수 있으면 나용선을 하는 경우가 용선료를 절감할 수 있다. 나용선한 선박에 선원, 장비 등을 갖추어 다른 화주에게 다시 용선해 주는 경우도 있는데 이를 재용선이라 한다.[10]

4.3 항해용선

무역거래에서 수출업자나 수입업자가 많이 이용하는 것은 항해용선(voyage charter : trip charter)인데 이는 화주가 선박을 특정항구(1개항 또는 그 이상의 항)에서 특정항구(1개항 또는 그 이상의 항)까지 용선하는 운송계약을 말한다.

항해용선의 경우 계약에 포함시킬 구체적 항목이 상당히 많기 때문에 표준계약서식이 사용되고 있다. 현재 널리 사용되고 있는 표준서식은 GENCON(Uniform General Charter)이다.[11] 이 서식은 1922년 발틱백해협의회(The Baltic and White Sea Conference)가 만들어 영국의 해운회의소가 채택한 표준계약서인데 1994년에 개정되어 현재까지 일반용의 용선계약서로 이용되고 있다.

4.4 항해용선의 운임

정기용선의 경우 일정 기간 선박을 용선하는 것이기 때문에 화물 적재 시마다 운임을 산정할 필요가 없지만 항해용선의 경우 화주는 '화물의 톤당 얼마'와 같이 화물의 양에 따라 운임을 산정해야 한다. 항해용선에 적용되는 단위는 중량 혹은 용적인데 철강, 시멘트, 철광석, 곡물, 석탄 등의 중량화물은 중량(1톤)을 기준으로 운임이 결정되며 원면, 양모, 목재 등의 용적화물은 용적(1m^3)을 기준으로 한다.

그리고 운송화물의 양에 상관없이 '일 항해에 얼마'라고 포괄적으로 운임을 지급하는 경우가 있는데 이를 선복운송계약(*lumpsum* charter)이라 하며 이때의 운임을 선복운임(*lumpsum* freight)이라 한다. 선복운송계약은 물동량의 변동이 많을 경우 선주가 운임수입의 감소를 방지하기 위해서 많이 사용된다.

---

10 나용선의 경우에는 용선기간이 끝나는 시점에 선박의 소유권이 선주에게서 용선계약자로 이전되는 경우가 많은데 이를 'demise charter'라 하기도 한다. 용선료는 상대적으로 비싸지만, 용선계약자는 향후 자체 선박을 보유할 수 있는 장점이 있다.

11 GENCON은 코드 이름을 말한다.

4.5 항해용선의 하역비용과 정박기간

1) 하역비용

하역비용은 운송화물을 본선에 선적하거나 양륙하는 데 소요되는 비용을 말한다. 용선은 주로 하역비용이 많이 드는 대량 화물을 대상으로 하기 때문에 선적비용과 양륙비용을 선주와 용선계약자(화주) 중에서 누가 부담할 것인가를 약정해야 하는데 여기에는 다음의 조건이 이용된다.

① Free In and Out(FIO) : 항해용선계약에서는 대부분 화주가 선적비와 양륙비를 부담하는 FIO 조건이 이용된다.[12] FIO의 의미는 선적항(in) 및 양륙항(out) 모두에서 선주가 책임이 없다는 뜻이다.

② Free In(FI) : FI는 선주가 선적항에서만 책임이 없다는 표시이다. 따라서 선적항에서 소요되는 선적비와 위험은 화주의 부담이며, 반면 양륙항에서의 하역비용은 선주가 부담한다.

③ Free Out(FO) : FI와 반대로 선주는 선적비용을 부담하고 화주는 양륙비용을 부담한다.

2) 정박기간

정박기간(laydays, laytime)은 화주가 운송화물 모두를 선적 또는 양륙하기 위해서 본선을 부두에 정박시킬 수 있는 기간을 말한다. 정기용선의 경우는 일정기간 용선이 이루어지지만 항해용선은 항해구간을 위주로 하기 때문에 선주와 화주 간에 정박기간을 약정하고, 하역작업이 끝나면 실제 사용한 정박일수를 기재한 정박기간 계산서(laydays statement)를 작성하여 선장과 화주가 서명한다.

만약 약정된 기일 내에 하역작업이 끝나지 않으면 화주는 선주에게 체선료(demurrage)를 지불해야 하고 반면 예정된 기일보다 일찍 하역작업이 끝나면 선주가 화주에게 조출료(dispatch money)를 지급하는데 조출료는 보통 체선료의 절반이다.

정박기간은 화물의 종료, 항구의 상황, 상관습 등을 고려하여 약정되는데 대개 다음과 같은 방법이 이용되고 있다.

① 관습적 조속하역(customary quick dispatch : CQD) : 이 방식은 일정 기간을 약정

12 FIOST(free in and out, stowed, trimmed)는 선적비와 양륙비 외에 본선 내의 적부비용(stowage) 및 선창 내 화물정리비용(trimming charge)까지를 화주가 부담하는 조건을 말한다.

하지 않고 본선이 정박 중인 항구의 관습적 하역방법이나 하역능력 등에 따라 가능한 한 빨리 하역하도록 약정하는 것이다. 항구의 관습이라는 것은 선주와 화주의 입장에서 보면 달라질 수 있기 때문에 이 방법은 분쟁이 초래될 여지가 있다.

② Running Laydays : 이는 하역작업이 시작된 날로부터 끝날 때까지 경과된 일수를 정박기간으로 정하는 방법이다. 우천, 파업, 불가항력 등에 의하여 작업을 하지 못한 날이나 일요일 및 공휴일 모두 정박기간에 계산되며, 정박기간은 총 하역량을 1일 하역량으로 나눈 일수로 표시된다.

③ 하역가능일수(weather working days : WWD) : 이는 하역이 가능한 기후하에서의 작업일만을 정박기간으로 계산하는 방법으로 현재 많이 활용되고 있다. 기후가 애매모호한 경우에는 선장과 화주가 합의하여 작업가능일을 결정한다. 그리고 일요일 및 공휴일은 정박기간에서 제외되는데 만약 'Sundays and Holidays Excepted (even if used)'라고 부기되어 있으면 일요일과 공휴일에 작업을 하였어도 정박기간에 계산되지 않는다. 그러나 'Sundays and Holidays Excepted Unless Used'라고 부기되면 일요일 및 공휴일 작업은 정박기간에 계산된다.

제2절 선하증권

1. 선하증권의 의의

1.1 선하증권의 등장

화주(송화인)가 선주(선박회사)와 해상운송계약을 체결하고 화물운송을 위탁하면 선주는 이에 대한 증거로서 선하증권(bill of lading : B/L)을 발급한다. 이 선하증권은 선주가 화물을 안전하게 목적지까지 운송하고 선하증권을 제시하는 자에게만 화물을 인도할 것을 약속하는 유가증권의 일종으로 무역거래에서는 곧 화물을 대표하는 중요한 운송서류이다.

선하증권이 언제부터 사용되었는지 확실한 근거는 없지만 대략 14세기경부터 해상교역에서 사용되기 시작하였다고 한다. 그 전까지만 하더라도 대부분의 상인들은 직접 화물을 싣고 목적지까지 가서 처분했었다. 그러다가 점차 해상교역량이 많아짐에 따라 화주들은 자신들의 화물을 운송해 주도록 선장에게 위탁했고, 선장은 화물을 위탁받았다는 일종의 수취증으로서 선하증권을 발급하기 시작하였다.

무역거래에서 선하증권의 형식이 점차 갖추어짐에 따라 화물은 화물선에 의해 운송되고 선하증권은 신속한 우편선에 의해 목적지의 수화인에게 전달되었다. 더욱이 항공기의 등장으로 대부분 선하증권이 화물보다 목적지에 먼저 도착함으로써 목적지의 상인들은 화물 대신 선하증권을 사고팔기 시작하여 선하증권은 화물을 대표하는 성질을 가지게 되었다.

이에 발맞추어 1924년 브뤼셀에서 선하증권에 관한 통일조약이 제정됨에 따라 선주와 화주 간의 권리와 의무, 그리고 면책사항에 대한 한도가 정해졌고, 그 양식도 국제적으로 통일되어 지금에 이르고 있다.

1.2 선하증권의 기능

선하증권은 무역거래에서 반드시 요구되는 운송서류로서 다음과 같은 역할을 한다.

첫째, 선하증권은 선주와 화주 간에 체결된 해상운송계약서 역할을 한다. 선주와 화주 간에 해상운송계약이 체결되면 선하증권 외에 다른 계약서가 발급되지 않기 때문에 선하증권은 곧 해상운송계약서가 된다. 따라서 선주가 선하증권을 발급하면 선주와 화주 간에 해상운송계약이 존재하는 것으로 간주된다.

둘째, 선하증권은 운송화물의 수취증이면서, 화물의 수량과 상태에 관한 명세서 역할을 한다. 선주는 화주로부터 화물을 수취할 경우에만 선하증권을 발급하기 때문에 선하증권은 곧 선주가 화물을 수령했다는 수취증인 것이다. 또한 선하증권상에는 화물의 수량, 중량, 상태 등이 기재되기 때문에 선하증권은 곧 화물에 대한 명세서이기도 하다.

셋째, 선하증권은 화물에 대한 권리를 주장할 수 있는 유가증권이다. 선주는 선하증권을 제시하는 자에게만 화물을 인도하기 때문에 선하증권은 바로 화물에 대한 권리를 주장할 수 있는 유가증권의 성질을 가진다.

1.3 선하증권의 법률적 성질

1) 유가증권

권리를 행사하는 데 증권을 필요로 하는 경우를 법률적으로 유가증권이라 한다. 화물에 대한 권리를 행사하기 위해서는 반드시 선하증권이 필요하기 때문에 선하증권은 유가증권의 법적 성질을 지닌다.

2) 채권증권

채권증권은 채권의 존재를 나타내는 유가증권을 말하고, 권리의 내용에 따라 금전을 청구하는 금전증권과 물품을 청구하는 물품증권으로 나눈다. 선하증권의 소지인은 선박회사에 화물의 인도를 청구할 수 있기 때문에 선하증권은 채권효력을 갖는 채권증권이다.

3) 유통증권

법률적으로 증권을 인도하거나 배서함으로써 간단히 양도될 수 있는 경우를 유통증권이라 하는데 선하증권은 소지인의 배서에 의해 양도될 수 있기 때문에 유통증권의 성질을 띤다.

4) 요식증권

기재사항과 기타 방식이 법에 규정되어 있는 증권을 요식증권이라 한다. 선하증권은 상법에서 규정된 법정기재사항의 기재를 필요로 하는 요식증권이다.

5) 요인증권

요인증권은 특정원인에 의해 권리가 성립되는 경우를 말한다. 선하증권은 해상운송계약에 의해 화물의 선적을 원인으로 하여 발행되는 것이므로 법률상 요인증권이다. 따라서 화물을 받지 않고 발행한 선하증권은 무효이다.

6) 문언증권

문언증권은 권리의 내용이 증권상에 기재된 문언에 따라서만 정해지는 유가증권을 말한다. 해상운송계약에 따른 선주와 화주 간의 권리와 의무는 선하증권상에 기재된 문언에 따라 이행되어야 하므로 선하증권은 문언증권의 성질을 지닌다.

2. 선하증권의 내용

일반적으로 선하증권은 그 앞면에는 운송계약을 구체적으로 증명할 수 있는 사항들을 기재하고, 뒷면에는 운송약관이 인쇄되어 있다.

2.1 선하증권의 기재사항

선하증권은 법률적으로 요식증권이기 때문에 상법에 규정된 법정기재사항이 기재된다.[13] 그러나 선하증권의 요식성은 엄격한 것이 아니므로 법정기재사항의 일부가 기재되지 않거나 반대로 법정기재사항 이외의 다른 사항이 기재되더라도 증권이 무효가 되는 것은 아니다.

일반적으로 선하증권상에 기재되는 주요 사항들을 살펴보면 다음과 같다.

1) 송화인

보통 선하증권의 상단에는 운송물품을 보내는 화주인 송화인(shipper) 이름이 기재된다. 무역거래에서 송화인은 대부분 수출업자이다.

2) 수화인

송화인 다음의 기재 칸에는 화물을 받아 보는 수화인(consignee)의 성명을 기재한다. 수화인은 통상 수입업자이지만 선하증권 그 자체가 유가·유통증권이기 때문에 수화인을 표시하는 것은 매우 중요하다. 수화인의 표시방법은 다음과 같다.

① **기명식** : 수화인 칸에 특정인의 성명을 기입하는 방법이다. 기명된 자가 배서를 해야만 선하증권은 유통된다. 만약 수입업자의 성명이 기재되어 있으면 수출업자

13 상법에서 규정하고 있는 선하증권의 필수기재사항은 아래와 같다.

선박의 명칭·국적·톤수	운송물의 종류·중량/용적, 포장명세
운송물의 외관상태	용선계약자 또는 송화인의 성명 또는 상호
수화인·통지선의 성명 또는 상호	선적항
양륙항	운임
발행지와 발행연월일	발행통수

는 선하증권을 수입업자에게 직접 제시하고 대금결제를 받아야 한다.

② **지시식** : 수화인 기재 칸에 특정이름이 기재되지 않고 단순히 지시인(order)만 기재하는 경우이다. 수화인을 'to order' 또는 'to order of shipper' 등으로 표시하는 방법이다. 후자의 경우 송화인이 배서하면 그 다음부터는 증권을 인수받은 사람에게 소유권이 이전된다. 무역거래에서는 지시식의 선하증권이 많이 이용된다.

3) 통지선

화물을 실은 선박이 수입항에 도착할 때쯤 선박회사는 화물이 도착했다는 통지서를 발송하여 화물을 찾아갈 준비를 하도록 한다. 이러한 화물도착통지서(arrival notice : A/N)를 받아보는 당사자를 통지선(notify party)이라 한다. 대부분 통지선 기재 칸에는 수입업자 이름이 기재되는데 만약 수입업자가 내륙지역에 위치할 경우에는 수입항의 관세사 등을 지정·기재하여 관세사로 하여금 수입통관 준비를 하도록 한다.

4) 선박명 및 국적

화물을 운송하는 선박 이름과 그 선박의 국적을 기재하는 칸이다. 보통 선박의 소속 국적은 선박 이름으로 판명되기 때문에 기재하지 않아도 된다.

5) 상품 및 포장명세서

상품 및 포장에 관한 명세가 기재되는데 컨테이너 화물은 'shipper's load and count' 또는 'said by shipper to contain'이 기재된다. 이는 송화인이 직접 컨테이너에 화물을 적재했다는 표시이며, 운송인은 컨테이너 내용물에 대해서 책임지지 않는다는 뜻이기도 하다.[14]

6) 운임

선하증권의 하단에는 운임 및 기타 수수료를 기재하고 선불 여부를 표시한다. 운임 선불인 경우에는 'freight paid' 혹은 'freight prepaid'로 표시하고 만약 운임이 도착항에서 지불하는 운임도착지불인 경우에는 'freight collect'가 표시된다.

14 그리고 컨테이너 내용물에 대해서도 '전구 380카톤(64,300개)'과 같이 내용물의 수량을 표시해 주어야 한다. 왜냐하면 해상사고가 발생할 경우 운송인은 컨테이너 내용물의 단위를 기준으로 배상하기 때문이다. 만약 선하증권 상에 '1컨테이너'라는 표기만 있으면, 운송인은 1단위만큼만 배상한다. 그러나 위와 같이 내용물의 단위가 표시되어 있으면 380단위의 배상액을 지급한다.

7) 선하증권의 작성통수

모든 선하증권은 'original', 'duplicate', 'triplicate' 3통을 1세트(set)로 발행되는데 이런 사실은 선하증권의 하단에 인쇄되어 있다. 수출업자는 선하증권 원본 3통을 관련 은행에 모두 제시해야만 수출대금을 찾을 수 있다. 그리고 수화인에게는 통상 'original' 1통만 인도되는데 그렇게 되면 나머지 2통은 자연히 무효가 된다. 3통의 원본 외에 많은 사본이 실제 사용되는데 이러한 사본에는 '유통불능(non-negotiable)'이라는 문언이 인쇄되어 있어 화물을 찾는 데 사용될 수 없다.

8) 작성지역 및 작성연월일

선하증권의 맨 하단에는 선하증권의 작성지역과 발급일자가 기재되고, 관련 당사자가 서명을 하도록 되어 있다.

선하증권의 작성지역은 선하증권과 관련된 분쟁이 발생할 경우 적용될 준거법을 명시한 것이다. 우리나라에서 발행되는 선하증권의 운송약관에는 "… 이 선하증권상에 특별히 명시되지 않는 한 이 선하증권에 의한 계약은 한국 법에 의해 해석되고 처리된다. 만일 이 선하증권에 의한 계약에 어떤 분쟁이 발생되면 타국 법에 의하지 아니하고 한국 법에 의하여 결정된다"라고 되어 있다. 따라서 해상운송계약상의 쟁의가 생기면 반드시 한국에서 한국 법에 의하여 판결을 받으며 다른 어떤 국가의 법의 적용도 배제한다.

선하증권의 발급일자는 대부분 화물이 본선상에 적재·완료된 일자와 동일하다.

2.2 운송약관

정규 양식의 선하증권은 그 뒷면에 운송약관(transport clause)이 인쇄되어 있다. 운송약관은 주로 준거법에 의한 규정, 운송인의 면책사항, 화주의 의무 등을 약정한 것이다. 우리나라 선박회사들이 사용하는 영문 선하증권의 운송약관은 그 내용이 거의 비슷한데 운송약관의 주요 구성항목은 [표 4-2]와 같다.

지상약관(paramount clause)은 선하증권과 관련하여 분쟁이 발생할 경우 적용할 준거법을 명시한 약관이다. 그리고 자유약관(liberty clause)은 운송인의 재량권을 열거한 약관이다. 이 약관에 의해 운송인은 운송 도중 필요에 따라 임의로 컨테이너를 개봉할 수 있고 중간항구에서 화물을 처분할 수도 있다. 그리고 운송 중 일방적으로 운송계약을 취소하거나 종료할 수 있는 권한을 명시한 약관이다.

표 4-2 | 운송약관의 구성항목

① 정의(definition) ② 지상약관(paramount clause) ③ 소송과 클레임(litigation and claim) ④ 책임(responsibility) ⑤ 표정운임(tariff) ⑥ 하청계약(sub-contract) ⑦ 자유(liberty) ⑧ 컨테이너(container) ⑨ 운임(freight) ⑩ 화주의 책임(merchant's responsibility)	⑪ 유치권(lien) ⑫ 위험물(dangerous goods) ⑬ 인도(delivery) ⑭ 손해의 통지 및 제소기간(notice of claim and time for suit) ⑮ 손상(damage) ⑯ 파손의 제한(limitation of damages) ⑰ 공동해손 및 특별비용(general average and special charges) ⑱ 이로(deviation), 기타

3. 선하증권에 관한 국제규칙

3.1 헤이그규칙

19세기 유럽을 중심으로 자유주의 사상이 팽배하면서 해상운송계약에서도 자유계약, 즉 언제 어디서나 어떤 내용으로든지 그들이 원하는 대로 계약할 수 있다는 사상과 관습이 지배적이었다. 이리하여 선주들은 그들에게 유리한 일방적인 면책조항을 선하증권상에 삽입하여 해상사고에 대해서 책임을 회피하였다.

이들의 횡포는 당시 영국 선박에 의존했던 미국 화주들의 반발을 사게 되어, 1893년 미국 의회에서 하터법(Harter Act)을 제정하였다. 이 법은 미국의 무역상품 운송에 종사하는 선박의 선주 및 사용인의 권리와 의무를 규정한 것인데 선주에게는 아주 불리한 법이었다. 이 법에 의하면 선주는 자신의 잘못으로 야기되는 손해배상의 범위를 제한하지 못하며 또한 모든 점에서 정당한 노력을 기울인 경우에만 면책이 허용되었다.

하터법이 제정되면서부터 해상사고의 경우 영국 재판부는 선주 측이 주장하는 면책사항들이 정당하다고 인정하고, 미국 법정에서는 이들 면책사항들은 공공의 이익에 위배된다고 판결함으로써 선주와 화주들의 이해관계가 정면으로 충돌하게 되었다. 이것을 해결하기 위해 국제법협회 등이 주동이 되어 국제적으로 통일된 해상운송법의 제정을 촉구하였다.

이에 1921년 런던에서 개최된 국제상업회의소 회의에서 영국의 해사법위원회가 독자적인 초안을 제출하여 좋은 호응을 얻게 되었다. 이에 따라 국제상업회의소는 이를

[서식 4-1] 선하증권

HYUNDAI
MERCHANT MARINE CO., LTD.

BILL OF LADING

Shipper / Exporter (complete name and address)	Document No.	B / L No.
	Export References	
Consignee (complete name and address)	Forwarding Agent References	
	Point and Country of Origin	
Notify Party (complete name and address)	Domestic Routing / Export Instructions	

Pre-Carriage by	Place of Receipt*		
Ocean Vessel / Voyage / Flag	Port of Loading	Onward Inland Routing	
Port of Discharge	For Transshipment to	Place of Delivery*	Final Destination (For the Merchants Ref.)

PARTICULARS FURNISHED BY SHIPPER

Container No. / Seal No. Marks and Numbers	No. of Containers or Other Pkgs	Description of Packages and Goods	Gross Weight	Measurement
		ORIGINAL		
Total Number of Containers or Packages(in words)				

Freight & Charges	Rate	Unit	Prepaid	Collect
		Total		

Declared Value (Optional) USD

[PACKAGE LIMITATION CLAUSE] Section 4. (5) of U. S. Carriage of Goods By Sea Act-1936 Neither the carrier nor the ship shall in any event be or become liable for any loss or damage to or in connection with the transportation of goods in an amount exceeding $ 500 per package lawful money of the United States, or in case of goods not shipped in packages, per customary freight unit or the equivalent of that sum in other currency, unless the nature and value of such goods have been declared by the shipper before shipment and inserted in the Bill of Lading and additional freight has been paid as required. This declaration, if embodied in the Bill of Lading, shall be prima facie evidence, but shall not be conclusive on the carrier. THIS CLAUSE SHALL APPLY ONLY TO GOODS MOVING TO OR FROM PORTS OF UNITED STATES.

IN ACCEPTING THIS BILL OF LADING, the shiper owner and consignee of the goods, and the holder of the Bill of lading expressly accept and agree to all its stipulations, exceptions and conditions, whether written, stamped or printed, as fully as if signed by such shipper, owner, consignee and/or holder. No agent is authorized to waive any of the provisions of the clauses.

IN WITNESS WHEREOF, the master or agent of the said ship has affirmed to Bill of Lading all of this tenor and date. ONE of which being accomplished, the others to stand void.

Number of Original B (s) / L	On Board Date

Dated at ________________

HYUNDAI MERCHANT MARINE CO., LTD. AS CARRIER

By

보완하여 1921년 헤이그에서 만장일치로 통과시켜 각국이 자발적으로 이 초안내용을 선하증권에 삽입하도록 권고하게 되었다.

이것이 이번에는 선주 측의 심한 공격을 받게 되자 다시 국제해양법협회에서 약간 수정되어 1924년 8월 25일 브뤼셀에서 개최된 제5차 해상법에 관한 국제회의에서 선하증권에 관한 통일조약, 즉 헤이그규칙(Hague Rules)으로 채택되었다.[15] 그 후 각국들은 헤이그규칙의 기본정신을 바탕으로 선하증권에 관한 법을 제정하게 되었다.

헤이그규칙은 운송인의 최소한의 의무, 최대한의 면책 및 책임한도를 명확히 한 것이지만 어디까지나 선주 중심의 규칙이라 할 수 있다.

3.2 헤이그-비스비규칙

1924년 헤이그규칙이 성립된 후부터 이 규칙은 해상운송에 관한 기본적인 국제규칙이 되어 많은 국가에서 이를 모체로 자국의 해상운송법을 제정하였다. 그러나 해상운송여건이 변함에 따라 규칙의 개정이 불가피해져서 1963년 스톡홀름에서 열린 국제해사법회 회의에서 이 문제가 처음 상정되고 비스비(Visby)에서 논의되어 1968년 2월 브뤼셀에서 헤이그규칙을 개정한 헤이그-비스비규칙(Hague-Visby Rules)이 채택되었다. 이 규칙은 1977년 헤이그규칙의 개정의정서로 정식 발효되어 지금에 이르고 있는데 현재 선주와 화주에 대한 책임규정으로서는 가장 보편적이며 많은 국가들이 수용하는 규칙이다.

3.3 함부르크규칙

헤이그-비스비규칙이 발효되기도 전에 많은 개발도상국가들이 종래의 국제규칙은 너무 선주 위주로 되어 있어 화주들의 권익이 제대로 반영되어 있지 않다는 주장을 UNCTAD에서 제기하였다. 이에 따라 1968년에 국제해운입법작업부회가 설치되어 새로운 선하증권조약안을 마련하였고, 이 개정조약안은 1978년 함부르크에서 개최된 개정조약안 채택을 위한 전권회의에서 채택되어 UN 해상화물운송조약(UN Convention on the Carriage of Goods by Sea), 즉 함부르크규칙(Hamburg Rules)이 되었다.[16]

15 이 국제규칙의 원명은 '선하증권에 관한 법률 일부 규칙의 통일을 위한 국제협약(International Convention for the Unification of Certain Rules of Law relating to Bills of Lading)'이다. 이 국제규칙은 1921년 헤이그에서 만장일치로 통과된 초안을 바탕으로 하기 때문에 그대로 헤이그규칙이라 부른다.

16 함부르크규칙은 개발도상국가들의 이익보호에 역점을 두었기 때문에 화주 중심으로 법체계가 이루어져 있다.

현재 함부르크규칙은 20여 개국의 개발도상국가들이 비준을 하여 정식으로 발효되고 있다. 그러나 함부르크규칙은 화주에게 유리하도록 되어 있어 많은 선박을 보유하고 있는 선진국들이 대부분 비준을 하지 않아 그 실효성은 의문시되고 있다.[17]

4. 선하증권의 종류

4.1 선적선하증권과 수취선하증권

선적선하증권(shipped B/L, on board B/L)은 운송물품이 본선에 적재된 후 발급되는 선하증권이다. 따라서 증권상에 선적이 완료되었음을 나타내는 'shipped' 또는 'laden on board' 등과 같은 표현이 있다. 선적선하증권의 발행일자는 곧 화물이 본선에 적재된 일자로 간주된다.

그리고 운송선박이 아직 부두에 정박하지 않았거나 입항조차 하지 않았을 경우 화물은 일단 선박회사의 부두창고 혹은 지정장소에 보관되어 선적순서를 기다리게 되는데 이때 선박회사는 화물을 수취하였음을 나타내는 수취선하증권(received B/L)을 발급한다.[18] 그리고 수취선하증권이 발행된 후 선적이 실제로 이루어지는 날을 기입하여 선박회사 또는 그의 대리인이 서명하면 선적선하증권과 동일한 효력을 갖는다.[19]

예를 들어 헤이그규칙에서는 살아 있는 동물을 화물의 정의에서 제외하여 이를 운송하려면 일반운임보다 높은 특별운임을 화주들이 부담하였다. 왜냐하면 살아 있는 동물을 운송하기 위해서는 통풍장치, 먹이, 배설물장치 등 특수시설이 필요하기 때문이다. 그러나 함부르크규칙에서는 살아 있는 동물도 화물의 정의에 포함시켜 일반화물과 똑같이 취급되도록 했는데 이는 살아 있는 동물을 많이 수출하는 개발도상국가들의 이익을 보호한 것으로 풀이된다.

17 국제해상운송법과 관련하여 헤이그규칙, 헤이그/비스비규칙 및 함부르크규칙의 비준국가들의 현황은 다음과 같다.
① 헤이그규칙의 비준국가 : 주요 선진해운국
② 헤이그/비스비규칙 비준국가 : 영국, 프랑스, 이탈리아, 네덜란드, 벨기에, 노르웨이, 스웨덴, 덴마크, 핀란드, 스위스, 폴란드 등
③ 함부르크규칙 비준국가 : 케냐, 레바논, 모로코, 세네갈, 탄자니아, 튀니지, 우간다, 잠비아, 칠레, 루마니아, 헝가리 등
우리나라의 경우 세 규칙 모두 비준하지 않은 상태이다. 현재 헤이그/비스비규칙을 원용하여 제정된 상법 제5편에 해상운송에 관한 사항이 규정되어 있다.

18 미국의 원면거래에 사용되는 'Custody B/L'과 'Port B/L'은 대표적인 수취선하증권의 일종이다. 'Custody B/L'은 운송선박이 아직 지정항구에 도착하지 않은 상태에서 화물이 운송인에게 인도될 때 발급되는 수취선하증권이며, 'Port B/L'은 운송선박은 입항되어 있으나 화물이 본선에 적재되지 않은 경우 발행되는 수취선하증권을 말한다. 따라서 시기적으로 보면 먼저 'Custody B/L'이 발급되고, 운송선박이 입항하면 'Port B/L'이 되고, 실제 선적이 이루어지면 선적선하증권이 된다. 원면거래가 일시에 대량으로 거래되기 때문에 하루라도 빨리 자금을 회전시키기 위해 이러한 수취선하증권이 사용된다. 지금 당장 자금은 급한데 운송선박은 아직 입항조차 하지 않았을 경우 선박회사로부터 'Custody B/L'을 먼저 발급받아 이를 유통시킬 수 있다.

19 이런 선하증권을 선적배서선하증권(on board endorsement B/L)이라 한다.

무역거래에서는 선적선하증권이 사용되고 수취선하증권은 특별히 허용되고 있지 않는 한 거절된다. 왜냐하면 화물을 받아보는 수화인, 즉 수입업자는 자신의 화물을 보다 확실하게 인수하기 위해서 선적 완료된 후 발급되는 선적선하증권을 선호하기 때문이다.

4.2 무사고 선하증권과 사고부 선하증권

화물을 본선상에 선적할 때 화물의 상태가 외관상 양호하고 수량이 정확하여 선하증권의 비고기재 칸에 이무런 표시가 없는 선하증권을 무사고 선하증권(clean B/L)이라 한다. 그런데 포장상태가 불완전하거나 수량이 부족할 경우에는 그러한 내용이 선하증권상에 기재되는데[20] 이런 선하증권을 사고부 선하증권(dirty B/L, foul B/L)이라 한다.

사고부 선하증권은 유통도 되지 못할뿐더러 은행에서도 별다른 지시사항이 없는 한 수리를 거절한다. 따라서 수출업자는 반드시 무사고 선하증권을 발급받도록 노력해야 한다. 그러나 항구까지 운송해 오는 과정에서 포장상태가 느슨해질 수도 있고, 부주의로 인해 수량이 부족할 수도 있다. 물론 재포장을 하거나 부족한 수량을 채우면 아무런 문제가 되지 않지만 운송선박이 곧 출항하여 시간적 여유가 없다든지 또는 그럴 형편이 못되는 경우에는 사고부 선하증권을 감수해야 한다.

이런 경우에 대비해서 수출업자는 파손화물보상장(letter of indemnity)을 선박회사에 제시하고 사고부 선하증권 대신 무사고 선하증권을 발급받을 수 있다. 파손화물보상장은 수출업자가 파손된 화물에 대해서 모든 책임을 질 것을 선박회사에 약속하는 일종의 보증장이다. 선박회사가 사고부 선하증권을 발급하는 이유는 사고부 화물에 대해서 자신의 책임을 면하기 위한 것인데 이제 수출업자가 여기에 대해서 모든 책임을 지겠다는 각서를 제출했기 때문에 무사고 선하증권을 발급해 주는 것이다.

그러나 수출업자는 이런 사실을 수입업자에게 사전에 알리고 파손화물에 대한 보상조치를 사전에 취해야 한다. 그리고 보험회사도 파손화물에 대하여 보상책임이 없기 때문에 이런 사실을 보험회사에게 고지해야 한다.

20 예를 들어 '5상자의 포장이 느슨함(5 cases loose strap)', '5카톤 부족분에 대해 현재 논의 중임(5 cartons short in dispute)' 등과 같은 단서조항이 기재될 수 있다. 그러나 오늘날 벌크 화물을 제외하면 거의 모든 화물이 컨테이너에 적재·운송되기 때문에 이러한 경우를 찾아보기는 힘들다.

4.3 기명식 선하증권과 지시식 선하증권

기명식 선하증권(straight B/L)은 화물을 받아보는 수화인의 이름이 증권상에 구체적으로 표시된 선하증권을 말하는데 통상 수입업자의 이름이 기재된다. 기명식 선하증권은 기명된 수화인이 배서를 해야만 유통될 수 있다. 기명식 선하증권은 널리 이용되지는 않지만 유럽 국가들 간의 무역거래 또는 수입국에 수출업자의 대리인이 있을 경우에 국한하여 사용된다.[21]

지시식 선하증권(order B/L)은 수화인에 대한 표시가 'to order' 또는 'to order of shipper' 등과 같이 표시되어 있는 선하증권을 말하는데 송화인인 수출업자가 선하증권의 뒷면에 배서만 하면 이 선하증권은 자유롭게 유통된다. 오늘날의 무역거래에서는 대부분 지시식 선하증권이 사용되고 있다.

4.4 해양선하증권 및 내국선하증권

국제해상운송인 경우에는 해양선하증권(ocean B/L)이 발행되고, 국내의 해상운송인 경우는 내국선하증권(local B/L)이 발행된다. 무역거래에서는 해양선하증권이 이용된다.

4.5 약식선하증권

선하증권의 앞면에는 기재사항을 기입할 칸이 인쇄되어 있고 뒷면에는 운송약관이 인쇄되어 있다. 선하증권의 법정기재사항은 한정되어 있는 데 반해 뒷면의 약관은 운송환경이 변함에 따라서 계속 제정되어 왔다. 모든 운송약관을 인쇄하려면 선하증권의 양식이 길어지기 때문에 운송약관이 인쇄되어 있지 않더라도 동일한 효과를 갖도록 한다.[22] 이와 같이 발행수속을 간소화하기 위해 운송약관이 인쇄되어 있지 않은 선하증권을 약식 또는 간이선하증권(short form B/L)이라 하며 별도의 명시가 없는 한 은행은

---

21 유럽 인접국가들 간의 거래에서는 수출업자가 굳이 은행을 통하지 않고 수입업자에게 직접 기명식 선하증권을 제시하고 수출대금을 받을 수 있다. 또 수입지에 수출업자의 대리인이 있으면 수출업자는 선하증권을 대리인에게 보내어 그로 하여금 수입업자에게 제시하여 배서를 받도록 한다.

22 보통 다음과 같은 문구를 인쇄하여 운송약관이 인쇄되어 있지 않더라도 마치 인쇄되어 있는 것과 동일한 효과를 나타내도록 한다.
"All the terms of the carrier's regular long form of Bill of Lading are incorporated herein with like force and effect as if they were written at length herein. A copy of such Bill of Lading may be obtained from the carrier, its agent, or the master."

이러한 서류를 수리한다.

4.6 환적선하증권

목적항까지 직접 가는 직항선박이 없을 경우에는 중간항구에서 다른 선박에 화물을 환적하여 운송한다. 이런 경우 구간마다 각각 다른 선하증권이 발급되지 않고 처음 발행된 선하증권을 목적항까지 그대로 사용하는데 이러한 선하증권을 환적선하증권(transshipment B/L)이라 한다.

송화인과 처음 운송계약을 체결한 선박회사는 자기 책임하에 환적을 전제로 하는 환적선하증권을 발행한다. 그리고 환적항 이후의 구간을 운송하는 선박을 수배하고 환적항에서 소요되는 하역비 등 모든 비용을 부담한다.

중간항에서 환적을 하게 되면 화물의 양륙과 재선적에 시간이 많이 소요되고, 화물의 도난이나 파손 등이 빈번히 발생하기 때문에 대부분의 수입업자들은 환적을 꺼린다. 이런 경우 무역계약서 등에 환적금지라는 표현을 삽입하면 환적선하증권은 사용되지 못한다. 그러나 환적에 대한 별다른 지시사항이 없으면 은행은 이러한 환적선하증권을 수리한다.

4.7 통과선하증권

목적지까지 해상운송과 육상운송을 동시에 이용할 경우 발행되는 선하증권을 통과선하증권 또는 통선하증권(through B/L)이라 한다. 해상운송을 연장하여 내륙지점까지 운송하고자 할 경우 선박회사는 자기 책임하에 양륙항에서 내륙지점까지의 육상운송을 수배하고 전 운송구간에 대해서 책임을 지는 통과선하증권을 발급한다.[23]

4.8 Stale B/L

선하증권이 발급되면 수출업자는 관계은행에 가서 운송서류를 제시하고 수출대금을 찾는데 만약 선하증권이 발행되고 21일이 지난 뒤 관계은행에 제시하게 되면 별다른

23 미국에서는 이러한 선하증권을 'overland B/L' 또는 'overland common point B/L'이라 한다. overland common point(OCP)는 북미대륙 내에서 공통운임이 부과되는 록키 산맥의 동쪽 지역을 말한다. 태평양연안의 항구에 도착한 화물 중에서 화주가 OCP 목적지까지의 운송을 의뢰하면 OCP 화물은 철도나 트럭에 의해 내륙지역의 목적지까지 일괄운송된다.

지시사항이 없는 한 은행은 지체된 선하증권을 수리하지 않는다. 이와 같이 선하증권이 발행된 후 21일이 지난 뒤 은행에 제시되는 선하증권을 'Stale B/L'이라 하고, 수리 가능이라는 조항이 없는 한 은행에서 수리하지 않는다.

4.9 제3자 선하증권

선하증권상의 송화인은 보통 수출업자의 이름으로 기재되는데, 이를 제3자 특히 선박회사 이름으로 기재한 것을 제3자 선하증권(third party B/L)이라 한다. 만약 수입업자가 선하증권을 다시 제3자에게 양도하거나 혹은 중계무역의 경우에는 최종수입업자가 선하증권을 통해 실제 수출업자의 이름을 알 수 있게 된다. 이렇게 되면 앞으로는 실제 수출업자와 직접 거래할 수 있기 때문에 중간무역업자의 이익을 보호해 주기 위해서 송화인의 이름을 숨기는 것인데 은행은 별도의 언급이 없는 한 이러한 선하증권도 수리한다.[24]

4.10 집단선하증권

집단 선하증권은 한 컨테이너 안에 여러 화주의 화물이 적재되었음을 표시하는 선하증권을 말한다. 화물을 컨테이너로 운송할 경우 한 컨테이너의 분량이 안 되는 소량 화물은 운송주선인(freight forwarder)이 목적지별로 혼재하여 컨테이너 단위화물로 만든 다음 선박회사와 해상운송계약을 체결한다.

이때 선박회사는 한 컨테이너 안에 여러 화주의 화물이 적재되었음을 표시하는 집단 선하증권(group B/L, master B/L)을 발급한다. 그리고 운송주선인은 개별화주에 대해서는 일종의 선적증명서인 'House B/L' 또는 'Forwarder's B/L'을 발급해 준다. 이 경우 수출업자는 'House B/L'을 은행에 제시하고, 수입업자도 이 서류를 인도받아서 화물을 인수한다.

24 중계무역에서는 제3자 선하증권과 더불어 'Switch B/L'을 사용하기도 하는데 이는 실제 수출업자와 실제 수입업자 간의 무역에서 서로가 직접 노출되는 것을 막기 위해 중계무역업자가 최초의 선하증권을 회수하고 다시 선하증권을 발행하는 경우를 말한다. 그러나 선하증권을 스위치하더라도 송화인, 수화인 및 통지선 정도만 스위치할 수 있고, 선적에 대한 내용은 스위치할 수 없다.

4.11 부서부 선하증권

간혹 선하증권상에 운임, 수수료 등 선박회사에 지불할 채무가 표시된 경우가 있다. 예를 들어 운임은 선적지에서 지불되었다 하더라도 만약 양륙항에서 컨테이너 장비를 사용하는 수수료는 수화인이 부담할 경우 이런 수수료는 도착지불로 기재된다. 따라서 수화인은 반드시 이런 비용을 선박회사에 지급해야만 화물을 찾을 수 있다. 선박회사에 대한 지급이 완료되면, 선박회사는 이를 증명하기 위해 선하증권상에 서명을 하는데, 이런 선하증권을 부서부 선하증권(countersign B/L)이라 한다.

4.12 용선계약조건의 선하증권

용선계약조건의 선하증권(charter party B/L)은 선박을 실제 소유하고 있지 않은 자가 선박회사로부터 선박을 빌려 자기 책임하에 운송을 담당하면서 화물을 운송・위탁한 송화인에게 발급하는 선하증권을 말한다. 그런데 이 선하증권을 발급한 용선계약자가 용선료를 선박회사에 지급하지 못하게 되면 선박회사는 본선에 적재된 화물을 몰수할 수 있기 때문에[25] 송화인의 경우 자기도 모르게 운송물품을 몰수당할 수 있다. 따라서 특별히 허용된 경우가 아니면 용선계약조건의 선하증권은 은행에서 인정하지 않는다.

4.13 해상화물운송장

해상화물운송장(sea waybill : SWB)은 선박회사가 화물을 수취했음을 나타내는 화물수취증이며, 수화인의 성명과 주소가 명기되어 있고 유통금지문언이 부기되어 있다. 주로 본・지사 간의 거래, 이사화물 등에 이용된다.[26]

25 용선계약 선하증권상에는 'as per charter party' 또는 'all other conditions and exceptions as per charter party' 라는 내용이 기재되어 모든 것이 용선계약조건에 따르게 된다.

26 이와 비슷한 것으로 'Surrender B/L'이 실무에서 사용되고 있는데 이 선하증권은 우리나라와 중국 간의 거래와 같이 근거리 무역의 경우에는 선하증권보다는 운송화물이 먼저 목적지에 도착하여 선하증권이 도착할 때까지 화물을 못 찾는 경우가 발생한다. 그래서 송화인이 선하증권상의 모든 권리를 선박회사에게 양도한다는 의미로 선하증권상에 'Surrender'를 표시하면 선박회사가 화물과 함께 'Surrender B/L'을 운송하여 이를 수화인에게 직접 인도함으로써 수화인은 화물을 빨리 찾을 수 있도록 한 것이다. 'Surrender B/L'은 기명식으로 발행되고 수출업자인 송화인이 수출대금을 사전에 확보한 경우에만 이용될 수 있다.

4.14 전자식 선하증권

종이서류 대신 전자문서로 발행하는 선하증권을 말한다. 다음 두 가지 방식이 거론되고 있지만 거의 사용되고 있지 않다.

1) CMI규칙에 의한 전자식 선하증권

이 선하증권은 1990년 국제해사법회(Comite Maritime International)에서 채택한 '전자식 선하증권에 관한 CMI규칙(CMI Rules for Electronic Bill of Landing)'에 언급된 선하증권이다. 이 규칙은 주로 운송 중인 물품에 대한 권리의 전자적 이전에 관한 내용으로 구성되어 있는데 개인키(private key)[27]를 이용하여 선하증권상의 권리를 이전한다.

전통적인 선하증권을 이용할 경우에는 선하증권의 소지인이 선하증권 자체를 서명하여 양도함으로써 권리가 이전된다. 그러나 전자식 선하증권에서는 선박회사가 양도인, 양수인 등에게 개인키를 부여하고 양도의사를 전자적 지시를 통해 전달함으로써 선하증권상의 권리가 이전된다. 따라서 그동안 화물에 대한 통제권은 선하증권의 소지인이 갖고 있었지만 전자식 선하증권에서는 전자적 지시를 하는 선박회사가 갖게 된다.

2) 볼레로시스템의 전자식 선하증권

볼레로(Bolero : bill of lading electronic registry organization)는 무역거래에서 사용되는 서류 일체를 전자화하여 이를 상업적으로 운영하기 위해 개발한 시스템이다. 볼레로시스템은 선하증권만 전자식으로 처리하려는 것이 아니고 무역서류 전반을 전자화하여 무역거래의 효율성을 높이고 있다. 중립적인 중앙등록기관을 운영하여 정보의 흐름을 원활히 하고, 정보의 안전성을 보장하기 위해 현재까지 가장 안전한 방법으로 알려져 있는 방식의 디지털 서명을 메시지 전송에 사용하고 있다.

4.15 권리포기선하증권(Surrender B/L)

1) 송화인용 Surrender B/L

Surrender B/L은 선하증권의 권원증권성과 상환증권성, 유통증권성, 유가증권성이 포기되고 운송인이 화물을 수령했다는 수취증과 운송인과 운송계약이 체결되었음을 증

---

27 국제연합 표준메시지에 의해 구성된 선하증권을 전자문서로 전송할 때 함께 송부되는 비밀코드를 말한다.

명하는 법적성질, 문언증권성만 효력이 있다.

컨테이너고속선이 해상운송에 도입된 후에 하역과 항해시간이 단축되어 근거리 운송에서 은행을 경유하여 도착하는 선하증권보다 화물이 먼저 수입항에 도착하여 보관비, 체선료 등과 같은 운송비용을 발생시켰다. 이러한 물류비용을 절감하기 위하여 Surrender B/L을 사용하여 왔다. 수출상인 송화인이 운송인과 해상화물운송계약을 체결하고 운송인이 송화인으로부터 운송화물을 수령하고 송화인에게 선하증권을 발행하면 송화인은 이 선하증권을 은행을 통하여 수화인에게 송부하여야 되는데 이 선하증권을 운송인에게 반납하고 Surrender B/L을 다시 발급받아 수화인에게 보내면 수화인은 선하증권 원본을 수입항에 있는 운송대리인에게 제시하지 않고 운송인으로부터 화물을 인수할 수 있다.

2) 운송인용 Surrender B/L

송화인과 해상운송계약을 체결하여 송화인에게 House B/L을 발행한 운송인을 계약운송인이라고 한다. 계약운송인이 송화인이 되어 제2운송인과 해상운송계약을 체결하면 제2운송인은 계약운송인에게 수화인을 계약운송인의 양륙지에 있는 대리인으로 표기된 Master B/L을 발행하여 실제운송인이 된다.

House B/L에 기재된 수화인이 신용장개설은행에게 수입대금을 지급하고 선하증권을 인수하게 되는데 운송화물은 실제운송인이 점유하고 있기 때문에 House B/L을 발행한 계약운송인은 수화인이 House B/L을 제시할 경우에 운송화물을 인도할 준비를 하여야 한다. 이를 위해 Master B/L이 발행되었다.

실제운송인이 계약운송인에게 계약운송인의 양륙지에 있는 대리인을 수화인으로 기재된 Master B/L을 발행하면 계약운송인은 양륙지에 있는 자신의 대리인에게 Master B/L을 송부하여 대리인이 송부받은 Master B/L을 실제운송인에게 제시하여 운송화물을 인수하여 보관하도록 지시한다. 선박이 수입항에 도착하면 계약운송인의 양륙지 대리인은 실제운송인에게 Master B/L을 제시하고 화물인도지시서(D/O)를 받든지 아니면 운송화물을 직접 인수하게 된다. 개설은행을 경유하여 House B/L을 인수한 수화인이 계약운송인의 양륙지 대리인에게 House B/L을 제시하여 운송화물 인도를 요청하면 그에게 운송화물을 인도하게 된다.

실제운송인은 계약운송인에게 Master B/L에 스템프로 Surrendered로 찍어 발행하게 된다. 계약운송인의 양륙지 대리인이 Master B/L을 제시하지 않고 운송화물을 인수할 수 있도록 하기 위해서 Surrender B/L을 사용하게 된다.

이런 경우 House B/L만이 유통선하증권으로 간주하고 Master B/L은 운송인의 내부적인 목적으로 사용될 뿐이며 Master B/L로 매입은행에 매입한다든지 담보의 목적으로 사용되면 House B/L의 소지인의 권리가 침해되게 된다. 따라서 창고업자는 운송인용 Master B/L로 운송화물을 인도하는 경우에 불법행위책임을 져야 한다.[28] Master B/L은 비유통선하증권으로 발행되어 지시성이 없지만 소지인인 계약운송인에게 물권적·채권적 효력이 부여된다.

제3절 항공운송

1. 항공운송의 발전

항공운송은 육상운송이나 해상운송에 비해 신속하다는 장점을 지니고 있다. 그러나 운임이 상대적으로 비싸고 일시에 대량의 화물을 운송할 수 없으며 또한 국제공항이 있는 지역 간의 운송에만 국한되는 이유들 때문에 그동안 무역거래에서는 주로 부피가 작고 신속한 운송을 요하는 고가제품만이 항공운송을 이용해 왔다.

그러나 경제발전에 따라 비싼 운임을 지급하여도 충분히 채산이 맞는 부가가치가 높은 반도체, 정밀기기, 통신기기, 광학기기 등의 제품이 많이 개발되어 항공운송에 대한 의존도가 점차 높아지기 시작하였다. 또한 항공운송체제가 확립됨에 따라 세계 주요 도시의 공항이 정비되어 내륙지역까지 항공운송으로 직접 운송할 수 있는 범위가 확대되었다.

이와 때를 같이 해서 1970년대부터 대형 화물전용기가 국제선에 취항하여 항공운송에서도 어느 정도 대량운송이 가능해짐에 따라 무역거래에서 항공운송이 차지하는 비중도 급속히 증가하게 되었다. 특히 컨테이너 운송이 발전됨에 따라 1980년대부터는 단순한 항공운송으로서가 아니라 육상운송 및 해상운송과 연계한 해상/항공/육상 또는 항공/육상 등의 연계운송까지도 가능하게 되었다.

28 대법원 2009.10.15.선고 2009다 39820판결

2. 항공운송의 장점

항공운송의 최대의 장점은 신속성이다. 이러한 신속성으로 인해 항공운송은 수송기간을 단축시키고 재고비용을 절감하며 또한 양호한 수송조건을 제공할 수 있는데 이를 구체적으로 살펴보면 다음과 같다.

첫째, 항공운송은 신속성으로 인해 수송기간이 상당히 단축되었다. 따라서 예기치 못한 수요의 급격한 증가에도 즉각 대처할 수 있으며, 또한 납기가 늦어짐으로써 발생할 수 있는 위약금이나 계약해제에 따른 손해도 막을 수 있다. 그리고 수송기간이 짧게 되면 변질되기 쉬운 상품이나 판매수명이 짧은 상품도 원거리 시장에서까지 경쟁력을 유지할 수 있게 된다.

이러한 효과로 인해 기계설비 등과 같이 긴급히 운반하지 않으면 막대한 손실을 가져오게 되는 품목, 납기가 촉박한 상품, 계절상품, 투기상품 등은 항공운송이 적합하다.

둘째, 신속한 운송은 재고비용을 절감시킨다. 즉 제품이 신속하게 운송되면 각 지역에 다량의 재고품을 묶어 둘 필요가 없기 때문에 재고비용이나 보관비용을 절감할 수 있다. 이에 적합한 상품으로는 생선, 식료품, 생화, 생동물, 방사성물질과 같이 시간이 지나면 가치가 없어지는 화물, 부패성 화물 등을 들 수 있다.

셋째, 항공운송은 수송조건이 양호하다. 수송기간이 짧기 때문에 위험에 노출되는 시간도 짧아 도난, 분실 등의 위험이 적다. 또한 항공기는 선박과는 달리 요동이 별로 없기 때문에 화물이 파손될 위험도 적다. 이 때문에 부가가치가 높아 중량에 비하여 운임부담이 높은 상품과 파손 및 도난의 위험이 높은 미술품, 귀금속, 모피, 약품, 전자기기, 통신기기, 광학기기 등의 경우에는 항공운송을 이용하게 된다.

3. 항공화물운송업자

해상운송에서는 송화인이 직접 선박회사와 운송계약을 체결하지만 항공운송에는 송화인이 항공사와 거래하지 않고 항공운송총대리점이나 항공운송주선업자와 운송계약을 체결한다.

3.1 항공운송총대리점

항공운송총대리점은 항공운송사업을 경영하는 자를 위하여 유상으로 항공기를 이용한 여객 또는 화물의 국제운송계약 체결을 대리하는 사업을 영위하는 자를 말한다. 항공운송총대리점은 항공사를 대리하기 때문에 항공사의 운송약관, 규칙, 운임률표 및 운행시간표를 그대로 이용한다. 이에 의해 운송대리점은 화물운송을 유치하고 항공화물운송장을 발행하며 이에 부수되는 모든 업무를 수행한다. 그 대가로 대리점 계약에 의거한 소정의 수수료를 항공사로부터 받는다.

3.2 항공운송주선업자

일반적으로 소량 화물은 운임률이 높고 최저운임이 적용될 수 있기 때문에 가능한한 동일한 목적지별로 화물을 혼재하여 대량 화물로 만드는 것이 유리하다. 여러 송화인으로부터 소량 화물을 모아서 대량 화물로 만든 다음 이를 자신의 명의로 운송하는 것을 업으로 하는 자를 항공운송주선업자(air freight forwarder) 또는 혼재업자라 한다. 운송주선업자는 송화인과 항공사의 중간에 서서 송화인에게는 마치 자신이 운송하는 것처럼 운송인 역할을 하기 때문에 자체 운송약관과 운임률표를 가지고 송화인과 운송계약을 체결한다.

지금까지 설명된 항공화물운송대리점과 항공화물주선업자의 내용을 요약하면 [표 4-3]과 같다.

표 4-3 | 항공운송총대리점과 항공운송주선업자의 비교

구분	운송총대리점	운송주선업자
업무영역	모든 화물취급(LCL 화물은 운송주선업자에게 혼재의뢰)	국내외 LCL 화물취급
운임률	항공사의 운임률표 사용	자체의 운임률표 사용
화주에 대한 책임	항공사 책임	운송주선업자 책임
운송약관	항공사의 약관 사용	자체의 약관 사용
수수료	IATA의 5% 수수료 및 취급수수료 받음	수취운임과 지급운임과의 차액 또는 IATA의 5% 수수료를 받음

4. 항공운임요율 및 항공운송절차

4.1 항공운임요율

항공운송에서는 IATA가 제정한 운임요율을 전 세계적으로 사용하고 있으며, 우리나라도 이 요율을 정부의 승인을 받아 사용하고 있다. 주요한 요율 구분은 다음과 같다.[29]

1) 일반화물요율

일반화물요율(general cargo rate)은 특정품목할인요율 또는 품목분류요율이 적용되지 않는 모든 화물에 적용되는 기본적인 요율을 말한다. 일반화물요율에는 최저운임, 45kg 미만 요율, 45kg 이상 요율, 100kg 이상 요율, 300kg 이상 요율 등이 있는데 대체로 중량이 많으면 많을수록 kg당 더 싼 요율이 적용된다.

2) 특정품목할인요율

특정품목할인요율(specific commodity rate)은 항공운송의 이용을 촉진하기 위해 적용하는 할인요율이다. 특정구간에서 계속적으로 반복 운송되는 품목에 대해서 일반화물요율보다 낮은 요율을 설정하고, 선박으로 운송되는 품목 중에서도 항공운송이 가능한 특정품목에 대해서는 이 할인요율을 적용하고 있다. 그리고 이 요율은 해당 요율마다 설정된 최저중량의 제한을 받도록 되어 있어 가능한 한 대량운송을 하도록 유도하고 있다.

3) 품목분류요율

품목분류요율(commodity classification rate)은 몇 가지 특정품목이나 지역 간에만 적용되는데, 이 요율이 적용되는 특정품목은 신문, 잡지, 정기간행물, 비동반 수화물, 귀중화물, 생 동물 등이다. 그리고 품목분류요율은 별도로 설정된 것이 아니고 기존 운임률을 기본으로 하여 운송구간에 따라 할인해 주거나 할증하여 적용된다. 예를 들어 신문, 잡지, 정기간행물 등의 특정품목은 할인하고 나머지 특정품목은 할증료를 기본료

29 IATA는 국제항공사협회(International Air Transport Association)로서 1945년 4월 설립된 순수민간단체이며, 본부는 몬트리올에 있다. IATA는 항공권의 약관, 운임협정, 서비스 내용, 기술분야의 협력, 통신약호의 통일, 출입국절차의 간소화 등을 위해 협력하고 있다.

에 부과시킨다.

4) 종가운임

귀금속, 미술품 등 고가품에는 할증된 종가운임(valuation charge)이 적용되는데 신고가격이 화물 1kg당 U$20를 초과하면 종가운임이 부가된다.

5) 팔렛 · 컨테이너운임

이 운임은 화물이 팔렛, 컨테이너 등에 적입된 상태로 수화인에게 인도되는 화물에 적용되는 운임을 말한다. 화물의 종류에 관계없이 일정 구간에 한해 팔렛 또는 컨테이너의 크기와 개수에 의해 운임이 부과된다.

4.2 항공운송절차

운송대리점이나 운송주선업자를 통한 항공화물의 운송절차는 대략 다음과 같이 이루어진다.

1) 운송예약

먼저 송화인은 지정된 양식에 출발지, 도착지, 전체포장개수, 중량, 각 포장상자의 부피, 상품명 등을 기재하여 운송대리점이나 운송주선업자에게 제출하고 항공편을 예약한다.

2) 화물인수

운송대리점은 해당 화물을 송화인으로부터 인수하여 항공화물 터미널(air cargo terminal)로 수송한 후 보세창고로 반입한다.

3) 검사 · 통관 및 검량 · 검수

미통관 물품은 해당 세관의 검사를 필한 후 수출신고필증을 받게 되기까지 수출통관 절차를 거치게 되며, 지정된 검량 · 검수업체로부터 검사를 받고 항공기에 적재될 때까지 보세구역에 보관된다.

4) 항공화물운송장 발급

항공화물운송대리점은 화물을 인수한 후 송화인에게 항공화물운송장을 발행한다. 운임선불조건인 경우에는 운송장이 발급되기 전 송화인이 운임 및 수수료를 지급해야 하며, 운임이 후불인 경우에는 목적지에서 수화인이 화물을 인수하기 전에 지급한다.

5) 화물운송 및 인도

화물과 수화인용 운송서류는 동시에 수송되어 목적지에 있는 대리점에서 인수하고 수화인에게 화물도착통지서를 송부한다. 수화인은 도착된 운송서류로서 수입통관절차를 밟는다. 이때 수화인은 수입신고필증과 함께 통관비용, 내륙운송비용 그리고 운임후불조건인 경우에는 항공운임 등을 준비해야 한다.

6) 화물 및 항공화물운송장 도착

화물과 수화인용 항공화물운송장(원본 2)은 동시에 수송되어 목적지에 있는 대리점에서 인수하고 수화인에게 화물도착통지서를 송부한다. 수화인은 도착된 운송서류로서 수입통관절차를 밟는다.

7) 하역 · 수입신고 및 반출

항공사는 입항예정지 세관장에게 적하목록을 제출하고 하역장소를 정하여 물품을 하역한다. 세관은 수입신고서를 접수한 후 통관시스템에 조회하여 즉시수리, 심사대상 및 물품검사 중 한 가지를 선택하여 수입신고를 수리한다. 공항 외의 다른 장치장에서 통관할 경우 보세 운송하여 시내 보세창고에서 수입통관을 미칠 수 있다. 수입신고가 수리되면 수화인은 화물을 공항 터미널에서 반출할 수 있다.[30] 지금까지 설명된 항공운송의 절차를 개략적으로 나타내면 [그림 4-2]와 같다.

---

30 적하목록, 보세운송 등에 관한 것은 제10장 제3절에 자세히 설명되어 있다.

▌그림 4-2▐ 항공운송절차의 개요

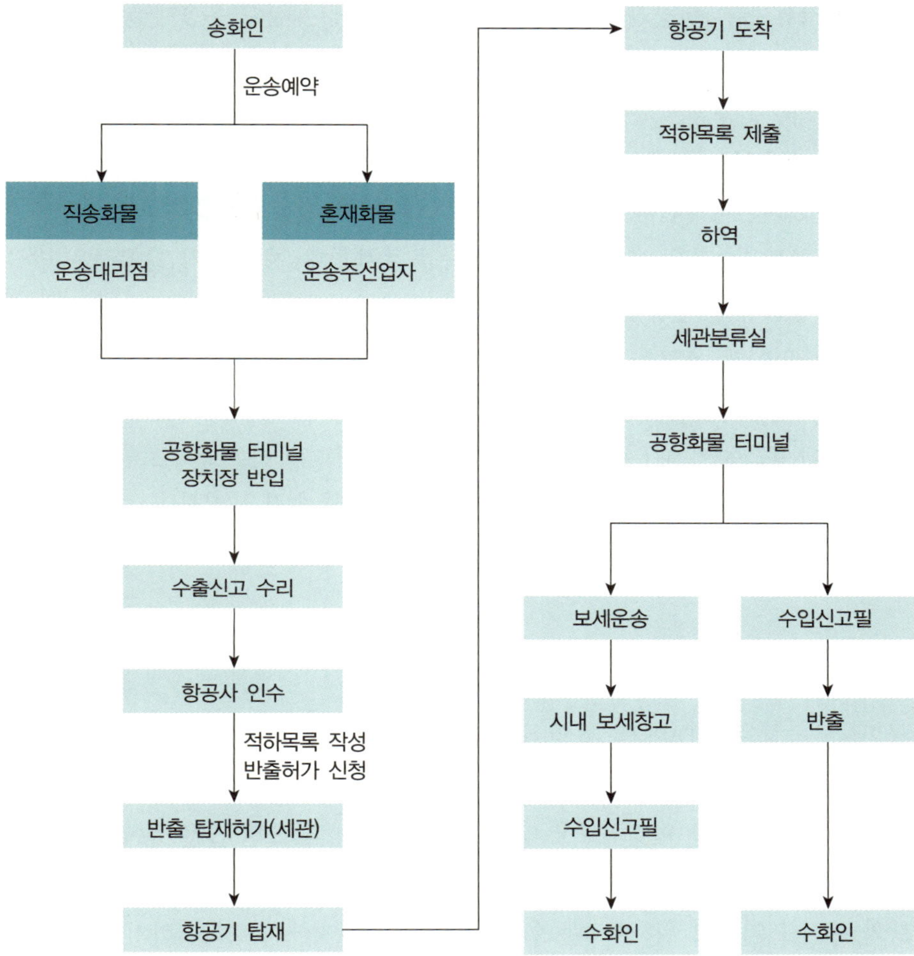

5. 항공화물운송장

5.1 항공화물운송장의 의의

송화인과 운송인 간에 항공운송계약이 체결되면 항공화물운송장(air waybill : AWB)이 발급되는데 이 운송장은 항공운송에서 화물의 유통을 보장하는 유일한 운송서류로서 해상운송에 있어서 선하증권과 비교될 수 있다. 항공화물운송장이 갖는 의의를 살펴보면 다음과 같다.

첫째, 항공화물운송장은 송화인과 운송인 간에 운송계약이 체결되었다는 사실을 나타내는 증거서류이다. 항공화물운송장에는 당사자 간에 체결된 운송계약의 내용이 기재되어 있으며, 또한 운송약관이 인쇄되어 있어 운송계약으로서의 기능을 수행한다.

둘째, 항공화물운송장은 운송인이 화물을 운송하기 위해 이를 수령했다는 증거서류이다. 송화인이 화물을 항공사에 인도하면 항공기에 적재하기 전에 운송장을 발급하여 화물을 인수했음을 나타낸다.

셋째, 항공화물운송장은 운임청구서의 기능을 수행한다. 항공사가 운송장을 발급하면 송화인은 운송장에 기재된 운임 및 기타 수수료를 지불해야 하기 때문에 운송장은 항공사가 송화인에게 운임을 청구하는 운임청구서(freight bill)이기도 하다.

마지막으로 항공화물운송장은 보험증명서가 되기도 한다. 항공보험은 보험기간이 3~4일 정도에 불과하기 때문에 항공화물은 항공사에서 제공하는 화주보험에 가입하는 경우가 많다. 만약 이런 사실이 운송장에 기재되면 이 운송장은 화물이 보험에 가입하였다는 사실을 증명하는 보험증명서가 될 수 있다.

5.2 항공화물운송장의 발행방식

항공화물운송장은 IATA에서 그 양식과 발행방식을 세부적으로 통일하고 표준화하여 전 세계 항공사가 동일한 양식의 운송장을 사용하도록 의무화하고 있다. 항공운송에서는 승계운송이 불가피한 여건이므로 양식을 표준화하지 않으면 많은 문제점이 야기될 수 있기 때문이다. 또한 항공시간의 운임정산, 운송조건, 취급방식, 사고처리에 대한 표준화와 통일을 기하기 위하여 1통의 운송장으로 출발지에서 도착지까지의 원활한 운송을 보장하고 있다.

항공화물운송장은 원본 3장과 부본(dummy air waybill) 6장으로 구성되는 것을 원칙으로 하고 항공사에 따라 부본을 5장까지 추가할 수 있다. 대한항공이 발행하는 항공화물운송장은 원본 3장과 부본 9장 합계 12장으로 구성되어 있다.

원본 1은 항공사용으로 운임정산용, 운송계약의 증거서류로 사용된다. 원본 2는 수화인용으로 화물과 함께 목적지로 보내져 수화인에게 전달되고 원본 3은 송화인용으로 화물수령증 및 운송계약의 증거서류로 출발지에서 송화인에게 교부된다.

항공화물운송장은 선하증권과 달리 송화인이 작성하는 것을 원칙으로 한다. 따라서 송화인은 운송장에 명기된 화물의 명세, 수량 등에 대해서 책임을 져야 한다. 설령 항공사가 운송장에 기재사항을 명기했다 하더라도 이에 관련된 책임은 송화인에게 있다.

운송장에 기재되는 내용은 출발지, 목적지, 운송항공사, 송화인, 수화인, 통화, 운송신고가격, 보험, 운임, 상품명, 운임지불방법, 중량, 취급상의 주의사항 등이다. 그리고 항공화물운송장 원본의 뒷면에는 국제화물운송약관의 주요 내용인 계약조항이 기재되어 있다. 이 계약조항은 일부 화주보험을 제외하고는 IATA 항공사에서 공동으로 사용한다.

5.3 항공화물운송장과 선하증권의 비교

항공화물운송장과 선하증권은 다음과 같은 몇 가지 중요한 차이가 있다.

첫째, 선하증권은 유통・유가증권이지만 항공화물운송장은 양도성이 없는 비유가증권이다. 항공화물운송장의 수화인용 원본은 목적지에서 화물과 함께 수화인에게 교부되는 것으로서 유통을 목적으로 하는 것이 아니며 또한 운송계약상의 권리행사에 필요한 것이 아니기 때문에 항공화물운송장은 유가증권으로 발행되지 않는다.

만약 항공화물운송장에도 선하증권과 마찬가지로 유통・유가증권의 성질을 띠도록 한다면 화물은 이미 목적지에 도착했는데 운송장이 아직 도착하지 않아서 화물을 찾지 못하는 경우가 항상 발생한다. 왜냐하면 화물은 항공기로 직송되지만 운송장은 수출지의 관계은행을 거쳐 수입지의 관계은행을 통해서 수화인에게 전달되므로 화물보다 늦게 도착한다. 이렇게 되면 신속하게 운송하기 위해서 항공운송을 이용한 것이 아무런 의미가 없게 된다.

둘째, 선하증권은 대부분 선적 후 발행되지만 항공화물송장은 모두 수취 후 발행된다. 선하증권은 선적을 증명하는 증권이므로 선적이 완료된 후에 발행되는 것이 일반적이다. 그러나 항공운송의 경우는 발착편이 많고 화물을 운송・위탁해서 항공기에 적재할 때까지 많은 시일을 요하지 않으므로 항공사 창고에 화물이 도착하면 바로 운송장을 발행해 주고 있다.

셋째, 선하증권은 대부분 지시식으로 발행되고 항공화물운송장은 기명식으로 발행된다. 선하증권상에는 수화인이 지시식으로 표시되어 있어 정당한 배서에 의해 누구에게나 양도될 수 있다. 반면 항공화물운송장은 유가증권이 아니기 때문에 기명식으로 발행되고, 운송장에 기재된 수화인만이 해당 화물을 찾을 수 있다.

넷째, 법률적으로 항공운송장은 송화인이 작성해서 항공사에 교부하는 형식을 취하

[서식 4-2]

Shipper's Name and Address	Shipper's Account Number	Not Negotiable **Air Waybill** Issued by
		Copies 1,2 and 3 of this Air Waybill are originals and have the same validity.
Consignee's Name and Address	Consignee's Account Number	It is agreed that the goods described herein are accepted in apparent good order and condition (except as noted)for carriage SUBJECT TO THE CONDITIONS OF CONTRACT ON THE REVERSE HEREOF. ALL GOODS MAY BE CARRIED BY ANY OTHER MEANS INCLUDING ROAD OR ANY OTHER CARRIER UNLESS SPECIFIC CONTRARY INSTRUCTIONS ARE GIVEN HEREON BY THE SHIPPER, AND SHIPPER AGREES THAT THE SHIPMENT MAY BE CARRIED VIA INTERMEDIATE STOPPING PLACES WHICH THE CARRIER DEEMS APPROPRIATE. THE SHIPPER'S ATTENTION IS DRAWN TO THE NOTICE CONCERNING CARRIERS' LIMITATION OF LIABILITY. Shipper may increase such limitation of liability by declaring a higher value for carriage and paying a supplemental charge if required.
Issuing Carrier's Agent Name and City		Accounting Information
Agent's IATA Code	Account No.	

Airport of Departure(Addr. of First Carrier)and Requested Routing	Reference Number	Optional Shipping Information

to	By First Carrier / Routing and Destination	to	by	to	by	Currency	CHGS Code	WT/VAL PPD COLL	Other PPD COLL	Declared Value for Carriage	Declared Value for Customs

Airport of Destination	Requested Flight/Date	Amount of Insurance	INSURANCE-If Carrier offers insurance, and such insurance is requested in accordance with the conditions thereof indicate amount to be insured in figures in box marked "Amount of Insurance".

Handling Information

SCI

No.of Pieces RCP	Gross Weight	kg lb	Rate Class / Commodity Item No.	Chargeable Weight	Rate / Charge	Total	Nature and Quantity of Goods (incl. Dimensions or Volume)

Prepaid / Weight Charge / Collect	Other Charges
Valuation Charge	
Tax	
Total Other Charges Due Agent	Shipper certifies that the particulars on the face hereof are correct and that **insofar as any part of the consignment contains dangerous goods, such part is properly described by name and is in proper condition for carriage by air according to the applicable Dangerous Goods Regulations.**
Total Other Charges Due Carrier	Signature of Shipper or his Agent
Total Prepaid / Total Collect	
Currency Conversion Rates / CC Charges in Dest. Currency	Executed on(Date) at (Place) Signature of Issuing Carrier or its Agent
For Carrier's Use only at Destination / Charges at Destination	Total Collect Charges

고 있는 데 반해, 선하증권은 선박회사가 작성해서 송화인에게 교부한다.

지금까지 설명된 내용을 요약해 보면 [표 4-4]와 같다.

표 4-4 | 항공화물운송장과 선하증권의 비교

항공화물운송장	선하증권
양도성이 없는 비유가증권(non-negotiable)	양도성이 있는 유가증권(negotiable)
창고 반입 후 발행(수취식)	선적 후 발행(선적식)
수화인 : 기명식	수화인 : 지시식, 무기명식
송화인이 작성함이 원칙	선박회사가 작성

6. 항공운송에 관한 국제조약

항공운송에 관한 국제조약으로서는 바르샤바조약(Warsaw Convention)이 1929년 10월 처음 제정되었다.[31] 이 조약은 항공사고에 대한 항공운송인의 손해배상책임한도를 설정하는 등 항공운송인의 책임을 규정하고 있다. 그 후 항공기술의 발달로 바르샤바조약을 개정한 헤이그의정서(Hague Protocol)가 1963년도부터 발효되고 있다. 이 의정서는 바르샤바조약에서 설정한 항공운송인의 책임한도를 현실에 맞게 개정한 것으로 특히 여객에 대한 책임한도액을 인상하였다. 우리나라의 경우 1967년 10월부터 효력이 발생하고 있다.

제4절 복합운송

1. 복합운송의 의의

컨테이너에 의해 화물을 운송하게 되면 대량 화물을 하역하는 데 많은 시간이 소요되지 않는다. 또한 컨테이너 자체가 모든 운송수단에 적재가 가능하도록 규격화되어 있어 여러 운송수단이 동시에 이용될 수 있다. 처음엔 컨테이너를 철도화차에 적재하

31 바르샤바 조약의 정식 명칭은 '국제항공운송에 관한 규칙의 통일을 위한 조약(Convention for the Unification of Certain Rules relating International Carriage by Air)'이다.

여 일정 역에서 특정 역까지 운송하고는 역에서 그대로 트레일러를 이용하여 최종목적지까지 운송하는 방법으로 시작되었다. 그러나 오늘날에는 육상운송에만 국한되지 않고 육상, 해상, 항공운송을 동시에 이용하여 화물운송에 있어서의 3대 원칙인 경제성, 신속성, 안전성을 최대한 충족시키면서 목적지까지 일괄수송(through transport)하는 컨테이너 복합운송으로까지 발전하게 되었다.

모든 운송에서 컨테이너화가 진전됨에 따라 여러 운송수단을 유기적으로 결합한 운송시스템이 급속히 발전했는데 이를 복합운송이라 한다. 복합운송(combined transport, international transport, multimodal transport)은 출발지에서 최종목적지까지 복합운송인이 전체 운송구간에 대해서 책임을 지고 육상, 해상, 항공 중 적어도 두 가지 이상의 운송형태를 결합하여 운송하는 방식을 말한다.[32]

이러한 복합운송은 오늘날 해상과 육상을 연결하는 형태와 해상과 항공을 연결하는 형태로 이용되고 있다. 해륙복합운송은 대륙을 횡단하는 육상운송을 통해 해상과 육상을 연결하는 운송형태인데 대륙을 교량으로 이용한다고 하여 이를 랜드 브리지 서비스(land bridge service)라고 한다.

대표적으로 시베리아 랜드 브리지(Siberia land bridge : SLB)는 시베리아 대륙을 교량으로 이용하여 극동과 유럽이나 중동지역을 연결하는 경로이다. 극동지역으로부터 대륙운송의 접점인 러시아의 나호트카(Nakhodka)나 보스토치니(Vostochny)까지 컨테이너선으로 해상운송하고 그곳에서 시베리아 횡단철도에 의해 육상운송한 후 유럽 또는 중동의 운송기관과 연결하여 목적지까지 운송한다.[33]

그리고 해공복합운송은 해상운송이 가지는 저운임과 항공운송이 갖는 신속성을 효과적으로 결합하기 위해서 해상과 대륙을 선박과 항공기로 연결하는 형태이다. 미국에는 항공운송이 발달해 있어 미국까지만 선박을 이용하고 그 이후엔 항공기로 운송하는 형태인데 해상운송은 주로 대량운송을 하고 항공운송은 비교적 소량운송 위주이기 때문에 두 운송에 적합한 화물인 경우만 이용될 수 있다.

32 복합운송에서는 여러 운송수단을 협동하여 이용하기 때문에 협동일관수송(international through transportation)이라 하기도 한다.

33 차이나 랜드 브리지(China land birdge : CLB)는 중국대륙철도와 실크로드(silk road)를 이용하여 극동지역과 유럽지역을 연결하는 경로이다.

2. 복합운송인(운송주선업자)

복합운송에서는 주로 운송주선업자(freight forwarder)들이 전 운송구간에 걸쳐 효율적인 운송수단을 선정하고 운송책임을 부담하고 있다. 운송주선업자는 일반적으로 운송수단을 소유하지 않은 채 화주들을 위하여 운송을 주선하는 계약운송인(contract carrier)을 말하는데 이에는 해상운송주선업자, 항공운송주선업자, 통관업자 등이 있다.

운송주선업자의 주요 기능은 화주의 대리인으로서 적절한 운송수단을 선택하여 이들을 유기적으로 결합해 주는 것이다. 이 외에도 운송주선업자들은 운송 관련 서류의 작성, 통관대행, 포장, 창고, 혼재업무 등 운송에 관한 총괄적인 업무를 수행하고 있다. 특히 2국 간의 국제복합운송에 있어서 상대방 국가의 주선업자와 제휴하여 전 운송구간에 걸쳐 일괄적으로 책임지는 운송주체자로서의 기능을 수행하고 있다.

3. 복합운송에 관한 국제조약

복합운송이 활발해짐에 따라 복합운송에 관한 국제조약의 제정이 절실히 필요했지만 선주와 화주, 그리고 선진국과 개발도상국 간의 입장 차이로 인해 조약의 제정이 어려웠다. 그러다가 1973년 국제상업회의소가 '복합운송증권을 위한 통일규칙(Uniform Rules for a Combined Transport Document)'을 제정했는데 주로 선주의 입장을 대변하여 1992년까지 선진국 간에 사용되었다.

그러다가 UNCTAD와 국제상업회의소 두 국제기구가 합동작업반을 구성하여 헤이그규칙, 헤이그-비스비규칙, 복합운송증권을 위한 통일규칙 등 국제운송과 관련된 주요 규칙을 토대로 1992년 '복합운송증권에 관한 국제규칙(UNCTAD/ICC Rules for Multimodal Transport Documents 1992)'을 제정했는데 이 규칙은 지금까지 시행되고 있다.

4. 복합운송증권

4.1 복합운송증권의 의의

복합운송증권(multimodal transport document : MTD)은 육상, 해상, 항공 중 두 가지 이상의 운송수단을 이용한 컨테이너 복합운송에서 운송계약을 증명하기 위해 복합운송인이 발행하는 증권을 말한다.

복합운송증권은 선하증권과 유사한 기능을 가지고 있는데 먼저 복합운송증권은 복합운송인이 화물을 수탁지점에서 목적지까지 운송하기 위해 이를 자기의 지배하에 수령하였음을 증명하는 공식적인 수취증이다.

또한 복합운송증권이 발행되기 전에 이미 체결한 운송계약의 내용과 조건을 구체적으로 입증하는 운송계약서이다. 만약 유통성 복합운송증권이면 수취인의 배서 또는 인도에 의하여 화물에 대한 처분권이 주어지는 권리증권으로서 유가증권의 성질을 띠게 된다.

현재 사용되고 있는 복합운송증권의 형태는 선하증권을 복합운송에 알맞도록 변경한 것으로 선하증권에 복합운송을 의미하는 명칭을 붙여서 사용한다. 예를 들어 'Multimodal Transport B/L', 'Combined Transport B/L', 'Through B/L' 등이 복합운송증권으로서 사용되고 있다.

통과선하증권(through B/L)은 복합운송과 마찬가지로 해상운송 및 육상운송을 교대로 이용할 경우 발급되는 증권이기 때문에 일찍부터 복합운송증권의 일종으로 사용되어 왔다. 그러나 통과선하증권은 어디까지나 선하증권으로서 반드시 선박회사나 그 대리인에 의해 발급되어야 한다. 따라서 최초의 운송구간이 해상운송일 경우에만 이를 사용할 수 있어 모든 복합운송을 수용할 수 없는 한계점이 있다.

4.2 복합운송증권과 선하증권의 비교

복합운송증권과 선하증권을 비교해 보면 다음과 같은 차이점이 있다.

첫째, 선하증권은 해상구간에 국한되지만 복합운송증권은 운송구간을 상관하지 않는다. 즉 복합운송이 도로, 철도, 내수로, 해상 또는 항공운송이 결합되어 서로 다른 운송인에 의하여 이루어지더라도 복합운송증권은 처음부터 끝까지 복합운송 모든 구간에 적용된다.

둘째, 해상운송에서는 반드시 운송물품의 외관상태가 양호하다는 사실을 나타내는 무사고 선하증권이 사용된다. 그러나 복합운송에서는 송화인이 화물을 컨테이너에 직접 적재하기 때문에 운송인은 컨테이너 내용물의 상태를 확인할 수 없는 'shipper's load and count' 또는 'said by shipper to contain'와 같은 조항의 첨부된 증권이 발급된다. 운송서류에 이와 같은 조건부 문언이 기재되면 그 서류는 사고부 서류로 간주되지만 현행 신용장통일규칙에서는 복합운송의 특수한 사정을 감안하여 별다른 지시사항이 없는 한 그러한 조항의 삽입된 운송서류도 수리하고 있다.

셋째, 대부분의 선하증권은 화물이 본선에 선적된 후 발급되는 선적선하증권이지만 복합운송에서는 운송인이 화물을 수취한 상태에서 증권을 발행하기 때문에 복합운송증권은 수취식에 해당된다.

마지막으로 복합운송증권은 선하증권과는 달리 운송인뿐만 아니라 운송주선인에 의해서도 발행된다. 복합운송에서는 운송수단을 보유하지 않은 운송주선인과 같은 계약운송인도 운송인의 범위에 포함하고 있다.

5 CHAPTER 해상보험

제1절 해상보험의 개요

1. 해상보험의 의의

1.1 해상보험의 정의

해상보험(marine insurance)은 해상사업(marine adventure)과 관련하여 발생하는 손해를 보상하는 경제적 제도를 말하는데 이는 보험자와 피보험자 간에 체결되는 해상보험계약에 의해서 구체적으로 실행된다. 즉 보험자는 피보험자에게 장차 손해가 발생할 경우 이를 보상해 줄 것을 약속하고, 피보험자는 이러한 손해보상의 약속을 받는 대가로 보험료를 지불한다. 따라서 해상보험은 두 당사자 간에 체결되는 일종의 손해보상계약(contract of indemnity)이라 할 수 있다.[1]

이와 같은 취지는 영국의 해상보험법에 잘 반영되어 있는데 제1조에서는 해상보험의 정의를 "해상보험계약은 보험자가 피보험자에게 계약에서 합의된 방법과 범위 내에서 해상손해, 다시 말해서 해상사업에 수반하여 발생하는 손해를 보상해 줄 것을 약속하는 계약이다"라고 규정하고 있다.[2]

해상보험은 해상에서 발생하는 손해를 보상하는 제도이지만 명시된 특약 또는 상관습에 의해 해상항해에 수반되는 내수로(inland waters) 또는 육상위험으로 인한 손해에 대해서도 보상한다(영국해상보험법 제2조 제1항). 따라서 해상운송과 연계하여 육상운송을 하더라도 별도로 육상운송보험계약을 체결할 필요 없이 해상보험계약만으로도 모든 운송구간에 대한 보험계약의 체결이 가능하다.[3]

그리고 해상보험은 보험대상에 따라서 선박보험(hull insurance)과 적하보험(cargo insurance)으로 구분된다. 선박보험은 선박과 관련된 일체의 재산을 담보하는 보험이고 적하보험은 운송 중인 물품을 담보하는 보험이다. 국제무역에서 의미하는 해상보험은

1 William D. Winter, *Marine Insurance: Its Principles and Practice*, Nabu Press, 2010, p.93.

2 해상보험은 영국을 중심으로 발전되어 왔기 때문에 전통적으로 해상보험에 관해서는 영국의 법률과 관습이 적용되고 있다. 해상보험에 관한 대표적인 영국 법은 영국해상보험법(The Marine Insurance Acts : MIA, 1906)이며 이 법은 1906년까지 사용해 오던 해상보험에 관한 관습이나 보편적인 원리를 거의 수용하고 있어 아직까지도 영국해상보험의 체계를 이루고 있다. 그리고 대부분의 국가들도 이 법을 원용하여 자국 해상보험법률의 모체로 삼고 있다.

3 항공운송의 경우 항공보험이 이용되는데 그 주요 원리는 해상보험의 법률과 원칙이 적용된다.

곧 무역거래로 인해 국내외로 운송되는 화물을 보호하기 위한 적하보험이다.

1.2 해상보험계약의 당사자

1) 보험자

보험자(insurer, assurer, underwriter)는 보험계약을 인수하고 이에 따라 피보험자에게 손실보상을 약속하는 당사자이다. 'Insurer' 또는 'Assurer'는 불확실한 미래의 상황을 확실하게 보장해 주는 사람이라는 의미에서 보험자를 지칭한다. 보험자는 피보험자에게 발생할지도 모르는 미래의 손실을 금전적으로 보상할 것을 약속하기 때문에 불확실한 상황을 확실하게 보장해 준다는 뜻이다.

한편 'Underwriter'는 원래 상업협정서의 하단에 기명·날인하고 그 내용에 따를 것을 약정하는 사람을 의미했었다. 해상보험에서는 17세기경부터 보험증권을 발행하는 보험자가 보험증권의 내용에 대하여 책임을 진다는 의미에서 보험증권의 하단에 직접 서명을 했는데, 그 후 'Underwriter'는 보험계약을 인수하는 개인보험업자를 뜻하게 되었다.

보험자는 일반적으로 회사형태를 갖추지만 영국의 로이즈(Lloyd's)와 같이 보험자가 개인인 경우도 있다.[4] 그러나 우리나라를 비롯한 대부분의 국가에서는 보험자가 주식회사의 형태를 띠고 있는데, 보험사업은 공공의 이익과 아주 밀접한 관계에 있기 때문에 보험자의 자격에 대해서는 일정한 제한을 두고 있다.

2) 피보험자 · 보험계약자

피보험자(insured, assured)는 손실이 발생할 경우 보험계약에 의해 보상을 받을 수 있는 당사자를 말하고, 보험계약자(policy holder)는 자기 명의로 보험자와 보험계약을 체결하고 보험료를 지불할 의무가 있는 당사자를 말한다. 따라서 피보험자와 보험계약자는 대부분의 경우 동일한 사람이지만 간혹 타인을 위하여 보험계약을 체결해 줄 경우 피보험자와 보험계약자가 각각 다른 사람이 될 수도 있다.

---

4 영국은 개인보험업자들에 의해 해상보험이 발전되어 왔기 때문에 전통적으로 개인보험업자를 허용하고 있다. 따라서 영국에서는 보험계약을 체결할 수 있는 재력만 있으면 누구든지 보험자가 될 수 있는데, 이 개인보험자들의 집합체를 통칭하여 'Lloyd's'라고 표현하고 있다. 따라서 로이즈는 보험회사가 아니라 개인보험자들의 모임단체이다. 로이즈는 1871년 로이즈법에 의해 외견상으로 법인격을 가지는 로이즈조합(Corporation of Lloyd's)이 되었다(구종순, 해상보험(제6판), 유원북스, 2016, pp.73-77 참조).

예를 들어 운송비 및 보험료지불조건(CIP)이나 운임 및 보험료 포함조건(CIF)에서는 수출업자가 수입업자를 위하여 적하보험계약을 체결해야 하므로 수출업자는 보험계약자가 되고, 사고가 발생할 경우 이에 대한 보상청구는 수입업자가 하기 때문에 피보험자는 수입업자가 된다. 그러나 실무에서는 수출업자가 자기를 피보험자로 하여 보험계약을 체결한 후 보험증권을 배서하여 수입업자에게 양도하는 형식을 취한다. 보험사고가 발생할 경우 수입업자는 보험증권의 소지인으로서 손해보상을 보험자에게 요구한다.

3) 보험중개사

보험중개사(insurance broker)는 독립적으로 보험계약의 체결을 중개하는 것을 영업으로 하는 자이다. 보험중개사는 보험가입을 원하는 사람을 위해 보험자와 접촉해서 자신의 고객인 보험가입 희망자에게 필요한 보험을 알선한다. 보험중개사는 피보험자로부터 위촉받은 권한을 대행하는 피보험자의 법적 대리인이다.

우리나라는 보험시장이 협소하여 최근에 와서야 보험중개사가 공식적으로 인정되고 있다.[5] 그러나 영국, 네덜란드, 독일 등 보험이 일찍이 발달한 국가에서는 보험중개사에 의해 보험계약이 많이 체결된다. 특히 로이즈에서는 반드시 등록된 보험중개사를 통해서만 계약이 체결된다.

2. 피보험이익

2.1 피보험이익의 의의

해상보험은 선박이나 화물 등과 같은 보험목적물을 보호하는 것이 아니라 이러한 보험목적물과 이해관계가 있는 특정의 경제주체를 보호하기 위한 것이다. 선박과 화물은 보험계약의 대상물에 불과하고, 보험계약이 존재하는 목적은 이러한 보험목적물에 대하여 특정인이 갖고 있는 이해관계를 보호하는 것이다.

보험목적물과 이해관계가 있는 자는 보험목적물이 위험에 노출될 경우 손해를 입을 수 있기 때문에 이에 대비하여 보험계약을 체결하려고 한다. 보험목적물과 이해관계가 있으므로 보험계약을 체결할 수 있고, 이 계약에 의해서 불확실한 미래의 사고로부터 재산상

5 우리나라는 2000년도부터 금융감독원(보험개발원 위탁)에서 매년 보험중개사 자격시험을 실시하고 있다.

의 손해를 보상받을 수 있는 이익을 피보험이익(insurable interest)이라 한다. 여기서 언급되는 이해관계는 반드시 재산상의 이해관계를 의미하며 결코 정신적인 이해관계를 의미하는 것은 아니다.

보험의 목적은 특정의 경제주체가 보험목적물에 대하여 갖고 있는 경제적 이해관계, 즉 피보험이익을 보호하기 위해서이다. 피보험이익의 존재를 부정하는 것은 곧 보험의 목적을 부정하는 것이므로 보험계약이 체결되기 위해서는 피보험자는 반드시 피보험이익을 가져야 한다. 만약 피보험자가 피보험이익을 갖고 있지 않거나 또는 이를 취득할 전망이 없는데도 불구하고 보험계약을 체결한다면 그러한 계약은 무효로 간주된다.

2.2 소급보상의 원칙

무역거래에서는 보험사고가 발생한 사실을 모르고 수입업자가 적하보험계약을 체결하는 경우가 있을 수 있다. 가령 FOB, CFR 등과 같은 거래조건에서는 보험목적물인 화물은 수출항의 창고나 본선상에 있지만 이에 대한 적하보험계약은 수입업자가 수입국가에 소재하는 보험자와 체결한다. 따라서 수입업자는 보험목적물의 사고 여부를 직접 확인하지 않고 보험계약을 체결하기 때문에 간혹 계약을 체결하기 전에 이미 보험사고가 발생했는데도 이를 모를 수 있다.

이러한 선의의 피보험자를 보호하기 위하여 적하보험에 한하여 소급보상의 원칙이 적용되고 있다. 소급보상은 글자 의미 그대로 보험계약이 체결되기 전에 발생한 손해까지도 소급하여 보험자가 보상한다는 원칙이다. 즉 보험계약을 체결할 때 보험목적물에 대한 확인 여부가 어려울 경우에는 '보험목적물의 멸실 여부를 불문한다(lost or not lost)'는 조건으로 보험계약을 체결하면, 보험계약이 체결되기 전 이미 발생한 손해에 대해서도 보험자가 보상한다는 것이다.[6]

이러한 소급보상은 피보험이익이 없거나 부정하는 보험계약은 무효라는 원칙과 상반된다. 왜냐하면 보험계약을 체결하기 전에 보험사고가 발생했을 경우 이는 이미 보험목적물도 없고 그에 따라 피보험이익도 없어졌기 때문에 이런 상태에서 체결된 보험계약은 자동으로 무효가 되기 때문이다. 그래서 소급보상을 인정하는 해상적하보험의 경우 보험계약을 체결할 때 피보험이익의 존재를 증명할 필요가 없고, 보험사고 발생시점에 피보험이익을 가지고 있음을 증명하면 된다.

6 소급보상의 원칙은 피보험자에 의해서 악용될 여지가 있기 때문에 보험계약당사자 모두가 보험사고의 발생 사실을 모르고 있는 경우에만 이 원칙이 적용된다(영국해상보험법 제6조 제1항).

2.3 피보험이익의 평가

피보험이익은 피보험자가 보험계약을 체결할 수 있는 혜택이나 권한인데 반드시 보험목적물과 경제적 이해관계가 있어야 한다. 하지만 경제적 이해관계가 있다고 하여 무한정 보험계약을 체결할 수 있는 것은 아니고 그런 경제적 이해관계를 평가하여 평가된 한도까지만 보험계약 체결을 허용한다.

1) 보험가액

보험가액(insurable value)은 보험계약이 체결될 수 있는 금액을 말하는데 이는 선박이나 화물 등 보험목적물의 실제 가치를 뜻한다고 볼 수 있다. 따라서 이 금액은 피보험자가 보험에 가입할 수 있는 최고의 한도액을 뜻한다. 보험가액을 정확하게 평가하는 것은 기술적으로 어렵기 때문에 보험계약을 체결할 때 보험자와 피보험자 간에 보험가액을 협정하기도 하는데 이를 협정보험가액이라 한다. 당사자 간에 합의된 협정보험가액은 보험가액불변의 원칙에 따라 보험기간 일정액으로 고정되며 실제 보험목적물의 시가가 급등하더라도 협정보험가액에는 영향을 미치지 않는다.

2) 보험금액

보험금액(insured amount)은 피보험자가 실제로 보험에 가입한 금액을 뜻하는데, 이것은 보험자가 보상해 주는 최고의 보상액이며 보험사고가 발생할 경우 보험자는 이 금액의 범위 내에서 보상한다. 이와 같이 보험금액은 보험자의 보상액과 직결되기 때문에 보험료 산정의 기준이 된다. 따라서 보험가액이 높게 평가되더라도 보험료의 부담을 피하기 위하여 보험금액을 낮추면 그만큼 보상액도 낮아진다.

3) 보험가액과 보험금액의 관계

얼마만큼 보험계약을 체결하는 것이 가장 바람직한가는 피보험자의 선택에 따라 달라지지만 가장 이상적인 것은 손해가 발생했을 때 충분히 보상받을 수 있을 정도로 보험계약을 체결하는 것이다. 즉 보험목적물의 실제 가치 모두를 보험에 붙인 전부보험(full insurance)인 경우를 말한다.[7]

당사자 간에 보험가액이 협정되고 협정보험가액을 보험금액으로 하여 보험계약을

7 보험가액의 일부만을 보험에 붙인 경우는 일부보험(under insurarnce)이라 한다.

체결하면 전부보험이 된다. 전부보험에서는 보험자가 발생한 손해액을 보험가액의 범위 내에서 전액 보상하기 때문에 이상적인 보험의 형태이다. 해상적하보험은 대부분 전부보험에 해당된다. CIF조건이나 CIP조건에서는 Incoterms의 규정에 따라 CIF 금액 혹은 CIP 금액의 110%를 보험금액으로 하고 있다.

3. 고지의무와 담보

3.1 피보험자의 고지의무

보험자가 보험계약의 체결 여부를 결정하고 합리적인 보험료를 선정하기 위해서는 피보험자가 보험목적물에 대한 구체적 사항을 보험자에게 알려주어야 하는데 이를 피보험자의 고지의무라 한다. 영국의 해상보험법(제18조 제1항)에서도 피보험자는 보험계약이 체결되기 전 자기가 알고 있는 모든 중요한 사항(material circumstances)을 보험자에게 고지할 것을 피보험자의 의무로서 규정하고 있다.

중요한 사항은 보험자가 보험계약을 체결할 당시에 보험료를 확정하거나 보험계약의 인수 여부를 결정하는 데 영향을 미칠 수 있는 사항을 의미한다. 적하보험에서는 운송선박명, 화물의 종류, 포장상태, 적재방법, 항로, 환적 여부 등이 중요한 사항에 속한다.[8]

그리고 고지는 최대선의의 원칙에 따라 진실히 표시되어야 한다. 만약 중요한 사항을 고지하지 않거나 허위로 표시하게 되면, 불고지(non-disclosure) 또는 허위표시(misrepresentation)로서 피보험자가 고지의무를 위반한 결과가 되어 보험자는 보험계약을 취소할 수 있다.

3.2 담보

피보험자는 보험계약을 체결할 때 '선적 전 검사를 조건으로 함(warranted surveyed before shipment)', '전문적으로 포장되는 것을 조건으로 함(warranted professionally packed)' 등과 같이 보험계약과 관련되는 조건을 약속하는데 이를 담보(warranty)라 한다. 피보험자가 이런 것을 담보함으로써 보험료를 할인받거나 보험계약의 체결이 허용

8 구종순, 앞의 책, pp.113-114.

된다.

담보는 그 내용이 중요하든 그렇지 않든 간에 엄격하게 충족되어야 한다. 담보는 피보험자가 보험자에게 행하는 약속이다. 약속은 그 내용의 중요성을 떠나서 먼저 충족되어야 하므로 해상보험에서는 담보충족의 엄격성이 강조되고 있다.

만약 피보험자가 담보를 위반하게 되면 그 시점부터 보험계약은 무효가 되기 때문에 그 이후에 발생하는 손해에 대해서 보험자는 아무런 책임이 없다(영국해상보험법 제33조 제3항). 설령 담보를 위반한 사실과 손해와의 사이에 하등의 인과관계가 없다 하더라도 담보위반 이후에 발생하는 손해에 대해서 보험자는 면책이 된다.

4. 해상위험과 근인주의

4.1 해상위험

해상위험(maritime perils)은 침몰, 좌초, 충돌 등과 같이 해상에서 우연히 발생하는 사고나 재해를 말한다.[9] 이러한 해상위험은 보험자의 담보 여하에 따라서 담보위험과 면책위험으로 구분된다.

담보위험은 보험자가 보상해 주는 위험을 말한다. 담보위험의 범위는 보험조건에 따라서 달라지며 그 범위가 넓을수록 보험자의 책임이 많아지기 때문에 보험요율은 증가하게 된다.

면책위험은 보험자가 책임지지 않는 위험을 말한다. 담보위험이 아닌 위험은 자동으로 면책위험이 된다. 면책위험은 법에 의해서 규정될 경우도 있고 보험약관에 의해서 정해질 경우도 있는데 이의 범위가 넓을수록 담보위험이 줄어들기 때문에 보험요율은 낮아진다.

4.2 근인주의

보험자는 담보위험을 근본적 원인(proximate cause)으로 하여 발생하는 손해만 보상한다. 보험사고가 발생하면 먼저 사고를 일으킨 근본적 원인을 찾고 이것이 담보위험

9 특히 침몰(sinking), 좌초(stranding), 화재(burning) 및 충돌(collision)은 해상에서 빈번하게 발생하는 사고라 하여 이로 인한 사고를 실무에서는 'SSBC' 사고라 한다.

에 속하는지 면책위험에 속하는지를 조사하는데 근본적 원인이 담보위험에 속하면 보험자가 보상을 하고 만약 면책위험에 속하게 되면 보상하지 않는다. 이러한 보상원칙을 근인주의라 하며 근인주의하에서는 일단 근본적 원인이 규명되면 나머지 원인은 고려하지 않게 된다.

여기서 말하는 근본적 원인은 손실을 일으킨 가장 지배적이고 효과적인 원인을 말한다. 근본적 원인은 사건발생과 시간적으로 가까운 원인이 아니며 지배력과 효과 면에서 비중이 가장 큰 원인을 뜻한다.

예를 들어 선원들이 고의로 선박을 침몰시키기 위하여 선박의 밑바닥에 구멍을 뚫고 그 구멍으로 들어온 해수에 의해 선박이 침몰되었다고 하자. 이 예에서 선박의 침몰을 일으킨 시간적으로 가장 가까운 원인은 해수의 침입이지만 실질적인 사고의 원인은 선원의 악행이라 할 수 있다. 해수의 침입은 먼 원인이 되고 선원의 악행이 근본적 원인이 된다. 선원의 악행이 보험조건상 담보위험에 속하면 보험자가 보상을 하지만, 만약 면책위험에 속하게 되면 이러한 손해는 보상되지 않는다.

5. 해상보험증권

5.1 해상보험증권의 양식

해상보험계약이 체결되면 보험자는 보험증권(policy)을 피보험자에게 발급한다. 보험증권은 일반적으로 보험계약의 성립과 그 내용을 증명하기 위하여 계약의 내용을 기재하고 보험자가 기명·날인하여 피보험자에게 교부하는 증권을 말한다.

해상보험증권으로는 1982년부터는 새로운 양식의 보험증권이 사용되고 있는데 영국의 로이즈에서는 'New Lloyd's Marine Policy Form'을 사용하고, 회사형태의 보험시장에서는 런던보험자협회(Institute of London Underwriters : ILU)에서 제정한 'New ILU Marine Policy Form'을 사용한다. 두 가지 양식은 계약 실무 면에서 약간 차이가 있을 뿐 본질적으로 동일하고 우리나라는 후자의 양식을 사용하고 있다.

현재 사용되는 보험증권은 앞면에는 계약에서 합의한 사항을 기재하는 칸과 계약 성립에 필요한 최소한의 약관만 인쇄되어 있다. 그리고 뒷면에는 해상보험계약에 적용되는 약관이 모두 인쇄되어 있다.

5.2 적하보험증권의 기재사항

무역거래에서 많이 사용되는 적하보험증권상에는 피보험자의 성명, 선적항과 도착항, 선박명, 출항예정일, 보험금액, 보험목적물 등이 기재된다.

1) 피보험자의 성명

보험증권의 제일 첫 칸에는 피보험자 또는 피보험자의 대리인 성명을 기재하게 된다. 피보험자는 거래조건에 따라서 수출업자 혹은 수입업자가 된다. 예를 들어 CIF 조건으로 수출할 경우에는 수출업자가 피보험자가 되고 CFR 조건 혹은 FOB 조건으로 수출할 경우에는 수입업자가 피보험자가 된다.

2) 선적항과 도착항

보험증권상에는 'at and from'으로 되어 있어 이 칸에 출발항(선적항)을 기재하고 그 밑의 'arrived at' 칸에 도착항을 기재하면 두 항구 간의 운송에 대해 보험계약을 체결한다는 뜻이 된다.

3) 선박명

보험증권상의 'ship or vessel'이라고 표시된 칸에는 화물을 운송해 나갈 선박명을 기재한다. 그리고 해상운송화물이 도중에 환적되는 경우에는 제1선과 제2선을 병기해야 한다.

4) 출항예정일

'sailing on or about' 칸에는 운송선박의 출항예정일을 기재한다. 화물을 정기선으로 운송할 경우에는 선박의 출항일자와 도착일자가 사전에 고시되기 때문에 이 날짜를 기재하면 된다. 그러나 부정기선을 이용할 경우에는 선주와 화주 간에 출항일자를 조정하여 날짜를 기재한다.

5) 보험금액

'Amount insured hereunder'의 칸에는 보험금액을 기재한다. 적하보험에서는 보험목적물인 화물의 가액이 여러 운송서류에 표시되어 있기 때문에 보험가액을 평가하는

데 어려움이 없다. Incoterms상의 규정과 그동안의 상관습에 의하면 보험금액의 최저액은 해당 물품의 CIF 또는 CIP 가격에 10%를 가산한 가격이다.

6) 보험목적물

'Subject-matter insured'의 칸에 화물의 명세를 기재하는데 이때 해당 무역서류에 기재된 일련번호도 함께 기재한다.

5.3 적하보험증권의 본문약관

해상보험증권의 본문에는 준거법약관, 타보험약관, 약인약관 및 선서약관이 있으며 그 외에 적색으로 인쇄된 중요약관이 있다.

1) 준거법약관

준거법약관은 해상보험의 클레임에 대한 보험자의 책임 유무와 클레임의 정산에 관한 사항은 영국의 법률과 관습에 따르도록 규정한 것이다. 실제로는 클레임뿐만 아니라 해상보험에 관계되는 모든 사실은 영국의 법률과 관습에 따르도록 되어 있다.

2) 타보험약관

타보험약관은 본 해상보험증권하의 보험계약이 다른 해상보험이나 화재보험과 중복관계에 있을 경우 본 보험에서는 그 손해를 전액 보상하지 않고 다만 다른 보험에 의하여 보상될 금액을 공제한 나머지 손해부분에 대해서만 보상한다는 내용이다. 따라서 피보험자가 부두창고에 보관 중인 동일한 보험목적물에 대해서 해상보험계약과 동시에 화재보험계약을 체결하게 되면 우선 화재보험계약을 통하여 손해를 보상받게 된다.[10]

3) 약인약관

이 약관은 피보험자가 보험료를 납부한 경우에만 손해보상을 받을 수 있다는 것을 언급한 약관이다. 이런 취지를 약인(consideration)약관이라고 한 것은 일반적으로 약속자

10 예를 들어 해상보험에 100,000달러 가입한 화물에 대해서 또다시 부두창고에 보관 중일 때의 화재위험에 대비해 화재보험에 80,000달러 가입했을 경우, 만약 창고 화재로 인해 화물이 전손되면 먼저 화재보험에서 80,000달러를 보상받고 해상보험에서는 나머지 20,000달러만 보상한다는 취지이다. 이런 취지를 보험증권상에 언급한 것은 이와 같이 중복으로 보험에 가입하지 않도록 주의를 주기 위한 것으로 보인다. 그리고 해상적하보험에서 보험자는 선적지의 부두창고에서 양륙지의 부두창고까지의 위험을 담보한다.

의 약속의 대가로 그런 약속을 받는 사람이 지불하는 일체의 금전적 서비스를 모두 약인이라 하고, 보험료도 피보험자가 보험자의 약속의 대가로 지불하는 것이므로 약인에 해당되기 때문이다. 또한 보험자는 어디까지나 보험료를 받아야만 자신의 책임이 시작됨을 이 약관을 통해서 밝히고 있다. 계약이 성립된 후 보험료 지급이 이루어지지 않으면 보험사고가 발생하더라도 보험자는 보상책임이 없다.

4) 선서약관

이 약관은 보험계약을 체결한 증거로서 보험자가 보험증권상에 서명하였음을 나타내는 것이다. 해상보험증권은 보험자 또는 보험자의 대리인에 의해서 서명되어야 하는데 법인의 경우에는 법인의 인장으로도 충분하다(영국해상보험법 제24조 제1항). 우리나라에서는 보험회사의 해상보험부분의 책임자가 서명하는 것이 보통이다.

5) 중요약관

해상보험증권의 본문약관 옆에는 클레임 발생 시에 피보험자가 취해야 할 각종 조치 및 절차 등을 일괄규정하고 있는 중요약관이 있다. 이 약관은 다른 약관과 구분하기 위하여 적색으로 인쇄되어 있는데, 영국에서는 이를 'Red Line Clause'라고 한다.

제2절 해상손해

1. 해상손해의 구분

해상보험은 해상에서 발생하는 손해를 보상하는 보험인데 해상위험으로 인하여 발생하는 해상손해(maritime loss)는 [그림 5-1]에서처럼 물적손해, 비용손해 및 충돌배상책임손해로 구분된다.[11]

물적손해(physical loss)는 보험목적물 자체의 손해를 말하며 손해의 정도에 따라 전손과 분손으로 구분된다. 전손은 보험목적물 전부의 손실을 의미하고 분손은 보험목적물의 일부가 손상되거나 소멸되는 상태를 의미하는데 전손이 아닌 손해는 모두 분손

11 해상적하보험에서 보상하는 해상손해는 물적손해와 비용손해이다.

[서식 5-1] **보험증권**

Hyundai
Marine & Fire Insurance

Hyundai Marine Bldg. 163, Sejong-daero, Jongno-gu,
Seoul, Korea 110-731
Tel : 82 - 2 - 732 - 1212, Fax : 82 - 2 - 732 - 5266

대한민국정부
인지세
100원
종로세무서장
우납승인 2008년 7호
(Stamp Duty Paid)

MARINE CARGO INSURANCE POLICY

Assured(s),et HXXXXXX CO., LTD.

Policy No. **S1411XX00001**

Claim, if any, payable at.
WILSON SURVEYORS AND ADJUSTERS PVT LTD
Ground Floor, 56/43, Osborne Road 2nd Cross, Kodandarama Layout,Bangalore, India
TEL)91 80 2563 6373 FAX)91 80 2556 4996
INDIA

Claims are payable in USD

Survey should be approved by;
WILSON SURVEYORS AND ADJUSTERS PVT LTD
Ground Floor, 56/43, Osborne Road 2nd Cross, Kodandarama Layout,Bangalore, India
TEL)91 80 2563 6373 FAX)91 80 2556 4996
INDIA

Ref.No.
INVOICE NO. : T14628-1
L/C NO. : 0541MLC00026315

Amount of insured
USD 281,490.00
USD 255,900.00 * 110.0000%

CARGO I/A. : USD 281,490.00

Conditions
INSTITUTE CARGO CLAUSES (A) INCLUDING STRIKE RISK
S AS PER INSTITUTE STRIKES CLAUSES (CARGO)
, WAR RISKS AS PER INSTITUTE WAR CLAUSES (CARGO)
INSTITUTE STRIKES RIOTS AND CIVIL COMMOTIONS CLAUS
ES SPECIAL REPLACEMENT CLAUSE
SPECIAL REPLACEMENT CLAUSE (FOR SECONDHAND MACHINE
RY) TPND CLAUSES (THEFT AND PILFERAGE)
(INCLUDING TRANSHIPMENT CLAUSE IN CASE OF TRANSHIP
MENT) FROM SUPPLIERS WAREHOUSE UPTO BENEFICIARY
WAREHOUSE WITH PROVISION FOR
LODGEMENT AND SETTLEMENT OF CLAIMS, IF ANY,PAYABLE
IN INDIA, IRRESPECTIVE OF PERCENTAGE.

Local Vessel or Conveyance	From(interior port or place of loading)
Ship or Vessel called the SEA-LAND COMET 1504	Sailing on or about March 8, 2015
at and from SHANGHAI SEA PORT	transhipped at
arrived at KAILASH SHIPPING CFS	thence to

Goods and Merchandises
PARTIAL SHIPMENT - 2ND LOT
1)QTY 2 NOS PASSENGER AND FREIGHT ELEVATORSS
(2) QTY 4 NOS ESCALATORS
(3) QTY 2 NOS TRAVELATORS
AS PER SPECIFICATIONS IN ORDER NO. E05/63132278
DTD 12.11.2014 AND BENEFICIARY'S PROFORMA
INVOICE NUMBER HELCOIP14-33 DATED 02-12-2014.
CIF, CHENNAI PORT, INCOTERMS 2010.

*L/C NO.: 0541MLC00026315
*L/C DATE : 2014.12.24
*IEC NO.: 2407004931
*SCN : 601065806

COPY

Subject to the following Clauses as per back hereof

O	Institute Cargo Clauses Specified Above
O	Institute Extended Radioactive Contamination Exclusion Clause
O	Institute War Clauses(Cargo/Air Cargo)
O	Institute Strikes Riots & Civil Commotions Clauses
O	On-deck Clause
O	Special Replacement Clause
O	Special Replacement Clause(for Secondhand Machinery)
O	Institute Classification Clause
O	Computer Millennium Clause(Cargo) with named peril extension
O	Institute Chemical, Biological, Bio-Chemical, Electromagnetic Weapons And Cyber Attack Exclusion Clause
O	Label Clause
O	Termination of Transit Clause(Terrorism)
	Transit Termination Clause(30 days) [(A)/(B)]
O	Sanction Limitation and Exclusion Clause

Marks and Numbers as per Invoice No. specified above

Place and Date signed in. No.of Policies issued.
HEAD OFFICE SEOUL, KOREA March 20, 2015

For use with the Old Marine Policy Form

1. Warranted free of capture, seizure, arrest restraint or detainment, and the consequences thereof or of any attempt thereat; also from the consequences of hostilities or warlike operations, whether there be a declaration of war or not; but this warranty shall not exclude collision, contact with any fixed or floating object(other than a mine or torpedo), stranding, heavy weather or fire unless caused directly (and independently of the nature of the voyage or service which the vessel concerned or, in tje case of a collision, and other vessel involved therein, is performing) by a hostile act by or against a belligerent power; and for the purpose of this warranty "power" includes any authority maintaining naval, military or forces in association with a power.
Further warranted free from the consequences of civil war, revolution, rebellion, insurretion, or civil strife arising therefrom, or piracy.
2. Warranted free of loss or damage
(a) Caused by strikers, locked-out workman, or persons taking part in labour disturbances, riots or civil commotions;
(b) resulting from strikes, lock-outs, labour disturbances, riots or civil commotions.
3. (a) Should the risks excluded by Clauses 1(F.C.&S.Clause)be reinstated in this Policy by deletion of the said Clause, or should the risks or any of the mentioned in that clause or the risks of mines,torpedoes,bombs or other engines of war be insured under this Policy, Clause(b) below shall become operative and anything contained in this contract which is inconsistent with Clause(b) or which affords more extensive protection against the aforesaid risks than that afforded by the institute War Clause relevant to the particular form of transit covered by this insurance is null and void.
(b) This policy is warranted free of any claim based upon loss of, or frustration of, the insured voyage or adventure caused by arrests restraints or detainpower.
4. This insurance does not cover any loss or damage to the propety which at the time of the happening of such loss or damage is insured by or would but for the existence of this Policy be insured by any fire or other insurance policy or policies except in respect of any excess beyond the amount which would have been payable under the fire or other insurance policy or policies had this insurance not been effected.

The descriptions to be inserted in the following clauses are shown as above.

Be it known that as well in his or their own Name, as for and in the Name and Names of all and every other Person or persons to whom the same doth, may, or shall appertain, in part or in all, doth make assurance, and cause himself or themselves and them and every of them, to be Assured, lost or not lost, at and from upon any kind of Goods and Merchandises, in the good Ship or Vessel called the whereof is Master, for this present Voyage, or whosoever else shall go for Master in the said Ship, or by whatsoever other Name or Names the said ship, or the Master thereof, is or shall be named or called, beginning the Adventure upon the said Goods & Merchandises from the loading thereof aboard the said Ship as above, and shall so continue and endure during her abode there, upon the said Ship, & C, and further, until the said ship, with all her goods and Merchandises whatsoever, shall be arrived at and upon the Goods and merchandises until the same be there discharged and safely landed; and it shall be lawful for the said Ship, & C., in this Voyage to proceed and sail to and touch and stay at any Ports or Places whatsoever without Prejudice to this Assurance. The said Goods and Merchandises, & C., for so much as concerns the Assured by Agreement between the Assured and Assurers in this Policy are and shall be valued at TOUCHING the Adventures and Perils which the said Company are contented to bear and do take upon themselves in this voyage, they are, of the Seas, Men-of War, Fire, Enemies, Pirates, Rovers, Thieves, Jettisons, Letters of Mart and Countermart, Surprisals, Takings at Sea, Arrests, Restrains and Detainments of all Kings, Princes and People, of what Nation, Condition, or Quality soever, Barratry of the Master and Mariners, and of all other Perils, Lesses and Misfortunes that have or shall come to the Hurt, Detriment or Damage of the said Goods and Merchandises, or any Part thereof, and in case of any Loss or Misfortune, it shall be lawful to the Assured, his or their Factors, Servants and Assigns, to sue, labour and travel for, in and about the Defence, Safeguard and Recovery of the said Goods merchandises, or any part thereof, without Prejudice to this Assurance; to the Charges whereof the said Company will contribute. And it is especially declared and agreed that no acts of the Assurer or Assured in recovering, saving, or preserving the property assured, shall be considered as a waiver or acceptance of abandonment. And it is agreed that this writig or Policy of Assurance shall be of as much forse and Effect as the surest Writing or Policy of Assurance made in London. And so the said Company are contented, and do hereby promise and bind themselves to the Assured, his or their Executors, or Assigns, for the true Performance of the Premises ; confessing themselves paid the Consideration due unto them for this Assurance, at and after the rate of as arranged Per Cent.
N.B.-Corn, Fish, Salt, Fruit, Flour and Seed are warranted free from Average, unless general, or the Ship be stranded; Sugar, Tobacco, Hemp, Flax, Hides and Skins are warranted free from Average, under Five Pounds per cent,; and all other goods, also the Ship and Freight, are warranted free from Average, under Three Pounds per cent, unless general, or the Ship be stranded, sunk or burnt.
All questions of liability arising under this policy are to be governed by the laws and customs of England.
IN WITNESS whereof, I the Undersigned of Hyundai Marine & Fire Insurance Co., Ltd., on behalf of the said Company have subscribed my name in to Policies of the same tenor and date, one of which being accomplished, the others to be void, as of the date specified as above.

For use only with the New Marine Policy

Not withstanding anything contained herein of attached hereto to the contrary, this insurance is understood and agreed to be subject to English law and practice only as to liability for and settlement of any and all claims.
This insurance does not cover any loss or damage to the property which at the time of the happening of such loss or damage is insured by or would but for the existence of this Policy be insured by any fire or other insurance policy or policies except in respect of any excess beyond the amount which would have been payable under the fire or other insurance policy, or policies had this insurance not been effected.
We, HYUNDAI MARINE & FIRE INSURANCE CO., LTD. hereby agree, in consideration of the payment to us by or on behalf of the assured of the premium as arranged, to insure against loss damage liability or expense to the extent and in the manner herein provided.
In witness whereof, I, the Undersigned of HYUNDAI MARINE & FIRE INSURANCE CO., LTD. on behalf of the said company have subscribed my Name in the place specified as above to the policies, the issued numbers thereof being specified as above, of the same tenor and date, one of which being accomplished, the other to be void, as of the date specified as above.

In the event of loss or damage arising under this Policy, no claims will be admitted unless a survey has been held with the approval of this Company's Office or Agents specified in this Policy.

In case of loss or damage please follow the "IMPORTANT" clause printed on the back hereof

For

Deposit Protection Guide

This financial product is not protected under the Depositor Protection Act.

Authorized Signatory

301 - B - 002(94.1.1) 승인

▌그림 5-1▌해상손해의 관계

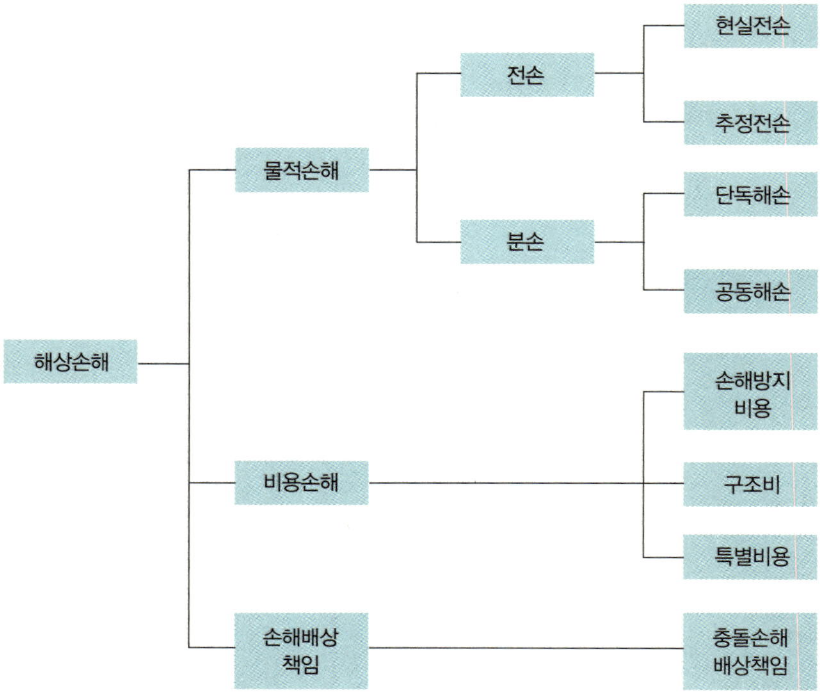

에 해당된다.

비용손해(expense loss)는 보험목적물에 손해가 발생하는 것을 방지하기 위하여 또는 이를 구조하기 위하여 지출되는 새로운 비용을 말하며, 손해방지비용, 구조비, 특별비용 등이 있다.

충돌배상책임손해(collision liability loss)는 피보험자가 제3자에 대해서 법적으로 배상책임을 부담하는 경우인데 대표적으로 선박의 충돌로 인해 다른 선박에 법적으로 배상해 줄 손해를 말한다.

2. 전손과 분손

2.1 전손

전손(total loss)은 담보위험으로 인하여 보험목적물이 전부 소멸되는 경우를 의미한다. 그러나 전손이라고 하여 반드시 보험목적물이 완전하게 소멸되는 것만을 뜻하지 않고 전멸에 가까운 경우라도 전손으로 인정된다. 즉 다소의 잔존물이나 잔존이익이 있더라도 그 손해의 정도를 보아 사실상 전멸에 가깝다고 판단되면 전손으로 간주한다.

해상보험에서는 전손을 현실전손(actual total loss)과 추정전손(constructive total loss)으로 구분하고 있는데, 추정전손은 해상보험에서만 유일하게 인정되고 있는 전손이다(영국해상보험법 제56조 제2항).

1) 현실전손

해상보험에서 현실전손은 보험목적물이 완전히 파손되거나 원래의 성질을 갖지 못할 정도로 심하게 손상되거나, 또는 박탈당하여 피보험자가 다시 회복할 가능성이 없을 경우에 성립된다. 현실전손은 보험목적물이나 피보험이익에 실질적으로 전손이 발생하여 원래의 상태로 복구할 가능성이 전혀 없기 때문에 절대전손(absolute total loss)이라고도 한다.

보통 화물의 현실전손은 선박의 현실전손이 발생할 때 일어나지만 경우에 따라서는 선박은 그대로 있고 화물만 전손되는 경우도 있다. 구체적으로 다음과 같은 경우는 화물의 현실전손으로 인정될 수 있다.[12]

① **선박의 현실전손으로 인한 화물의 전손** : 침몰, 좌초, 화재, 행방불명 등으로 선박의 현실전손이 발생하면 그 선박에 적재되어 있는 화물도 현실전손이 성립되는 경우가 많다. 선박이 침몰하거나 좌초될 경우 적재화물을 인양할 수 없게 되면 화물의 현실전손이 성립된다. 그러나 선박의 구조는 불가능하더라도 화물을 인양할 수 있으면 화물의 전손은 성립되지 않는다. 그리고 화재로 인하여 선박이 전소될 정도라면 적재화물도 대부분 전소되기 때문에 이 경우도 화물의 현실전손이 성립된다. 선박이 행방불명되어 회복의 가능성이 없는 경우에도 적재된 화물만을 다시 찾는다는 것은 불가능하므로 화물의 현실전손이 발생할 수 있다.

② **화물의 투하** : 침몰되고 있는 선박을 가볍게 하기 위하여 적재된 화물을 바다에 버리거나, 담보위험의 발생으로 화물을 투하하는 경우가 있다. 화물이 투하되어 구조될 가능성이 없을 경우에는 현실전손으로 처리된다. 이 경우는 선박은 그대로 있고 화물만 현실전손으로 성립한 것이다.

③ **화물의 매각** : 화물이 제3자에게 매각될 때에도 전손이 성립된다. 항해 도중 담보

12 구종순, 앞의 책, pp.306-309.

위험으로 인하여 화물이 손상을 입었을 경우 목적지까지 운송하는 것보다 중간항구에서 매각처분하는 것이 오히려 합리적일 수도 있다. 이런 경우 화물은 현실전손이 성립되고, 보험자는 전손보험금을 피보험자에게 지급한다.

④ **화물인도의 과실** : 화물이 원래의 수화인에게 인도되지 않고 제3자에게 인도되어 다시 찾을 가능성이 없을 때에도 화물의 현실전손이 성립된다. 화물이 목적항구에 도착하면 선장 또는 선원은 선하증권을 소지한 자에게 화물을 인도한다. 그러나 선장 또는 선원이 의도적으로 혹은 과실로 제3자에게 화물을 인도하면 화물의 현실전손이 인정된다.

2) 추정전손

추정전손(constructive total loss)은 현실전손을 피할 수 없거나 보험목적물의 복구비용이 오히려 그 가액을 초과하여 그대로 현실전손을 처리하는 것이 경제적인 경우 피보험자가 적절한 위부(abandonment)를 통지하고 보험금 전액을 청구하는 손해이다. 따라서 추정전손은 위부를 수반하는 전손이다.

위부는 추정전손의 사유가 발생하여 피보험자가 보험목적물에 대한 일체의 권리를 보험자에게 이전하고 그 대신 전손에 해당하는 보험금을 청구하는 행위를 말한다. 피보험자의 이와 같은 의사표시를 보험자가 승낙하게 되면 추정전손이 성립되고 만약 이를 거절하게 되면 일부분의 손해로 처리된다.

해상보험에서 추정전손을 인정하는 이유는 해상에서 발생하는 사고는 그 사실을 증명하고 손해의 정도를 파악하는 것이 불가능하거나 어려운 경우가 종종 있기 때문이다. 화재보험, 육상보험 등에서는 보험사고가 발생하면 그러한 사실과 전손 여부가 분명하게 확인된다. 그러나 해상사고는 그 발생구간이 대부분 광범위한 해상이고 천재지변에 기인하는 경우가 많아서 손해의 원인이나 규모를 파악하는 것이 어려운 경우가 있기 때문이다.

이와 같은 특성을 고려하여 해상보험에서는 추정전손을 인정하여 보험사고에 의한 전손이 현실적으로 입증되기 어렵더라도 보험목적물이 전손을 입었을 것이라고 추측이 되면 전손으로 인정하는 것이다. 즉 심증은 가지만 물증이 없는 경우라도 해상보험의 특유한 점을 인정하여 전손으로 처리하는 것이다.

2.2 분손

담보위험으로 인하여 선박, 화물 등에 일부분의 손해가 발생할 경우 이를 분손(partial loss : average)이라고 한다. 분손은 전손의 상대적인 개념으로서 전손에 속하지 않는 모든 손해는 모두 분손으로 취급된다.

분손은 단독해손(particular average)과 공동해손(general average)으로 구분되는데 단독해손은 담보위험으로 인하여 발생한 보험목적물 일부분의 손해로서 피보험자가 단독으로 책임지는 손해이다(영국해상보험법 제64조 제1항). 공동해손은 공동의 안전을 위하여 희생된 손실이나 비용을 해상사업에 관련되는 이해관계자들이 공동으로 비례하여 분담하는 손해이다.[13]

해상보험에서 분손의 형태는 주로 선박의 파손, 화물의 일부손실 등으로 나타난다. 분손에 대한 사정은 고도의 지식을 요하기 때문에 주로 해손정산인(average adjuster)들이 영국의 해손정산인협회(Association of Average Adjusters)에서 규정한 별도의 실무규칙에 따라서 손해를 사정하게 된다.

1) 일부멸실

화물의 일부가 멸실된 것은 화물의 일부가 전손을 입은 경우와 마찬가지이다. 이 경우 손해보상의 한도액은 멸실된 부분과 전체 수량과의 비율을 보험금액에 곱한 금액이다.

$$\text{분손보상액} = \text{보험금액} \times \frac{\text{멸실된 수량}}{\text{전체의 수량}}$$

예를 들어 한 상자 60캔들이의 캔 통조림 100상자 중 두 상자가 불착(non-delivery)이 되고 거기다가 30캔이 좀도둑(pilferage)을 맞았을 경우 총 손해는 150캔이다.

$$\text{분손보상액} = \text{보험금액} \times \frac{150(\text{멸실된 수량})}{60 \times 100(\text{전체의 수량})}$$

13 공동해손은 공동의 안전을 위해 희생된 손해액을 해상사업과 관련된 모든 당사자들이 균등하게 부담하는 손해이기 때문에 공동해손금액은 항상 해상사업 전체 규모와 비교해야 된다. 따라서 공동해손은 해상사업 전체 규모에 비하면 일부분에 해당되므로 분손의 범위에 포함시킨 것이다.

2) 일부손상

화물의 일부가 손상된 상태로 도착할 경우에는 손해율을 정하여 이를 보험금액에 곱하여 분손보상액을 결정한다. 손해율은 손상 화물의 시가와 정상 화물의 시가를 비교한 율이 된다.

$$\text{감가액} = \frac{\text{손해액(정상품시가} - \text{손상품시가)}}{\text{정상품시가}}$$

예를 들어 냉장고 1,000대를 300,000달러로 보험계약을 체결했는데 운송 중 400대가 해수침손을 입고 상품가치가 떨어졌다. 이를 목적지까지 운송하는 것이 불가능하여 중간항구에서 손상을 입은 냉장고를 매각처분하였는데 금액이 80,000달러이었다. 만약 해수침손을 입은 400대 냉장고의 정상품시가가 160,000달러라고 하면 손해율은 $\frac{1}{2}$이 된다.

$$\frac{160{,}000-80{,}000}{160{,}000} = \frac{1}{2}\text{(손해율)}$$

따라서 손해보상액은 400대에 대한 보험금액(120,000달러)에 손해율($\frac{1}{2}$)을 곱한 60,000달러가 된다.

3. 비용손해

3.1 손해방지비용

1) 손해방지비용의 의의

피보험자나 그의 대리인이 손해방지 및 경감의무를 수행하기 위해서 지출한 비용을 손해방지비용(sue and labour charge : S/L Charge)이라 하며 이러한 비용은 보험자가 별도로 보상한다. 왜냐하면 피보험자의 손해방지의무는 자신을 위한 것이 아니라 궁극적으로 보험자를 위한 의무이기 때문에 피보험자가 의무를 수행하는 과정에서 발생하는 비용은 당연히 보험자가 보상해야 한다. 또한 손해방지비용을 보상해 줌으로써 피보험자들로 하여금 스스로 손해방지를 위해 노력하도록 유도할 수 있다.

손해방지비용은 보험목적물의 손해 이외에 추가로 보상된다. 따라서 정당한 손해방지행위가 시도되었는데도 불구하고 전손이 발생하게 되면 보험자는 보험목적물 자체의 손해액과 함께 피보험자나 그의 대리인이 지출한 손해방지비용까지 모두를 지급해야 한다.

이처럼 손해방지행위를 시도하다 실패한 경우에도 이 비용을 보상하는 이유는 피보험자로 하여금 적극적으로 손해방지행위를 하도록 유도하기 위해서이다. 만약 손해방지행위가 실패할 경우 이를 보상하지 않는다면 피보험자나 그의 대리인은 손해방지행위를 하지 않을 것이다. 왜냐하면 손해가 발생하더라도 궁극적으로 보험자가 보상을 해주기 때문에 자신들의 행위가 성공할 것인가 또는 실패할 것인가의 위험부담을 느끼면서까지 손해방지행위를 하려고 하지 않기 때문이다. 이렇게 되면 피보험자에게 손해방지 및 경감의무를 부과한 효과가 없게 된다.

2) 손해방지비용의 성립요건

피보험자가 지출한 비용이 손해방지비용으로 성립되기 위해서는 다음과 같은 요건을 갖추어야 한다.

첫째, 피보험자의 손해방지행위이어야 한다. 손해방지행위의 주체는 반드시 피보험자 자신이나 그의 대리인이어야 한다. 만약 제3자가 손해방지행위를 했다면 그 비용은 손해방지비용으로 보상될 수 없다.

둘째, 합리적인 비용이어야 한다. 적절하고 합리적으로 발생된 손해방지비용은 그 한도액에 상관없이 보상된다. 적절하고 합리적인 손해방지비용은 사실문제로서 사건에 따라서 적절성과 합리성의 기준이 달라질 수 있다.

셋째, 위험이 실제로 발생해야 한다. 보험목적물이 실질적으로 위험에 처해 있을 때 임박한 손실을 방지하기 위하여 피보험자가 지출한 비용은 손해방지비용으로 보상된다.

마지막으로 보험자는 담보위험으로 인하여 발생하는 손해를 방지하기 위하여 지출된 비용만 손해방지비용으로 인정한다.

3.2 구조비

구조는 위험에 직면한 선박이나 화물 등을 구출하는 행위를 말하는데 그 성격에 따라서 순수구조와 계약구조로 구분된다. 순수구조는 구조계약을 체결하지 않은 상태에서 자발적으로 위험에 직면한 재산을 구조하는 행위이다. 반면 계약구조는 구조계약을 체결한 상태에서 행하는 구조활동이다.

해상보험에서 구조비(salvage charge)가 성립되기 위한 구조행위는 순수구조이어야 한다. 구조행위자는 아무런 구조계약 없이 임의적으로 구조활동을 벌인 결과 구조물의 일부 또는 전부를 취득하게 되면 해상법에서 정한 구조비를 구조물의 소유자에게 청구할 수 있다.

이와 같이 순수구조에 따른 구조비는 원래 구조된 재산의 소유자가 부담해야 하나 그 재산이 해상보험에 가입되어 있으면 보험자가 담보위험으로 인한 손해로 간주하고 대신 구조비를 구조를 한 자에게 지급한다.

구조비가 청구될 수 있는 조건은 보험목적물이 위험한 상태에 있어야 하고, 구조행위자는 제3자로서 임의적으로 구조행위에 임해야 하며, 그리고 구조물의 전부 또는 일부를 취득해야 한다. 구조물이 전혀 없는 전손이 발생한 경우에는 구조비가 성립되지 않는다.

3.3 특별비용

선박이나 화물 등 보험목적물의 안전과 보존을 위하여 발생한 비용 중에서 공동해손과 구조비 이외의 모든 비용을 특별비용(particular charge)이라 한다. 따라서 특별비용은 손해방지비용과 기타의 비용으로 구분되는데 후자를 순수특별비용이라 한다.

손해방지비용은 피보험자나 그의 대리인이 보험목적물의 손해를 방지하거나 경감시키기 위해 지출된 비용을 말하는데, 목적지에 도착하기 전에 발생하는 비용이다. 반면 순수특별비용은 주로 손해의 평가와 관련하여 목적지에서 지출되는 비용을 말한다.

적하보험에서는 손해방지비용을 제외한 순수한 특별비용을 부대비용이라 하는데 여기에는 손해조사비용(survey fee), 판매비용(sales charge), 재포장비용(repacking charge), 재조정비용(reconditioning charge) 등이 있다. 손해조사비용은 손해의 원인과 범위를 사정하는 데 소요되는 비용을 말한다. 판매비용은 화물의 일부가 손상되어 중간에서 이를 매각처분할 경우 발생하는 비용을 말하고, 재포장 및 재조정비용은 손상품을 재정비하는 데 소요되는 비용을 말한다.

4. 공동해손

4.1 공동해손의 의의

오늘날의 해상보험에서 시행되고 있는 공동해손제도는 공동의 안정(common safety)을 위하여 희생된 손해를 해상사업과 관련되는 모든 당사자들이 합리적인 비율에 따라서 상호 분담하는 제도를 말한다.

만약 선박이 화물을 적재하고 항해하던 중 태풍으로 서서히 가라앉고 있다면, 선장이 할 수 있는 일은 선박을 가볍게 하기 위하여 적재화물을 바다에 버리는 것이다. 이 때 바다에 버려진 화물손해는 그 화물의 주인 혼자서 부담하는 것이 아니라 선주와 화주가 공동으로 부담해야 할 성질이다.

선주의 경우는 자신의 선박에 하등 손해가 발생하지 않았다 하더라도 화물의 희생으로 무사히 항해를 마쳤기 때문에 선박가액에 비례하여 정산된 분담금을 부담해야 한다. 이와 같이 공동의 안전을 위하여 희생된 손해를 이해관계자가 모두 분담하는 것을 공동해손제도라고 한다.

공동해손에 관한 요크-앤트워프규칙(York-Antwerp Rules for General Average : 2004 개정)에서는 공동해손행위에 대해서 다음과 같이 규정하고 있다.[14]

'공동의 해상사업에 속하는 재산을 위험으로부터 구제하려는 목적으로 공동의 안전을 위하여 이례적인 희생이나 비용이 임의적으로 그리고 합리적으로 발생하는 경우에 한해서만 공동해손행위가 존재한다.'

이 규정에 의하면 공동해손이 성립되기 위해서는 ① 공동의 희생손해나 비용손해는 이례적이어야 하며, ② 공동해손행위는 임의적이어야 하고, ③ 공동해손행위와 공동해손은 합리적이어야 하며, ④ 위험은 현실적이어야 하며, ⑤ 위험은 항해단체 모두를 위

14 'There is a general average act when, and only when, any extraordinary sacrifice or expenditure is intentionally and reasonably made or incurred for the common safety for the purpose of preserving from peril the property involved in a common maritime adventure(YAR Rule A).'

협하는 것이어야 한다.

4.2 공동해손의 인정범위

1) 공동해손희생손해

공동해손희생손해(general average sacrifice)는 선체, 장비, 화물 등의 전부 또는 일부를 희생시킴으로써 발생하는 손실을 뜻한다. 즉 공동의 안전을 위하여 희생된 보험 목적물 자체의 손실을 공동해손희생손해라 한다. 공동해손희생손해는 요크-앤트워프 규칙의 숫자규정에 자세하게 열거되어 있는데 여기서는 대표적인 몇 가지만 설명하기로 한다.

① **적하의 투하** : 투하는 선박을 가볍게 하기 위하여 선박의 부속물, 화물 등을 바다에 버리는 것으로 대표적인 공동해손행위에 속한다. 그러나 공동해손으로 인정되기 위해서는 투하된 화물은 반드시 상관습에 따라서 운송 중이어야 한다(YAR 제Ⅰ조).[15]

② **투하로 인한 손상** : 화물을 투하하기 위해서 잠시 열었던 해치(hatch)나 기타의 열린 문으로 들어온 바닷물에 의해 선박, 화물 등이 입는 손해도 공동해손으로 인정된다(YAR 제Ⅱ조).

③ **선박의 소화작업** : 선박의 화재를 진압하기 위해서 사용한 물 또는 다른 것에 의하여 선박 또는 화물이 입은 손해, 불타는 선박을 해안에 끌어올리거나 이에 구멍을 뚫음으로써 생기는 손해 등은 공동해손으로 보상된다. 그러나 원인 여하를 불문하고 열기 또는 열에 의해서 발생한 손해는 배상되지 않는다(YAR 제Ⅲ조).

④ **기계 및 기관손해** : 공동의 안전을 위하여 억지로 선박을 더 높이 끌어올리다가 돛에 입히는 손해와 해안에 얹혀 위험한 상태에 있는 선박을 다시 뜨게 하려는 과정에서 선박의 기계 및 기관에 입히는 손해는 공동해손으로 인정된다(YAR 제Ⅳ조).

⑤ **임의좌초** : 선박의 화재를 진압하기 위해서 선박이 고의로 얕은 해안에 올라앉게 된 경우 또는 선박이 그 당시 사정으로 불가피하게 해안이나 암초에 얹히게 된 경우처럼 고의적인 좌초에 의해서 선박, 화물, 운임 등이 입은 손해는 공동해손으로

15 예를 들어 갑판에 적재된 화물을 투하했을 경우에는 관습상 갑판적재가 인정될 때에 한하여 그 화물손해는 공동해손으로 인정된다.

인정된다(YAR 제V조).

⑥ **하역작업 중 발생하는 손해** : 피난항에서 화물, 연료, 저장품 등을 하역, 저장 또는 재선적하는 과정에서 생기는 손해는 이들 행위에 대한 비용이 공동해손비용손해로 인정되는 경우에 한하여 공동해손으로 인정된다(YAR 제VII조).

2) 공동해손비용손해

공동해손행위로 인하여 생기는 비용의 지출을 공동해손비용손해(general average expenditure)라고 한다. 공동해손비용손해는 구조비, 피난항비용, 임시수리비 등이 있다.

① **구조비** : 선박, 화물 등에 대한 공동의 위험으로부터 이들을 구조하기 위해 지출한 비용은 공동해손으로 인정된다. 임의적으로 구조작업을 실시하거나 혹은 특정인과의 구조계약에 의하여 작업을 실시해도 공동해손의 취지에 맞는 구조비는 모두 보상된다(YAR 제VI조). 해상보험에서는 주로 좌초, 화재, 침몰, 표류, 선체경사 등이 발생할 때 구조작업이 이루어진다.

② **피난항비용** : 공동의 안전을 위하여 불가피하게 피난항에 입항하거나 또는 피난항에서 수리할 수 없어 다른 장소로 이동하는 데에 따른 제반비용도 공동해손으로 인정된다.

③ **임시수리비** : 공동의 안전을 위하여 희생된 선박의 손상부분을 선적항, 기항지 또는 피난항 등에서 수리할 경우 소요되는 임시수리비도 공동해손으로 인정된다(YAR 제XIV조).

4.3 공동해손의 정산

1) 공동해손정산의 의의

공동의 안전을 위하여 희생된 손해와 비용을 항해에 관련되는 모든 당사자들이 균등하게 책임지자는 것이 공동해손제도의 취지이다. 자기의 화물이나 선박에는 하등 손해가 발생하지 않았다 하더라도 다른 사람의 화물을 희생시킴으로써 무사히 항해를 끝낼 수 있었다면 이러한 손해는 항해단체 모두가 부담해야지 그렇지 않으면 자기의 화물을 희생하려고 하지 않을 것이다.

따라서 공동해손이 발생하게 되면 손해를 입은 당사자를 포함한 모든 당사자들이 공동해손을 균등하게 분담하게 되는데, 이러한 절차를 공동해손의 정산(adjustment)이라 한다. 요크-앤트워프규칙(제G조)에서는 "공동해손이 되는 희생 및 비용은 각종 분담이익에 의해 분담되며 공동해손은 손실 및 분담액에 관하여 항해가 끝나는 때와 장소에 있어서의 가격에 따라 정산된다"라고 규정하고 있다. 따라서 공동해손이 발생하면 공동해손정산인(general average adjuster)에 의해 별도의 규정이 없는 한 도착항에서 공동해손정산이 이루어진다.

공동해손을 정산하기 위해서는 먼저 공동해손배상액과 공동해손분담가액을 산정한 후 공동해손배상액의 총액을 공동해손분담가액의 총액으로 나누어 공동해손분담률을 구해야 한다. 이 분담률을 각각의 공동해손분담가액에 곱하면 각 당사자들이 분담해야 할 공동해손분담금이 결정되는데 간단한 예를 들어 설명하면 다음과 같다.

2) 공동해손정산의 예

만약 화물 A, 화물 B 그리고 화물 C를 적재하고 항해하는 중 폭풍우를 만나 화물 C를 바다에 투하하였고 그 결과 무사히 목적지에 도착하였다. 이번 손해는 공동해손으로 인정될 수 있어 다음과 같이 정산하였다.

① **공동해손배상액의 산정** : 공동해손배상액은 공동의 위험으로부터 벗어나기 위하여 희생된 손해나 지출된 경비로서 실제 발생한 공동해손의 총액을 말한다. 이번의 경우 화물 C를 바다에 버렸기 때문에 화물 C의 가액이 공동해손으로 인한 총 손해이고 이 손해는 공동의 안전을 위해 희생된 것이었기 때문에 다른 사람의 입장에서는 배상해 주어야 하는 손해로 간주된다. 만약 화물 C의 가액을 10,000달러라고 한다면 공동해손배상액은 10,000달러에 해당된다.

② **공동해손분담가액의 결정** : 공동해손배상액 10,000달러를 관련 당사자들이 균등하게 나누어 가지기 위해서는 나눌 수 있는 기준이 필요한데 이 기준을 공동해손분담가액이라 한다. 가장 합리적인 기준은 이번에 화물 C의 희생으로 가장 덕을 많이 본 당사자가 가장 많이 부담(배상)하는 것이다. 이에 따라 각 당사자들의 가액을 결정해야 하는데 만약 화물 A의 가액은 30,000달러, 화물 B의 가액은 20,000달러 그리고 선박의 가액은 40,000달러라고 한다면 이번 총 가액은 모두 100,000달러가 된다.

③ **공동해손분담률의 산정** : 이번 경우는 화물 C 10,000달러를 희생하여 총 100,000달러 가치를 살렸기 때문에 각 당사자들은 자기 재산 중에서 10%씩을 분담해야 하는데 이를 공동해손분담률이라 한다.

④ **공동해손분담금의 산정** : 공동해손분담률이 10%로 정해짐에 따라 각각은 자기 재산의 10%를 부담해야 하는데 이를 공동해손분담금(general average contribution)이라 한다. 이번 예에서 A화주는 3,000달러, B화주는 2,000달러, C화주는 1,000달러, 그리고 선주는 4,000달러 분담해야 한다. 만약 이들 모두가 해상보험에 가입되어 있으면 보험자가 대신 분담금을 부담하게 된다.

제3절 협회적하약관

1. 협회적하약관의 의의

해상보험에서 사용되는 약관은 대부분 협회약관(Institute Clauses)이다. 협회약관은 런던보험자협회와 로이즈보험자협회의 기술 및 약관위원회가 합동으로 만든 약관이며 이 중 적하보험에 적용되는 약관을 협회적하약관(Institute Cargo Clauses)이라 한다.

협회적하약관으로서 처음 제정된 것은 1912년 런던보험자협회가 채택한 협회적하약관 분손부담보약관(Free from Particular Average Clauses : FPA Clauses)이며 이 약관의 주요 내용은 보험자가 분손, 소손해 등을 부담하지 않는 것이다. 1921년에는 분손을 담보하는 협회적하약관 분손담보약관(With Average Clauses : WA Clauses)이 제정되었으며 그 후 보험자들이 담보범위를 확장하는 추세에 발맞추어 1951년에 협회적하약관 전위험담보약관(All Risks Clauses : A/R Clauses)이 제정되어 이 세 가지가 협회적하약관의 기본약관으로 사용되기 시작하였다.

협회적하약관의 분손부담보약관, 분손담보약관 및 전위험담보약관은 해상적하보험의 기본조건으로 사용되면서 1958년과 1963년 대폭 개정되었다. 그러나 이 약관은 손해의 형태에 따라 구분된 것이어서 그 내용이 애매모호한 점이 많았고, 약관의 명칭과 실제 내용이 일치하지 않는 부분도 있었다. 이에 따라서 1982년 신양식의 해상보험증권이 제정될 때 약관의 명칭과 내용이 알기 쉽게 대폭 정비된 협회적하약관 A약관, 협회적하약관 B약관 및 협회적하약관 C약관을 기본약관으로 하는 신약관이 제정되었고, 이 약관은 다시 2009년도에 개정되어 지금에 이르고 있다.

2. 협회적하약관의 종류

2.1 협회적하약관 기본약관

협회적하약관은 편의상 기본약관 및 부대약관으로 나눌 수 있는데 기본약관은 보험자의 담보범위에 따라서 A약관, B약관 및 C약관으로 구분되고, 적하보험계약 체결 시 그 중 어느 하나를 피보험자가 선택하도록 한다.

1) 협회적하약관 A약관

협회적하약관 A약관(Institute Cargo Clauses A Clauses)은 보험자의 일반면책위험,[16] 선박의 불내항과 부적합위험, 전쟁위험 및 동맹파업위험을 제외한 모든 위험을 담보하는 약관이다. 과거에는 이 약관을 전위험담보(All Risks)약관이라고 했는데, 명목상으로는 모든 위험을 담보하는 것처럼 보이면서 실제는 전쟁위험, 동맹파업위험 등을 담보하지 않았기 때문에 전위험 담보조건이라는 명칭은 보험조건으로서 걸맞지 않았다. 따라서 단순히 명칭만 보고 담보위험을 오해하는 경우도 생기고 보험자의 담보범위도 분명하지 않아 1982년 신약관을 제정하면서 불합리한 명칭을 피하고 보험자가 보상해 주는 범위를 명확하게 명시하였다.

2) 협회적하약관 B약관

협회적하약관 B약관(Institute Cargo Clauses B Clauses)은 보험자가 화재, 폭발 등 [표 5-1]에 명시된 위험으로 인한 손해를 보상하는 약관이다. 따라서 이 약관에는 보험자가 담보하는 위험이 명시되어 있다. 앞의 A약관에서는 보험자가 책임지지 않는 면책위험이 명시되어 있지만 B약관에는 보험자가 책임지는 위험이 열거되어 있다. B약관은 구약관의 분손담보(With Average)약관을 정비한 것이다.

16 현재 보험자에게 인정되는 일반면책위험은 ① 피보험자의 고의적 불법행위, ② 통상의 누손·중량 또는 용적의 통상적인 손해·자연소모, ③ 포장 또는 준비의 불완전 혹은 부적합, ④ 보험목적물 고유의 하자 또는 성질, ⑤ 항해의 지연으로 인한 손해, ⑥ 선주, 관리자, 용선자, 운항자의 파산 혹은 재정상의 채무불이행, ⑦ 원자력, 핵분열, 핵융합 또는 이와 비슷한 전쟁무기의 사용 등이다(단, 협회적하약관 B와 C에는 제3자의 불법행위가 일반면책위험으로 추가된다).

3) 협회적하약관 C약관

협회적하약관 C약관(Institute Cargo Clause C Clauses)은 B약관과 마찬가지로 보험자가 담보하는 위험이 열거되어 있고, 그로 인한 손해만 보상하는 약관이다. 다만 C약관상의 담보위험수가 B약관보다 적다. 따라서 이 약관은 A약관, B약관 및 C약관의 기본약관 중에서 보험자의 담보범위가 가장 좁다. C약관은 과거의 분손부담보(Free from Particular Average)약관을 정비한 것인데, 그렇다고 하여 분손을 담보하지 않는 것은 아니다. 현재 사용되는 약관은 보험자의 담보범위에 따라 구분한 것이므로 담보위험이 근본적 원인으로 발생한 손해는 그 규모에 상관없이 모두 보험자가 보상한다.

지금까지 설명된 협회적하약관 A약관, B약관 및 C약관의 담보위험을 비교해 보면 [표 5-1]과 같다.

표 5-1 | 담보위험의 비교

담보위험(제1조)	각 약관에서의 담보 여부		
	A	B	C
화재・폭발	○	○	○
본선・부선의 좌초・교사・침몰・전복	○	○	○
육상운송용구의 전복・탈선	○	○	○
본선・부선・그 밖의 운송용구의 물 이외 타 물체와의 충돌・접촉	○	○	○
피난항에서의 화물의 하역	○	○	○
지진・화산의 분화・낙뢰	○	○	×
공동해손희생손해	○	○	○
투하	○	○	○
갑판유실	○	○	×
본선・부선・선창・운송용구・컨테이너・리프트 밴・보관장소에의 해수・호수・하천수의 침입	○	○	×
본선・부선・선적・하역작업 중 바다에 떨어지거나 갑판에 추락한 포장단위당 전손	○	○	×
그 밖의 모든 위험에 의한 멸실・손상	○	×	×

2.2 협회적하약관 부대약관

협회적하약관 부대약관은 특수한 위험이나 상품을 담보하는 약관을 말하고 피보험자가 필요에 따라 선택사양으로 활용할 수 있다.

1) 협회전쟁약관

협회전쟁약관(Institute War Clauses, Cargo)은 보험자가 전쟁위험을 담보하는 약관이다. 전쟁위험은 협회적하약관 A약관, B약관 및 C약관에서 보상되지 않는 위험이기 때문에 피보험자는 전쟁위험을 담보할 필요가 있을 경우 이 약관을 활용할 수 있다.

2) 협회동맹파업약관

협회동맹파업약관(Institute Strikes Clauses, Cargo)은 보험자가 동맹파업, 폭동, 소요 등의 위험을 담보하는 약관이다.

3) 도난 · 발하 및 불착약관

도난 · 발하 및 불착약관(Theft, Pilferage and Non-Delivery Clauses : TPND Clauses)은 도난, 좀도둑 및 포장단위의 불착위험을 담보한다. 발하는 상자를 열어 그 속에 있는 내용물 일부를 훔쳐가는 좀도둑을 말한다.

4) 투하 · 갑판유실약관

투하 · 갑판유실약관(Jettison, Washing Over Board Clauses : JWOB Clause)은 화물을 바다에 버리거나 갑판에 적재된 화물이 파도에 씻겨 내려가는 위험을 담보하는 약관이다.

5) 빗물 및 담수위험약관

빗물 및 담수위험약관(Rain and/or Fresh Water Damage Clauses : RFWD Clause)은 바닷물 이외의 물에 젖는 위험을 말하며 대개 비오는 날에 하역을 함으로써 발생하는 위험이다.

6) 기름위험약관

기름위험약관(Contact with Oil and/or Other Cargo Clauses : COOC Clauses)은 연료 기름이나 기계의 기름이 다른 화물에 묻게 되면 그 화물은 상품으로서의 가치를 상실할 수 있으므로 이러한 위험을 담보하는 약관이다.

7) 땀 및 열위험약관

땀 및 열위험약관(Sweet & Heating Clauses)은 선창 내의 열이 너무 올라가서 생기는 위험과 급격한 온도변화 때문에 생기는 수증기로 야기되는 위험을 담보하는 약관이다. 특히 피혁제품과 어분같은 화물이 땀 및 열의 위험에 약하며, 또한 동서로 항해하는 선박보다 남북, 즉 온대지방과 열대지방을 항해하는 선박에서 많이 일어나는 위험이다.

8) 원산지손해약관

원산지손해약관(Country Damage Clauses)은 원면이 경작지에서 포장된 후 선적되기까지의 사이에 비바람에 노출되거나 지면의 습기가 스며들어 발생하는 손해 등 수입면화의 원산지손해를 담보하는 약관이다.

9) 냉동기관약관

냉동기관약관(Refrigerating Machinery Clauses)은 주로 육류 및 생선에 첨부하는 약관으로 냉동실에 보관되어 있는 동안 이의 고장 및 파열에 연유해서 생긴 손해를 담보한다.

10) 내륙운송연장약관

내륙운송연장약관(Inland Transit Extension Clauses : ITE Clauses)은 해상운송과 연계하여 육상운송을 할 경우 해상보험에 의한 담보구간을 내륙지점까지 확장하는 약관이다.

11) 내륙장치기간연장약관

내륙장치기간연장약관(Inland Storage Extension : ISE Clause)은 세관통관이 지연됨으로써 화물을 보세창고 등에 장기간 보관할 경우 해상보험의 담보기간을 연장하는 약관이다.

제4절 적하보험계약의 체결과 보험금의 청구

1. 적하보험계약의 체결

1.1 적하보험청약서

적하보험계약은 피보험자가 청약을 하고 보험자가 이를 승낙했을 때 성립한다. 보험청약은 긴급한 경우에는 구두나 전화로 청약하기도 하지만 원칙적으로 소정의 청약서에 필요한 사항을 기입한 후 서명·날인하여 보험중개사 또는 보험자에게 제출해야 한다. 우리나라에서 적하보험계약이 체결될 경우 청약서에 기재해야 할 사항은 다음과 같다.

① 피보험자(assured)·보험계약자(applicant)

② 참고번호(reference no.) : 수출의 경우 신용장번호, 송장번호 등을 기입하고 수입의 경우에는 수입승인번호 등을 기입한다.

③ 보험금 지급지(claims, if any, payables at) : 보험금 지불을 희망하는 장소를 기입하는데, 수입의 경우 보험회사의 본사로 하고 수출의 경우는 해당 도착지의 정산대리점 및 검정인을 지정한다.

④ 질권은행(endorsement bank) : 수입의 경우 만약 화물에 질권이 설정되어 있으면 해당은행명을 기입한다.

⑤ 선박/항공기명(vessel/aircraft) : 화물을 적재한 본선명을 기입한다. 항공기의 경우는 'Aircraft', 우편으로 수송할 경우에는 'Sea Parcel Post', 'Air Parcel Post' 등을 기입한다. 수입의 경우 대개 선명, 항공기명 등을 알 수 없으므로 'TBD(To be declared)' 혹은 'TBN(To be noticed)'으로 기입하고 나중에 선명 또는 항공기명을 고지한다.

⑥ 출항일(sailing on or about)·출발항(at and from)·환적항(transshipped at)·도착항(arrived at)

⑦ 최종도착지(thence to) : 양하항 도착 후 다시 내륙지역까지 부보할 경우 최종도착지를 기입한다.

⑧ 보험가입금액(amount insured)·보험조건(conditions)·보험목적물

⑨ 특별 지시사항(special instructions) : 수출의 경우 신용장에서 요구하는 보험조건을 기입할 때가 많다.

⑩ 포장상태(packing) : 포장상태는 보험요율에 영향을 미치는 중요한 사항이므로 정확하게 고지되어야 한다.

⑪ 보험증권의 필요 매수(documents required) : 필요 매수를 신용장 등에서 특별히 지정한 경우에만 매수를 기입한다. 보험증권은 통상 2통(duplicate) 발행된다.

⑫ 증권발행인(under date) · 청약일(signed date) · 청약자의 서명(signature of applicant)

1.2 예정보험계약

보험계약의 청약은 위험이 개시되기 전에 행하는 것이 원칙이다. 그러나 위험이 개시되기 전 보험계약을 청약하려고 해도 화물의 수량, 보험가입금액, 선박 등 보험계약의 내용이 확정되지 않는 경우가 많으므로 사후에 기재사항이 확정되는 대로 지체 없이 보험자에게 통고할 것을 조건으로 보험계약이 체결되는데, 이를 예정보험이라 한다. 예정보험은 개별예정보험과 포괄예정보험으로 구분된다.

1) 개별예정보험

수입화물에 대한 보험계약을 체결할 경우에는 수출업자로부터 선적완료통지를 받은 후에야 모든 사항이 확정되므로 이런 경우 수량, 금액 등에 대해서는 매매계약서상의 금액으로 하고 선박명은 미상인 채로 우선 개별예정보험계약을 체결한다. 개별예정보험의 청약이 있으면 보험자는 개별예정보험증권(provisional policy)을 발행한다. 개별예정보험증권 중에서 통상 적재선박명이 미상인 채로 발행될 경우 이를 선명미상보험증권(floating policy)이라 한다. 개별예정보험계약을 체결했을 경우에는 그 후 미상인 사항이 확정되면 반드시 확정 통지를 하여 보험자의 배서를 받아야 한다.

2) 포괄예정보험

장기간에 걸쳐 수출 또는 수입하는 대형 무역회사 등은 예정보험을 청약해야 하는 사정이 계속 생기기 때문에 매 건마다 개별적으로 보험계약을 체결하지 않고 일정 기간 이들 모두를 포함하는 포괄예정보험계약(open cover)을 체결할 수 있다. 이때 발행되는 보험증권을 포괄보험증권(open policy)이라 한다. 그리고 개별화물에 대해서는 포괄보험이 체결되었음을 증명하는 약식 보험서류인 보험증명서(insurance certificate)를 사용한다.

1.3 적하보험약관의 선정

보통 적하보험을 체결할 때 피보험자는 협회적하약관의 기본약관 A약관, B약관 및 C약관 세 가지 중에서 먼저 하나를 선정한다. 기본약관은 보험자의 담보범위에 따른 구분인데 A 약관이 가장 넓고 그 다음 B약관, C약관의 순이며 이에 따라 A약관에 적용되는 보험요율이 제일 높다. 보험계약자는 화물의 종류, 운송구간, 운송시기 등을 고려하여 세 가지 약관 중 하나를 먼저 선택해야 한다.

그러나 기본약관만으로 모든 손해를 보상받을 수 없기 때문에 여러 가지 부대약관을 활용한다. 예를 들어 기본약관 중 담보범위가 가장 넓은 A약관에서도 전쟁위험 및 동맹파업위험은 면책위험이기 때문에 이러한 위험으로 인한 손해를 보상받으려면 전쟁위험과 동맹파업위험을 담보하는 부대약관을 별도로 이용해야 한다.[17]

1.4 적하보험요율의 체계

현재 우리나라에서 사용하고 있는 적하보험요율은 대한손해보험협회에서 산정한 협정요율이다. 대한손해보험협회는 적하보험요율을 수록한 해상보험요율서를 작성하고 모든 보험회사는 이 요율서에 정해진 바에 따라 보험료를 징수하도록 하고 있다.

적하보험요율은 화물의 종류에 따른 기본적인 보험요율 외에 보다 합리적인 보험요율의 산정이 가능하도록 지역구분, 복합요율, 운송선박 및 방법에 따른 요율 등으로 구분된다.

1) 지역구분

항해구간에 따라 지역을 구분하여 보험요율을 달리 적용하고 있다.

2) 복합요율의 적용

A약관을 제외한 기본약관에 하나 이상의 부가약관이 결합된 복합조건에 대한 적용

17 만약 'ICC A including War/Strikes'조건으로 보험계약을 체결하면 가장 광범위한 보험조건이 된다.

요율은 당해 화물의 A약관에 대한 기본요율을 초과할 수 없다. 다만 추가로 위험을 담보하는 내륙운송연장담보약관, 내륙장치기간연장담보약관 등을 담보할 경우에는 당해 추가보험료를 별도로 적용한다. 예를 들어 ICC A에 적용되는 요율은 'ICC B including TPND'에 적용되는 요율보다 높아야 한다. 'ICC B including TPND'의 요율이 더 높으면 차라리 ICC A로 보험계약을 체결하는 것이 유리하다. 왜냐하면 ICC A는 네 가지 위험을 제외한 나머지 모든 위험을 담보하기 때문에 아무리 부가위험을 많이 열거하더라도 ICC A의 담보범위가 넓기 때문이다.

3) 운송선박 및 방법

일반적인 운송이 아니고 특수한 운송의 경우, 예를 들어 부선으로 운송하는 화물, 갑판상에 적재되는 화물, 목조선으로 운송되는 화물 등에는 협회적하약관의 C약관만을 이용하도록 제한하고 있다.

1.5 CIF계약의 보험료 산정

CIF계약에서 수출업자는 수입업자를 위해 수출물품의 CIF 가액에 희망이익 10%를 합하여 보험계약을 체결한다. 즉 보험금액은 '(원가+보험료+운임)×110%'이다. 이 보험금액에 소요되는 보험료를 산정할 때는 보험료지수를 이용한다. 보험료지수는 다음의 수식에 의해 산정되며 실무에서는 보험료율에 적합하게 미리 산정된 표를 이용한다.

보험료율 = R, 보험료 = X, 원가 = C, 운임 = F

$$X = (C + X + F) \times 1.1 \times R$$

$$X = 1.1RC + 1.1RX + 1.1RF$$

$$X - 1.1RX = 1.1RC + 1.1RF$$

$$X(1 - 1.1R) = 1.1R(C + F)$$

$$X = \frac{1.1R}{(1 - 1.1R)}(C + F)$$

여기서 $\frac{1.1R}{(1 - 1.1R)}$을 보험료지수라 한다.

2. 보험금의 청구

2.1 보험사고의 통지

담보화물에 손해가 발생하면 피보험자는 이러한 사실을 아는 즉시 보험자에게 통지해야 할 의무가 있다. 피보험자의 통지의무를 실무에서는 예비적 이재통지(preliminary loss advice : PLA)라고 하는데 이러한 통지의무를 부과하는 이유는 피보험자로 하여금 보험사고가 발생한 사실을 신속히 통지하도록 함으로써 보험자가 손해의 원인, 범위 등을 조사하고 그에 대한 적절한 조치를 취하도록 하기 위해서이다. 만약 피보험자가 이러한 통지의무를 소홀히 하여 손해가 증대되면 보험자는 보험금을 감액할 수 있다.

손해통지의 방법으로는 구두(전화) 혹은 서면 어느 것이라도 무방하며 통지해야 할 내용은 보험계약의 내용, 화물의 손상상태, 화물의 보관장소 및 그 후의 예정 등이다.

2.2 손해의 사정

대체로 손해가 경미하고 보편적으로 일어나는 형태이면 보험자가 직접 손해를 사정하는데 만약 서류상 손해액 등이 구체적으로 확인되면 손해사정을 생략할 수도 있다. 그러나 손해액이 큰 경우와 운송인 등 제3자에 대한 손해배상청구가 가능한 경우에는 원칙적으로 전문검정기관에 입회조사를 의뢰해야 한다. 특히 공동해손이 선언되어 있는 경우나 원면, 곡물류 등 검정인이 지정되어 있는 경우에는 전문검정기관에 의한 입회조사가 반드시 필요하다.

전문검정기관은 전문적 지식을 가진 공평한 제3자로서 보험자 및 피보험자의 어느 한쪽에도 치우치지 않는 입장에서 손해의 원인과 범위를 조사하고 손해의 정도(손해율)를 사정한다. 대표적인 검정기관들은 주요 항만이나 도시에 사무소가 있으며 전화 혹은 서면에 의한 의뢰를 받는다.

전문검정기관이 발급하는 검정보고서는 보험금 청구 시 피보험자가 반드시 제출해야 할 서류로서 보상 여부가 결정되는 중요한 서류이다. 우리나라에서는 수입화물의 경우 피보험자가 전국 주요 항만에 있는 검정기관에게 입회조사를 의뢰한다. 그리고 수출화물의 경우는 세계 주요 항구에 손해사정대리점이 있기 때문에 손해가 발생하면 수하인은 보험증권상에 기재된 보험자의 손해사정대리점에 지체 없이 그 사실을 통지하고 차

후 소송을 밟아 나간다.

2.3 보험금 청구와 구비서류

보험금 지급이 결정되면 피보험자는 보험증권상의 중요약관에 규정된 서류를 보험자에게 제출하고 보험금을 수령한다. 제출서류는 보험증권 원본 혹은 사본, 선하증권 등의 무역서류, 검정보고서, 보험금영수증 등이다.

FTA

FTA 무역실무
Free Trade Agreement

6
CHAPTER

외국환과 대금결제

제1절 외국환과 환어음

1. 외국환

1.1 환거래의 의의

일반적인 상거래에서는 매도인과 매수인이 한 장소에서 만나 매도인은 물품을 인도하고 매수인은 대금을 지급한다. 그러나 매도인과 매수인이 멀리 떨어져 있는 경우에는 이러한 현금결제가 불가능하기 때문에 환을 이용해서 채권·채무관계를 해결한다. 환(exchange)은 채권·채무관계를 현금의 이동 없이 결제하는 수표, 어음 등과 같은 수단을 말하는데 주로 은행의 중개에 의해서 환거래가 이루어진다.

환거래의 구체적 예를 들어 보면, 서울의 채무자가 대전의 채권자에게 100만원을 지불해야 할 경우 채무자가 직접 현금을 보내게 되면 도중 분실, 도난 등의 위험이 따르고 시일도 많이 소요된다. 대신 채무자가 현금 100만원을 은행에 지급하고 채권자를 지급인으로 하는 수표를 교부받아 이를 대전의 채권자에게 보내면 채권자가 이 수표를 은행에 제시하여 현금 100만원을 찾을 수 있다. 이와 같이 현금의 이동 없이 채권·채무관계를 해결하는 거래를 환거래라 한다.

환거래에서는 은행의 중개로 수표, 어음 등과 같은 신용수단을 이용하여 결제를 하게 된다. 은행은 국내 각지에 지점을 운영하거나 혹은 다른 은행과의 거래관계를 가지고 있기 때문에 어느 지역과의 결제에도 응할 수가 있고, 자금이 풍부하기 때문에 고액의 결제도 가능하다. 그리고 은행은 신용이 높기 때문에 거래의 안전성을 보장할 수 있다.

1.2 내국환과 외국환

현금의 이동 없이 국내의 대차관계를 결제하는 데 이용되는 환을 내국환(domestic exchange)이라 하고 국가 간의 결제에 사용되는 환을 외국환(foreign exchange) 혹은 외환이라 한다. 앞의 예에서 대전지역을 중국 북경으로 가정하게 되면 이때의 대차관계를 해결하는 환은 외국환에 해당된다.

예를 들어 서울에 있는 매도인이 물품을 대전의 매수인에게 판매하고 그 대금을 신용카드로 결제했을 경우에는 이 신용카드는 내국환에 해당된다. 그런데 우리나라의 수출업자가 물품을 중국에 수출하고 중국의 수입업자가 이 대금을 지급하기 위해 외화표시수표를 보내주면 그것은 외국환에 해당된다. 따라서 외국환은 서로 다른 나라에 있는 사람들 간의 경제적 거래에서 발생하는 대차관계를 현금의 이동 없이 결제해 주는 수단을 말한다.[1] 무역거래에서는 수출업자(채권자)와 수입업자(채무자) 간에 항상 채권·채무관계가 발생하므로 외국환거래가 따르게 된다.

외국환은 내국환에 비해 다음과 같은 특징을 지니고 있다.

첫째, 수출업자와 수입업자가 서로 다른 나라에 떨어져 있고 다른 화폐단위를 사용하기 때문에 이종통화 간의 교환비율문제가 발생한다. 우리나라와 중국 간의 거래에서 결제통화는 대부분 미국 달러화이기 때문에 우리나라 수출업자나 중국의 수입업자는 무역거래를 할 때마다 결제통화를 원화나 중국 위안화로 교환해야 한다.

둘째, 환율변동에 따른 환위험이 발생할 수 있다. 우리나라의 수출업자가 5만 달러어치의 물품을 중국에 수출하고 5만 달러 외화표시수표를 받을 경우 우리나라 수출업자는 이를 원화로 교환해야 하는데 교환시점에서의 환율에 따라 이익이 생길 수도 있고 손해를 볼 수도 있다.

셋째, 외국환거래에서는 이자문제가 따르기도 한다. 중국의 수입업자가 5만 달러 표시의 외화수표를 북경은행으로부터 교부받아 이를 우리나라 수출업자에게 송부할 경우, 수출업자는 우송된 수표를 받아야 은행으로부터 수출대금을 찾을 수 있다. 따라서 수출업자와 수입업자 간의 대차결제가 우송기간만큼 차이가 나기 때문에 이에 대한 이자문제가 발생하게 된다. 수출대금이 거액일 경우에는 우편일수만큼의 이자를 누가 부담할 것인가를 사전에 약정해 둘 필요가 있다.

마지막으로 외국환거래에서는 외국환을 사고파는 중개 역할을 하는 외국환은행이 필요하게 된다. 외국환거래에서는 항상 이종통화 간의 교환, 환율의 변동에 따른 환위

---

1 우리나라 외국환거래법(제3조)에서는 외국환을 대외지급수단, 외화증권 및 외화채권으로 정의하고 있다.
대외지급수단은 외국통화, 외국통화로 표시된 지급수단, 기타 표시통화에 상관없이 외국에서 사용할 수 있는 지급수단을 말한다. 예를 들면 정부지폐, 은행권, 주화, 수표, 환어음, 약속어음, 우편환, 신용장과 기타 지급지시가 여기에 해당된다.
외화증권은 외국통화로 표시된 증권 또는 외국에서 지급을 받을 수 있는 증권을 말하는데 한국 기업들이 해외자본시장에서 기업 자금을 조달할 목적으로 발행하는 공채, 주식 등이 여기에 해당된다.
외화채권은 외국통화로 표시된 채권 또는 외국에서 지급을 받을 수 있는 채권을 말한다. 예를 들어 한국토지공사가 경제자유구역 등 대규모 국가개발사업에 소요될 자금을 안정적으로 조달하기 위해 10년 만기 외화채권을 발행해 투자가들에게 판매하는 경우이다.

험, 우편일수의 이자 등 여러 가지 문제가 따르기 때문에 반드시 외국환은행의 중개가 필요하다. 이런 이유로 무역거래의 대금결제는 모두 외국환은행을 통하여 이루어지고 있다.

1.3 외국환의 종류

1) 송금환과 추심환

외국환은 [그림 6-1]에서와 같이 자금의 이동방향에 따라 송금환과 추심환으로 구분된다.

송금(remittance)은 채무자가 채권자에게 채무액을 지급하기 위해 외국환은행에 원화 또는 외화를 지급하고 이를 채권자에게 송금해 줄 것을 위탁하는 경우를 말하며 이때 사용되는 환을 송금환이라 한다. 송금환은 채무자가 채권자에게 채무액을 보낸다고 하여 순환이라고도 한다. 무역거래에서는 수입업자가 수입대금을 수출업자에게 외국환은행을 통해서 송금해 주는 경우이다.

추심(collection)은 채권자가 채무자 앞으로 채무의 변제를 요청하는 증서를 발행하여 채권을 회수하는 경우를 말하며 이때 사용되는 환을 추심환이라 한다. 추심환은 송금환의 순환과 대비하여 역환이라고도 한다. 수출업자가 수출대금을 받기 위해 결제요청서를 보내는 경우이다.

그림 6-1 송금과 추심

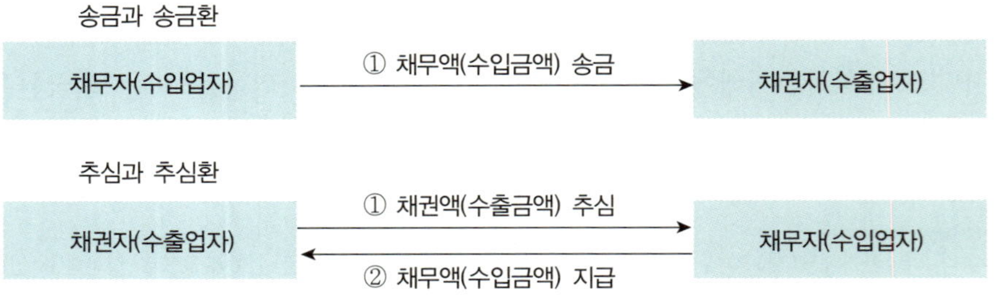

2) 매도환과 매입환

외국환은행이 고객에게 원화를 받고 외국환을 매각할 경우를 매도환이라 하고, 반면 고객이 가지고 있는 외국환을 원화를 주고 매입할 경우를 매입환이라 한다.

3) 우편환과 전신환

우편을 이용하여 외국환을 채권자에게 보낼 경우를 우편환(mail transfer : M/T)이라 하고 전신수단을 이용할 경우를 전신환(telegraphic transfer : T/T)이라 한다.

우편환은 수입업자가 수입대금을 송금할 것을 의뢰하면 외국환은행은 이를 우편으로 수출지 외국환은행에 지시하여 지급이 이루어지도록 하는 방식이다. 이 경우에는 지급지시가 우편으로 이루어지기 때문에 우송일자만큼 결제가 늦어질 수 있어 주로 소액거래에서 이용된다. 반면 전신환은 수입업자가 외국환은행에 수입대금을 송금해 줄 것을 의뢰하면 이를 전신으로 수출지 외국환은행에 지시하여 수출업자로 하여금 즉시 수출대금을 찾아가게 하는 방식을 말한다.

2. 환어음

2.1 환어음의 의의

무역거래에서 사용되는 외국환 중 하나가 환어음(drafts : bill of exchange)인데 특히 대금결제방식이 신용장이거나 환어음 추심방식인 경우 수출업자는 환어음을 발행하여 수출대금을 회수하게 된다. 이 환어음은 채권자가 채무자에게 일정한 시일 및 장소에서 채권금액을 지명인 또는 소지인에게 무조건적으로 지급할 것을 위탁하는 요식·유가증권을 말한다. 환어음은 보통 2통이 1조(set)로 발행되어 하나가 결제되면 나머지는 자동적으로 무효가 된다.

환어음은 국가 간의 거래에서 발생하는 채권·채무관계를 결제할 경우에만 사용되고 환어음의 효력에 대한 준거법은 원칙적으로 행위지의 법에 따른다. 예를 들어 환어음이 우리나라에서 발행되고 미국에서 지급되었다면 발행에 관해서는 우리나라의 어음법이 적용되고 지급행위는 미국의 환어음법에 따른다.

현재 환어음에 관련된 국제관행은 영국의 환어음법(Bill of Exchange Act, 1882), 국제상업회의소에서 제정된 추심에 관한 통일규칙(Uniform Rules For Collection, ICC Publication No. 522 1996) 등에 의하고 있다.

2.2 환어음의 당사자

1) 발행인

발행인(drawer)은 환어음을 발행하고 서명하는 자로서 채권자이다. 무역거래에서는 수출업자가 발행인이 된다. 환어음은 반드시 발행인의 기명날인이 있어야 그 효력이 발행한다.

2) 지급인

지급인(payer, drawee)은 환어음의 지급을 위탁받은 채무자이다. 무역거래에서 채무자는 당연히 수입업자이지만 결제방식에 따라 수입업자를 대리하여 은행이 채무자가 되는 경우가 있다.

3) 수취인

수취인(payee)은 환어음금액을 지급받을 자로서 발행인이 될 수도 있고 발행인이 지정하는 제3자가 될 수도 있다. 발행인이 환어음을 지급인에게 직접 제시하면 수취인이 관여하지 않지만 발행인이 환어음을 발행하여 이를 제3자로 하여금 지급받도록 할 경우에는 제3자가 수취인이 된다. 이 경우 제3자를 선의의 소지인(bona-fide holder)이라 한다.

2.3 환어음의 종류

1) 무담보어음과 화환어음

환어음만으로 결제가 될 수 있는 어음을 무담보어음(clean bill of exchange)이라 하며 무역거래에서는 간혹 운임, 보험료, 수수료 등을 별도로 지급할 필요가 있을 때 이용된다.

반면 선하증권을 비롯한 운송서류가 첨부된 어음을 화환어음(documentary bill of exchange)이라 하며 상품의 대금을 결제하기 위해 사용된다. 환어음에 첨부될 운송서류는 매매계약서 등에 명시되어 있다.

2) 일람불어음과 기한부어음

환어음은 지급만기일에 따라 일람불어음과 기한부어음으로 구분된다. 일람불어음(sight bill)은 환어음이 지급인에게 제시되면 즉시 대금결제가 이루어지는 어음을 말하고 기한부어음(usance bill)은 일정 기간 후 지급이 이루어지는 어음을 말한다.

기한부어음의 만기일은 일람후(after sight), 일부후(after date) 및 확정일(on a fixed date) 세 가지로 구분된다.

일람후 지급은 환어음이 지급인에게 제시된 날로부터 일정 기간이 지난 후 지급이 이루어진다. 예를 들어 'after sight 30 days'이면 지급인에게 어음이 제시되고 다시 30일이 지난 후에 결제가 된다. 일람후 지급은 지급인이 환어음을 일람했다는 증거로서 환어음을 인수하는데, 인수(acceptance)는 인수인이 만기일에 지급할 것을 서명하는 행위를 말한다. 따라서 인수인은 만기일에 지급인이 된다.

일부후 지급은 어음이 발행된 날로부터 일정 기간이 지난 후 결제가 이루어지는 것을 말한다. 따라서 일부후 지급은 일람후 지급보다 환어음이 지급인에게 제시되는 기간, 즉 우편일수만큼 빨리 결제된다.

확정일 지급은 어음상에 지급일이 구체적으로 명시되어 있는 경우이다.

3) 은행어음과 개인어음

환어음의 지급인이 은행인 경우를 은행어음(bank bill), 개인이나 기업인 경우를 개인어음(private bill)이라 한다.

2.4 환어음의 기재사항

환어음은 요식증권이기 때문에 기재사항을 준수해야 한다. 기재사항은 필수기재사항과 임의기재사항으로 구분되는데 필수기재사항의 어느 하나가 누락되어도 환어음으로서의 법적 효력이나 구속력을 갖지 못하게 된다. 환어음의 필수기재사항은 다음과 같다. 그리고 환어음번호, 어음발행매수의 표시 등을 기재하여 어음의 성격이나 내용을 명확히 하는데 이런 임의기재사항은 어음 자체의 효력에 아무런 영향을 미치지 않는다.

① **환어음을 표시하는 문자** : 환어음을 뜻하는 'Bill of Exchange'의 문구를 말한다.

② **무조건의 지급위탁문언** : 환어음은 무조건적으로 지급을 위탁하는 증권이기 때문에 이에 관한 문언이 있어야 한다.

[서식 6-1] 환어음

BILL OF EXCHANGE

NO. ______________ BILL OF EXCHANGE, ______________

FOR

AT ______________ SIGHT OF THIS FIRST BILL OF EXCHANGE(SECOND OF THE SAME TENOR AND DATE BEING UNPAID) PAY TO ______________ OR ORDER THE SUM OF

1

VALUE RECEIVED AND CHARGE THE SAME TO ACCOUNT OF ______________

____

DRAWN UNDER ______________

L/C NO. ______________

TO ______________

____

____

____

____

780603-626 13(X)B-16B

BILL OF EXCHANGE

NO. ______________ BILL OF EXCHANGE, ______________

FOR

AT ______________ SIGHT OF THIS FIRST BILL OF EXCHANGE(SECOND OF THE SAME TENOR AND DATE BEING UNPAID) PAY TO ______________ OR ORDER THE SUM OF

2

VALUE RECEIVED AND CHARGE THE SAME TO ACCOUNT OF ______________

____

DRAWN UNDER ______________

L/C NO. ______________

TO ______________

____

____

____

____

780603-626 13(X)B-16B

③ **지급인** : 환어음상의 지급인을 표시하는 것이다.

④ **만기일** : 환어음대금이 실제 지급되는 날을 표시하는 것이다.

⑤ **지급지** : 지급지는 도시명 정도로 표기된다. 환어음은 행위가 발생한 지역의 법률에 의해 처리되므로 지급지는 반드시 기재되어야 한다.

⑥ **수취인** : 환어음의 금액을 지급받을 자를 말하며 이의 기재방법에는 기명식, 지시식 등이 있다.

⑦ **발행일 및 발행지** : 환어음의 발행일과 발행지역을 말하며 발행지역은 도시명까지만 표기해도 무방하다.

⑧ **발행인의 기명날인** : 환어음은 발행인의 기명날인이 있어야만 그 효력이 발생한다.

제2절 신용장방식의 결제

1. 신용장의 개요

1.1 신용장의 기본원리

무역거래에서 당사자들은 여러 가지 위험에 직면하는데 대표적으로 수출업자에게는 대금회수불능의 위험(credit risk)이 있고 수입업자에게는 상품입수불능의 위험(mercantile risk)이 있다. 이런 위험에서 벗어나기 위해 수출업자는 먼저 대금을 확보한 후 물품을 인도하려고 할 것이고, 수입업자는 그와 반대로 물품을 입수한 후 대금을 지급하려고 한다. 만약 당사자들이 서로 자기의 입장만 주장하게 되면 거래는 성사될 수 없으며, 나아가 오늘날과 같은 국제무역은 불가능하게 된다.

이에 따라 거래당사자들 사이에 공신력이 높은 은행이 관여하여 대금결제를 원활히 하고자 하는 것이 신용장이다. 즉 은행이 수출업자에게 수입업자를 대신해서 수출대금을 확실히 지급할 것을 약속하면, 수출업자는 이런 은행의 약속을 믿고 물품을 선적해 보내게 된다. 이와 같이 은행이 수출대금의 지급을 확약하는 편지를 수출업자에게 보내는데 이를 은행의 신용이 담긴 편지라는 의미에서 신용장(letter of credit, bankers commercial credits)이라 한다.

신용장의 기본원리는 [그림 6-2]에 잘 나타나 있는데, 이 그림에서 보듯이 수출업자는 수입업자의 신용을 근거로 하는 것이 아니라 은행의 신용, 다시 말해서 은행의 대금지급확약을 토대로 계약물품을 선적하게 된다. 이와 같이 신용장은 매매당사자들의 신용을 보다 공신력이 높은 은행의 신용으로 전환시켜 수출업자에게는 대금지급을 보장하고, 수입업자에게는 상품입수를 원활히 해주는 수단을 말한다.

▌그림 6-2▌ 신용장의 기본원리

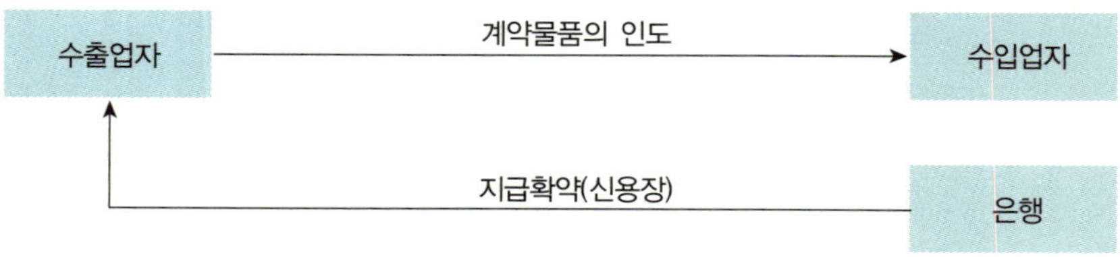

무역거래에서 언제부터 신용장이 사용되었는지는 확실하지 않지만 널리 이용되기 시작
한것은 제1차 세계대전 이후부터이다. 전후의 경제체제는 혼란스러워서 전쟁 전에 이루어졌던 많은 계약이 전쟁과 함께 파기되고 거래이행도 불확실해지는 경우가 많았다. 이러한 혼란스러운 거래환경에서 물품을 판매하는 상인은 좀 더 확실한 대금지급을 보장받고 싶어 했기 때문에 신용장의 이용이 급속하게 확대되었다.[2]

1.2 신용장의 정의

신용장은 무역거래에서 대금결제를 원활히 하기 위해 은행이 수출업자에게 발행하는 대금결제 확약증서이다. 현행 신용장통일규칙 제2조에서 신용장은 그 명칭이나 표현에 상관없이 취소불능적인 약정(arrangement)으로서 신용장의 조건과 일치하는 제시에 대해 결제하겠다는 개설은행의 확정적인 약속(undertaking)을 말한다고 정의하고 있는데[3] 그 의미를 보다 구체적으로 살펴보면 다음과 같다.

첫째, 무역거래에서 이용되는 신용장은 그 용도에 따라 여러 가지로 구분되고, 사용되

---

2 구종순, 무역실무(제7판), 박영사, 2017, p.199.

3 Article 2 Definitions
For the purpose of these rules, credit means any arrangement, however named or described, that is irrevocable and thereby constitutes a definite undertaking of the issuing bank to honour a complying presentation.

는 명칭도 다양하지만 그러한 명칭이나 표현이 신용장의 본질에는 영향을 미치지 않는다는 것이다.

둘째, 신용장상의 은행의 지급약속은 취소불능이라는 점이다. 은행이 신용장을 개설한 후 임의로 내용을 변경한다든지 취소할 수 있게 되면 이런 신용장을 받아보는 수출업자는 불안하기 때문에 은행의 지급약속은 취소불능한 것으로 규정하고 있다.

셋째, 수출업자의 모든 행위는 신용장의 조건과 일치해야 한다는 점이다. 은행이 지급확약을 하지만 이런 지급확약은 수출업자가 제시하는 서류가 신용장상에 규정되어 있는 모든 조건과 일치할 경우에만 은행은 그 약속에 대해서 책임을 진다는 것이다.

따라서 신용장은 명칭이나 표현에 상관없이 신용장상에 규정되어 있는 조건과 일치하는 제시(presentation)에 대해서 확실히 지급할 것을 약속하는 은행의 취소불능약정이라고 정의할 수 있다.

1.3 신용장통일규칙

1) 화환신용장통일규칙

신용장거래가 확대되면서부터 수출업자와 수입업자 그리고 은행 상호 간의 의무와 권리를 규정해 둘 필요가 있어 1933년 국제상업회의소에서 처음으로 신용장통일규칙을 제정하였다. 그 후 상관습의 변모에 따라 몇 차례의 개정작업을 거쳐 현재 사용되고 있는 것은 2007년에 개정된 ICC Publication No. 600인 제6차 신용장통일규칙(Uniform Customs and Practice for Documentary Credits : UCP)이다.

신용장통일규칙은 신용장거래의 준거법으로서 신용장의 기본원리와 각 당사자들 간의 권리와 의무를 규정하고 있다. 그러나 신용장통일규칙은 강행법규가 아니고 임의법규이기 때문에 관계당사자의 합의에 의해서 사용되며 만약 다른 특약이 있게 되면 그 특약에 따라야 한다. 오늘날 발행되는 모든 신용장에는 국제상업회의소가 제공한 2007년의 신용장통일규칙이 신용장의 준거법임을 명백히 하고 있다. 따라서 달리 명시적인 규정이 없으면 신용장거래의 모든 당사자들은 이 신용장통일규칙의 구속을 받게 된다.

2) 전자신용장통일규칙

정보통신기술의 발달로 신용장의 개설, 통지, 매입 등 관련 주요 업무가 점차 전자적으로 처리되고 전자신용장 시스템을 갖추려는 여러 가지 방법이 시도되고 있다. 그러나 현행 화환신용장통일규칙(UCP)은 주로 종이문서에 기반을 둔 전통적인 신용장을 위한 규정이기 때문에 이런 기술적 변화를 수용하는데는 한계가 있다고 볼 수 있다.

이에 따라 현행 화환신용장통일규칙을 보완하고 전자신용장에 관한 통일규칙을 마련하기 위해 국제상업회의소의 은행위원회에서는 2002년 '전자적 제시를 위한 UCP의 추록(Supplement to UCP 500 for Electronic Presentation-Version 1.0)'으로 소위 'eUCP'를 제정하였으며 현재 사용하고 있는 것은 2007년도에 개정된 'Version 1.1'이다.

이 추록은 현행 화환신용장통일규칙을 보완하면서 종이문서 위주의 신용장에 가름하는 전자신용장의 처리에 관한 내용을 주로 규정하고 있다. 그리고 이 추록은 전자신용장통일규칙으로 표현하지만 이는 현행 화환신용장통일규칙과 명확하게 구분하기 위해 편의상 표현한 것이다.

전자신용장통일규칙은 화환신용장통일규칙을 보완하는 것이기 때문에 전자신용장에 별도로 화환신용장통일규칙을 적용한다는 명시적 규정이 없다하더라도 화환신용장통일규칙은 적용된다. 즉 전자신용장에 전자신용장통일규칙에 따른다는 준거문언만 있고 화환신용장통일규칙의 적용 여부에 대해 아무런 언급이 없어도 화환신용장통일규칙이 자동으로 적용된다. 만약 전자신용장통일규칙과 화환신용장통일규칙이 적용과정에서 상충될 경우에는 전자신용장통일규칙을 우선 적용한다.

2. 신용장방식의 결제과정과 당사자

2.1 신용장방식에 의한 결제과정

신용장방식에 의한 대금결제는 보통 [그림 6-3]의 절차에 따라 이루어진다.

① **매매계약의 약정** : 수출업자와 수입업자가 매매계약을 체결하면서 대금결제를 신용장방식에 의할 것을 합의한다.

② **신용장의 개설 신청** : 수입업자는 매매계약의 약정에 따라 통상 자기가 거래해 오던 외국환은행(신용장개설은행)으로 하여금 수출업자 앞으로 신용장을 개설해 줄 것을 신청한다. 이때 수입업자는 신용장개설신청서에 매매계약에서 합의한 내용대로 신용장의 내용을 기재하여 개설담보금과 함께 개설은행에 제출한다. 개설신청서

의 내용은 곧 신용장의 조건이 되므로 그 기재내용은 완전하고 정확해야 한다.

③ **신용장의 개설과 통지** : 신용장개설은행은 고객의 요청과 지시에 따라 신용장을 개설하고 통상 수출업자가 소재하는 지역에 있는 외국환은행으로 하여금 신용장을 통지해 주도록 요청한다.

④ **계약물품의 선적과 운송서류의 입수** : 통지은행으로부터 신용장을 접수한 수출업자는 신용장에 명시된 조건에 따라 계약물품을 수입업자에게 운송한 후 관련 운송서류를 선박회사 등으로부터 입수한다.

⑤ **수출대금의 회수** : 수출업자는 신용장의 조건에 따라 운송서류를 구비하여 거래은행에 가서 수출대금을 회수한다.

⑥ **개설은행으로부터의 상환** : 자기 자금으로 수출업자에게 대금을 결제한 은행은 운송서류 등을 개설은행 앞으로 송부하여, 개설은행으로부터 대금을 돌려받는다.

⑦ **개설은행의 서류제시** : 개설은행은 송부되어 온 운송서류를 수입업자에게 제시하고, 수입업자는 이에 따른 수입대금을 지급한다.

⑧ **계약물품의 입수** : 이와 같이 은행을 통해서 서류가 전달되어 오는 동안, 수출항을 출발한 선박은 수입항에 도착해 있다. 수입업자는 개설은행에서 찾아온 운송서류를 이용하여 계약물품을 입수한다.

그림 6-3 신용장방식에 의한 결제과정

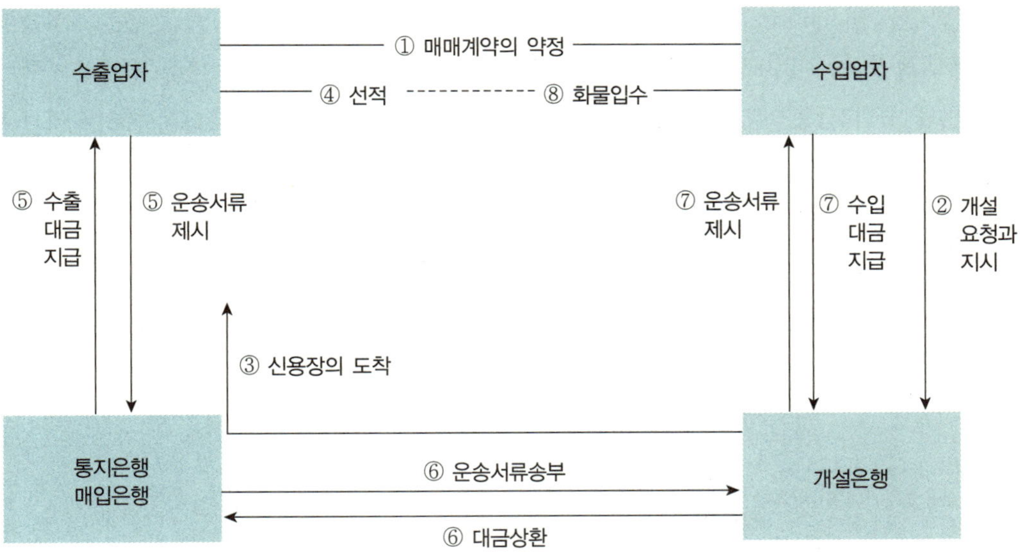

2.2 신용장방식의 당사자

신용장거래에 관계되는 주요 당사자를 [그림 6-3]을 중심으로 살펴보면 다음과 같다.

1) 수익자 · 개설의뢰인

수익자(beneficiary)는 곧 신용장조건에 의해서 운송서류를 제시하고 수출대금의 결제를 청구할 수 있는 수출업자를 말한다.

개설의뢰인(applicant)은 매매계약에 따라서 수출업자 앞으로 신용장을 개설해 줄 의무가 있는 수입업자를 말한다.

2) 개설은행 · 통지은행 · 확인은행

개설은행(issuing bank)은 자기 고객인 개설의뢰인의 요청과 지시에 따라 수출업자 앞으로 신용장을 개설하는 은행이다. 신용장거래는 개설은행의 신용을 토대로 모든 거래가 이루어지기 때문에 개설은행의 역할이 아주 중요하다.

통지은행(advising bank)은 신용장을 수출업자에게 전달해 주는 은행이다. 통지은행의 지정에 대한 특별한 지시가 없으면 개설은행은 관례적으로 수출업자가 소재하는 곳에 있는 은행을 통지은행으로 선정하여 이를 통하여 수출업자에게 신용장을 전달해 준다.

확인은행(confirming bank)은 [그림 6-3]에는 나타나 있지 않지만 신용장거래에서 간혹 등장하는 당사자이다. 이 은행은 제2의 개설은행이라고 할 수 있는데, 그 의무는 개설은행의 신용장상의 지급확약을 다시 한 번 하는 것이다. 신용장거래에서는 개설은행의 지급확약을 토대로 모든 거래가 일어나고 있다. 그런데 개설은행의 지급확약능력이 미흡할 경우 보다 공신력이 높은 은행을 확인은행으로 지정하여 개설은행의 지급확약을 이중으로 하게 된다. 만약 개설은행이 지급확약을 이행할 수 없게 되면, 확인은행이 개설은행을 대신하여 수출업자나 그 밖의 선의의 소지인에게 지급을 이행해야 한다.[4]

---

4 신용장의 확인이 필요한 경우 개설은행은 공신력이 높은 일류은행(prime bank)이나 수출업자가 소재하는 지역의 은행에 확인을 요청하는데 보통 통지은행을 확인은행으로 한다. 따라서 신용장을 통지할 때 통지은행의 확인을 추가하여 수익자에게 통지해 주도록 요청한다. 확인은행은 일정한 확인수수료(confirming fee)를 받고 확인통지해 주거나 또는 확인요청을 거절한다. 만약 통지은행이 신용장을 확인해 줄 의사가 없을 때는 이러한 사실을 즉시 개설은행에게 통지해 주어야 한다.

3) 지급은행 · 연지급은행 · 인수은행 · 매입은행

앞의 [그림 6-3]에서 수출업자에게 대금을 결제해 주는 은행은 신용장의 성격에 따라 지급은행, 연지급은행, 인수은행 및 매입은행으로 구분된다.

지급은행(paying bank)은 개설은행을 대신해서 수출업자에게 수출대금을 지급해 주는 은행을 말하는데, 신용장상에 지정되어 있으며 이 은행은 개설은행을 대신하여 지급만 할 뿐 자금부담을 지지 않는다. 이런 성격의 신용장을 지급신용장이라 하고 수출업자는 신용장에 명기된 운송서류를 구비하여 지정된 은행에 제시하면 수출대금을 받을 수 있다.

연지급은행(deferred paying bank)은 외상거래를 할 경우 수출업자에게 일정 기간 후 대금을 지급하겠다는 연지급약정서(deferred payment undertaking)를 발행해 주는 은행을 말한다. 수출업자는 이 연지급약정서를 근거로 만기일에 수출대금을 지급받는다. 연지급은행은 개설은행으로부터 이런 약정서를 발급해 줄 것과 만기일에 신용장대금을 지급하도록 사전에 위임되어 있다. 이런 성격의 신용장을 연지급신용장이라 하며 기본적으로 지급신용장과 동일하지만 단지 수출업자가 일정 기간 후 대금을 지급받는다는 점이 다르다.

인수은행(accepting bank)은 역시 외상거래에서 수출업자에게 일정 기간 후 수출대금을 지급할 것을 약속하는 은행을 말한다. 수출업자가 발행한 환어음을 인수한 후 만기일에 수출대금을 지급하는데 이 은행도 사전에 개설은행으로부터 이를 위임받고 있다.[5] 이런 성격의 신용장을 인수신용장이라 한다.

매입은행(negotiating bank)은 수출업자가 발행한 운송서류를 자기 자금으로 먼저 매입한 후 이를 개설은행에 송부하여 대금을 지급받는 은행을 말한다. 만약 서류상의 이유로 개설은행으로부터 지급이 거절되면 수출업자에게 상환청구를 할 수 있다. 이런 성격의 신용장을 매입신용장이라 하며 이 신용장하에서 수출업자는 환어음을 발행해야 한다.

매입은행이 자기 자금 부담으로 선뜻 매입에 나설 수 있는 것은 바로 신용장에서 발행되는 환어음은 단순한 어음이 아니라 실물거래의 결제수단으로 발행된 어음인데다 개설은행이 지급을 보장하고 있어 부도의 위험이 적기 때문이다. 또한 만일 개설은행

5 인수(acceptance)는 환어음상의 용어로 지급인(채무자, 개설은행)이 자기 앞으로 발행된 환어음의 대금을 장래의 특정일(만기일)에 지급하겠다고 약속하는 행위를 말하는데 신용장거래에서는 당연히 개설은행이 인수를 해야 되지만 수입지에 위치하고 있기 때문에 개설은행을 대신해서 인수하는 은행을 수출지에 지정해 두는 것이다.

이 지급을 거절할 경우 매입은행은 수익자에게 매입대금을 돌려달라고 요구할 수 있는 권리를 행사할 수 있기 때문이다.

매입은행은 지정되어 있는 경우도 있고 그렇지 않은 경우도 있는데 만약 매입은행이 지정되어 있으면 수출업자는 반드시 지정된 은행에 가서 환어음 및 운송서류의 매입을 의뢰해야 한다. 그러나 매입은행이 지정되어 있지 않으면 수출업자는 주로 통지은행에 가서 환어음의 매입을 의뢰하는 경우가 많다. 왜냐하면 통지은행은 자신이 신용장을 통지해 주었으므로 신용장 원본의 진위 여부를 쉽게 파악할 수 있기 때문이다. 만약 통지은행이 신용장을 확인도 했고, 그 후 환어음을 매입까지 하게 되면 이 은행은 통지·확인·매입은행이 된다.

지금까지 언급된 신용장의 결제유형에 따른 차이점을 구분해 보면 [표 6-2]와 같다.

표 6-2 | 신용장 결제유형의 구분

구분	지급방식	연지급방식	인수방식	매입방식
환어음 사용 여부	미사용	미사용	사용	사용
지급시기	일람지급	일정기간 후 지급	일정기간 후 지급	일람지급
은행 명칭	지급은행	연지급은행	인수은행	매입은행
개설은행과의 관계	개설은행으로부터 지급지시	개설은행으로부터 연지급지시	개설은행으로부터 인수지시	자유 혹은 지정

2.3 신용장의 독립성과 추상성

신용장거래는 매매당사자들 간의 대금회수와 상품입수를 원활히 하기 위하여 은행이 개입된 거래이기 때문에 이 신용장에는 독립성과 추상성이라는 고유한 특성이 있다. 신용장의 독립성과 추상성이 보장되지 않으면 신용장은 그 기능을 발휘할 수 없게 된다.

1) 신용장의 독립성

신용장의 독립성은 매매계약과 신용장거래는 아무런 상관이 없다는 뜻이다. 신용장은 대금결제의 수단으로서 매도인과 매수인이 매매계약을 체결할 때 결제방법을 신용장으로 할 것을 약정함으로써 생성된다. 그러나 일단 신용장이 개설되면 이 신용장은 그 근거가 되는 매매계약과는 완전히 독립적이며, 매매계약의 내용이 신용장에 하등의 영향을 주지 못하고, 신용장은 어디까지나 독자적인 법률적 성질을 갖게 되는 것이 신용장의 독립성이다.

이러한 독립성이 신용장거래에서 보장되어야 하는 이유는 매매계약은 수출업자와 수입업자 사이에 체결되는 것이지만, 신용장은 매매계약의 당사자와 별도인 은행 간에 체결되는 계약이기 때문이다. 이에 따라 현행 신용장통일규칙 제4조에서도 "신용장은 비록 그것이 매매계약이나 다른 계약에 근거를 두고 있다 하더라도 성질상 이러한 계약과는 별개의 거래이며, 또한 이러한 계약에 대한 참조사항이 신용장에 포함되어 있다고 하더라도 그러한 계약과는 하등의 관계도 없으며 또한 구속당하지 않는다"고 규정하여 신용장의 독립성을 명백히 인정하고 있다.

신용장의 독립성으로 인하여 가장 혜택을 많이 누리는 당사자는 수출업자인 수익자이다. 수출업자의 입장에서 매매계약이 체결되었다고 해서 곧 수출이행까지 보장된 것이라고는 볼 수 없다. 수입업자가 일방적으로 계약을 파기하거나 계약이행을 지연시킬 수 있기 때문이다. 그러나 신용장이 개설되면 독립성으로 인하여 매매계약이 설령 파기되더라도 개설된 신용장은 유효하기 때문에 수출업자는 확실하게 수출을 이행할 수 있게 된다. 이런 이유로 수출업자가 가장 선호하는 대금결제방법이 신용장인 것이다.

2) 신용장의 추상성

신용장의 추상성은 신용장의 당사자들은 서류상의 거래를 한다는 의미이다. 수출업자와 수입업자는 구체적인 상품을 거래한 것이지만 은행은 상품을 대표하는 서류만 가지고서 모든 판단을 한다는 것이 신용장의 추상성이다. 은행은 상인들 간에 거래되는 상품에 대해서는 전문적인 지식이 없을 뿐만 아니라, 또한 은행이 직접 상품을 확인하고 계약의 이행 여부를 판단하려면 많은 시간과 비용이 들기 때문이다.

신용장통일규칙 제5조는 신용장의 추상성을 "신용장의 거래에 있어서 모든 관계당사자는 서류상의 거래를 행하는 것이며, 이들 서류에 관련될 수도 있는 상품, 용역 및 기타 계약이행에 의해 거래되는 것은 아니다"라고 명시적으로 규정하고 있다.

이에 따라 수출업자가 제시한 환어음을 지급, 연지급, 인수 또는 매입하는 은행은 어디까지나 제시된 서류가 신용장의 요건을 충족시켰는가는 서류상으로만 확인하고 수출대금을 결제해야 한다. 마찬가지로 개설은행도 서류상 아무런 하자가 없으면 대금을 상환해야 할 의무가 있다.

수입업자도 신용장의 추상성에 따라 서류만 확인하고 수입대금을 개설은행에 지급해야 한다. 만약 거래물품을 직접 확인한 후 서류를 인수하겠다고 주장하게 되면, 이것은 명백히 신용장의 추상성에 위배되기 때문에 이러한 주장은 성립되지 못한다.

3. 신용장의 종류

3.1 화환신용장과 무담보신용장

화환신용장(documentary credit)은 물품의 대금을 지급하기 위해서 사용되는 신용장을 말한다. 이 신용장상에는 수입업자가 물품을 정확하게 입수하기 위해 선하증권 등의 운송서류가 구체적으로 명시되어 있다.

무담보신용장(clean credit) 또는 무화환신용장은 운송서류가 첨부될 필요 없이 수출업자가 발행한 환어음만으로 지급이 이루어지는 신용장을 말한다. 이는 과거 국가 간의 금융결제수단이 발달하지 않았던 시대에 운임, 보험료, 수수료 등의 용역에 대한 결제용으로 사용되었지만 오늘날에는 거의 사용되지 않는다.[6] 그리고 입찰보증, 계약이행보증, 보증신용장(stand-by credit) 등과 같이 은행이 단순히 지급만 보증하는 것도 무담보신용장의 범주에 속한다.

3.2 취소불능신용장

모든 신용장은 취소가능한 신용장과 취소불능한 신용장으로 구분되며 신용장상에는 이의 표시가 있어야 한다. 만약 신용장상에 취소가능과 취소불능에 대하여 아무런 표시가 없으면 그러한 신용장은 취소불능한 것으로 간주된다(신용장통일규칙 제3조).

신용장이 일단 개설되면 그 유효기간 내에는 수익자와 개설은행(만약 신용장이 확인은행에 의해 확인되었으면 확인은행 포함)의 합의가 없이는 내용변경이나 취소가 불가능한 신용장을 취소불능신용장(irrevocable credit)이라 한다. 따라서 개설은행은 유효기간 내에 수익자가 신용장에서 요구하고 있는 운송서류 등을 갖추어 제시하면 수출대금을 결제할 의무가 있다.

6 한편 'documentary clean credit'는 운송서류가 필요한 거래인데, 수입업자가 운송서류의 제시를 면제해 준 신용장이다. 해외 본·지점 간이나 믿을 만한 거래처 간에는 수입업자가 화물을 빨리 찾도록 선하증권이 발급되는 즉시 이를 수입업자에게 송부한다. 그 후 수출업자는 환어음만 발행하여 수출대금을 찾기 때문에 이 환어음은 운송서류가 첨부되지 않은 무담보어음이다.

3.3 상환청구가능신용장과 상환청구불능신용장

신용장거래에서 수출업자는 신용장의 요건에 따라 운송서류를 갖추고 환어음을 발행하여 이를 거래은행에 제시함으로써 수출대금을 회수하는 경우가 있다. 이 경우 수출업자에게 수출대금을 결제한 은행을 환어음의 선의의 소지인(매입은행)이라 하며, 이 선의의 소지인은 운송서류와 환어음을 개설은행에 송부하여 수출업자에게 지불한 대금을 돌려받는다.

만약 개설은행이 서류상의 하자로 인하여 이의 상환을 거절하게 되면 운송서류와 환어음을 선의의 소지인에게 반송한다. 이때 선의의 소지인이 수출업자에게 이미 지급한 수출대금을 되돌려줄 것을 법적으로 요청할 수 있는 경우를 상환청구가능신용장(with recourse credit), 그렇지 못할 경우 상환청구불능신용장(without recourse credit)이라 한다.

신용장상에 'with recourse'의 표시가 있거나 또는 아무런 표시가 없을 경우에는 상환청구가능신용장으로 간주된다. 만약 신용장상에 'without recourse'라는 표시가 있으면 상환청구불능신용장이 되어, 환어음의 선의의 소지인은 일단 매입한 환어음에 대해서는 상환청구를 할 수 없게 된다. 그러나 우리나라에서는 환어음법상 모든 환어음에 대해서는 상환청구가 가능하기 때문에 상환청구불능신용장은 그 효력을 발휘할 수 없게 된다.

3.4 확인신용장

확인신용장(confirmed credit)은 개설은행 외 제3의 은행이 수출업자 및 그 밖의 당사자에게 지급을 다시 한 번 확약하고 있는 신용장을 말한다. 신용장의 확인은 주로 개설은행의 신용도가 낮을 경우 수출업자가 요구한다. 확인은행은 공신력이 높은 일류은행이거나 또는 수출국에 소재하는 개설은행과의 거래은행이 되는데 보통 후자의 경우가 많다.

3.5 지급신용장과 매입신용장

지급신용장(straight credit)은 개설은행이 수출업자에게 개설은행 또는 동 은행이 지정하는 은행 앞으로 운송서류를 제시하면 지급할 것을 확약하는 신용장을 말한다. 따라서 수출업자는 자기가 구비한 운송서류를 제3자에게 매각할 수 없고, 반드시 신용장에 지정된 지급은행에 가서 자신이 직접 지급을 요청해야 한다. 이 지급은행은 개설은행을 대신하여 수출업자에게 수출대금을 지급하게 된다.

반면 매입신용장(negotiation credit)은 신용장하에서 발행되는 환어음이 매입될 것을 예상하고 개설은행이 환어음의 발행인(수출업자)을 비롯하여 모든 선의의 소지인에게 지급을 약속하는 신용장이다. 따라서 수출업자는 환어음과 운송서류를 제3자에게 매각할 수도 있는데, 이 당사자는 환어음의 선의의 소지인으로서 바로 매입은행이 된다. 매입은행은 수출업자가 발행한 환어음을 자기 자금으로 매입하고, 이를 지급인(통상적으로 개설은행)에게 제시하여 환어음의 지급을 받게 된다.

그리고 매입신용장에서 매입은행이 신용장상에 특정은행으로 지정되어 있는 경우를 제한신용장(restricted credit)이라 하며, 그렇지 않고 어떠한 은행도 매입을 할 수 있는 신용장을 보통신용장(general credit) 또는 자유매입신용장이라 한다.

3.6 일람불신용장과 기한부신용장

수출업자와 수입업자가 매매계약을 체결할 때 상품대금을 즉시 지급하느냐 그렇지 않으면 일정 기간 후에 지급하느냐에 따라 일람불신용장과 기한부신용장이 개설된다.

일람불신용장(sight credit)은 상품대금을 즉시 지급하는 조건의 신용장이며, 수출업자는 환어음을 일람(at sight)조건으로 발행한다. 따라서 환어음상의 지급인은 이 환어음을 일람하는 즉시 지급해야 한다.

기한부신용장(usance credit)은 수입업자가 상품의 대금을 일정기간 후에 지급하는 조건의 신용장이다. 즉, 수입업자가 외상으로 수입할 경우 기한부신용장이 이용된다. 따라서 수출업자는 환어음을 발행할 때, 매매계약에서 약정된 기간 후에 지급을 받을 수 있는 기한부어음을 발행하게 된다.

기한부어음에서는 약정된 일정기간(환어음상의 용어로는 만기일) 후에 지급할 것을 약속하는 지급인의 서명행위(인수, acceptance)가 따르며, 그러한 인수를 행한 은행을 인수은행이라 한다.

3.7 양도가능신용장

양도가능신용장(transferable credit)은 수익자가 신용장의 금액의 전부 또는 그 일부를 제2의 수익자에게 양도할 수 있는 신용장을 의미하는데 반드시 신용장상에 'transferable' 이라는 문구가 기재되어야 한다. 이런 표시가 없는 신용장은 양도불능신용장(non-transferable credit)이다.

신용장의 양도는 원수출업자(제1수익자)가 생산시설을 갖추지 않은 중개업자일 경우 많이 이용되는데 신용장을 양도할 경우에는 원신용장 그 자체를 양도하는 것이 아니라, 원신용장을 근거로 새로운 양도신용장을 제2수익자에게 개설한다. 보통 통지은행이 새로운 양도신용장을 개설하는 양도은행 역할을 하고 양도에 따른 수수료는 원수출업자가 부담한다.

양도가능신용장에 의한 양도는 달리 합의된 사항이 없으면 1회에 한하여 양도될 수 있으며, 또한 분할선적을 금지하지 않는 한 신용장금액을 분할하여 여러 개로 양도할 수 있다. 이런 경우 각 분할양도의 총액이 원신용장의 금액을 초과할 수 없다.

한편, 신용장의 내용은 변경되어서는 안 되는데 이는 수입업자를 보호하기 위해서이다. 그러나 수입업자에게 지장을 주지 않는 신용장금액 또는 단가의 감액, 선적기일 또는 유효기일의 단축, 보험금액의 증액은 가능하다.

3.8 내국신용장

신용장을 접수한 수출업자가 계약물품의 생산에 필요한 원자재 등을 국내에서 조달할 경우 원자재 공급업자에게 내국신용장(local credit)을 개설할 수 있다. 이 신용장은 이미 도착한 신용장을 근거로 동일한 국내에서 개설된다고 하여 내국신용장이라 한다. 그리고 내국신용장의 발급근거가 되는 일반신용장을 원신용장(master credit)이라 한다.

한편, 국내의 원자재 공급업자는 내국신용장의 수익자이며 자기가 제공한 원자재가 수출이 되든 그렇지 않든 간에 신용장의 독립성에 따라 내국신용장의 개설은행으로부터 원자재 납품대금을 받을 수 있다.[7]

3.9 전대신용장

일반신용장의 경우 대개 수출업자는 계약물품을 선적하여 선하증권이 발급된 후 이를 매입은행에 매입 의뢰함으로써 수출대금을 찾을 수 있게 된다. 그러나 이 신용장을

7 내국신용장을 이용해서 수출용 원자재 등을 확보하는 것은 제10장 수출이행의 주요 과정에서 설명하기로 한다.

이용하게 되면 수출업자는 선적하기도 전에 수출대금을 미리 찾을 수 있다. 이는 수입업자가 계약물품의 생산에 필요한 자금을 수출업자에게 융자하는 결과이기 때문에 이런 신용장을 전대(前貸)신용장이라 하고, 수출업자가 수출대금을 선적 전에 미리 찾을 수 있다는 신용장상의 문구가 붉은색으로 인쇄되어 있다고 하여 'Red Clause L/C'라고도 한다.[8]

3.10 회전신용장

회전신용장(revolving credit)은 일정 기간 일정한 금액의 범위 내에서 신용장이 자동갱신되는 신용장을 말한다. 보통 신용장에서는 수출업자가 환어음을 발행하여 수출대금을 회수하게 되면 신용장은 그 효력을 상실하게 되는데, 회전신용장은 이 순간부터 다시 새로운 신용장으로 효력을 나타낸다.

동일 거래처 간에 동일 물품을 계속적으로 거래할 경우, 매 거래 시마다 비슷한 내용의 신용장을 개설하려면 많은 시간과 비용이 필요하게 되고, 또 일정기간 예상되는 물품의 금액을 일시에 개설하게 되면 자금부담도 따르게 된다. 이런 경우 예상되는 기간 동안 하나의 신용장을 개설하고, 수입대금을 분할하여 지급할 수 있는 회전신용장이 이용된다.

3.11 구상무역 신용장

구상무역(compensation trade)은 양국 간의 수출입 균형을 맞추기 위하여 수출입물품의 대금을 그에 상응하는 수입 또는 수출로 상계하는 무역을 말하는데 이와 같은 특수한 무역거래에서는 주로 다음과 같은 신용장이 이용된다.

1) 동시개설신용장

동시개설신용장(back to back credit)은 수출업자와 수입업자가 동시에 신용장을 개설함으로써 양국 간의 수출입을 균형화시키는 신용장이다. 동시개설신용장에는 한 나라에서 일정액의 수입신용장을 발행할 경우 그 신용장은 수출국에서도 같은 금액의 수

8 전대신용장은 수출업자가 수출대금을 미리 찾을 수 있다는 의미에서 수출선수금신용장이라고도 하고, 또한 역사적으로 수출업자가 수입업자의 자금으로 계약물품을 한 곳으로 모아 선적한다는 의미에서 'Packing L/C'라고도 한다.

입신용장을 개설해 줄 경우에만 유효하다는 조건이 부가되어 있다.

2) 기탁신용장

기탁신용장(escrow credit)은 수출업자가 수출대금을 반드시 자신 명의의 기탁계정(escrow account)에 입금해 두었다가, 수출한 지역으로부터 수입할 경우 수입대금을 이 계정에서 지급할 것을 조건으로 하는 신용장이다. 이 기탁신용장은 동시개설신용장처럼 동일한 금액으로 동시에 개설되는 조건이 아니기 때문에 물품의 선택과 기일 등에서 자유롭다.

3) 토마스신용장

이 신용장은 과거 중국과 일본이 처음 교역할 때 사용되었는데 수출업자는 신용장을 받는 대가로 일정 기간 후에 수출업자도 동액의 신용장을 개설하여 수입하겠다는 각서를 수입업자에게 보내야만 신용장이 유효하게 된다. 수출국에서 수출할 물품은 확정되었는데 그 대가로 수입할 물품이 결정되지 않았을 경우 각서를 이용하여 먼저 수출하게 된다. 이러한 각서무역(memorandum trade)을 처음 시작한 일본 기업의 전신약어를 모방하여 'TOMAS L/C'라 한다.

3.12 보증신용장

보증신용장(stand-by credit)은 상품의 대금을 결제하기 위해서가 아니라 단순히 지급확약용으로 사용되는 보증신용장이다. 보증신용장이 사용되는 예를 [그림 6-4]를 통하여 살펴보면 다음과 같다.

[그림 6-4]에서 본사의 해외 지사가 현지에서 금융을 일으킬 경우, 본국의 은행이 개설해 주는 보증신용장을 담보제공용으로 이용할 수 있다. 즉 현지의 은행은 상환에 대한 모든 책임을 지겠다는 지급확약서인 보증신용장을 토대로 금융을 제공한다. 현지은행은 보증신용장의 수익자가 되며, 본국은행은 이 신용장개설은행 그리고 본사는 보증신용장의 개설의뢰인이 된다.

만약 해외 지사가 금융을 기한 내에 상환하지 않게 되면 현지은행은 모든 책임을 보증신용장의 개설은행에 부담시킨다. 따라서 본국은행은 보증신용장을 개설할 때 이에 상응하는 담보를 확보한다. 보증신용장의 개설의뢰인인 본사는 국내의 부동산을 담보

▌그림 6-4▐ 보증신용장의 원리

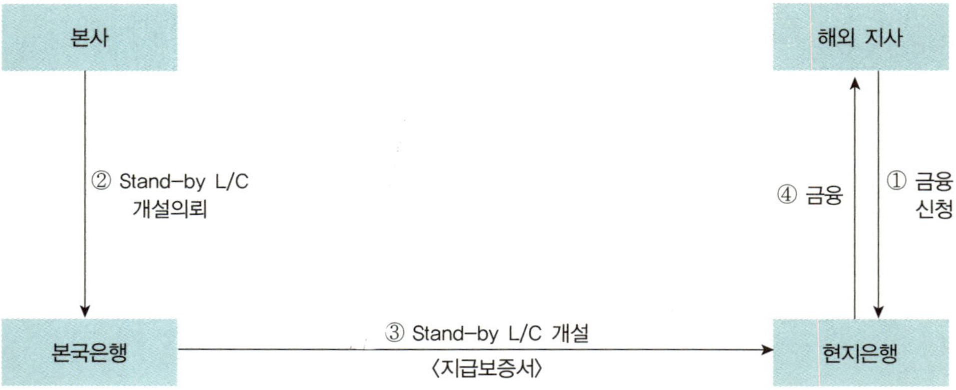

로 해외에서 금융을 일으키는 결과가 된다.

이와 같이 보증신용장은 단순히 은행의 지급확약용으로만 사용되기 때문에 상업화환신용장이 아니라 무담보신용장에 속하게 된다. 현행 신용장통일규칙에서는 보증신용장이 국제거래에서 널리 이용되고 있는 점을 감안하여, 비록 무담보신용장이지만 화환신용장통일규칙의 적용을 받도록 규정하고 있다(신용장통일규칙 제1조).

3.13 스위프트신용장

스위프트(SWIFT)신용장은 신용장의 종류라기보다는 요즈음 신용장이 개설되는 방식에 근거하여 분류한 것이다.[9] 스위프트시스템은 기존의 은행 간 통신보다 효율성이 높기 때문에 국가 간 은행업무가 신속·정확하게 처리될 수 있다. 그리고 각 회원들에게는 스위프트가 국제표준화기구에서 명시한 코드체계를 바탕으로 만든 은행인식코드(Bank Identification Code : BIC)가 부여되기 때문에 상호 간의 정보가 안전하고 신뢰성이 높다.

초기에는 우편을 이용해서 신용장(우편신용장 : mail credit)을 개설하고 통지해 주었는데 시간이 많이 소요되고 도중에 분실되는 경우도 종종 발생하였다. 특히 신용장은 개설은행의 지급확약서이기 때문에 이를 위조하는 경우도 많아서 선의의 피해자가 생기기도 하였다. 통신기술이 발달함에 따라 점차 전신으로 신용장을 개설하기 시작했는

9 스위프트는 국가 간의 대금결제 등 은행 간 업무를 데이터통신망으로 연결하기 위해 1973년에 설립된 세계은행 간 금융데이터통신협회(Society for Worldwide Interbank Financial Telecommunication)를 말한다.

데 비용이 많이 들어 신용장의 주요 내용만 전신으로 보내고 전체 신용장은 우편으로 별도로 보내기도 하였다.[10]

그러나 스위프트가 설립되면서부터는 주요 은행들이 이 협회에 가입함으로써 은행 간 통신업무는 이 시스템에 의해 처리되고 있고, 신용장의 개설・통지 등의 업무도 자연히 스위프트에 의하고 있다. 우리나라의 경우도 주요 은행들이 이 협회에 가입되어 있어 후진국과의 거래 등 극히 일부를 제외하고 모든 신용장거래는 스위프트를 이용하고 있다.

4. 화환신용장의 내용

4.1 표준양식신용장의 내용

신용장은 국제상업회의소가 권고한 화환신용장 발행을 위한 표준양식(Standard Forms for Issuing of Documentary Credit)에 기본을 두어 각 은행의 실정에 알맞은 형식으로 발행되고 있다. 무역거래에서 많이 사용되고 있는 취소불능화환신용장을 중심으로 신용장의 주요 내용을 살펴보면 다음과 같다.[11]

1) 신용장 자체에 관한 사항

① 개설은행의 표시 : 신용장이 우편으로 개설될 경우에는 개설은행의 양식이 사용되기 때문에 신용장 맨 상단 서두에 개설은행명과 주소가 표시되어 있다. 그러나 전신으로 통지되는 신용장은 통지은행 소정의 양식을 이용하기 때문에 서두는 통지은행이 되고 개설은행은 전문의 내용이나 통지은행의 신용장양식 속에 별도로 명

10 전신신용장은 신용장의 내용 모두를 전송하는 full cable(full tele-transmission)방식과 주요 내용만 간결히 전송하는 short cable(short tele-transmission)방식이 있다.
full cable에는 'This is an operative credit'라는 표시가 있어 전신신용장이 곧 유효한 신용장이 된다.
short cable방식은 수출업자에게 신용장이 개설되었다는 사실과 주요 내용을 미리 알려주기 위해서 이용된다. 이러한 예비통지의 신용장에는 'full details to follow(상세한 사항은 추후 통지함)'와 같은 표현이 있어 그 자체로는 유효한 신용장으로 간주되지 않고 반드시 신용장 원본(mail confirmation)이 다시 수출업자에게 통지된다.
short cable방식을 이용하면 전신 및 우편으로 신용장이 두 번 개설되는 번거로움이 있고 오늘날에는 전신료도 저렴하므로 이 방식보다는 신용장 내용의 전부를 전신으로 보내는 full cable방식이 대부분 이용되고 있다. 그리고 전신으로 개설되는 신용장은 사전에 개설은행과 통지은행 간에 Test Key가 교환되고 있어 신용장의 위조를 방지한다.

11 오늘날은 거의 스위프트신용장이 사용되고 있어 이런 표준양식은 보기 드물지만 신용장의 내용을 분석하기 위해 인용하고자 한다.

시되어 있다.

그리고 신용장은 개설은행이 수익자에게 지급을 약속하는 편지의 형식으로 발행되기 때문에 대개 다음과 같은 문언으로 시작된다. 신용장상의 일인칭 표현인 'we', 'our', 'us' 등은 모두 개설은행을 지칭한다. 예문의 마지막은 개설은행이 수익자에게 어음발행의 권한을 부여하는 내용이다.

- We hereby open …
- We hereby open issue …
- We hereby authorize you to value on …

② **신용장의 개설일자** : 신용장이 개설된 일자는 보통 신용장 상단에 표시되며, 이 일자는 개설은행의 지급확약이 시작되는 날을 의미한다.

③ **신용장의 종류** : 신용장의 종류에 대해서는 취소불능화환(irrevocable documentary), 취소불능매입(irrevocable negotiation) 등의 정도로 표기된다. 이와 같이 간결하게 표기되는 것은 신용장통일규칙이나 신용장의 내용을 통해서 신용장의 종류를 알 수 있기 때문이다.

예를 들어 취소불능 또는 취소가능의 표시가 없으면 취소불능으로 간주되고, 화환이라는 표시가 없어도 신용장상에 수익자가 구비해야 할 운송서류가 명시되어 있으면 그 신용장은 자동으로 화환신용장이 된다. 그리고 환어음의 만기일 표시를 보고 일람불신용장(sight credit)인지 기한부신용장(usance credit)인지를 알 수 있다.

④ **신용장의 유효기일 및 장소** : 모든 신용장은 지급, 연지급, 인수 또는 매입을 위하여 서류가 제시되어야 할 최종기일과 장소(자유매입신용장 제외)를 명시해야 한다. 신용장의 유효기일은 개설은행의 지급확약이 유효한 기간을 의미한다. 만약 신용장상에 서류제시의 장소가 지정되어 있으면 그 장소에, 그 외에는 수익자가 통상 거래하는 은행에 관계서류가 제시되어야 할 최종일이 된다.

신용장의 유효기일은 다음과 같이 여러 가지 형태로 표시된다. 세 번째 예문은 지명이 표시되어 그날까지 싱가포르에서 매입되어야 함을 나타낸다.

- This credit expires on ×××
- Drafts must be presented for negotiation not later than ×××
- This credit expires on ××× for negotiation in Singapore.

[서식 6-2] 표준서식에 의한 신용장

<table>
<tr><td colspan="3">Midland Bank Singapore Branch
21 Collyer Quay #03-06 Singapore 0104
Date and place : 7 September 2019, Singapore (ORIGINAL for BENEFICIARY)</td></tr>
<tr><td rowspan="2">IRREVOCABLE DOCUMENTARY CREDIT</td><td colspan="2">Credit Number</td></tr>
<tr><td>of Issuing Bank IC771187</td><td>of Advising Bank
A8801-712-00872</td></tr>
<tr><td>Advising Bank
Korea Exchange Bank
Seoul, Korea</td><td colspan="2">Applicant
Spring Field Co., Ltd.
Singapore</td></tr>
<tr><td rowspan="2">Beneficiary
Doori Silup Co., Ltd.
CPO Box 1234
Seoul, S. Korea</td><td colspan="2">Amount
USD 430,000.00</td></tr>
<tr><td colspan="2">Expiry
Date 10 Jan. 2020 in beneficiary's country for negotiation</td></tr>
<tr><td colspan="3">Dear Sir(s),
We hereby issue in your favour this documentary credit which is available by negotiation with any bank of your draft at sight drawn on us accompanied by the following documents :
1) Signed Commercial Invoice in triplicate.
2) Full set of clean on board ocean Bill of Lading made out to our order marked Freight Prepaid and notify applicant.
3) Packing List in duplicate.
4) Insurance Policy or Certificate in negotiable form, in duplicate, endorsed in blank, covering ICC.(A). Institute War Clauses(Cargo) for full invoice value plus 10% with claims payable in Singapore in the currency of the draft.
Evidencing shipment of 5,000kgs of cold rolled steel strips CIF Singapore.</td></tr>
<tr><td>Shipment from Korea
to Singapore latest 10 Jan. 2020</td><td>Partial Shipment
not allowed</td><td>Transshipment
not allowed</td></tr>
<tr><td colspan="3">Special condition(s) :
- Documents to be presented within 10 days after the date of issuance of the transport document but within the validity of the credit.
- All banking charges outside Singapore are for account of beneficiary.
- All documents to be sent to us by registered airmail in 2 consecutive lots.
- Proceeds drawn under this credit will be remitted as per instruction of the negotiating bank upon receipt of the documents in compliance with the terms and conditions of the credit.</td></tr>
<tr><td colspan="2" rowspan="2">We hereby engage with drawer and/or bona fide holders that drafts drawn under and negotiated in conformity with the terms and conditions of this credit will be duly honoured on presentation and that drafts accepted within the terms of this credit will be duly honoured at maturity.</td><td>Advising Bank's notification</td></tr>
<tr><td></td></tr>
<tr><td colspan="3">This credit is issued subjcet to "Uniform Customs and Practice for Documentary Credits", 2007 revision, ICC Publication No. 600.</td></tr>
</table>

만약 신용장 유효기일이 '1개월간' 등 기간으로 표시되고 기산일이 없으면 신용장개설일자를 기산일자로 간주한다. 그리고 신용장 유효기일은 그 최종일이 공휴일이면 그 다음의 첫 은행영업일까지로 연장된다.

⑤ **신용장개설의뢰인** : 신용장거래에서 궁극적으로 수입대금을 지급하는 자는 수입업자인 개설의뢰인이기 때문에 아래와 같은 표현 다음에 신용장개설의뢰인의 상호, 주소 등이 기재된다.

- for account of ×××
- by order of ×××

⑥ **수익자** : 대부분의 신용장에는 수익자의 표시 칸이 별도로 있어 거기에 수익자의 상호와 주소가 기재된다. 그리고 수익자는 신용장을 받아보는 수신인이기 때문에 신용장상의 2인칭 'you'는 수익자를 가리킨다. 수익자의 표현과 관련된 예는 다음과 같다.

- We open our irrevocable L/C in your favor …
- We hereby issue our irrevocable credit in favor of ×××

⑦ **통지은행** : 통지은행은 개설은행에서 보내는 신용장을 수익자에게 전달해 주는 은행이며, 통상 수익자가 소재하는 지역에 있는 개설은행의 환거래은행이 된다. 대개의 신용장에는 통지은행의 표시 칸이 지정되어 있지만 경우에 따라서 다음과 같은 표현이 사용된다.

- Via air mail through ××× Bank
- This credit being advised by air mail through ××× Bank.

⑧ **신용장금액** : 신용장금액은 수익자가 사용할 수 있는 최대한도금액이다. 이 금액은 숫자와 문자로 표시되며 표준형식의 신용장에는 "U$ 300,000(US Dollars Three Hundred Thousand Only)"처럼 표시된다. 그러나 표준형식을 사용하지 않을 때는 대개 다음과 같은 표현이 사용된다.

- for an amount of ×××
- up to an aggregate amount of ×××
- for a sum or sums not exceeding a total of ×××

만약 신용장금액 앞에 'about', 'circa', 'approximately' 등의 표시가 있으면 10%

의 과부족이 허용된다(신용장통일규칙 제30조).

2) 환어음에 관한 사항

① **신용장 이용가능 은행** : 신용장상에는 수출업자가 거래해야 할 지급, 연지급, 인수 또는 매입은행이 명시된다. 그러나 자유매입신용장에서는 매입은행이 지정되어 있지 않기 때문에 지정은행 표시가 없으며 수익자는 보통 자기가 거래하는 은행에 가서 환어음의 매입을 의뢰한다.

② **신용장대금의 결제방식** : 신용장대금을 결제하기 위해 지급, 연지급, 인수 또는 매입방식 중에서 허용되는 방식을 기재한다.

③ **지급인** : 환어음상의 지급인은 대개 다음과 같이 표시되며 'on' 다음에 은행명이 기재된다. 신용장하에서 발행되는 환어음의 지급인은 개설은행이나 지정된 은행이다.

- … to draw on ×××
- … to value on ×××

④ **만기일 및 금액** : 환어음의 만기일과 금액에 관한 예시는 다음과 같다. 기한부신용장의 경우에는 'at' 다음에 만기일이 표시되며, 신용장금액을 초과한 환어음은 발행될 수 없다.

- at sight for 100% of invoice value …
- at 30 days sight for full invoice value …

3) 상품명세에 관한 사항

거래상품에 대해서는 상품명, 수량, 단가, 가격조건, 원산지 등을 표시하고 관련 매매계약서의 번호, 계약일자 등을 간결이 표시한다. 신용장에 기재되는 상품의 명세는 상업송장상의 상품명세와 일치해야 한다. 그러나 그 외의 모든 서류에서는 신용장상의 상품명세와 모순되지 않는 일반적인 용어로 표시할 수 있다(신용장통일규칙 제18조).

4,000 PCs. of Men's Split Leather Jackets as per Sales Note No. 123 dated May 10, 2014 @ U$50 CIF Busan.

4) 서류에 관한 사항

신용장거래는 서류상의 거래이기 때문에 신용장에는 수익자가 구비해야 할 서류가 명시되어 있다. 상업송장과 선하증권(운송증권)은 신용장거래에서 반드시 요구되는 필수서류이며 그 외 보험증권, 포장명세서 등을 비롯한 여러 가지 서류가 사용된다.

① **상업송장** : 상업송장(commercial invoice)은 매도인이 매수인 앞으로 작성하는 대금청구서이며 모든 상거래에 반드시 필요한 서류이다. 신용장상에 별도의 지시가 없는 한 상업송장은 신용장개설의뢰인 앞으로 작성되어야 한다. 그리고 신용장금액을 초과한 금액으로 발행된 상업송장은 수리되지 않는다(신용장통일규칙 제18조). 상업송장에 관한 표시는 대개 다음과 같다.[12]

> Signed Commercial Invoice in triplicate.

② **선하증권** : 계약물품의 운송방법에 따라 선하증권, 항공화물운송장, 복합운송증권 등이 요구된다. 선하증권에 관한 요구사항은 대개 다음과 같다.

> Full set of clean on board ocean bill of lading made out to the order of ABC Bank(issuing bank) marked freight prepaid and notify applicant.

가) full set : 일반적으로 선하증권은 'original', 'duplicate' 및 'triplicate' 3통을 1조로 하여 발행된다. 선박회사가 화물의 인도 시 요구하는 것은 발행된 선하증권 중 1통이며 또한 각 선하증권은 독립적으로 효력을 갖는다. 따라서 신용장 취급은행에서는 선박회사가 발행한 3통의 선하증권 모두를 제시받아야 물품에 대한 담보권을 확보할 수 있기 때문에 신용장조건으로 3통 제시를 요구한다.

나) clean : 화물이나 포장상태에 아무런 하자가 없는 무사고 선하증권을 의미한다.

다) on board : 화물이 선적된 후 발급되는 선적선하증권을 의미한다.

라) ocean : 국제해상운송에서 발행되는 해양선하증권을 뜻한다.

마) made out to the order of ABC Bank(issuing bank) : 이 지시사항은 화물을 받아 보는 수화인을 나타내는 것이다. 무역거래에서는 대부분의 선하증권이 지시식으로 발행되기 때문에 여기서도 ABC은행(개설은행)의 지시식으로 발행할 것을 요구하고 있다.

바) freight prepaid : 운임선불을 표시한 것이다. CFR 조건이나 CIF조건에서는 이와 같이 운임이 선불로 나타나지만, FOB인 경우에는 운임도착지불(freight collect)

12 송장에 관한 자세한 내용은 제10장에서 설명하기로 한다.

로 표시된다.

사) notify applicant : 통지선(notify)은 선박회사로부터 화물도착통지서(arrival notice)를 받아보는 당사자를 말하는데 보통 수입업자 또는 수입업자가 지정한 통관사이다.

항공운송의 경우에는 보통 개설은행을 수화인으로 하는 항공화물운송장(air waybill)이 요구된다. 이 운송장은 비유통 운송서류이기 때문에 기명식으로 발급되고, 개설은행이 운송장에 배서를 해야만 화물을 찾을 수 있다. 그 외의 사항은 선하증권의 경우와 유사하다.

복합운송증권은 대부분 선하증권의 형태를 변형한 것이기 때문에 신용장상에 보통 요구하는 복합운송증권은 선하증권과 그 내용이 비슷하다. 그러나 선하증권은 선적 후 발급되는 선적선하증권이지만, 복합운송증권은 화물이 운송인의 보관하에 있을 때 발행되는 수취식의 형태를 띠고 있다.

③ **보험서류** : CIF 또는 CIP 거래조건일 경우 수익자는 반드시 신용장에 명시된 보험서류를 구비해야 한다. 보험서류에 관한 표시는 대개 다음과 같다.

> Insurance policy or certificate in duplicate, endorsed in blank for 110% of the invoice value covering Institute Cargo Clauses(C).

수출업자가 보험회사와 개별적으로 적하보험계약을 체결할 경우 보험증권이 발급된다. 그리고 동일한 종류의 물품을 같은 지역에 되풀이해서 선적할 경우에는 포괄보험(open cover)이 이용된다. 포괄보험에서는 개별적으로 물품이 보험계약을 체결했다는 보험증명서(certificate of insurance)가 발급되는데 이 보험서류도 은행에서 수리될 수 있다. 보험서류는 문면상 보험회사, 보험자 또는 그 대리인에 의해 발행되고 서명되어야 한다. 그리고 보험서류 원본이 두 통 이상 발행되면 모든 원본을 제시해야 한다.[13]

④ **포장명세서** : 포장명세서는 운송화물의 포장상태에 대해서 자세히 명시된 서류이다. 주로 포장단위별 순중량, 총중량, 용적, 화인(marks), 일련번호 등이 기재되어 있다. 포장명세서에 관한 표시는 대개 다음과 같다.

---

13 신용장상에 별도 규정이 없는 한 선적일 이후에 부보된 보험서류는 수리되지 않는다. 선하증권에 나타나는 선적일자보다 보험서류의 일자가 늦어지면 그 기간 동안 이 화물이 보험으로 커버되어 있지 않고 위험에 노출되어 있었다고 볼 수 있다. 따라서 부보일자가 선적일 이후로 되어 있는 보험서류는 정당한 서류라고 볼 수 없는 것이다.

> Packing List in quadriplicate(4 copies)

⑤ **기타 서류** : 이 외에도 원산지증명서, 검사증명서, 중량 및 용적증명서 등이 신용장거래의 성질에 따라 요구된다. 이에 대한 예시를 보면 다음과 같다.

> Certificate of Origin in duplicate.
> Inspection Certificate in triplicate.
> Certificate of Weight and Measurement in quadruplicate.

5) 운송에 관한 사항

① **분할선적(partial shipment)** : 분할선적의 허용 여부는 보통 허용 또는 금지로 표시하며, 이에 대하여 아무런 표시가 없으면 분할선적이 허용되는 것으로 간주한다(신용장통일규칙 제40조). 이에 대한 예시는 다음과 같다.

> Partial shipments are ☑ allowed ☐ not allowed.

동일한 항로와 동일한 선박에 의한 선적은 본선선적을 증명하는 운송서류에 비록 다른 일자나 선적지가 표시되어 있어도 분할선적으로 간주하지 않는다(신용장통일규칙 제40조). 예를 들어 부산을 출항하여 홍콩을 거쳐 목적지인 캘커타로 가는 선박의 경우 부산항에서 계약물품을 반만 선적하고 나머지는 며칠 후 홍콩에서 선적하더라도 동일항로 및 동일선박에 의한 선적이기 때문에 분할선적으로 간주되지 않는다는 것이다.

그리고 일정 기간의 할부선적(shipment by installments)이 규정된 신용장인 경우 그 중 어느 한 선적분이 허용된 기간 내에 선적되지 않았을 경우에는 신용장에 별도의 명시가 없는 한 당해 할부선적분은 물론 그 이후의 모든 선적분에 대해서도 그 신용장은 무효가 된다(신용장통일규칙 제41조).

② **환적(transshipment)** : 환적의 경우에도 다음과 같이 허용 또는 금지로 표시된다. 신용장에 환적이 금지되어 있더라도 운송인이 환적할 수 있는 권리를 유보한다는 뜻의 약관이 인쇄되어 있는 운송서류는 수리된다.

> Transshipments are ☐ allowed ☑ not allowed.

③ **선적기일** : 선적기일은 대개 다음과 같이 표시된다.[14]

- Shipment must be made on or before
- Shipment must be effected not later than … at the latest

선적기일의 표시가 없으면 신용장의 유효기일을 최종선적일로 한다. 그리고 선적해야 할 최종일이 공휴일이라도 선적기일은 연장되지 않는다. 선적일의 기준은 선하증권의 발급일자 또는 본선적재일자로 한다.

그리고 선적에 관해서 신속히(prompt), 즉시(immediately), 가능한 빨리(as soon as possible) 등과 같은 표현은 사용되어서는 안 된다. 만약 선적일 앞에 'on or about'라는 표현이 사용된 경우에는 은행은 양쪽 끝날을 포함하여 지정일 이전 5일부터 지정일 이후 5일까지 선적하는 것으로 해석한다(신용장통일규칙 제46조).

선적기일의 표시에 사용되는 'to', 'until', 'till', 'from'은 해당 일자를 포함하는 것으로 해석되지만, 'after'란 용어가 사용되면 기재된 일자는 제외된다(신용장통일규칙 제47조).

6) 기타 지시사항

① **이중매입 방지문언** : 신용장에 의하여 환어음을 매입하였을 때는 같은 신용장을 가지고 이중으로 매입하는 것을 방지하기 위해 신용장 원본의 뒷면에 매입사실을 기재하도록 매입은행에 대해서 다음과 같은 지시사항이 명시된다.

> The amount and date of negotiation of each drafts must be endorsed on the reverse hereof by the negotiating bank.

② **은행수수료의 부담** : 신용장이 개설된 국가 이외에서 은행업무와 관련된 수수료와 요금을 부담하는 자를 명시한다. 통상 수익자가 이를 부담하기 때문에 다음과 같은 문언이 기재된다.

> Unless otherwise expressly stated, banking commissions and charges outside issuing country are for account of beneficiary.

③ **서류의 송달방법** : 이는 신용장하에서 발행된 서류를 개설은행으로 송부하는 방법에 관한 지시사항이다. 통상 분실 등에 대비해서 항공등기우편으로 두 번 나누어

14 본선적재(loading on board), 발송(dispatch), 운송을 위한 인수(accepted for carriage), 우편수령일(date of post receipt), 접수일(date of pick-up), 수탁(taking in charge) 등으로 선적기일을 표시해도 선적과 같은 뜻으로 간주한다.

송부되는데 그 예시는 다음과 같다.

All documents must be forwarded to the issuing bank in two lots by registered airmail.

④ **개설은행의 지급확약문언** : 모든 신용장의 하단에는 개설은행이 신용장조건에 일치하여 제시하는 운송서류에 대해서 지급, 연지급, 인수 또는 매입할 것을 확약하는 문언이 인쇄되어 있다. 지급신용장일 경우 이러한 확약을 받는 당사자가 수익자뿐이지만, 매입신용장의 경우에는 수익자를 포함한 모든 선의의 소지인이다. 지급신용장과 매입신용장에서 개설은행의 지급확약문언은 대개 다음과 같다.

- 지급신용장 : We engage with you that drafts drawn in conformity with the conditions of this credit will be duly honored by us.
- 매입신용장 : We hereby agree with the drawers, endorsers, and bona-fide holders of drafts drawn under and in compliance with the terms of this credit that the same shall be duly honored on due presentation.

⑤ **신용장통일규칙 준거문언** : 모든 신용장에는 달리 합의된 사항이 없으면 신용장거래에서 야기되는 문제는 2007년도에 개정된 신용장통일규칙에 준한다는 내용의 문언이 다음과 같이 인쇄되어 있다.

Unless otherwise expressly stated herein, this credit is subject to the Uniform Customs and Practice for Documentary Credits (2007 Revision), International Chamber of Commerce Publication No.600.

⑥ **특별 지시사항** : 거래의 성격에 따라 특별히 지시할 사항이 있으면 특별 지시사항으로 신용장상에 표시된다. 보통 신용장의 양도, 매입은행의 지정, 특정선박의 지정 등에 관한 사항이 특별히 지시되는데 그 예시는 다음과 같다.

- This credit is transferable.
- Negotiations under this credit are restricted to the advising bank.
- Shipment must be effected by S.S. Golden Bear of Hanjin Line Only.

4.2 스위프트신용장의 내용분석

1) MT 700에 의한 화환신용장 포맷

우리나라의 주요 은행들은 모두 스위프트에 가입되어 있어 후진국과의 거래 등 극히 일부를 제외하고 신용장거래는 스위프트시스템을 이용하고 있다. 스위프트신용장은 기존의 신용장과 전혀 다른 것이 아니라 신용장의 내용을 단지 컴퓨터통신망을 통해 전달하는 것이기 때문에 메시지가 포맷으로 되어 있을 뿐이다. 화환신용장의 발행 메시지 포맷은 'M/T 700/701'이며 이에 따른 화환신용장의 구조는 [표 6-3]과 같다.[15] 이 포맷은 필수사항과 임의사항으로 나누어져 있다.

2) 필수사항

다음과 같은 사항은 신용장의 주요 내용을 알려주는 것으로 반드시 표현되어야 한다.

① 27 Sequence of Total : 1/1
개설된 신용장의 순서를 말하는데 1/1은 한 건의 거래에 한 건의 신용장이 발행되었음을 의미한다.

② 40A Form of Documentary : IRREVOCABLE
화환신용장의 형식은 취소불능임을 의미한다.

③ 20 Documentary Credit Number : 001/900/5690/DPU
화환신용장의 개설번호를 말한다.

④ 31C Date of Issue : 200227
화환신용장의 개설일자로 2020년 2월 27일에 개설되었음을 의미한다.

⑤ 40E Applicable Rules : UCP LATEST VERSION
화환신용장의 준거법으로 신용장 통일규칙 최근버전을 따르고 있음을 나타내고 있다.

⑥ 31D Date and Place of Expiry : 201115/KOREA
신용장 유효기일 및 장소를 말한다. 신용장 유효기일은 수출업자가 서류를 은행에 제출하는 최종일자를 말하는데 국가 간 시차를 고려하여 제출지역을 명기하도

15 MT 700은 화환신용장의 내용을 전달하기 위한 기본포맷이며, MT 701은 화환신용장의 내용이 MT 700의 최대 입력 길이를 초과할 경우 MT 700에 추가하여 사용할 수 있도록 마련된 메시지 포맷이다. 이러한 포맷들의 상세는 SWIFT사의 포맷개정에 따라 소폭 변동되는데, 여기에서는 SWIFT사가 2017년 11월에 발표한 Message Reference Guide를 기준으로 설명한다.

록 하고 있다. 단, '48 Period for Presentation in Days'에 제시기일이 명기된 경우에는 신용장 유효기일 이내이면서 명기된 제시기일 이내에 서류제시가 이루어져야 한다.

⑦ 50 Applicant : AS ABOVE

신용장 개설의뢰인, 즉 수입업자의 표현인데 서두에 표시되어 있음을 나타내고 있다.

⑧ 59 Beneficiary : AS ABOVE

수익자, 즉 수출업자의 표시이다. 서두에 수익자 상호 및 주소가 나와 있다.

⑨ 32B Currency Code, Amount : USD4033454.00

통화 및 신용장금액의 표시이다.

⑩ 41A Available With ... By ... : KOEXKRSE BY PAYMENT

결제유형이 지급임을 나타내는 것이다.

⑪ 49 Confirmation Instructions : WITHOUT

확인에 관한 지시사항인데 이번 경우는 없음을 나타낸다.

표 6-3 | MT 700에 의한 화환신용장 포맷

MO	Tag	Field Name	분야명
M	27	Sequence of Total	총량
M	40A	Form of Documentary Credit	화환신용장 형태
M	20	Documentary Credit Number	화환신용장 번호
O	23	Reference to Pre-Advice	예비통지
M	31C	Date of Issue	개설일자
M	40E	Applicable Rules	준거법
M	31D	Date and Place of Expiry	유효기일 및 장소
O	51a	Applicant Bank	개설은행
M	50	Applicant	개설의뢰인
M	59	Beneficiary	수익자
M	32B	Currency Code, Amount	통화코드, 금액
O	39A	Percentage Credit Amount Tolerance	신용장금액 허용한도
O	39C	Additional Amounts Covered	추가금액
M	41a	Available With ... By ...	활용방법

O	42C	Drafts at ...	환어음만기
O	42a	Drawee	환어음 지급인
O	42M	Mixed Payment Details	혼합지급 상세
O	42P	Negotiation/Deferred Payment Details	매입/연지급 상세
O	43P	Partial Shipments	분할선적
O	43T	Transhipment	환적
O	44A	Place of Taking in Charge/Dispatch from .../ Place of Receipt	인수장소/송부장소/수취장소
O	44E	Port of Loading/Airport of Departure	선적항/출발공항
O	44F	Port of Discharge/Airport of Destination	양하항/도착공항
O	44B	Place of Final Destination/For Transportation to .../Place of Delivery	최종목적지/인도장소
O	44C	Latest Date of Shipment	최종선적일
O	44D	Shipment Period	선적기간
O	45A	Description of Goods and/or Services	상품 및/혹은 용역 명세
O	46A	Documents Required	구비서류
O	47A	Additional Conditions	추가조건
O	49G	Special Payment Conditions for Beneficiary	수익자에 대한 특별지급조건
O	49H	Special Payment Conditions for Receiving Bank	수취은행에 대한 특별지급조건
O	71D	Charges	수수료
O	48	Period for Presentation in Days	제시기일
M	49	Confirmation Instructions	확인지시사항
O	58a	Requested Confirmation Party	확인은행
O	53a	Reimbursing Bank	상환은행
O	78	Instruction to the Paying/Accepting/Negotiating Bank	지급/인수/매입은행에 대한 지시사항
O	57a	'Advising Through' Bank	통지은행
O	72Z	Sender to Receiver Information	추가정보

M : 필수사항, O : 임의사항

[서식 6-3] 스위프트양식의 신용장

KEB HANA BANK

※ Advice Br. : 둔산
Advice of
Issue of Documentary Credit
※ Beneficiary :
KOREA MINTING AND SECURITY PRINTING CORP. 2ND FLR. SIGETAP BLDG. 820-11. YEOKSAMDONG, KANGNAM GU, SEOUL
※ Amount : USD4.033.454.00
※ Expiry Date : 2020. 11. 15
※ Receip No. : 20200302-7-0059-00
※ Sender's bank : 340490312

※ Advice Date : 2020.03.02(ETC/A41)
※ Advice No : A-0668-403-01910
※ Credit No : 011/200/5670/DPU
※ Applicant :
PT. FAJAR MEKAR INDAH. JL. JEND. GATOT SUBROTO KAV. 53 JAKARTA.
※ Issuing Bank : INDOIDJA
BANK INDONESIA, JAKARTA
JALAN MH THAMRJN 2
P.O.BOX 1035 JAKARTA 10010
INDONESIA

Gentleman :
At the request of the issuing bank, and without any engagement or responsibility on our part, we are pleased to inform you that we have received the following AUTHENTICATED teletransmission dated 2020. 02. 27.

: 700 ISSUE OF DOCUMENTARY CREDIT
: 27 Sequence of Total : 1/1
: 40A Form of Documentary Credit : IRREVOCABLE
: 20 Documentary Credit Number : 001/900/5670/DPU
: 31C Date of Issue : 200227
: 40E Applicable Rules : UCP LATEST VERSION
: 31D Date and Place of Expiry : 201115/KOREA
: 50 Applicant : AS ABOVE
: 59 Beneficiary : AS ABOVE
: 32B Currency Code, Amount : USD4033454,00
: 41A Available With… By… : KOEXKRSE BY PAYMENT
: 42C Drafts At… : SIGHT
: 42A Drawee : INDOIDJA
: 43P Partial Shipment : ALLOWED
: 43T Transshipment : ALLOWED
: 44A Loading/ Dispatch, Taking Charge at/ from : KOREA SEAPORT
: 44B For Transportation to… : TANJUNG PRIOR SEAPORT
: 44C Latest Date of Shipment : 201015
: 45A Description of Goods and/ or Service :
42.805 REAMS AND 18.345 REAMS OF HIGH QUALITY OF BANKNOTE PAPER FOR "S 2000" FOR TOTAL AMOUNT USD 4,033,454,00
CONTRACT NO. : b/42/DPU/PPgU/FAX AND b/47/DPU/PPgU/FAX
ALL IN BRAND NEW CONDITION AND PACKED IN SEAWORTHY EXPORT CONDITION IMPORT REE NO 001/900/5670
COUNTRY OF ORIGIN : SOUTH KOREA
: 46A Documents Required
Ⅰ. TERM OF PAYMENT
1. SIGNED COMMERCIAL INVOICE IN EIGHT FOLDS
2. 2/3 OF CLEAN "ON BOARD" OCEAN BILLS OF LADING PLUS 5(FIVE)

COPIES MADE TO OUT ORDER BLAND ENDORSED. DATED NOT LATER THAN OCTOBER 15. 2020 FREIGHT PREPAID

NOTIFY ADDRESS : BANK INDONESIA JL. MH. THAMRIN NO. 2
SHIPPING MARKS : PT. FARJA MEKAR INDAII O/B BANK
I./C NO : 001/900/5670/DPU, I./R NO : 001/900/5670
ORDER NO : 6/42/DPU/PPgU/FAX
6/47/DPU/PPgU/FAX
DENOMINATION CODE : "S-2000"
INVOICE NO :
CASE NO :

KOREA MINTING AND SECURITY PRINTING CORPORATION, SOUTH KOREA

3. PACKING LIST IN EIGHT FOLDS
ONE SET OF MON NEGOTIABLE COPY OF SHIPPING DOCUMENTS AND ONE ORIGINAL BILI OF LADING TO BE SENT TO BUYER.

Ⅱ. INSURANCE IS COVERED BY BUYERS.

Ⅲ. ALL DRAFTS AND DOCUMENTS MUST BE MARKED AS DRAWN UNDER THIS CREDIT AND MUST BEAR THE L/C NUMBER AND DATE

: 71B Charges : ALL BANKING CHARGES OUTSIDE INDONESIA ARE FOR BENEFICIARY'S ACCOUNT

: 49 Confirmations instructions : WITHOUT

: 78 just to the Pay/Accept/Negotiate Bank :
FOR YOUR PAYMENT TO BE MADE UNDER THIS CREDIT, PRIOR SENDING DOCUMENTS TO US. PLEASE INFORM US BY AUTHENTICATED TEJ. EX/SWIFT THE CONDITION OF THE DOCUMENTS WHETHER IT IS FULLY COMPLY WITH CREDIT TERMS OR DETAIL DISCREPANCIES IF ANY, IF THE DOCUMENTS COMPLY WITH CREDIT TERMS OF DISCREPANCIES ALREADY APPROVED, WE SHALL REIMBURSE YOU BY CREDITING TO YOUR ACCOUNT IN US DOLLARS

: 72 Sender to Receiver information : PLEASE ADVISE THE BENEFICIARY FOR THE OPENING OF THIS LETTER OF

※※※※ This is a constituent and integral part of advice No : A-0668-403-01910

Please note that we reserve the right to make such corrections to this advice as may be necessary upon receipt of the cable confirmation and assume no responsibility for any errors and/ or omissions in the transmission and/ of translation of the teletransmission, and for any forgery and/ or alteration on the credit.

If the credit is available by negotiation, each presentation must be noted on the reverse of this advice by the bank where the credit is available.

NEGOTIATION UNDER THIS CREDIT IS RESTRICTED TO KOREA EXCHANGE

THIS ADVICE IS SUBJECT TO THE UNIFORM CUSTOMS AND PRACTICE FOR DOCUMENTARY CREDITS(2007 REVISION. ICC. PUBLICATION NO. 600).

Yours very truly

Authorized Signature

3) 임의사항

임의사항은 거래 성질에 따라 필요할 경우 활용하도록 준비한 항목들인데, 사전통지 참고번호, 개설은행, 신용장 금액의 과부족 허용 한도액, 기타 추가금액, 환어음에 관한 사항, 분할선적, 환적 등에 관한 것이다. 이의 내용은 표준양식의 신용장 내용과 동일하고 다만 컴퓨터로 개설하기 때문에 각각 코드번호가 부여되어 있을 뿐이다.

제3절 화환어음 추심방식의 결제

1. 화환어음 추심의 의의

무역거래에서 신용장방식과 더불어 사용되고 있는 결제방식으로 화환어음의 추심방식이 있다. 이 방식의 거래는 은행의 지급확약 없이 당사자들 간의 매매계약에 의해서 수출업자가 화환어음을 발행하여 수입업자로부터 수출대금을 추심하는 결제방식이며 운송서류의 인도조건에 따라 지급도조건과 인수도조건으로 구분된다.[16]

현재 화환어음 추심방식의 거래는 당사자 간에 달리 합의된 사항이 없으면 국제상업회의소가 제정한 추심에 관한 통일규칙(Uniform Rules for Collections, ICC Publication No.522)의 적용을 받는다.[17]

1.1 지급도조건

지급도조건(documents against payment : D/P)은 수출대금의 지급과 상환하여 운송서류를 수입업자에게 인도하는 어음지급서류인도조건이다. 즉 지급도조건은 수출업자가 매매계약에 따라서 선적을 완료한 후 일람불어음을 발행하여 운송서류와 함께 거래은행에 수출대금의 추심을 의뢰하면 거래은행은 수입업자에게 어음을 제시하여 어음금액의 일람지급을 받고 운송서류를 인도하는 방식을 말한다.

16 이 방식에서 사용되는 환어음을 신용장방식에서 발행되는 화환어음과 구분하기 위해 화환추심어음(documentary bill of exchange collection)이라고도 한다.

17 이 규칙은 1956년에 제정되었으며 1995년에 3차 개정되었다. 우리나라는 1979년 7월부터 이 규칙을 채택하고 있다.

D/P방식의 거래에서 수입업자는 반드시 대금지급을 완료해야만 운송서류를 찾을 수 있고 화물을 인도받을 수 있으며 대금은 추심은행을 거쳐 수출업자에게 전달된다. 만약 수입업자가 환어음에 대한 지급을 거절하면 관계서류는 수출업자에게로 반송된다.

1.2 인수도조건

인수도조건(documents against acceptance : D/A)은 수입업자가 환어음에 대한 인수만으로 운송서류를 찾아갈 수 있는 어음인수서류인도조건이다. 인수도조건은 지급도조건과 추심과정은 동일하지만 이 조건에서는 수출업자가 기한부어음을 발행하고 수입업자는 어음에 대한 지급의 약속으로 'accepted'라고 쓰고 서명날인만 함으로써 운송서류를 인도받을 수 있으며 만기일에 수입대금을 추심은행에 지급한다.

따라서 인수도조건은 기한부거래에 해당되며 수입업자는 인도받은 운송서류로 화물을 찾아 판매하여 그 대금으로 어음기일 내에 결제하면 된다. 수출업자는 만기일 후 수출대금을 추심은행을 통해서 지급받는다.

2. 화환어음의 추심과정과 당사자

2.1 화환어음의 추심과정

화환어음의 추심과정을 살펴보면 [그림 6-5]와 같다.

① **무역계약의 체결** : 수출업자와 수입업자는 무역계약을 체결하면서 대금결제방법은 지급도조건 혹은 인수도조건으로 하기로 한다. 한편 수입업자는 화환어음에 첨부되는 운송서류를 수출업자에게 지시하는데 이때에는 반드시 계약물품을 대표하는 선하증권 등이 포함된다.

② **계약물품의 선적과 선하증권의 입수** : 수출업자는 수입업자의 선적지시에 따라 계약물품을 선적하고 선박회사로부터 선하증권을 교부받는다(이는 계약물품을 해상운송할 경우를 말한다).

③ **화환어음의 추심의뢰** : 수출업자는 계약에서 약정된 운송서류와 환어음을 발행하여 거래은행(추심의뢰은행)으로 하여금 수입업자로부터 수출대금을 추심해 줄 것을 요청한다.

④ **추심의뢰은행의 서류송부** : 추심의뢰은행(remitting bank)은 아무런 책임 없이 수입업자가 소재하는 곳에 있는 은행(추심은행) 앞으로 운송서류와 환어음을 송부하면서 추심을 의뢰한다.

⑤ **추심통지** : 추심은행(collecting bank)은 수입업자에게 운송서류와 환어음이 도착한 사실을 통지한다.

⑥ **추심완료 및 수출대금의 상환** : 지급인인 수입업자는 매매계약서에서 만약 수입대금을 즉시 지급할 것으로 약정하였다면 이를 지급하고 운송서류를 입수한다. 그러나 수입대금을 일정 기간 후에 지급할 것으로 약정하였다면, 일정 기간(만기일) 후 대금을 지급할 것을 약속하는 서명행위(인수)와 상환으로 운송서류를 입수해 간다. 전자의 경우가 지급도이며 후자의 경우는 인수도조건이다.

⑦ **계약물품의 입수** : 수입업자는 추심은행으로부터 입수한 운송서류 중 선하증권을 가지고서 계약물품을 찾는다.

▌그림 6-5▐ 화환어음 추심과정

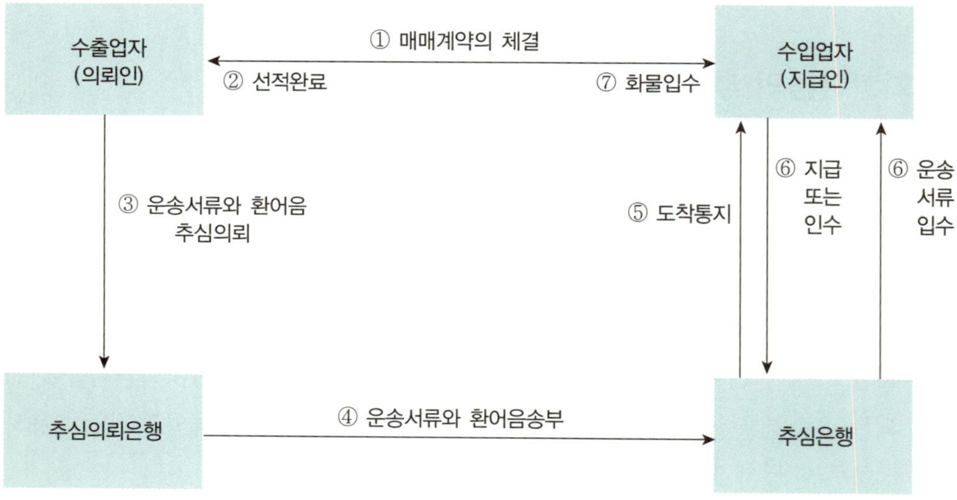

2.2 화환어음 추심거래의 당사자

화환어음 추심거래에는 [그림 6-5]와 같이 추심의뢰인, 추심의뢰은행, 추심은행, 지급인 등이 관여한다.

1) 추심의뢰인

추심의뢰인(principal)은 거래은행에 수출대금의 추심을 의뢰하는 수출업자를 말한다. 추심의뢰인의 지시사항을 이행하기 위하여 다른 은행의 서비스를 이용할 때 소요되는 비용과 위험은 추심의뢰인이 부담한다. 그리고 추심의뢰인은 외국 법률 및 관습에서 오는 모든 의무와 책임을 부담해야 하며 이로 인하여 은행이 손실을 당했을 때에는 이를 보상해야 한다.[18]

2) 추심의뢰은행

추심의뢰은행(remitting bank)은 수출업자로부터 추심을 의뢰받은 수출국의 은행을 말한다. 이 은행은 수출업자가 제시한 화환어음과 운송서류를 수입업자가 소재하는 추심은행 앞으로 송부하면서 수출대금의 추심을 의뢰한다.

추심에 관여하는 은행은 모든 조치를 성실하게 해야 하며 또한 상당한 주의를 기울여야 한다.[19] 그리고 은행은 접수된 서류가 추심지시서(collection order)상의 기재와 일치하는 가를 확인해야 하며 누락사항이 있을 때에는 추심의뢰를 한 상대방에게 즉시 통지해야 한다. 그러나 은행은 서류를 심사할 의무는 없다.[20]

3) 추심은행

추심은행(collecting bank)은 추심의뢰은행으로부터 송부되어 온 운송서류와 추심지시서를 수입업자에게 제시하여 수입대금을 징수하는 은행을 말한다. 특히 수입업자에게 직접 운송서류를 제시하는 추심은행을 제시은행(presenting bank)이라고 한다.

추심은행은 추심의뢰은행을 제외한 어떠한 은행이라도 상관없지만 이 은행은 어디까지나 추심은행의 지시에만 따르며 어음의 지급에 대해서는 하등의 책임을 지지 않는다.[21]

4) 지급인

지급인(drawee)은 수입업자를 말한다. 수입업자는 추심지시서에 따라 어음의 제시

18 추심에 관한 통일규칙 제11조 a 및 c.
19 추심에 관한 통일규칙 제9조.
20 추심에 관한 통일규칙 제12조.
21 추심에 관여하는 은행은 ① 통보, 서신 또는 서류송달의 지연 또는 멸실로 발생하는 결과, ② 전신의 송달 중에 일어나는 지연, 훼손 또는 기타 오류, ③ 전문용어의 번역 또는 해석상의 오류 등에 대해서는 책임을 지지 않는다(추심에 관한 통일규칙 제14조).

를 받게 되며 채무자로서 수출업자가 발행한 환어음에 대해서 지급할 의무가 있다.

3. 화환어음 추심방식의 특성

화환어음 추심방식에 의한 거래는 당사자 간의 매매계약에 의해서만 거래가 이루어지는 관계로 신용장방식의 거래에 비해서 다음과 같은 특성을 지니고 있다.[22]

첫째, 신용장거래에서는 수입업자를 대신하여 개설은행이 지급을 보증하지만 화환어음 추심방식의 거래에서 추심의뢰은행 및 추심은행은 단지 수출대금을 추심만 할 뿐 지급상의 책임은 지지 않는다. 따라서 화환어음 추심방식은 수입업자의 신용을 바탕으로 모든 거래가 이루어진다고 볼 수 있다.

둘째, 신용장의 독립·추상성의 원칙에 따라 수입업자는 개설은행이 제시한 관계운송서류의 인수를 거절할 수 없지만 화환어음 추심방식의 거래에서는 수입업자는 추심은행이 제시한 환어음과 운송서류의 인수를 얼마든지 거절할 수 있다. 이런 점에서 화환어음 추심방식 거래는 수출업자에게 다소 불리한 결제방식이다. 지급도조건에서 만약 수입업자가 대금지급을 거절하면 운송서류는 수출업자에게 반송되고 경우에 따라서는 수입항에 도착한 화물을 반송처리해야 하는 경우도 발생한다. 더구나 인수도조건에서는 수입업자가 어음상의 인수만으로 운송서류와 화물을 찾을 수 있어 수출대금회수불능의 위험이 매우 높은 편이다.

셋째, 신용장거래에서 발행되는 화환어음은 개설은행이 지급인이지만 화환어음 추심방식 거래에서의 환어음은 수입업자가 지급인이 된다. 즉 신용장하에서 발행된 화환어음은 개설은행을 지급인으로 하는 은행어음(bank bill)으로서 개설은행이 지급을 보증하지만 화환어음 추심방식 거래의 환어음은 개인어음으로서 지급상의 모든 책임은 수입업자에게 있다.

넷째, 신용장거래에서는 개설은행의 지급확약에 의해 매입은행이 수출업자로부터 운송서류를 매입할 때 수출대금의 지급이 이루어진다. 그러나 화환어음 추심방식 거래에서는 수입업자가 운송서류의 인수를 거절할 수 있기 때문에 추심이 완료되어야만 대금이 수출업자의 계정에 입금된다.[23]

---

22 구종순·허은숙, 무역대금결제론, 박영사, 2014, pp.304-306.

23 우리나라는 수출업자의 자금부담을 덜어주고 화환어음 추심방식에 의한 수출을 장려하기 위해서 추심 전 매입을 허용하고 있기 때문에 수출업자는 관계운송서류를 추심의뢰은행에 제시할 때 수출대금을 찾을 수 있게 된다.

이러한 특성으로 인해 화환어음 추심방식의 거래는 수출업자의 입장에서 보면 대금회수불능의 위험이 높아 신용장방식에 비해 불리한 방식이다. 반면 수입업자의 측면에서는 신용장의 개설에 따른 담보금을 제시할 필요가 없기 때문에 신용장방식보다 이 방식이 유리할 수도 있다.

이에 따라 이 방식의 수출거래는 본·지사 간의 거래나 상호 신용상태를 확실히 믿을 수 있는 단골거래선 간에 많이 이루어진다. 또한 수출업자가 새로운 수출시장을 개척하기 위하여 보다 유리한 조건을 제시할 필요가 있을 때에도 이 방식이 사용된다.

참고로 신용장방식과 화환어음 추심방식의 성질을 비교·요약하면 [표 6-4]와 같다.

표 6-4 | 신용장방식과 화환어음 추심방식의 비교

신용장방식	화환어음 추심방식
• 은행의 신용 • 개설은행의 지급확약 • 신용장개설담보금(수입업자) • 은행어음(지급인 : 개설은행) • 추심 전 매입 • 수출업자에게 유리 • 신용장통일규칙(UCP) 적용	• 수입업자의 신용 • 은행의 지급확약 없음 • 필요 없음 • 개인어음(지급인 : 수입업자) • 추심 후 매입 • 수입업자에게 유리 • 추심에 관한 통일규칙(URC) 적용

제4절 송금 등 기타 방식의 결제

1. 송금방식의 결제

1.1 송금방식에 의한 결제과정

송금(remittance)은 수입업자인 채무자가 수출업자인 채권자에게 수입금액을 지급하기 위해 외국환은행에 원화 또는 외화를 지급하고 이를 수출업자 앞으로 송금해 줄 것을 위탁하는 경우를 말한다. 무역거래에서 주로 사용되는 송금환은 전신환(telegraphic transfer)이며 이를 이용해서 결제하는 경우를 실무상 'T/T base'라 한다. 대금결제과정이 수입업자가 수출업자의 계좌번호로 입금하는 아주 단순한 방식이기 때문에 금융비용을 절약할 수 있어 최근 우리나라의 무역거래에서 많이 활용되고 있다.[24] 전신송금환에 의한 결제과정을 살펴보면 [그림 6-6]과 같다.

① 수입업자가 수입대금을 결제하기 위해 일정 금액을 수출업자에게 송금해 줄 것을 거래은행(송금은행)에 의뢰한다.

② 송금은행은 수출업자가 소재하는 지역의 환거래은행을 지급은행으로 지정하여 수출업자에게 일정 금액을 지급할 것을 전신으로 지시한다.

③ 지급은행은 수출업자에게 송금도착통지를 한다.

④ 수출업자는 송금도착통지를 받는 즉시 수출대금을 회수할 수 있다.

그림 6-6 전신송금환에 의한 결제과정

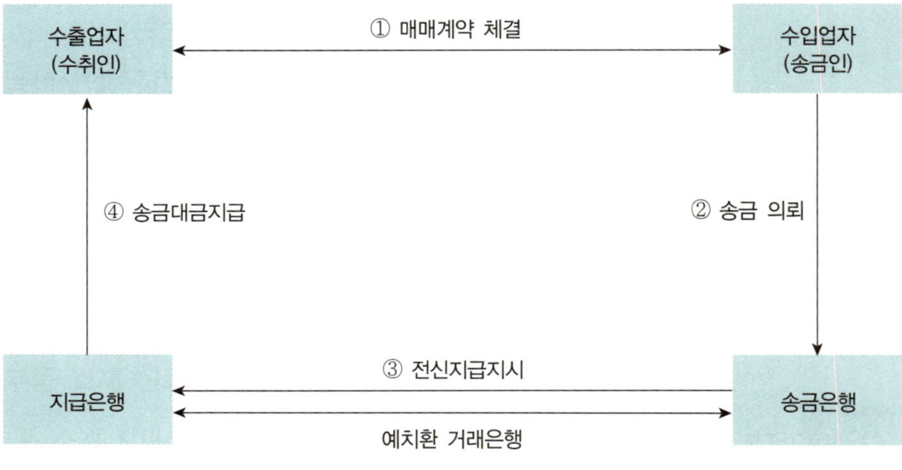

1.2 사전송금방식

송금방식의 결제는 송금시기에 따라 사전송금방식과 사후송금방식으로 구분된다. 사전송금방식은 수입업자가 선적 전에 수입대금 전액을 수출업자에게 송금하는 전불방식(cash in advance)이다. 이 방식은 수출업자에게 아주 유리한 방식으로서 보통 선적일자가 확정되면 수출업자가 일주일 전쯤 이를 수입업자에게 통보하고 수입업자가 수출업자의 계좌번호로 대금을 입급시킨다.

24 우리나라에서 가장 많이 사용되는 방식은 송금방식이고 그 다음은 신용장방식이다. 2017년도 기준으로 우리나라 전체 무역거래 중 송금방식이 약 80% 정도이고, 신용장방식은 약 14%, 화환어음 추심방식은 약 6% 정도이다(한국무역협회 통계자료).

1.3 사후송금방식

사후송금방식은 수입업자가 수입물품의 인수와 동시에 또는 일정 기간이 지난 뒤에 수입대금을 송금하는 방식이며 우리나라에서는 이를 대금교환도조건이라 한다. 대금결제기간은 수출업자와 수입업자가 자율적으로 결정하지만 본·지사 간의 거래에서는 1년 이내이어야 한다.

사후송금방식은 우리나라가 러시아, 베트남 등과 같이 신용장개설 및 환결제에 어려움이 많은 지역 혹은 과다한 인지세로 인하여 대금결제 시 환어음의 발행을 꺼리는 일부 유럽지역(이탈리아 등)으로 수출할 때 종종 이용되고 있다. 이 방식은 대금교환의 대상에 따라 현물상환방식과 서류상환방식으로 구분된다.

1) 현물상환방식

현물상환방식(cash on delivery : COD)은 물품과 현금을 직접 서로 바꾸는 결제방식을 말한다. 통상적으로 수출업자가 물품을 선적한 후 수입업자 소재지에 있는 자신의 지사나 대리점 앞으로 선적서류를 보낸다. 그러면 대리인은 이 선적서류를 받아 상품을 수입통관하고, 수입업자는 현지에서 물품의 품질을 확인한 후 대금을 지급하고 물품을 찾아간다. 수출업자의 대리인은 이 대금을 본국의 수출업자에게 송금하게 된다.

따라서 현물상환방식은 수입국가에 수출업자의 대리인이 있는 경우에만 가능하며 주로 귀금속 등과 같은 고가품의 거래, 혹은 직접 물품을 검사하기 전에는 품질을 정확히 파악하기 어려운 거래에 활용된다. 이 방식에서는 특별히 대금회수에 따르는 위험은 없지만 만일 매수인이 물품검사 후 인수를 거절하면 다른 판매처를 찾아 물품을 처분해야 하는 어려움이 있다.

2) 서류상환방식

서류상환방식(cash against documents : CAD)은 물품 대신 물품을 찾을 수 있는 서류와 상환하여 대금을 지급하는 방식을 말한다. 수출업자가 물품을 선적하고 수입업자 또는 수출국에 소재하는 수입업자의 대리인이나 지사에게 선하증권 등 운송서류를 제시하면 서류와 상환하여 대금을 결제한다. 이 방식의 거래에서는 수입업자의 지사나 대리인이 수출국 내에서 물품의 제조과정을 점검하고 수출물품에 대해서 선적 전 검사를 실시한다. 이 방식의 경우 수출업자의 입장에서는 이미 선적을 마쳤는데 수입업자의 대리인이 서류인수를 거절하면 반송문제 등으로 어려움을 겪을 수 있다.

그런데 서류상환방식의 거래에서 수출업자가 운송서류를 외국환은행을 통하여 수입업자에게로 송부하면 형식적으로 지급도조건(D/P)과 유사하다. 즉 D/P거래에서는 수출업자가 외국환은행을 통해 운송서류가 첨부된 환어음을 송부하면 수입업자는 반드시 수입대금을 지급하고 환어음과 운송서류를 찾아가기 때문에 이 점에서 두 방식은 서로 비슷하다.

그러나 D/P방식에서는 수출업자가 환어음을 발행하지만 서류상환방식에서는 환어음 없이 운송서류와 수입대금이 서로 상환된다. 유럽에서는 환어음을 주로 사용하지 않기 때문에 서류상환방식을 흔히 '유럽식 D/P방식'이라고도 한다. 수입업자의 대리인은 대금과 상환으로 서류를 받는 즉시 수입업자에게 이를 발송하여 수입통관을 하도록 한다.

3) 상호계산

상호계산(open account)은 본·지사 간의 거래 혹은 단골 거래선 간에 상호 수출하고 수입할 때 매 거래시마다 대금을 결제하지 않고 장부에 기입해 두었다가 일정 기간, 예를 들어 6개월 또는 1년 단위로 서로 상쇄하고 그 차액만을 상호결제하는 것이다. 'open account'라는 표현은 계정이 일정 기간 마감되지 않고 미결제상태로 열려 있음을 의미하는데, 이는 거래당사자들이 상호 간에 장부상 결제가 가능한 것을 의미한다.

이 방식은 본·지사 간의 거래에서 서로 거래를 할 때마다 매번 결제를 하게 되면 금융비용이 많이 들기 때문에 일정 기간 장부상 결제만 하고 약정된 기간 만기에 그 차액만을 결제함으로써 금융비용을 절약할 수 있다. 차액을 결제할 때도 비용이 가장 적게 드는 송금방식을 대부분 이용한다.

본·지사 간 거래가 아닌 일반거래에서는 이 방식이 외상거래조건으로 이용되고 있다. 실무상으로는 'O/A 60days'와 같이 표현하는데 이는 수출업자가 물품을 선적·송부한 후 60일 후에 대금결제가 이루어지는 후불조건을 의미한다. 후불조건의 상호계산은 수입업자에게는 가장 유리한 외상결제조건이지만 수출업자에게는 대금회수의 불확실성이 큰 조건이다. 따라서 수입업자가 이 조건으로 수입할 수 있기 위해서는 대금이 틀림없이 지급될 것이라는 확신을 수출업자에게 줄 수 있어야 한다.

만약 수출업자가 이 조건의 제의를 받았을 경우에는 이 조건이 유일하게 선택가능한 대안인지의 여부, 수입업자가 분명히 만기에 지급할 능력과 의지를 갖고 있는지 등을 검토하여야 한다. 또한 수입업자 국가의 경제적·정치적·사회적 불안정이 수입업자의 지급능력을 방해할 소지는 없는지도 조사하여 불확실성을 최소화해야 한다.

2. 국제팩토링방식

2.1 국제팩토링의 의의

국제팩토링은 팩토링(factoring)의 금융서비스를 이용하여 후불송금방식의 수출대금을 결제하는 무역거래형태를 말한다.[25] 수출업자와 수입업자 사이에 팩터가 개입하여 수출업자에게는 수출대금의 지급을 보증하고 수입업자에게는 신용을 공여하여 무역거래가 이루어지도록 한다.

이 방식을 이용하게 되면 수출업자는 팩터로부터 수출대금의 지급을 보증받을 뿐만 아니라 팩터로부터 선적 전에 수출자금을 융자받을 수 있어 자금부담을 덜 수 있다. 그리고 수입업자도 팩터의 신용을 활용하여 기한부조건으로 수입할 수 있으므로 자기자금이 없거나 신용이 낮은 경우에도 수입이 가능하다.

국제팩토링방식은 D/A·D/P방식의 거래에 비해 수출대금의 회수가 보다 확실한 편이다. 그리고 은행이 지급확약하는 신용장방식의 거래에서는 개설은행, 매입은행, 통지은행 등 여러 당사자가 관련되지만 국제팩토링방식에서는 하나의 팩터가 수출업자와 수입업자를 관리할 수 있어 거래과정이 단순하다.

이러한 연유로 중소규모의 무역거래에서는 팩토링에 의한 결제방식이 보편화되고 있으며 특히 담보력이나 자금력이 부족한 중소기업들은 팩터의 금융서비스를 많이 활용하고 있다.[26]

2.2 국제팩토링에 의한 결제과정

보통 팩토링에서는 계약에 따라 수출업자가 관여하는 팩터를 수출팩터, 수입업자가 관여하는 팩터를 수입팩터로 부른다. 이들에 의한 대금결제과정은 [그림 6-7]과 같이 이

25 팩터(factor)는 중세 이탈리아에서 발생하여 국제화된 일종의 무역중개업자를 말한다. 팩터가 일반중개업자와 다른 점은 수출업자에게 대금지급을 확약한다는 점이다. 즉 수출업자가 팩터에게 물품의 수출판매를 의뢰하면 팩터는 단순히 판매만 알선하는 것이 아니라 수출대금의 지급까지 보증하게 된다.

26 우리나라의 경우 수출입은행 및 SC제일은행이 국제팩토링협회(Factors Chain International)에 가입하였고 신한은행 및 우리은행도 이 업무를 취급하고 있다.

루어진다.

① 매매당사자는 국제팩토링방식으로 결제하는 조건으로 매매계약을 체결한다.
② 수출업자가 수입업자에 대한 신용조사를 수출팩터에 의뢰하고 수출팩터는 이를 수입팩터에게 요청한다.
③ 수입팩터는 수입업자의 신용상태를 조사하여 신용한도액을 산정한 후 이를 수출팩터에게 통지하고, 수출팩터는 수출업자에게 신용승인을 통보한다.
④ 수출업자는 무역계약에서 약정된 물품을 수입업자에게 선적한다.
⑤ 수출업자는 운송서류를 수출팩터에게 양도하면, 수출팩터는 이를 수입팩터에게 송부함으로써 수출물품에 대한 채권을 수입팩터에게 양도한다.
⑥ 수입팩터는 운송서류를 수입업자에게 인도하여 수입업자로 하여금 화물을 찾을 수 있게 한다.
⑦ 수입업자는 만기일에 수입팩터에게 수입대금을 지급하고, 수입팩터는 이 대금을 수출팩터에게 송금한다.
⑧ 수출팩터는 수출업자에게 수출대금을 지급하고 만약 미리 지급한 융자금이 있을 경우 이 대금을 상계한다.

▌그림 6-7 ▌국제팩토링에 의한 결제과정

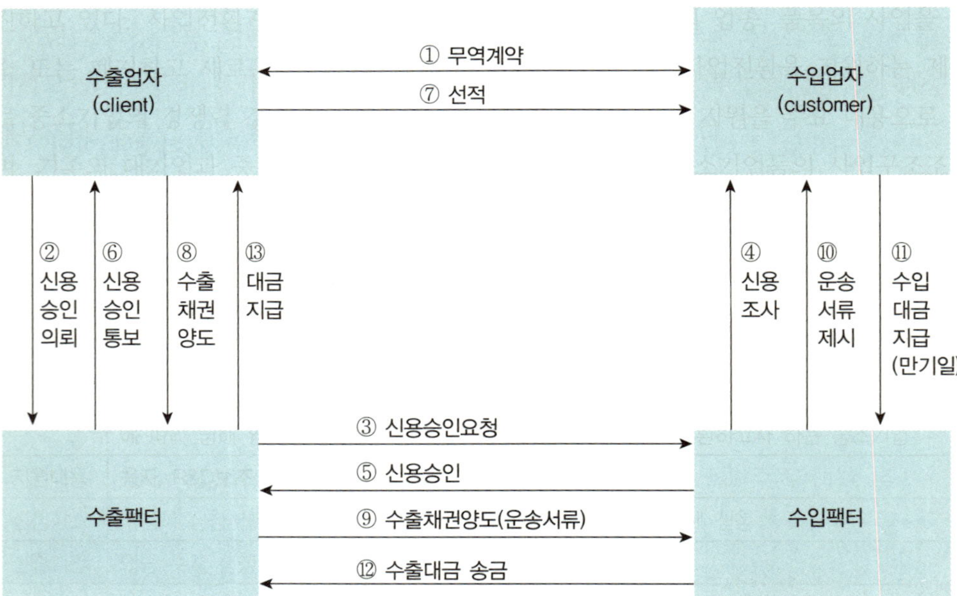

2.3 국제팩토링의 당사자

국제팩토링의 당사자는 기본적으로 수출업자, 수입업자, 수출팩터(export factor), 수입팩터(import factor)로 구분된다.

1) 수출업자

물품을 수출하는 자로서 팩터와 수출팩토링 거래약정을 체결하여 수출채권을 양도하고 전도 금융을 제공받는다. 수출업자는 팩터의 주된 서비스대상이기 때문에 국제팩토링에서는 수출업자를 거래처(client)라 한다.

2) 수입업자

수입업자도 팩터의 주된 서비스대상이기 때문에 국제팩토링에서는 고객(customer)으로 불린다. 수입업자는 수입팩터를 통하여 신용으로 수입할 수 있다.

3) 수출팩터

국제팩토링에 관여하는 수출국의 팩토링회사를 수출팩터라 하는데 수출업자로부터 수출채권을 양도받아 금융을 제공하고 수입팩터를 통해 수입업자로부터 대금을 회수하는 기관이다. 수출팩터는 수출업자의 장부관리, 무역정보제공 등 수출업무와 관련된 경영서비스도 제공한다.

수출팩터는 신용장거래에서의 매입은행과 비슷한 역할을 수행하지만 대금회수를 책임지고 수출업자에게 각종 서비스를 제공하기 때문에 훨씬 더 적극적이고 중요하다고 볼 수 있다.

4) 수입팩터

국제팩토링에 관여하는 수입국의 팩토링회사를 수입팩터라 한다. 수입팩터는 수입업자에 대한 신용조사 및 신용승인을 하고 수출채권을 양수받아 대금을 회수하여 송금하는 업무 등을 주로 한다. 수입팩터의 신용조사결과에 따라 수출팩터는 수출업자에 대한 거래한도를 결정하므로 수입팩터의 신용조사기능은 중요하다.

3. 포피팅(Forfaiting)방식

3.1 포피팅의 개념

포피팅은 현금을 대가로 채권을 포기 또는 양도한다는 뜻으로 무역거래에서는 수출업자가 발행한 기한부어음을 포피터(forfaiter)가 할인·매입해 주는 금융기법을 말한다. 따라서 포피팅은 신용장, D/A 및 D/P 등과 같은 대금결제방식이라기보다 주로 신용장하에서 발행된 기한부환어음을 포피터가 할인·매입하는 중장기금융이라 할 수 있다.

포피팅에는 수출업자 및 수입업자 외에 포피터와 보증은행(Avalising/Guaranteeing Bank)이 개입하는데 포피터는 수출업자가 발행한 연불어음을 할인·매입하는 은행을 말한다. 그리고 보증은행은 수입업자를 위해 환어음의 지급을 보증하거나 지급보증서를 발급하는 은행을 말한다.

보증은행이 환어음을 보증할 때 어음상에 Aval을 추가하는 방식을 쓰는데 이는 보증은행이 환어음 자체에 보증한다는 뜻을 기입하여 채무를 성실히 이행할 것을 보증하는 취소불능의 무조건 보증을 말한다. 보증형식이 간단하고 양도될 수 있어 널리 사용되고 있다.

수입업자가 주로 가액이 큰 물품을 중장기 연불조건으로 수입하고자 할 경우 거래은행으로 하여금 수출업자가 발행한 환어음의 지급을 보증해 줄 것을 요청한다. 보증은행이 환어음의 지급을 보증하면 이 어음을 포피터가 외상기간에 해당하는 이자를 고정금리로 할인하여 수출업자에게 지급하고, 포피터는 만기일에 보증은행을 통해서 어음대금을 상환받는다.

결국 포피팅을 이용하면 수입업자는 보증은행의 지급보증으로 거액의 물품을 연불조건으로 수입할 수 있고, 반면 수출업자는 비록 연불조건의 외상수출이라 하더라도 포피터로부터 수출대금을 일람조건의 수출과 같이 즉시 받을 수 있다. 특히 수출업자는 신용장 매입은행의 여신한도가 부족하여 환어음의 매입이 거절될 경우 포피팅을 통한 매입방법을 강구할 수 있다.

3.2 포피팅의 특징

포피팅의 특징을 살펴보면 다음과 같다.

첫째, 포피팅은 주로 수출업자의 환어음이나 약속어음과 같은 채권을 대상으로 한다. 환어음, 약속어음 등은 무역거래에서 오랫동안 사용되어 왔기 때문에 단순외상매출채권, 본드(bond) 등에 비해서 분쟁이 발생할 가능성이 적기 때문이다.

둘째, 포피팅은 규모가 크고 중장기 연불 조건의 거래에 활용된다. 포피팅과 유사한 환어음할인금융이나 국제팩토링은 주로 180일 이내의 소액거래에서 많이 이용되지만 포피팅은 3년 180일 정도의 중장기 금융수단이다.

셋째, 포피터는 수출업자에게 환어음에 대한 상환을 청구할 수 없다. 즉 수출업자의 환어음을 할인·매입한 후 만기일에 실제 수입업자로부터 지급이 이루어지지 않더라도 수출업자에게 매입대금을 돌려 줄 것을 요청할 수 없다. 신용장거래에서 매입은행은 환어음의 지급이 이루어지지 않으면 수출업자에게 얼마든지 상환청구할 수 있지만 포피팅의 경우는 불가능하다. 따라서 포피팅의 경우 수출업자는 수출대금을 확실히 받을 수 있게 된다.

넷째, 포피터는 주로 고정금리부로 환어음을 매입한다. 수출업자는 환어음의 할인 금리를 사전에 알 수 있어 자신이 부담하게 될 금융비용을 원가에 감안할 수 있다.

마지막으로 포피터는 수입업자가 거래은행의 지급보증을 담보로 금융을 제공한다. 즉 포피터는 수출업자에 대한 상환청구권도 없고 수입업자의 신용상태를 파악할 수 없기 때문에 보증은행의 지급보증을 담보로 수출업자에게 여신을 제공한다.

3.3 포피팅의 절차

포피팅은 [그림 6-8]과 같은 절차를 통해 이루어진다.

① 수출업자와 수입업자는 무역계약을 체결하면서 결제방법에 포피팅을 추가할 것을 약정한다.

② 수출업자는 포피터와 포피팅계약을 체결한다.

③ 수출업자는 계약의 내용대로 선적기일 내에 물품을 선적한다.

④ 수입업자는 지급보증은행에 환어음을 제출하면 지급보증은행은 별도의 지급보증서를 발급하거나 환어음에 'Aval'을 추가하여 환어음을 보증한다.

⑤ 지급보증은행은 보증이 첨부된 환어음을 수출업자에게 보낸다.

⑥ 수출업자는 사전에 약정된 포피팅계약에 따라 지급보증은행이 보증한 환어음을 포피터에게 제시하여 어음대금을 할인해 줄 것을 요청한다.

| 그림 6-8 | 포피팅 절차

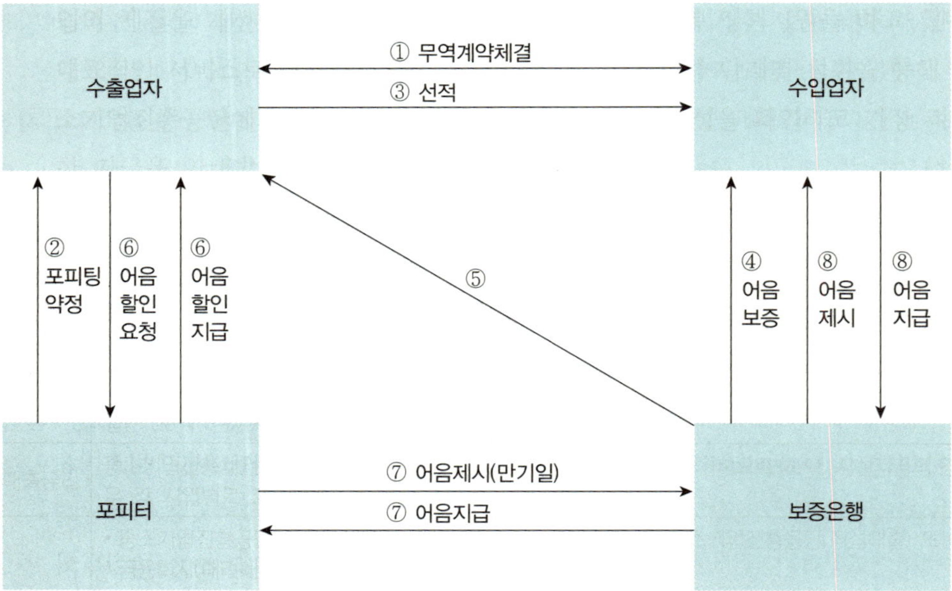

⑦ 포피터는 어음의 만기일에 보증은행에 환어음을 제시하여 지급을 요청하고, 지급 보증은행은 지급보증에 따라 대금을 지급한다.

⑧ 보증은행은 포피터가 제시한 어음을 수입업자에게 제시하고 수입업자로부터 대금을 회수한다.

2 PART

FTA 무역거래의 절차

F T A 무 역 실 무

FTA
FTA 무역실무
Free Trade Agreement

CHAPTER 7

FTA 시장조사

제1절 시장조사의 개요

1. 시장조사의 의의

무역거래에서는 국내거래와 달리 지역적인 격리성, 상이한 문화와 법체계, 종교, 상관습, 언어 등의 차이 때문에 거래당사자들이 극복해야 할 어려운 점이 많다. 그러므로 무역거래에 따르는 위험을 감소시키고, 이윤을 극대화하기 위해서는 정확한 시장조사가 선행되어야 한다.

시장조사는 흔히 수출업자의 임무로만 보고 잠재적인 판로(販路)를 개척하는 것으로 생각하기 쉽다. 그러나 수입업자의 입장에서 가장 유리한 조건으로 구매할 수 있는 공급처를 찾는 것도 시장조사의 일환에 속한다. 따라서 시장조사는 특정상품에 대한 판매가능성이나 구매가능성을 조사하는 것을 의미한다고 볼 수 있다.

좀 더 구체적으로 보면 수출업자는 시장조사를 통하여 잠재구매력을 지닌 수입업자를 발견하고, 수입업자가 원하는 상품이 무엇인가를 살펴본 후 이러한 기본정보를 토대로 자기가 생산하는 물품을 언제, 어느 지역에, 가장 많이 그리고 가장 값비싸게 수출할 수 있는가를 조사해야 한다.

한편, 수입업자는 구매하고자 하는 물품의 공급처를 사전에 탐색하여 언제, 어느 지역으로부터, 가장 유리한 조건으로 수입할 수 있는가를 알아보아야 한다. 무역거래에서 수입업자는 최종소비자에게 다시 시판하기 위해 물품을 수입하므로 최적의 조건으로 수입하는 것은 곧 최대의 이윤을 보장하는 것과 마찬가지이다.

따라서 시장조사는 수출업자뿐만 아니라 수입업자에게도 중요한 무역업무이다. 특히 요즘과 같이 FTA에 따라 협정국가나 품목에 따라서 관세가 면제되거나 조만간 철폐되는 경우가 많아 이에 대한 사전조사가 필수적이라 할 수 있다. 관세는 무역원가에서 차지하는 비중이 상당하기 때문에 이에 대한 철저한 조사는 가격경쟁력을 높일 수도 있다.

지피지기(知彼知己)면 백전백승(百戰百勝)이라 하듯이 무역업을 성공적으로 수행하기 위해서는 먼저 상대방에 대한 철저한 분석이 뒤따라야 한다. 특정시장을 형성하고 있는 여러 가지 상황의 변화를 과학적으로 조사·분석한 후 이에 적합한 수출계획이나 수입계획을 세워야 한다.

2. 시장조사의 내용

시장조사에서는 어느 국가의 어느 고객에게 어떠한 상품을 판매할 것인가 또는 어느 국가의 어떤 공급선으로부터 필요한 상품을 구매할 것인가를 분석해야 한다. 따라서 시장조사의 내용으로는 수출입대상 국가, 소비자, 공급선, 상품 등이 있으며, 특히 우리나라와 FTA를 체결한 국가, 관세양허품목 등도 시장조사의 주요 대상이 될 수 있다.

2.1 수출입대상 국가의 환경

1) FTA 체결 여부

FTA는 양국 간의 교역에서 관세를 즉시 철폐하거나 앞으로 철폐하기로 하는 협정이기 때문에 FTA 체결국가와의 교역은 그렇지 않은 국가보다 관세 등을 절약할 수 있어 그만큼 가격경쟁력이 높아질 수 있다. 또한 절약되는 관세부분만큼을 다른 무역부대비용으로 활용할 수 있기 때문에, 예를 들어 그동안 해상운송에 의존했던 품목도 항공기로 운송함으로써 보다 신속히 수입업자에게 인도할 수 있게 된다.

따라서 시장조사에서 제일 시급한 것은 잠재대상 국가가 우리나라와 FTA를 체결한 국가인지를 파악하는 것이라 할 수 있다. 현재 우리나라는 미국, EU, 아세안 10개국 등과 이미 FTA를 체결했고 조만간 중국과도 FTA가 체결될 전망이다.

2) 정치적 환경

정치적 환경은 수출입대상 국가의 정치체제, 정치적 안정도, 정치적 위험의 발생가능성 등을 의미한다. 정치적 위험은 수출업자에게 대금회수불능의 위험을 초래하므로 구매력이 높은 시장이라 하더라도 정치적 위험이 발생할 가능성이 있으면 쉽게 접근할 수 없다.

우리나라와 FTA를 체결한 국가는 비교적 정치적으로 안정되어 있다. 그러나 후발 개발도상국의 경우 경제발전에 대한 의욕도 높고 해외상품에 대한 선호도가 높지만 정변이 발생할 위험이 높으면 그동안 많은 비용과 노력을 들여 개척한 시장을 일시에 상실할 수 있다.

3) 경제적 환경

경제적 환경은 국민소득, 경제성장률, 노동・고용사정, 임금, 물가 등 수출입대상 국가의 경제 전반에 관련된 사항과 국제수지, 품목별・지역별 수출입규모, 외환관리, 수출입규제제도 등 대외무역에 관련된 사항을 말한다.

해외시장조사에서는 대상국가의 경제적 환경 모두를 분석하는 것보다 거래상품의 성질에 따라 필요한 사항만을 선별・분석하는 것이 바람직하다. 자동차를 수출하려면 국민소득, 경제성장률뿐만 아니라 장차 현지 생산에 대비한 노동・고용사정, 임금수준 등을 종합적으로 분석하는 것이 필요하지만, 향수를 수출한다면 수입국의 노동・고용사정까지 조사할 필요는 없을 것이다.

무역에 관련된 각국의 규제제도는 해외시장조사에 있어서 반드시 분석되어야 할 사항이다. 거래품목이 수출입제한품목에 해당되면 별도의 수출입요건을 충족시켜야 하며, 수입이 금지되거나 고율의 관세가 부과될 것이 예상되면 제3국을 통한 우회수출방법을 검토해야 한다. 또한 수출입국가 간의 환거래제한이나 송금금지 등의 규제가 있을 경우에는 세계 일류은행(prime bank)을 통한 결제방법을 조사해야 한다.

4) 사회적 환경

사회적 환경의 분석은 수출입대상 국가의 인구, 기후, 종교, 문화, 교육수준 등 사회일반에 관한 사항과 통신시설, 항만시설, 공항시설 등 사회기반시설을 파악하는 것이다.

인구수는 구매량과 연결되므로 여기에 따른 수출계획을 세우는 것이 바람직하다. 예를 들어 인구는 작지만 국민소득이 높은 국가에는 여러 가지 고가제품을 소량으로 판매하고 인구가 많아 1인당 국민소득은 낮더라도 국가 전체의 경제력이 클 경우에는 중저가품목을 대량으로 수출하는 계획을 세우는 것도 바람직하다. 그리고 대상 국가의 기후에 적합한 상품을 판매해야 하는 것은 물론 종교적 배경도 함께 고려해야 한다. 예를 들면 미국산이나 호주산의 쇠고기는 인도에서는 상품으로서의 가치가 없다. 문화나 교육수준에 맞는 상품의 개발도 해외시장개척에 꼭 필요하다.

한편 무역거래에서 매매당사자들은 전화, 팩시밀리, 인터넷 등의 여러 가지 첨단 통신시설을 사용하여 상담을 하기 때문에 해외시장조사에서는 이러한 시설의 사용 여부를 확인해야 하며, 통신시설이 발달하지 못한 국가에 계절적 상품을 수출하려면 충분한 시간적 여유를 두고 수출계획을 세워야 한다.

그리고 수출물품을 효율적으로 운송하기 위해서 항만사정이나 공항시설을 철저히 분석해야 한다. 수입국이 내륙지역에 위치할 경우에는 해상운송과 육상운송을 연계하는 방법을 강구하고 패션제품이나 긴급 수송을 요하는 부품 등은 국제공항을 이용한 항공운송 계획을 수립한다.

2.2 소비자에 관한 사항

수출상품을 실제 소비하는 소비자에 대해서는 소비자의 소득별 분포, 구매능력, 취향, 상품에 대한 만족도, 생산자에 대한 이미지(image) 등을 조사·분석한다. 소비자에 대한 종합적 분석에 따라 수출제품을 차별화, 다양화하여 새로운 모델을 계속 개발함으로써 해외시장을 유지·확대할 수 있다.

2.3 공급처에 관한 사항

수입업자가 상품을 구매하기 위해서 해외시장을 조사할 경우에는 원하는 상품을 적기에 공급할 수 있는 공급처(수출업자)에 대한 조사가 이루어져야 한다. 이와 관련하여 조사할 사항은 공급처의 성실성, 영업태도, 업계에서의 평판, 재무상태, 생산능력, 선적시기 등이다.

무역거래에서는 생면부지의 당사자들이 현품을 직접 확인하지 않은 상태에서 거래를 시작하기 때문에 성실성, 영업태도 등 거래상대방의 성격을 분석하는 것이 매우 중요한 일이다. 공급처의 재무상태는 장차 발생할지도 모르는 채무를 이행할 수 있는지를 분석하는 자료가 된다. 그리고 수입규모와 수입시기를 결정하기 위해서는 공급선의 생산능력과 선적가능시기를 조사해야 한다.

2.4 거래상품에 관한 사항

1) 상품

수출업자는 판매하고자 하는 상품의 품종, 품질, 디자인, 상표, 포장, 가격 등을 현지생산품이나 기타 경쟁품·대체품 등과 비교하여 해외시장에서의 경쟁력 정도를 분석해야 한다. 이러한 경쟁력분석을 통해서만이 시장에 적합한 상품을 수출할 수 있다. 그러나 특정시장에서 경쟁력이 있는 상품이라 하더라도 현지의 공업소유권에 저촉된다든지, 할당(quota)품목에 해당되면 수출 자체가 불가능하므로 이에 대한 조사도 병행되어야 한다.

수출상품의 적절한 생산계획을 세우기 위해서는 수요량분석이 뒤따라야 한다. 특히 미래의 수요량, 계절적 수요량 등을 정확히 예측하여 생산량을 조절하고, 자체 내의 생산이 불가능할 경우에 대비해서 대체품의 공급계획을 수립하여 수출시장을 상실하지 않도록 한다.

2) 유통과정

이는 수출상품이 현지에서 유통되는 과정과 유통기구에 대한 사항을 조사하는 것이다. 수입업자가 상품을 수입하여 최종소비자가 소비하기까지의 유통과정이 복잡한 경우에는 상품의 포장을 견고히 해야 한다. 그리고 현지국 내의 할인매장, 특약점, 백화점, 체인스토어 등 유통기구의 현황을 조사할 필요가 있다. 할인매장이 많은 경우에는 가능한 한 저가상품이나 일반잡화로 시장에 접근하고, 전문특약점 또는 백화점이 발전된 지역에는 전문품 · 고가품목으로 시장에 진출하도록 한다.

3) 서비스 및 판매촉진

일반잡화, 섬유제품 등은 사후서비스(after-service)가 필요 없지만 전자제품, 자동차 등과 같은 내구성제품은 사후서비스의 여부에 따라 수출량이 결정될 수 있다. 따라서 이들 제품의 수출계획에는 반드시 사후서비스에 대한 대책이 포함되어야 한다.

현지시장에 적합한 수출상품의 판매촉진프로그램에 대해서도 조사한다. 카탈로그 · 안내서 등은 소비층의 취향에 맞도록 제작 · 배포하고 수출상품을 효율적으로 선전할 수 있는 현지의 광고매체를 선정한다. 아울러 국제전시회 · 국제박람회 등에 참여할 수 있는 기회를 확대하여 현지 소비자들에게 수출상품에 대한 신뢰도를 높인다.

3. 시장조사의 방법

3.1 인터넷에 의한 자체조사

과거에는 무역유관기관이 발행한 간행물을 통하거나, 이들 기관을 직접 방문하여 담당자와의 상담을 통해 해외시장에 관한 정보를 입수했지만 오늘날에는 대부분 인터넷을 활용하고 있다. 인터넷을 이용하면 해외시장에 관한 일반적인 정보는 물론 무역이나 시장상황에 관한 정보를 손쉽게 얻을 수 있다. 해외시장조사와 관련하여 주로 다음과 같은 사이트들이 활용되고 있다.

1) 유관기관의 무역전문사이트

우리나라의 주요 무역유관기관인 한국무역협회(Korea International Trade Association : KITA), 대한무역투자진흥공사(Korea Trade and Investment Promotion Corporation : KOTRA) 등에서는 무역전문사이트를 운영하고 있기 때문에 먼저 이들 사이트를 방문하여 해외시장에 관한 정보를 얻는 것이 효율적이다.

한국무역협회에서 운영하는 사이트는 거래알선, 무역속보, 수출입통계, 무역실무, 상품 및 업체정보 등 종합적인 무역정보를 제공하는 무역전문사이트이다. 그리고 대한무역투자진흥공사에서는 글로벌전시포털, buyKOREA 등 무역관련 사이트를 운영하고 있다. 글로벌전시포털은 국내외 전시회 정보를 제공하고 관심기업들이 참가신청 및 참가지원신청을 할 수 있도록 관련 서비스를 제공하는 사이트이며, buyKOREA는 기업 간 거래를 중개하는 글로벌 e-marketplace로 해외 홍보, 해외 구매정보 중개 등의 서비스를 제공하는 사이트이다.

2) SNS 해외마케팅

SNS는 Social Network Service의 약자로 사회관계망서비스라고 불리는데 위키피디아는 "사용자 간의 자유로운 의사소통과 정보공유, 그리고 인맥확대 등을 통해 사회적 관계를 생성하고 강화시켜주는 온라인 플랫폼을 의미한다"라고 설명하고 있다. 현재 인간은 페이스북, 카카오톡, 인스타그램, 위채 등과 같은 사회관계서비스망을 통해 서로 보지도 듣지도 못한 지구에서 살고 있는 사람과 대화를 할 수 있고 인맥을 형성할 수 있는 세상에서 살고 있다. 소비자들은 사화관계망서비스에서 상품정보를 공유하고 이러한 상품정보의 공유는 소비자의 구매의사결정에 중요한 영향을 미치고 있기 때문에 해외마케팅에서 SNS 해외마케팅이라는 영역이 구축되었다.

SNS 해외마케팅이란 카카오톡, Facebook, Facebook Messenger, YouTube, Google Maps, Google Search, Google Play, Gmail, Instargram, Apple Music, Amazon App 등과 같은 스마트폰 앱으로 B2B, B2C, C2C 마케팅을 하는 것으로 정의할 수 있다. 따라서 SNS 해외마케팅은 시장 발굴 및 비즈니스 기회 확장과 해외 잠재구매자에게 브랜

드 인지도를 제고하고, 잠재구매자 확보 및 유효 상담 문의 증가와 제품 수출 및 브랜드 강화를 위해 사용되며, 신뢰형성 및 판매주기 단축에 기여한다.[1]

3) 각종 무역통계사이트

해외시장조사 및 품목선정에서 가장 기본이 되는 것은 각종 무역통계를 조사하는 것이다. 무역통계자료는 특정시장의 구매잠재력을 측정하고 수익성이 높은 상품을 물색하는 데 많은 도움이 된다. 특히 처음 제조·수출하거나 구매·수출할 경우에는 무역통계자료를 이용해서 우리나라의 수출주력상품, 흑자상품 등을 분석해 수익성이 높은 상품을 찾아야 한다.

우리나라의 주요 무역통계 사이트로는 관세청, 한국무역통계진흥원, 한국무역협회 등에서 운영하는 것이 있는데 이를 통할 경우 우리나라의 전체 수출실적, 상품별 수출입동향, 국가별·지역별 수출입동향 등 기본적인 해외시장정보를 알 수 있다.

특히 한국무역통계진흥원은 관세법 제322조에 규정된 무역통계 및 교부업무를 대행하는 기관으로 TRASS(www.trass.or.kr)를 통해 각종 무역관련 통계자료를 고객의 목적과 수요에 맞게 실시간으로 제공하고 있다. 이 밖에도 무역경기 확산지수, 수출입 단가지수 및 교역조건지수 등 수출입 흐름의 변화방향에 대한 각종 무역통계 관련 지수정보도 제공한다. 그리고 동종업계의 동향 및 관련 통계분석자료를 제공하며 빅데이터(big data) 분석을 통해 정형·비정형 통계정보를 연계분석하여 제공하기도 한다.

그 밖에 국가통계포털, 미국 통계청 데이터베이스 등 사이트를 통해서도 다양한 분야의 통계정보를 얻을 수 있다. 국가통계포털은 우리나라 통계청이 제공하는 One-Stop 통계 서비스로 국내 300여 기관이 작성하는 국가승인통계와 IMF, World Bank, OECD 등 국제기구가 작성하는 국제통계를 함께 제공하고 있다.

3.2 위탁조사

품목별로 보다 상세한 정보를 얻고자 할 경우에는 대한무역투자진흥공사를 통한 위탁조사가 가능하다. 대한무역투자진흥공사는 세계적인 조직망을 갖추고 있기 때문에 이 기관의 해외시장조사는 신뢰도가 매우 높은 편이고 수출업자의 유료위탁에 의해 해외시장조사업무를 담당하고 있다.

1 한국무역협회(2013), "중소기업, SNS 마케팅으로 신시장 일군다", Trade Focus, 12(47).

현재 대한무역투자진흥공사에서 실시하고 있는 조사대행서비스의 주요 항목들은 [표 7-1]과 같으며 항목에 따라 수수료, 조사기간 등이 다르다. 수출업자는 인터넷으로 해당 지방 무역관에 신청하고 담당자와 협의하여 수수료를 확정한 후 일정 기간 내에 해당 정보를 얻을 수 있다.

표 7-1 | 대한무역투자진흥공사의 조사대행 항목

- 관심 바이어 조사 : 시장성, 바이어 명단, 수입관심도
- 관심 바이어 상담 : 시장성, 바이어 명단, 수입관심도, 기초상담결과
- 시장동향 : 수요, 수출입, 생산, 경쟁, 가격동향, 유통구조
- 바이어정보 단순 확인조사
- 해외현장확인정보, 기타

3.3 자체 현지조사

가장 신빙성이 높은 조사방법은 대상지역을 직접 방문하여 조사하는 것이다. 수출업체 단독으로 현지 출장조사를 할 수 있고 수출입조합이나 경제단체의 해외시장조사단에 참가하여 조사할 수도 있다.

현지를 방문하면 먼저 우리나라의 공관, 대한무역투자진흥공사의 현지무역관 또는 현지의 상업회의소를 방문하여 일반적인 시장현황을 청취하고 최대한의 협조를 구한다. 하지만 구체적인 자료를 수집하기 위해서는 현지에 진출한 동업자를 만나 조언을 구하고 백화점, 도매상, 소매상 등을 방문하여 해당 품목의 시황, 유통구조, 소비자패턴, 가격, 특허, 상표 등을 조사할 필요가 있다.

4. 신용조사

4.1 신용조사의 의의

무역거래에서는 대부분 수출업자와 수입업자가 직접 면담을 하지 않은 채 단지 서류상의 검토로 거래가 성립되므로 상대방의 신용상태에 대한 조사가 매우 중요하다. 이에 따라 해외시장조사를 통하여 신규거래처가 잠재적으로 선정되면 먼저 신용조사를 통하여 상대방의 신용상태를 조사해야 한다.

신용조사에는 주로 상대방의 성격, 능력, 자본 등이 파악되어야 한다.

성격(character)은 성실성, 영업태도, 업계에서의 평판, 계약이행에 대한 열의 등 거래에 임하는 상대방의 신뢰도에 관한 것이다. 능력(capacity)은 영업형태, 연간매출액, 경력 등 상대방의 거래능력을 의미한다. 그리고 자본(capital)은 상대방의 재무상태, 즉 부채비율, 자기자본비율 등을 의미하며 이는 채무이행능력의 척도가 된다.[2]

4.2 신용조사의 방법

1) 은행조회

은행조회(bank reference)는 상대방이 거래하고 있는 은행을 통하여 신용조사를 수행하는 방법이다. 주로 상대방의 자본에 관련된 내용을 조사할 수 있다.

2) 동업자조회

동업자조회(trade reference)는 상대방과 거래한 경험이 있는 업자에게 신용상태를 조회하는 방법이다. 상대방의 성실성, 영업태도, 업계에서의 평판 등 성격에 관한 자료를 얻을 수 있다.

3) 상업흥신소를 통한 방법

신용조사전문회사인 상업흥신소에 신용조사를 의뢰하는 방법이다. 세계적으로 유명한 신용조사기관으로는 'Dun & Bradstreet(http://www.dnb.com)'를 들 수 있다. 이 정보회사는 전 세계 5,000만 개 이상의 기업 데이터베이스와 120여 개 국가의 리포터를 보유하고 있으며 우리나라에는 1995년부터 지사를 운영하고 있다. 여기서 이용할 수 있는 정보로는 해외 상장사기업의 재무정보, 국가별 주요 통계자료, 국가별 신용등급, 주요 국가의 리포터 등이 있다. 세계적인 신용평가기관인 'Moody's Investors Service'는 이 회사의 자회사이다.

4) 무역관련 기관의 이용

현재 우리나라의 무역업자들은 대한무역투자진흥공사, 한국무역보험공사 등을 통해서 해외신용조사를 많이 하고 있다.

---

2 무역거래에서는 흔히 성격, 능력 및 자본 세 가지를 3C's라고 하며 여기에 거래조건(condition), 담보능력(collateral), 거래통화(currency) 및 소속국가(country) 중 두 가지를 추가시켜 5C's라고도 한다.

대한무역투자진흥공사(신용조사부)는 해외무역관을 활용해서 신용조사 및 수출보험 사고조사업무를 유료로 수행해 주고 있으며 한국무역보험공사도 수출업자, 금융기관, 수출유관단체 등을 대상으로 국외기업 신용조사서비스를 실시하고 있다. 특히 한국무역보험공사는 전 세계 70여 개의 신용조사기관과 협약을 체결하여 연간 4만 건 이상의 국외기업 신용조사서비스를 제공하고 있다. 국외기업 신용조사 시 보통 2~3주 이내 국외기업의 기본정보, 재무현황, 경영성과 등을 확인할 수 있는 신용조사보고서를 제공한다.

제2절 FTA 협정별 시장 개요

1. 한 · 칠레 FTA 시장

1.1 한 · 칠레 FTA의 특징

한 · 칠레 FTA는 우리나라 최초의 자유무역협정이며, 1999년 12월부터 협상을 시작하여 2004년 4월 1일 발효되었다. 한 · 칠레 FTA에서 우리나라는 품목에 따라 즉시, 5년, 7년, 9년, 10년, 16년 동안 매년 단계적으로 관세를 인하하는 것과 예외조항을 도하개발아젠다(Doha Development Agenda : DDA)[3] 이후 논의 등 총 10개 카테고리로 분류하여 칠레 측에 관세양허를 약속하였다. 칠레는 품목에 따라 즉시, 5년, 7년, 10년, 13년, 예외 등 6개 카테고리로 분류하여 관세를 인하하기로 합의하였다.

1.2 한 · 칠레 FTA의 주요 관심품목

한 · 칠레 FTA에 따른 무관세 주요 수출품목은 승용차, 기계류, 전자전기(휴대폰) 등이며 주요 수입품목은 동광, 펄프, 철강 등 주로 원자재이다.

그리고 관세인하 주요 수출품목은 세탁기, 냉장고 등을 제외한 대부분의 공산품이며 주요 수입품목은 적포도주, 돼지고기 등 1차 산품으로 우리나라 농업구조와 경쟁력을 고려하여 쌀, 사과, 배 등은 제외되었다([표 7-2] 참조).

---

3 이는 2001년 11월 카타르의 수도 도하에서 열린 제4차 WTO 각료회의에서 명명된 다자간 무역협상을 말한다. 과거에는 우루과이라운드와 같이 라운드라는 용어를 사용했었다.

표 7-2 | 한 · 칠레 FTA 무관세 및 관세인하품목

주요 수출품목		주요 수입품목	
즉시 철폐	승용차, 기계류, 전자전기(휴대폰), 광물성 연료(경유), 플라스틱(PVC, 필름), 섬유 · 의류, 철강제품(파이프, 주방용품), 자동차부품, 컬러TV	즉시 철폐	동광, 펄프, 철강, 아연광, 원목
5년 철폐	플라스틱제품(폴리에틸렌), 시멘트, 석유화학, 자동차부품, 경유	5년 철폐	제재목, 적포도주
7년 철폐	유류여과기, 원심분리기	7년 철폐	동괴
10년 철폐	타이어(산업용), 자동차배터리, 진공청소기, 신발류, 철강제품, 운반기계류 부품	10년 철폐	돼지고기, 포도, 홍어, 키위
13년 철폐	타이어(승용차, 버스), 철강제품(평판압연), 조명기구		
제외	세탁기, 냉장고	제외	쌀, 사과, 배

자료 : 관세청

2. 한 · 싱가포르 FTA 시장

2.1 한 · 싱가포르 FTA의 특징

이 협정은 2004년 1월 협상을 시작하여 2006년 3월 2일부터 발효되었는데 싱가포르는 모든 품목에 대해 발효 즉시 관세를 철폐하기로 합의하였고, 이에 따라 우리나라를 원산지로 하는 모든 품목에 대한 관세가 철폐되었다. 이에 대해 우리나라는 총 11,261개 품목 중 6,724개에 해당하는 품목에 대해 즉시 관세를 철폐하기로 하였고 나머지 대부분의 품목에 대해서도 10년 내에 철폐하기로 하였다(품목수기준 91.6%).

그리고 서비스 · 투자분야에서는 일부 유보한 분야를 제외하고 나머지 분야는 원칙적으로 자유화를 약속하였는데 이는 WTO에서 요구하는 수준 이상의 포괄적이고 구체적인 자유화 협정에 해당된다.

한편, 한 · 싱가포르 FTA에서는 개성공단 등 북한 경제특구 생산제품에 대하여도 우리나라에서 생산된 제품에 부여하는 것과 동일한 특혜관세를 부여하기로 하여, 향후 개성공단 등에서 생산된 제품의 해외 판로 확보를 위한 선례를 마련하였다.

2.2 한 · 싱가포르 FTA의 주요 관심품목

한 · 싱가포르 FTA에 따른 무관세 주요 수출품목은 반도체, 무선전화기, 선박, 철강 등 대부분의 공산품이다.[4] 무관세 주요 수입품목은 반도체, 컴퓨터, 통신기기, 철강, 자동차, 선박, 섬유류 등 6,304개 품목의 공산품, 제분용 밀, 사탕무 · 수수, 팜유 등 232개 품목의 농산물, 연어, 홍합, 냉동해조류 등 56개 수산물과 석재류, 원목, 단판 등 132개 품목의 임산물이다.

그리고 관세인하 주요 수입품목은 석유제품과 쌀, 배, 사과 등의 농산물을 제외한 공산품이다([표 7-3] 참조).

표 7-3 | 한 · 싱가포르 FTA 무관세 및 관세인하품목

주요 수출품목		주요 수입품목	
즉시 철폐	집적회로반도체, 무선전화기, 경유, 선박, 승용차, 휘발유, 개별소자반도체, 합성수지, 무선통신기기부품, 기초유분, 철강 및 비합금강 형강, 냉연강판, 컴퓨터부품	즉시 철폐	반도체, 컴퓨터, 보조기억장치, 통신기기, 섬유류, 철강, 자동차, 선박
		5년 철폐	유기화학품(글리세롤), 석유아스팔트, 면도기, 전기다리미
		10년 철폐	유기화학품(포름산), 전동기
		제외	석유제품(휘발유), 볼베어링, TV수신기, 쌀, 사과, 배, 양파, 마늘, 쇠고기

자료 : 관세청

3. 한 · EFTA 4개국 FTA 시장

3.1 한 · EFTA 4개국 FTA의 특징

이 협정은 우리나라와 스위스, 노르웨이, 아이슬란드 및 리히텐슈타인 4개국이 체결한 협정으로서 2006년 9월 1일자로 발효되었다. 이 협정에서 EFTA 측은 농산물을 제외한 모든 상품(공산품, 수산품)에 대하여 협정 발효 즉시 관세를 철폐하고, 우리나라

4 싱가포르 수입의 2/3 이상을 차지하는 반도체, 컴퓨터 및 통신기기 등 정보통신관련 제품은 실행관세율이 이미 대부분 무관세가 적용되는 품목이다.

는 EFTA 측에 대하여 86.3%에 해당하는 8,744개 품목에 대해 관세를 즉시 철폐하며, 99.1%인 1만 41개 품목에 해당하는 물품에 대해서는 10년 내에 관세를 철폐하기로 합의하였다.

특히 공산품의 경우 EFTA는 발효 즉시 공산품 100%에 대해 관세를 철폐하고, 우리나라는 원유 및 석유제품 29개(섬유판 등 목재, 보일러, 유기/무기화학제품, 차량부품, 화장품, 의약품 등 일부 민감품목에 대하여는 7년의 이행기간을 설정)를 제외한 모든 품목의 관세율을 철폐하기로 규정하였다.

수산물의 경우 EFTA는 발효 즉시 수산물 100%에 대해 관세를 철폐하고, 우리나라는 88.9%의 품목을 자유화하였으며, 우리에게 민감한 김, 미역 등 해조류 및 일부 냉동어류 45개 품목을 제외하였다. 그리고 우리 수산업계의 민감성을 감안하여 냉동고등어 1개 품목에 대해 쿼터제를 도입하여 쿼터물량인 500MT에 대해서는 즉시 관세를 양허하되 그 이외의 물량에 대해서는 7년간 이행기간을 부여하였다.

농산품의 경우 우리나라는 대표적으로 치즈와 양고기에 대해 양허하였으며, EFTA는 우리나라의 김치와 소주, 민속주 등의 곡물 발효주에 대해 협정 발효 즉시 철폐하기로 하였다. 한편, 가공농산물 327개 품목에 대해서 EFTA는 100%, 우리나라는 85% 품목에 대해 관세를 철폐하였다.

3.2 한 · EFTA 4개국 FTA의 주요 관심품목

한 · EFTA 4개국 FTA에 따른 무관세 주요 수출품목은 승용차, 기계류, 무선통신기기, 영상기기 등이며 주요 수입품목은 원동기펌프, 금 · 은 및 백금, 농약 및 의약품 등이다.

그리고 관세인하 주요 수입품목은 육류, 낙농제품 및 김, 미역 등 해조류를 제외한 농수산품과 공산품에 대해 단계적으로 관세가 철폐된다([표 7-4] 참조).

표 7-4 | 한 · EFTA 4개국 FTA 무관세 및 관세인하품목

주요 수출품목		주요 수입품목	
즉시 철폐	자동차, 선박해양구조물 및 부품, 금 · 은 및 백금, 무선통신기기, 영상기기, 고무제품, 의류, 컴퓨터, 플라스틱제품, 정밀화학원료	즉시 철폐	원동기펌프, 금 · 은 및 백금, 농약 및 의약품, 선박해양구조물 및 부품, 계측제어분석기, 기타 산업기계, 시계, 금속공작기계, 니켈제품, 기계요소

		5년 철폐	
		7년 철폐	섬유판 등 목재, 보일러, 유기·무기화학제품, 차량부품, 화장품, 의약품
		10년 철폐	주류, 커피
		제외	육류, 낙농제품, 양념류, 김, 미역

자료 : 관세청

4. 한·아세안 10개국 FTA 시장

4.1 한·아세안 10개국 FTA의 특징

한·아세안 10개국 FTA는 우리나라와 태국, 인도네시아 등 아세안 10개국 간에 체결된 협정인데 2007년 6월 1일 상품협정이 발효되었고, 2009년 5월 무역협정이 발효되었으며, 2009년 9월 1일 투자협정이 발효되었다. 한·아세안 FTA에서는 전체 품목을 품목군별로 나누고 품목군별로 설정된 일정에 따라 관세철폐 또는 인하를 추진하였다.

우리나라는 관세양허방식에 따라 HS 10단위 기준 총 11,261개 품목 중 10,403개 품목(93.2%)을 일반품목군으로 분류하였고, 481개 품목(4.3%)은 일반민감품목으로, 279개 품목(2.5%)은 초민감품목으로 나머지 98개 품목(0.9%)은 양허에서 제외하였다.

우리나라는 협정 발효와 동시에 일반품목군(normal track)에 속한 모든 품목을 2010년 1월 1일까지 관세를 철폐하기로 합의하여 현재 이들 품목에 대해서는 무관세가 적용되고 있다. 반면, 아세안은 2017년까지 일반품목군에 속하는 상품의 최소 90%에 해당하는 관세품목에 대해 관세를 철폐하기로 하였다.

4.2 한·아세안 10개국 FTA의 주요 관심품목

현재 우리나라는 일반품목군에 해당되는 품목은 모두 무관세로 수출입이 가능하지만 우리나라 농민들이 우려하는 쌀·쇠고기·돼지고기·닭고기·고추류 및 밀크조제품 등 민감품목(농산품)은 양허대상에서 제외되었고, 새우(냉동·신선), 냉동갑오징어·강낭콩 등은 일정한 쿼터물량에 한하여 양허할 계획이다([표 7-5] 참조).

표 7-5 | 한・아세안 회원국 양허안의 주요 내용

국명	양허내용			
	일반품목군	민감품목군	초민감품목	양허 제외
한국	품목수 : 90.8% 수입액 : 91.55% 천연고무, 동광, 합금하지 않은 기주석	품목수 : 9.23%(482개) 수입액 : 8.45% 대구, 청어, 양파, 보드카, 합성섬유	품목수 : 200개 수입액 : 2.81% 새우살, 갑오징어, 강낭콩, 보리, 옥수수	품목수 : 40개 쌀, 마늘, 양파, 돼지・닭고기
브루나이	품목수 : 99.24% 수입액 : 90.01% 차량, 파일직물, 합성스테이플섬유	품목수 : 0.76% 수입액 : 9.99% 고무제인터튜브, 액체펌프, 발전기, LD플레이어	품목수 : 13개 수입액 : 2.99% 냉장・냉동고, 고무제타이어, 차량부분품	품목수 : 13개 완충기, 고무제타이어, 차량부분품
캄보디아	품목수 : 91.10% 의류, 합성스테이플섬유, 수송용차	품목수 : 8.90%(465개) 토마토, 목욕용제품, 아연봉, 가스마스크	품목수 : 200개 맥주, 의류, 신발류, 조립식 건축물	품목수 : 40개 플라스틱제품, 방직섬유제, 주방목재가구
인도네시아	품목수 : 91.12% 수입액 : 90.43% 송신기기, 에틸렌중합체, 전기기부분품	품목수 : 8.88%(464개) 수입액 : 9.57% 다랑어, 새우, 사카린, 염화비닐, 면제품	품목수 : 156개 수입액 : 2.93% 천연진주, 평판압연제품, 철강금속제	품목수 : 40개 쌀, 맥주, 발효주, 폐의료용품
라오스	품목수 : 89.93% 건설/전력장비, 의류, 오토바이부품	품목수 : 10.07%(526개) 변, 고무제품, 메리야스편물, 난방기기	품목수 : 200개 쇠고기, 올리브, 토마토, 커피, 감자	품목수 : 0개
말레이시아	품목수 : 91.16% 수입액 : 90.31% 전자, 기계부품, 화학, 운송설비, 철강	품목수 : 8.84%(462개) 수입액 : 9.69% 두리안, 염화메탄, 사무용품, 고무타이어	품목수 : 113개 수입액 : 2.99% 찹쌀, 현미, 햇병아리, 돼지고기, 닭고기	품목수 : 39개 고래, 파충류, 맥주, 발포성 포도주
미얀마	품목수 : 92.48% 기계, 의류, 전자, 플라스틱	품목수 : 7.52%(393개) 고래, 사탕수수, 목탄, 팩시밀리, 낚싯바늘	품목수 : 200개 농어, 새우, 잎담배, 전동용 벨트	품목수 : 40개 바닷가재, 벼, 맥주, 보드카, 위스키류
필리핀	품목수 : 93.30% 수입액 : 10.03% 전자부품, 자동차부품, 석유제품, 철강	품목수 : 6.70%(350개) 수입액 : 9.97% 오리, 고등어, 야자유, 소시지, 신발류	품목수 : 93개 수입액 : 3.00% 닭, 돼지, 양배추, 마늘, 플라스틱제 의류	품목수 : 40개 벼, 사탕수수, 시동전동기, 와이어링세트
싱가포르	품목수 : 100% 수입액 : 100% 인터넷핸드폰, 전자집적회로, 무연자동차휘발유	품목수 : 0개 수입액 : 0%	품목수 : 0개 수입액 : 0%	품목수 : 0개
태국	-	-	-	-
베트남	품목수 : 90.10% 수입액 : 78.88% 리드프레임, 프리미엄무연자동차휘발유, 무선랜	품목수 : 9.90%(517개) 수입액 : 23.12% 비누, 유리세공품, 공기조절기, 차부분품	품목수 : 200개 조란, 사탕수수, 소금, 담배부산물	품목수 : 40개 흡연용 담배, 평판압연제품, 모터스쿠터

주 : 태국은 서명 필요

자료 : 외교통상부 대외경제정책연구원, "한・ASEAN FTA 주요 내용–기본협정・분쟁해결제도협정・상품무역협정," 2007. 4, p.54.

5. 한 · 인도 FTA 시장

5.1 한 · 인도 FTA의 특징

2010년 1월 1일 발효한 관세양허내용에 따라 인도양허기준인 HS 6단위 품목기준으로 총 5,227개 품목 중 3,739개 품목에 대한 관세가 철폐되었다. 즉시 철폐품목은 202개, 5년간 점진적으로 관세를 철폐하는 품목수는 180개로 규정되어 있다. 장기간의 이행기간인 8년 철폐품목은 3,357개, 양허에서 제외된 품목수는 768개이다.

우리나라는 HS 10단위 총 11,261개 품목 중 9,984개 품목의 관세가 철폐된다. 이 중 6,824개 품목에 대해서는 관세가 즉시 철폐되었다. 그 결과, 품목별로는 석유화학합성원료(214.4%), 선박(151.5%), 자동차부품(43.1%), 합성수지(42.3%) 등의 수출이 대폭 증가하였고, 알루미늄(505.1%), 아연(264.0%), 합금철(163.8%), 면사(81.7%), 나프타(45.5%) 등의 수입이 대폭 증가하였다.

5.2 한 · 인도 10개국 FTA의 주요 관심품목

한 · 인도 FTA에 따른 무관세 주요 수출품목은 무선전화기, 컴퓨터기기, 팩시밀리, 가정용 전자제품 등이고 주요 수입품목은 나프타, 합금철, 오일케이스, 벤젠, 적철광 등

표 7-6 | 한 · 인도 FTA 무관세 및 관세인하품목

주요 수출품목		주요 수입품목	
즉시 철폐	무선전화기, 유선전화기부분품, 컴퓨터기기, 축전기, 팩시밀리, 기타 가정용 전자제품, 소가죽	즉시 철폐	나프타, 합금철(페로크롬), 오일케이스, 벤젠, 적철광, 폴리카보네이트
5년 철폐	철강 및 비합금 강열연강판, 신문용지, 합성고무(SBR), 초음파영상진단기, 폴리카보네이트, TV영상모니터, 형광램프	5년 철폐	윤활유, 20톤 초과 화물자동차, 대리석, 초음파영상진단기기, 유리비드, 살균제
8년 철폐	자동차 기타 부분품, 선박(탱커), 선박(화물선), 볼베이링, 건설중장비, 냉연 및 열연강판	8년 철폐	기타 항생물질, 산양가죽, 유박비공업용 다이아몬드, 엑스선관
8~10년 철폐	기어박스, 접착제, 살충제, 냉장고, 컬러TV	8~10년 50%	사료용 옥수수, 망고, 일부 면사
제외	TV음극선관, 승용차, 페놀, 마이크로웨이브	제외	쇠고기, 돼지고기, 갈치, 꽃게, 참깨, 등유, 경유, 일부순면사, 옥수수, 고추, 사과, 감자, 무

주 : 한국은 8년 내 50%, 인도는 10년 내 50% 감축
자료 : 관세청

주로 원자재이다.

그리고 관세인하 주요 수출품목은 합성고무, 초음파영상진단기, 선박(탱커, 화물선) 등이며 주요 수입품목은 윤활유, 대리석, 사료용 옥수수, 망고 등이다. 또한 우리나라 농업을 보호하고자 쌀, 밀, 쇠고기, 돼지고기 등 농산품은 양허에서 제외되었다([표 7-6] 참조).

6. 한 · 미 FTA 시장

6.1 한 · 미 FTA의 특징

한 · 미 FTA는 2012년 3월 15일부터 발효되었고 이에 따라 우리나라와 미국은 협정 발효 후 10년 내에 모든 공산품에 대한 관세를 단계적으로 철폐하게 된다. 한국과 미국 양측이 관세를 철폐키로 한 공산품은 각각 8,434개, 7,094개에 달한다. 이 중 협정 발효 즉시 관세가 철폐된 품목은 한국이 7,160개(85.6%), 미국이 6,171개(87%)다. 협정 발효 3년 이내에 한국은 94.1%, 미국은 92.2%의 품목에 대한 관세를 철폐한다. 5년 이내에는 이 비율이 각각 95.5%, 96.9%까지 높아지게 된다. 미국이 5년 이내에 관세를 철폐하기로 합의한 품목에는 한국의 주요 수출품이 대부분 포함돼 있다.

6.2 한 · 미 FTA의 주요 관심품목

한 · 미 FTA에 따른 무관세 주요 수출품목은 3,000cc 이하 승용차, 자동차부품, 세탁기, 컬러TV, LCD모니터, 합성수지 등이며 주요 수입품목은 디스플레이 패널 필름, 보일러와 기계류, 밀과 옥수수 등 곡실류 등이다.

그리고 관세인하 주요 수출품목은 3,000cc 이상 승용차, 타이어 등이며 무선통신기기와 반도체, 철강제품은 양허에서 제외되었다. 주요 수입품은 알루미늄판, 기초화장품, 초음파영상진단기 등이며, 철강제품, 항공기 및 부품은 양허에서 제외되어 있다([표 7-7] 참조).

표 7-7 | 한 · 미 FTA 무관세 및 관세인하품목

주요 수출품목		주요 수입품목	
즉시 철폐	3,000cc 이하 승용차, 자동차부품, 세탁기, 컬러TV, LCD모니터, 합성수지	즉시 철폐	디스플레이 패널 필름, 보일러와 기계류, 밀과 옥수수 등 곡실류(대두 : 1만 톤까지 관세율 0%), 크실렌, 에어백, 전자계측기, 자동차부품
3년 철폐	DTV, 컬러TV, 골프용품, 샹들리에	3년 철폐	요소, 실리콘오일, 폴리우레탄, 치약, 향수, 골프채
5년 철폐	3,000cc 이상 승용차, 타이어, 가죽의류, 폴리에테르, 스피커	5년 철폐	고주파증폭기, 알루미늄판, 안전면도날, 조제세제, 헤어린스, 바닷가재
10년 철폐	전자레인지, 세탁기, 폴리에스테르수지, 모조장신구, 베어링, 섬유건조기, 화물자동차	10년 철폐	기초화장품, 초음파영상진단기, 페놀, 볼베어링, 콘택트렌즈
		TRQ*	돼지고기, 쇠고기
제외	무선통신기기, 반도체, 철강제품	제외	철강제품, 항공기 및 부품

* TRQ(tariff rate quotas)는 정부가 허용한 일정 물량에 대해서만 저율 관세를 부과하고 이를 초과하는 물량에 대해서는 높은 관세를 부과하는 것을 말한다.
자료 : 외교통상부, "한 · 미 FTA 상세설명자료", 2011. 7, p.10.

7. 한 · EU FTA 시장

7.1 한 · EU FTA의 특징

한 · EU FTA는 2011년 7월 1일 발효되었으며 이 협정이 적용되는 대상 국가는 EU 28개국이다. EU는 세계 제1위 경제규모를 가진 거대시장이고 우리나라의 제2위 교역파트너[5]이다.

품목수 기준, EU의 즉시 철폐비율은 97.3%이고 우리나라는 90.7%이다. 협정 발효 3년 이내에 한국은 95.8%, EU는 99.4%의 품목에 부과되는 관세를 점진적으로 철폐한다.

7.2 한 · EU FTA의 주요 관심품목

한 · EU FTA에 따른 무관세 주요 수출품목은 자동차부품, 무선통신기기부품, 스웨터, 편직물, 냉장고, 에어컨 등이며 주요 수입품목은 컬러TV, 냉장고, 선박, 타이어, 광학기계 등

5 2010년 기준, 우리나라의 대(對)EU 총 교역은 922억 달러, 수출은 535억 달러로 각각 미국(총 교역 902억 달러, 수출 498억 달러)보다 크며, 대EU 무역수지 흑자는 148억 달러규모로 대미흑자(98억 달러)의 1.6배 수준이다.

이다.

그리고 관세인하 주요 수출품목은 선박, LCD, 전자집적회로, 전화기, 쌀 등을 제외한 대부분의 공산품이며 주요 수입품목 역시 승용차, 합성수지, 고무벨트, 전자레인지, 모니터, 광학기기부품 등 공산품이다([표 7-8] 참조).

표 7-8 | 한 · EU FTA 무관세 및 관세인하품목

주요 수출품목		주요 수입품목	
즉시 철폐	자동차부품, 무선통신기기부품, 스웨터, 편직물, 냉장고, 에어컨, 라디오, 스키 부츠, 폴리에스터직물, 진공청소기, 연축전지, 리튬전지	즉시 철폐	자동차부품, 기타 정밀화학원료, 계측기, 직물제의류, 컬러TV, 냉장고, 선박, 타이어, 광학기계, 화학기계, 전구, 섬유기계, 식품포장기계
3년 철폐	중 · 대형(1,500cc 초과)승용차, 베어링, 타이어, 합성수지, 고무벨트, 복사기, 전자레인지, 주방용 도자기제품, 항공기, 기타 신발, 자전거	3년 철폐	중 · 대형(1,500cc 초과)승용차, 기타 정밀화학제품, 펌프, 선박용 엔진 및 그 부품, 무선통신기기부품, 안경, 의약품, 화장품, 철도차량, 철도차량부품, 선박용 부품
5년 철폐	소형(1,500cc 이하)승용차, 하이브리드카, 밸브, 베어링, 시멘트, 윤활유, 기초화장품, 접착제, 합성고무, 제재목, 원동기, 펌프, 화물자동차, 의료용 전자기기, 기타 요업제품	5년 철폐	소형(1,500cc 이하)승용차, 하이브리드카, 컬러TV, 모니터, 카스테레오, 광학기기부품, 순모직물, 모사, 영상기록재생용 기기, 화물자동차
7년 철폐	순모직물, 동조가공품, 수산화나트륨, 건설중장비, 인쇄기계, 금속절삭가공기계, 기타 기계류, 합판, 섬유판	7년 철폐	미사용
제외	선박, LCD, 전자집적회로, 전화기, 쌀	제외	쌀

자료 : 관세무역개발원

8. 한 · 페루 FTA 시장

8.1 한 · 페루 FTA의 특징

이 협정은 2011년 8월 1일부터 공식 발효되었고 중남미 국가 중에서는 칠레에 이어 두 번째이며, 우리나라 전체로는 일곱 번째이다. 한국과 페루 양측은 협정 발효 후 10년 이내에 현재 교역되고 있는 품목에 대한 관세를 모두 철폐하기로 합의하였다.

이 중 품목수 기준, 페루의 즉시 철폐비율은 67.9%로 총 품목수 7,370개 중 5,001개 품목이며, 우리나라는 품목수 기준 총 11,881개 품목 중 84.5%인 10,044개 품목에 대한 관세를 협정이행과 동시에 철폐하기로 합의하였다.

페루 측은 우리나라 주력 수출품목인 자동차, 냉장고 등을 즉시 또는 10년 내 철폐하기로 하였다. 대형승용차(현행 관세율 9%)와 컬러TV(9%)의 관세는 즉시 철폐하고 중형승용차의 관세는 5년 내, 냉장고(17%)의 관세는 10년 내 철폐하기로 합의하였다. 우리 측은 쌀, 쇠고기, 고추, 마늘, 양파, 인삼류, 명태 등 107개 품목을 양허대상에서 제외하고 기타 202개 민감 농산물에 대해서는 10년 이상의 장기 관세철폐기간을 설정하였다.

8.2 한 · 페루 FTA의 주요 관심품목

한 · 페루 FTA에 따른 무관세 주요 수출품목은 대형승용차, TV, VCR, 전기밥솥, 선박, 타이어 등이며 주요 수입품목은 동광, 아연광, 철광, 나프타, 석탄, 원유 등 주로 원자재이다.

그리고 관세인하 주요 수출품목은 면도기, 항공기 엔진, 세탁기, 철강제품, 냉장고 등이고, 쌀은 양허에서 제외되었다. 주요 수입품목은 아스파라거스, 아보카도, 바나나, 포도주, 오징어 등 농수산품이며, 쌀은 양허에서 제외되었다([표 7-9] 참조).

표 7-9 | 한 · 페루 FTA 무관세 및 관세인하 품목

주요 수출품목		주요 수입품목	
즉시 철폐	대형승용차, TV(컬러, 흑백), VCR, 전기밥솥, 라디오카세트, 일부 자동차부품, 카스테레오, 무선전화기, 선박, 화물자동차, 타이어, 라이터, 손목시계, 오락용구, 기타 합성섬유, 녹차, 배, 사과	즉시 철폐	아연광, 연광, 동광, 니켈광, 철광, 나프타, 고철, 원유, 석탄, 윤활유, 금, 은, 보석, 승용차, 자전거, 타이어, 카메라, 시계, 건전지, 가죽제품(벨트 등), 모피의류, 견사, 신사복, 언더셔츠, 모자, 커피, 설탕(원당), 향신료(샤프란)
3년 철폐	면도기, 이발기, 항공기 엔진	3년 철폐	아스파라거스(신선냉장), 아보카도(신선건조), 위스키, 파스타, 식빵, 비스킷, 어류통조림(정어리)
4년 철폐	세탁기		–
5년 철폐	중형승용차, 진공청소기, 의료위생용품, 종이제품, 설탕(정당), 필터담배, 맥주, 위스키, 인삼	5년 철폐	연괴, 스웨터(면제), 코르크, 바나나, 라임, 포도주, 캐비아대용물, 어류의 유
7년 철폐	일부 철강제품	7년 철폐	옥수수(종자용), 소모사, 붕장어(냉동팔레트)
10년 철폐	기타 승용차, 냉장고, 고무관, 모포류, 혼방면사, 폴리에스터직물, 신발류, 부직포, 인쇄용지, 접착제, 연축전지, 비누, 섬유판, 오리고기, 돼지고기	10년 철폐	아연괴, 일부 연괴, 파티클보드, 섬유판, 합판, 소시지, 오징어(냉동, 조미, 자숙, 건조), 고등어(냉동)
제외	쌀	제외	쌀

자료 : 관세청

9. 한 · 터키 FTA 시장

9.1 한 · 터키 FTA의 특징

한 · 터키 FTA는 2013년 5월 1일 발효되어 10년 이내에 대부분의 품목에 대한 관세장벽이 철폐된다. 과거 터키정부는 수입긴급조치, 반덤핑관세, 상계관세 등과 같은 무역조치를 행사하였으나 이번 협정 발효로 비관세 무역장벽의 행사요건이 강화되어 교역장벽이 보다 완화될 것으로 전망된다.

앞으로 우리나라는 품목수 기준으로 92.2%, 터키는 89.8%에 해당하는 품목의 관세를 10년 내 철폐할 예정이다. 즉시 철폐비율은 품목수를 기준으로 한국은 총 품목수 11,881개 중 9,559개 품목인 80.5%이고, 터키는 총 12,102개 품목 중 65%인 7,868개 품목이다. 그러나 농수산물은 주요 민감품목으로 지정하여 양허에서 제외되었다.[6]

9.2 한 · 터키 FTA의 주요 관심품목

한 · 터키 FTA에 따른 무관세 주요 수출품목은 플라스틱제품, 합성수지, 철도차량 및 부품 등이며 주요 수입품목은 광물성 원료와 원유 등 원자재이다.

표 7-10 | 한 · 터키 FTA 무관세 및 관세인하품목

주요 수출품목		주요 수입품목	
즉시 철폐	ABS합성수지, 기타 플라스틱제품, 일부평판압연제품, 기타 알루미늄제품, 신변장식용품, 포트랜드시멘트, 합판, 섬유판, 파티클보드, 조립식 목재건축물, 철도차량부품	즉시 철폐	공기조절기, 금속절삭가공기계, 냉장고, 모자, 아연광, 양탄자, 의료용 기기, 광물성 연료(나프타, 원유, 기타 석유제품)
3년 철폐	차량용 고무타이어, 공기조절기, 원동기 및 펌프, 볼트 · 너트, 기타 산업기계, 가열난방기	3년 철폐	내시경, 농약, 밸브, 베어링, 변압기부품, 펌프, 계측기, 대리석
5년 철폐	기타 자동차부품, 면사, 편직물, 일부 합성필라멘트사, 전동기, 합성필라멘트사직물, 냉장고, 전동기, 가솔린/디젤중 · 대형	5년 철폐	조립식 목재건축물, 제재목, 전동축, 알루미늄의 판 · 쉬트, 화강암, 가솔린경차, 가솔린/디젤소형
7년 철폐	양모 및 섬수모혼방직물, 기어박스, 평판압연제품, 컬러TV, 세탁기	7년 철폐	양모사, 섬수모사, 직물, 합판, 섬유판, 파티클보드
제외		제외	쌀

자료 : 관세청

6 우리나라는 쌀, 쇠고기, 돼지고기, 고추, 마늘, 양파, 포도, 오렌지, 명태, 전복 등 주요 농수산물 795개 품목(품목 수기준 40.7%)에 대해 양허를 제외하였다.

그리고 관세인하 주요 수출품목은 공기조절기 및 냉난방기, 원동기 및 펌프, 합성고무, 건설광산기계 등이고 주요 수입품목은 계측기, 가솔린경차 및 소형, 의류 등이며 쌀은 양허에서 제외되었다([표 7-10] 참조).

10. 한 · 콜롬비아 FTA 시장

10.1 한 · 콜롬비아 FTA의 특징

한·콜롬비아 FTA 협정은 2013년 2월 21일 정식 서명되어 발효 중이며, 10년 이내에 현재 교역 중인 대부분의 품목에 대한 관세를 철폐할 예정이다. 우리나라는 품목수 기준 96.1%(총 품목수 11,881개 중 9,787개 품목), 콜롬비아는 96.7%(총 품목수 7,240개 중 4,390개 품목)의 관세를 철폐한다.

이 협정에서 우리나라는 농수산물에서는 최대한의 방어조치를 취해 관세양허에서 제외하거나 철폐기간을 장기간으로 설정하였다. 쌀, 고추, 마늘, 양파, 사과, 감귤 등 153개의 민감 농수산물의 양허를 제외했고, 여타 284개의 품목에서는 10년 이상의 철폐기간을 설정하였다.

10.2 한 · 콜롬비아 FTA의 주요 관심품목

한·콜롬비아 FTA에 따른 무관세 주요 수출품목은 자동차부품, 섬유, 플라스틱, 철강 등이며 주요 수입품목은 생두, 원두 등 농산품이다.

그리고 관세인하 주요 수출품목은 쌀, 쇠고기, 고추, 마늘 등의 농산물을 제외한 대부분의 공산품이다. 주요 수입품목은 원유, 커피조제품, 제재목, 화훼류, 망고, 파인애플, 건조포도 등 농산품이 다수 차지하고 있으며, 쌀, 쇠고기, 감자, 마늘, 고추 등의 민감 농산품은 양허에서 제외되었다([표 7-11] 참조).

표 7-11 | 한·콜롬비아 FTA 무관세 및 관세인하품목

	주요 수출품목		주요 수입품목
즉시 철폐	무선전화기, VCR, 합성수지(폴리에틸렌), 도금강판, 전자레인지, 자동차부품(기어박스, 방열기), 정밀화학원료, 기타 고무제품, 직물류(재생직물, 편직물), 철도차량부품, 항공기부품, 전동기, 변압기, 베어링, 조란, 견과류, 커피, 녹차, 사탕과자류, 인삼음료, 정당	즉시 철폐	철광, 동/알류미늄/아연괴 및 제품, 금, 은, 비금속광물, 흑연 석탄, 윤활유, 정밀화학원료, 석유화학제품, 합성수지, 타이어, 가죽제품(가방,벨트), 섬유사, 직물류, 의류(모피, 양복, 언더 셔츠, 속옷, 코트), 양말, 신발, 모자, 판유리, 손목시계, 완구류, 커피원두, 볶은 커피
3년 철폐	기타 합성수지, 기타 플라스틱제품, 카네이션	3년 철폐	원유, 자동차부품, 커피조제품, 밀, 코코아조제품
5년 철폐	자동차부품, 버스 및 승용차용 타이어, 컬러TV, 에어컨, 의류, 섬유류(폴리에스터, 나일론, 화섬필라멘트사), 판유리, 아연도강판, 장미, 국화, 바나나, 곡분, 초콜릿 및 코코아조제품, 로열젤리	5년 철폐	페로니켈, 장신구, 제재목, 단판, 장미, 국화, 백합, 매니옥, 바나나, 아보카도, 빙과류, 위스키
7년 철폐	합성수지(폴리프로필렌, 폴리스티렌), 폴리에스터직물, 화장품, 안전유리, 산업용 차량 타이어, 기타 화초, 당근, 파인애플, 수박	7년 철폐	스웨터, 남성바지, 기타 절화, 파인애플, 망고, 수박, 두리안, 과일주스
10년 철폐	승용차, 화물자동차, 이륜차, 일부 세탁기, 브라운관TV, 조명기기, 가죽제품(가방, 벨트), 신발, 완구류, 돼지고기, 양고기, 난류, 천연꿀, 시금치, 강낭콩, 타피오카, 감	10년 철폐	니켈괴, 합판, 건축용 목제품, 냉동감자, 돼지고기, 양고기, 요구르트, 건조포도, 멜론, 살구, 자두, 옥수수, 소시지, 잎담배
12년 철폐	냉장고, 냉방기, 세탁기, 냉동오리고기, 아이스크림, 사료용 첨가제	12년 철폐	파티클보드, 섬유판, 일부 합판, 닭고기, 오리고기, 표고버섯, 감
제외	쌀, 쇠고기, 우유, 분유, 고추, 마늘, 양파, 녹두, 팥, 오렌지, 감귤류, 사탕수수/무당, 기타(향미첨가)	제외	쌀, 쌀관련 품목, 쇠고기, 밀크·크림, 연유, 감자, 마늘, 양파, 고추, 오렌지, 감귤, 사과, 배, 인삼류

자료 : 관세청

11. 한·캐나다 FTA 시장

11.1 한·캐나다 FTA의 특징

한·캐나다 FTA 협정은 2005년 7월부터 2008년 3월까지 13차례 비공식적인 협상을 진행하고 2013년 11월까지 14차례 공식적인 협상을 통해 2014년 3월 11일에 양국의 정상이 FTA 타결을 선언하고 2014년 9월 22일에 정식 서명함으로써 발효되었다. 우리나라는 9,749개 품목의 관세를 즉시철폐하기로 하였고 관세가 철폐된 품목이 우리나라가 캐나다에서 수입하는 총수입금액에서 87.0%를 차지하고 있다. 캐나다는 6,380개 품목의 관세를 즉시철폐하기로 하였고 관세철폐품목은 캐나다가 우리나라에서 수입하는 총수입금액에서 64.1%를 차지하고 있다. 나머지 품목은 3년, 5년, 6년, 7년, 10년, 10년 내, 10년 초과로 기간을 설정하여 관세를 완전히 철폐하기로 하였다.

11.2 한 · 캐나다 FTA의 주요 관심품목

한·캐나다 FTA에 따른 무관세 주요 수출품목은 컬러TV, 세탁기, 진공청소기, 자동차부품(기어박스, 클러치), 쇠고기, 돼지고기, 등 6,380개 품목이고 주요 수입 품목은 승용차, 자동차부품, 캐나다구스(재킷, 블레이저, 잠바류), 의료용기기 등 9,749개 품목이다.

표 7-12 | 한 · 캐나다 FTA 무관세 및 관세인하 품목

주요 수출품목		주요 수입품목	
즉시철폐 6,380개 품목	컬러TV, 세탁기, 진공청소기, 자동차부품(기어박스, 클러치), 쇠고기, 돼지고기, 마늘, 가지, 뱀장어, 대구, 바닷가재 등	즉시철폐 7,749개 품목	승용차, 자동차부품, 캐나다구스(재킷, 블레이저, 잠바류), 의료용기기, 바닷가재(냉동), 등
3년철폐 1,401개 품목	승용차, 자동차부품(범퍼, 안전벨트, 운전대), 냉장고, 화장품, 비누, 국화 등	3년철폐 502개품목	포도주(아니스), 바닷가재(냉동 이외), 빵, 밸브, 사과나무 등
5년철폐 359개품목	타이어(승용, 버스, 화물차용), 안료, 신발, 건전지, 전구, 철도차량, 기타조명기기, 토마토주스, 아이스크림 등	5년철폐 722개품목	타이어, 베어링, 돼지고기, 커피(볶음), 고사리, 정어리, 꽁치(냉장), 참다랑어(냉동) 등
6년철폐 0개품목	없음	6년철폐 2개품목	골분, 돼지고기 기타 부위(밀폐용기의 것)
7년철폐 0개품목	없음	7년철폐 12개품목	포도, 사과(조제저장처리), 맥주, 로열젤리(조제식료품 기타), 먹장어(냉동) 등
10년철폐 2개품목	기타차량, 승용차(1인승)	10년철폐 612개품목	닭고기, 아스파라거스, 아몬드, 국화, 백합, 감자, 게(냉동), 오징어(냉동) 등
세번분리 0개품목	없음	세번분리 5개품목	견과, 땅콩 외 기타의 씨류, 과실주스, 기타 흰포도주 등
10년초과 철폐 25개품목	기타 신발, 선박, 해양구조물 등	10년초과 철폐 77개품목	돼지고기(냉장, 냉동삼겹), 쇠고기, 양파, 마늘(냉동), 감귤, 맨더린, 조제분유, 녹용, 메밀, 보리 등
양허 제외	캐나다 : 치즈, 버터, 밀크와 크림, 알부민, 소시지, 기타 이와 유사한 물품(육·설육 또는 피로조제 한 것) 등 181개 품목 한국 : 쌀, 쇠고기(냉동/도체와 이분도), 오리고기(냉동), 탈전지분유, 치즈, 밤, 인삼, 고추장, 잎담배 등 211개 품목		

자료 : 관세청

12. 한 · 뉴질랜드 FTA 시장

12.1 한 · 뉴질랜드 FTA의 특징

한 · 뉴질랜드 FTA 협정은 2009년 6월부터 2014년 10월까지 9차례 공식협상을 통해 2014년 11월 15일에 타결되어 발효되었다. 우리나라는 9,092개 품목의 관세를 즉시 철폐하였고 관세가 철폐된 품목이 우리나라가 뉴질랜드에서 수입하는 총수입금액에서 48.3%를 차지하고 있다. 뉴질랜드는 6,220개 품목의 관세를 즉시 철폐하였고 관세철폐 품목이 뉴질랜드가 우리나라에서 수입하는 총수입금액에서 92.2%를 차지하고 있다. 나머지 품목은 3년, 5년, 6년, 7년, 10년, 10년 초과로 기간을 설정하여 관세를 완전히 철폐하기로 하였다.

12.2 한 · 뉴질랜드 FTA의 주요 관심품목

한 · 뉴질랜드 FTA에 따른 무관세 주요 수출품목은 승용차, 컬러TV, 무선전화기, 원유, 제트유 및 등유 등 4,207개 품목으로 대부분 공산품으로 구성되어 있다. 주요 수입품목은 원목, 펄프, 나프타, 양모, 알루미늄스크랩, 동스크랩, 열연강판 등 1,932개 품목이다.

표 7-13 | 한 · 뉴질랜드 FTA 무관세 및 관세인하 품목

주요 수출품목		주요 수입품목	
즉시철폐 4,207개 품목	승용차, 컬러TV, 무선전화기, 원유, 제트유 및 등유 등	즉시철폐 1,932개 품목	원목, 펄프, 나프타, 양모, 알루미늄스크랩, 동스크랩, 열연강판 등
즉시철폐 유관세 2,013개 품목	승용차용 타이어, 버스/화물차용 타이어, 세탁기, 축전지, 전선, 철강관, 아연도강판, 동조가공품, 밸브, 면류, 알루미늄조가공품, 빵, 커피류 등	즉시철폐 유관세 7,160개 품목	알루미늄괴, 양가죽, 단판, 변환기, 선박용부품, 변압기부품, 소가죽, 포도주, 고령토, 의약품, 치약, 양가죽, 경유, 액정디바이스, 양탄자, 식염, 천일염 등
3년철폐 488개품목	화물자동차, 건설중장비, 냉장고, 자동차부품(여과기, 안전벨트, 제동장치), 기타 플라스틱제품, 철강선/철강관, 모사, 냉연강판, 편직물, 편직제/직물제 의류 등	3년철폐 960개품목	메탄올, 알루미늄괴, 연괴, 버터, 기초화장품, 제재목, 펌프부품, 지게차, 주강, 소주, 홍합(통조림 등), 의류(블라우스, 드레스, 바지) 등

5년철폐 275개품목	철강선, 철강관, 중후판, 봉강, 선재, 도금강판, 연선 및 와이어, 편직물, 기타 섬유제품, 기타 신발 등	5년철폐 394개품목	밀크알부민, 코코아조제품, 소시지, 토마토페이스트, 초콜릿, 완두, 변환기, 밸브, 클로렐라, 알부민, 된장, 바닷가재, 어육, 수산가공품, 조개, 오징어 등
6년철폐 0개품목		6년철폐 1개품목	키위
7년철폐 273개품목	자동차부품(방열기), 변압기, 모사, 편직물, 편직제/직물제 의류, 섬유판, 합판 등	7년철폐 347개품목	제재목(라디에타소나무), 카세인산염, 밸브, 맥주, 딸기, 과일주스, 커피, 물, 공기조절기, 뱀장어, 골뱅이, 마카로니, 자라, 어류(민어, 다랑어, 대구, 돔) 등
7년철폐 (TRO) 0개품목	없음	7년철폐 (TRO) 0개품목	치즈(신선/모차렐라치즈)
10년철폐 0개품목		10년철폐 362개품목	면양, 유당, 홍어, 아보카도, 전갱이, 뱀장어, 보드카, 사슴고기, 아귀, 위스키 등
10년철폐 (TRQ) 0개품목	없음	10년철폐 (TRQ) 2개품목	버터 등
12년철폐 0개품목	없음	2년철폐 71개품목	섬유판, 합판, 어류(명태, 가자미, 황새치, 참치, 대구, 갈치, 꽃게) 등
12년철폐 (TRQ) 0개품목	없음	12년철폐 (TRQ) 1개품목	치즈(신선/모차렐라치즈)
13년철폐 0개품목	없음	13년철폐 1개품목	냉동크림
13년철폐 (TRQ) 0개품목	없음	13년철폐 (TRQ) 1개품목	조제분유
15년철폐 0개품목	없음	15년철폐 347개품목	쇠고기, 식용설육(소), 동물의 위, 장(소의 것), 요구르트, 녹용(기타), 호박, 필터담배, 마가린, 감자, 오이, 양파(냉동), 완두, 어류(황다랑어, 조기, 고등어, 민어, 대구) 등
15년철폐 (TRQ) 0개품목	없음	15년철폐 (TRQ) 9개품목	치즈, 조제식료품 등
17년철폐 0개품목	없음	17년철폐 3개품목	크림, 조제분유, 조제식료품
18년철폐 0개품목	없음	18년철폐 57개품목	홍차, 로얄제리, 멜론, 포도, 버섯류, 닭고기(미절단/냉장), 오리고기, 상추, 마늘 등

20년철폐 0개품목	없음	20년철폐 6개품목	밀크와 크림, 합판 등
10년 50%감축 0개품목	없음	10년 50%감축 12개품목	옥수수, 보리가루, 옥수수가루, 기타곡분, 대두, 사료 등
양허 제외	뉴질랜드 : 없음. 한국 : 쌀, 쌀보리, 천연꿀, 인조꿀, 닭고기(냉동), 돼지고기(삼겹살), 유당, 녹각, 단감, 고추, 인삼, 마늘(신선, 냉장, 건조), 사과, 배, 포도, 감귤, 오징어(냉동), 전복, 명태(냉동) 등 199개 품목		

자료 : 관세청

13. 한·베트남 FTA 시장

13.1 한·베트남 FTA의 특징

한·베트남 FTA 협정은 2013년 말에 공식적인 협상을 시작한 이후 2015년 5월 5일에 서명되어 발효 중에 있으며 우리나라는 11,169개 품목의 관세를 2012년에 철폐하였고 관세가 철폐된 품목이 우리나라가 베트남에서 수입하는 총수입금액에서 91.7%를 차지하고 있다. 베트남은 8,246개 품목을 2018년까지 관세를 완전히 철폐하기로 하였고 관세철폐품목이 베트남이 우리나라에서 수입하는 총수입금액에서 86.3%를 차지하고 있다. 나머지 품목은 3년, 5년, 7년, 8년, 10년, 15년 내로 관세를 완전히 철폐하기로 하였다.

13.2 한·베트남 FTA의 주요 관심품목

한·베트남 FTA에 따른 무관세 주요 수출품목은 화물자동차, 펌프, 철근, 공기조절기 등 65개 품목이고 주요 수입 품목은 실장어(확어), 돔(치어), 동어(치어), 피조개종패(활어/신선냉장) 4개 품목으로 수산물이다. 관세인하 주요 수출품목은 나이론 직물, 부직포, 손면직물, 화장품, 화물자동차, 자동차부품 등으로 207개 품목이고 주요 수입품목은 방모사, 소모사, 석유제품, 기타고무제품, 합판, 기타목재류, 건축용 목재 등 415개 품목이다.

표 7-14 | 한·베트남 FTA 무관세 및 관세인하 품목

주요 수출품목		주요 수입품목	
즉시철폐 65개품목	화물자동차, 펌프, 철근, 공기조절기, 기타정밀화학원료, 기타 철강금속제품, 냉연강판, 복합비료, 봉강, 사료, 아연도강판, 열연강판, 의약품, 원유 등	즉시철폐 4개품목	실장어(활어), 돔(치어), 농어(치어), 피조개종패(활어/신선/냉장)
즉시철폐 유관세 87개품목	없음		방모사, 소모사, 양모사, 방모직물, 손면사, 생지, 기타 면직물, 폴리에스터사, 탄성사, 기타 인조섬유장섬유사, 남성용 바지/아우터셔츠, 블라우스, 티셔츠, 스웨터, 양말, 등
3년철폐 16개품목	기타 영사기, 나일론직물, 부직포, 순면직물, 재생단섬유직물, 폴리에스터단섬유직물, 혼방면직물 등	3년철폐 216개품목	건전지, 경유 등 석유제품, 기타 고무제품, 기타 농산가공품, 석유제품, 시멘트, 자전거, 자전거부품, 샴푸, 헤어린스, 필름, 쇠고기(식용설육(신선/냉장) 등
5년철폐 47개품목	음극선관모니터, VCR, 계전기, 골판지원지, 기타생활용품(프레스파스너), 기타식탁용구, 기타 유리제품, 기타 직물, 순면직물, 편직물, 혼방면직물, 유아용조제식료품, 무선통신기기부품, 믹서, 변압기, 스위치, 신발부분품, 자동차부품, 전동기, 전선, 전산기기, 카스테레오 등	5년철폐 134개품목	저/고밀도에틸렌, 에틸렌초산비닐, 선박용압축점화식 엔진, 선박용 부품, 고구마(냉동), 과일주스, 감자(조제/냉동), 잼, 두부, 향미용 조제품, 기타소스류, 주류, 당면, 미과, 인삼음료, 캐슈넛(미탈각/탈각), 가오리(냉동), 북어(냉동), 피조개(냉동), 성게(냉동) 등
7년철폐 29개품목	가열난방기(철강제, 조리기구), 커피탕기, 비금속제 경첩, 보온밥통, 변압기, 볼트/너트, 선재, 원동기, 의약품, 자전거부품, 전동기, 철도차량부품, 항공기부품 등	7년철폐 7개품목	기타 전선, 통신용전선, 합판
8년철폐 6개품목	닭고기	8년철폐 0개품목	없음
10년철폐 106개품목	화장품(스킨로션/파우더 등), 가열난방기, 가청주파증폭기, 건축용목재품, 계전기, 스위치, 모니터, 기타고무제품, 전기밥솥, 냉장고, 라디오, 동조가공품, 복합비료, 세탁기, 스용차(3,000cc 초과), 화물자동차(5통-20톤), 안전유리 등	10년철폐 48개품목	베어링, 열대과일(구아바/망고/망고스틴/바나나/파인애플 등), 기타 과일주스, 난초/국화 등 화훼, 마늘(건조/냉동), 생강(미분쇄/미파쇄, 건조/기타), 호도(탈각/신선건조), 돔기타(냉동), 전갱이(냉동) 등
15년철폐 3개품목	자동차부품(기어박스) 등	15년철폐 3개품목	고구마전분, 천연꿀, 팥(종자용 외)
TRQ	없음	TRQ 7개품목	새우(냉동/가공) 등

자료 : 관세청

14. 한 · 호주 FTA 시장

14.1 한 · 호주 FTA의 특징

한 · 호주 FTA협정은 2006에 양국이 공동연구를 시작한 후 2009년부터 2013년까지 7차례협상을 통해 2014년 4월 8일에 서명되고 국회비준을 받아 발효되었다. 우리나라는 8,940개 품목의 관세를 즉지 철폐하였고 관세가 철폐된 품목이 호주에서 수입하는 총 수입액 중에서 72.4%를 차지하였다. 호주는 5,625개 품목의 관세를 즉시 철폐하였고 관세가 철폐된 품목이 호주가 우리나라에서 수입하는 총수입액 중에서 86.3%를 차지하였다. 이외의 품목은 3년, 5년, 8년, 10년, 10년 초과 등의 기간을 두고 관세를 완전히 철폐하기로 하였다.

14.2 한 · 호주 FTA의 주요 관심품목

한 · 호주 FTA에 따른 무관세 주요 수출품목은 가솔린중소형승용차, 디젤화물자동차, 디젤소형, 타이어, 컬러TV, 냉장고, 합성고무, 에어컨, 열연강판, 직물, 가죽 등 5,625개 품목이고 주요 수입품목은 승용차, 화물차, 자동차부품, 윤활유, LNG, 합성고무, 합성수지, 가죽, 단판, 동괴, 산동물(돼지, 닭, 산양), 버찌(신선) 등 8,940개 품목으로 일부 공산품과 농산물, 수산물, 축산물이다.

표 7-15 | 한 · 호주 FTA 무관세 및 관세인하 품목

주요 수출품목		주요 수입품목	
즉시철폐 5,625개 품목	가솔린중소형승용차, 디젤화물자동차, 디젤소형, 타이어, 컬러TV, 냉장고, 합성고무, 에어컨, 열연강판, 직물, 가죽, 문구류, 섬유사, 카스테레오	즉시철폐 8,940개 품목	승용차, 화물차, 자동차부품, 윤활유, LNG, 합성고무, 합성수지, 가죽, 단판, 동괴, 산동물(돼지, 닭, 산양), 버찌(신선), 아몬드(탈각), (제분용), 메슬린 가루, 야자유, 당 (기타), 포도주, 연어(냉장 · 냉동 · 훈제) 등
3년/3A 철폐 115개품목	디젤중형승용차, 가솔린대형승용차, 디젤대형 기타, 가솔린화물자동차, 자동차부품(기어박스, 차체부품, 제동장치, 로드휠, 완충기), 밸브, 중고차	3년/3A 철폐 1,019개 품목	밸브, 기타 목재류, 아스파라거스, 치커리, 국화, 야자유, 당(기타), 조제식료품(오트), 마요네스, 생모피, 기타 빙과류, 커피의각, 데어리스프레드, 닭새우류(냉동), 남방참다랑어(냉동) 등

5년철폐 414개품목	백판지, 도금강판, 필름류, 기타지, 판지, 의류, 양말, 신발, 축전지, 타이어튜브, 안전유리, 기타 타이어, 섀시, 석면제품, 계측기, 베어링	5년철폐 564개품목	원유, 망간철, 단판, 배추・완두・당근(신선), 옥수수가루, 소시지, 사탕수수당(기타), 유자(조제), 오렌지주스(기타), 포도주스(기타), 유장(사료용), 크알부민 등
7년철폐	없음	7년철폐 413개품목	제재목, 돼지식용설육, 토마토, 양배추・완두・살구(신선), 대두유, 혼합쥬스, 맥주, 아이스크림, 옥수수 기타 등
8A철폐 32개품목	양탄자, 의류(남성바지, 신사복 등)	8A철폐	없음
10년철폐	없음	10년철폐 413개품목	니켈괴, 연괴, 아연괴, 섬유판, 코르크, 건축용목제품, 합판, 목재생활용품, 면양(신냉, 냉동), 강낭콩, 렌즈콩, 은행(탈각), 망고(신선), 전분(), 올리브유, 유채유, 사탕수수당(주정용), 돼지고기(냉장) 등
12년철폐	없음	12년철폐 64개품목	기타 목재류, 섬유판, 합판, 버터기제조제품, 커피크리머 제조용의 것, 카세인류, 옥돔 (냉동), 볼락(냉동), 멸치(건조), 게살(냉동), 대게(산것, 신냉), 굴(건조), 홍합(냉동), 소라(냉동) 등
13년철폐	없음	3년철폐 2개품목	냉동크림 등
13년철폐 (TRQ)	없음	13년철폐 (TRQ) 2개품목	조제분유, 체더치
15년철폐	없음	15년철폐 332개품목	쇠고기, 파티클보드, 일부 섬유판, 소식용설육(신선/냉장, 족/냉동, 기타/냉동), 장(소의 것), 돼지고기(냉동), 튤립절화, 아보카도, 호박, 감자, 잣(탈각), 매니옥칩(건조), 인삼엑기스, 유장(기타), 변성유장, 유장분말(기타), 유장기타(혼합분유) ,넙치(냉동), 고등어(냉동), 참다랑어(피레트(냉동)), 꽃게(냉동), 오징어(냉동) 등
15년 (TRQ)		15년 (TRQ) 6개품목	버터, 버터(기타), 조제분유(기타), 사료용근채류(기타), 맥주맥, 맥아(볶지않은 것)
17년철폐	없음	17년철폐 3개품목	냉동크림(기타), 조제분유(기타) 등
18년철폐	없음	18년철폐 71개품목	닭고기(냉동, 냉장), 지버섯, 멜론(신선), 레몬, 마늘(냉동), 당근(건조), 옥수수(팝콘용), 밤(냉동), 전분(매니옥), 정제설탕(기타) 등

18년 (TRQ)	없음	18년 (TRQ) 4개품목	치즈(모차렐라, 크림, 가공 등)
20년철폐	없음	20년철폐 2개품목	크와 크림
20년 (TRQ)	없음	20년 (TRQ) 5개품목	치즈(가우더, 카망베르, 에멘탈, 기타 등)
세번 분리	없음	세번 분리	혼합양념
10년간 50% 감축	없음	10년간 50% 감축12개 품목	녹두, 맥아(훈연), 전분(옥수수·감자·고구마), 대두, 사료용 근채류, 대두, 이눌린 등
계절관세	없음	계절관세 3개품목	포도, 키위, 맨더린
계절관세 /세번 분리	없음	계절관세/ 세번 분리 1개품목	감자
계절관세 (TRQ)	없음	계절관세 (TRQ)	오렌지
현행관세 (TRQ)	없음	현행관세 (TRQ) 2개품목	대두(콩나물용), 대두(기타)
양허제외 169개 품목	쌀 및 쌀 관련 품목, 파티클보드, 합판, 탈전지분유, 연유, 돼지고기(냉동), 천연꿀, 양파(신냉), 녹용, 쪽파(신냉), 고추, 마늘, 파, 수박, 사과, 감귤, 겉보리, 쌀보리, 참깨, 낙화생, 인삼, 전복(산것·신선·냉장), 명태(냉동), 굴(냉동), 뱀장어 기타(앵귈라종(활어)) 등		

자료 : 관세청

15. 한·중 FTA 시장

15.1 한·중 FTA의 특징

한·중 FTA 협정은 2005년에 우리나라 대외경제정책연구원과 중국의 국무원발전연구중심과 공동연구를 수행하여 2007년부터 2008년까지 5차례 한·중 FTA 산관학 공동연구와 14차례 협상을 통해 2014년 11월 10일에 협상이 실질적으로 타결되었고 국회 비준을 받아 2015년 12월 30일에 발효되었다.

15.2 한 · 중 FTA의 주요 관심품목

한·중 FTA에 따른 무관세 주요 수출품목은 항공등유, L형강, 스텐레스열련강판(3mm미만) 등 1,649개 품목이고 주요 수입품목은 원유, 음향기기, 반도체제조장비, 의약품 등 6,108개 품목이다.

표 7-16 | 한 · 중 FTA 무관세 및 관세인하 품목

주요 수출품목		주요 수입품목	
즉시철폐 1,649개 품목	항공등유, L형강, 스텐레스열련강판(3mm 미만) 등	즉시철폐 6,108개 품목	원유, 음향기기, 반도체제조장비, 의약품 등
5년철폐 2,518개 품목	항공기부품, 유선기기부품, 반도체제조장비 등	5년철폐 1,433개 품목	플라스틱제품, 금속절삭기계, 의료기기 등
10년철폐 2,518개 품목	에틸렌, 프로필렌, 냉장고, 에어콘, 밥솥, 믹서, 여성코트 및 자켓, 유아복, LCD패널 등	10년철폐, 1492개 품목	차체부분품, 냉장고, 세탁기, 화장품, LCD패널 등
15년철폐 1,108개 품목	나프타, 아스팔트, 윤활기유, 프레스금형기계, 카메라부품, 안경렌즈 등	15년철폐, 1,106개 품목	휘발유, 기어박스, 타이어 등
20년철폐 474개 품목	ABS수지, 도료, 차량용 축전지, 브레이크, 가정용 정수기, 콘택트랜즈 등	20년철폐 476개품목	축전지, 편직제 의류 등
부분감축 129개 품목	리튬이온축전지, 자동기어변속장치, 차체부분품, 샴푸, 린스 등	부분감축	안전유리, 알루미늄박, 면직물, 신발부분품 등
한국	양허제외 852개품목	중국	양허제외 637개품목
	초산에틸, 판유리, 자동차, 면사, 모사, 편직제의류, 베어링 등		파라자일렌(PX), 텔레프탈산(TPA), 에틸렌글리콜(EG), 자동차, 기어박스, 핸들, 클러치, 굴삭기 등

자료 : 관세청

FTA
FTA 무역실무
Free Trade Agreement

CHAPTER 8

오퍼와 무역계약

제1절 거래제의와 회신

1. 거래제의

1.1 거래제의의 의의

FTA 협정조사나 해외시장조사를 통해 시장상황을 알고 난 후엔 자신의 상품을 소개하며 거래관계를 맺고 싶다는 의사를 표시해야 하는데 이를 거래의 제의 혹은 상품거래에 대한 조회(inquiry)라 한다. 따라서 거래제의는 어떤 상품을 팔려고 하는 사람 또는 사려고 하는 사람이 처음으로 자기 의사를 상대방에게 타진하는 것이다.

거래의 제의는 상품을 팔려는 사람이 사려고 하는 상대방에게 먼저 문의하는 수출업자의 거래제의(selling inquiry)와 사려는 사람이 그 상품을 가지고 있는 사람에게 팔지 않겠느냐고 문의하는 수입업자의 거래제의(buying inquiry)로 구분할 수 있다. 하지만 무역거래에서는 대부분 수출업자가 먼저 자신의 상품을 소개하고 거래관계를 맺고 싶다는 의사표시를 한다.[1]

거래제의는 특정상대방을 대상으로 할 경우도 있고 반면 불특정다수를 상대로 거래를 제의하는 경우가 있다. 만약 수출업자가 해외시장조사를 통해 유망한 거래처 명단을 입수한 경우이면 이들 상대방에게 직접 거래를 제의하고 그렇지 않은 경우에는 해외 광고를 하거나 박람회 등에 참석하여 자신의 상품을 알릴 수 있다.

1.2 거래제의의 방법

1) 권유장의 이용

해외시장조사를 통해 거래처 명단을 입수한 경우에는 이들 거래처에 권유장을 발송하여 거래를 제의하는 것이 보편적이다. 권유장(circular letter, sales letter)은 수출업자가 자신의 회사, 거래상품 등을 구체적으로 설명하면서 거래를 맺고 싶다는 의사를 표

1 수입업자가 먼저 거래를 제의하는 경우는 흔하지는 않지만 공공기관의 도급을 맡은 건설회사 혹은 관수물품의 구매책임을 맡은 조달청 같은 곳에서 그들이 필요로 하는 일정한 규격의 상품을 명시하여 수출업자에게 거래를 제의한다. 그리고 외국정부가 큰 공사를 할 때나 많은 물자를 구입할 때도 국제입찰을 하게 되며, 이때 상품이나 용역제공자에게 보내는 서신도 'buying inquiry'라고 할 수 있다.

시하는 것이며 상대방에게 처음으로 보내는 편지를 말한다.

권유장을 작성할 때는 첫째, 어떤 경로를 통해서 상대방의 이름과 주소를 알게 되었다는 것을 설명해 주어야 한다. 전혀 모르는 사람으로부터 아무런 이유 없이 편지를 받는 것은 별로 흥미 있는 일이 못된다. 그러므로 어떤 경로를 통해서 알게 되었다는 것을 서두에 알려주면 우선 읽는 사람으로서는 마음의 부담감이 적어질 것이다.

둘째, 우리는 누구이며, 무엇을 생산(또는 판매)하고 있으며, 월간(또는 연간) 생산능력이 얼마며, 주문 후 얼마 만에 선적해 줄 수 있다는 등의 자기 회사의 능력을 말해 주어야 한다.

셋째, 우리 제품의 특징, 즉 품질이 다른 것보다 우수하다, 가격이 월등히 저렴하다, 또는 선적이 빠르다는 것 등을 강조하여 구미가 당기게 하여야 한다.

넷째, 흥미가 있으면 견본 등을 보내주겠다는 내용, 즉 상대방이 행동으로 옮길 수 있는 구체적인 방법을 제시해 주어야 한다.

다섯째로, 상대방에게 우리의 재력과 배경을 알려줌으로써 거래하는 데 하등의 불안을 느끼지 않도록 해야 한다. 즉 우리의 거래은행 등을 알려주어 우리 쪽의 신용조회를 해보도록 하는 것이 좋다.

2) 무역유관기관의 이용

한국무역협회, 대한무역투자진흥공사 등에서 시행하고 있는 거래알선서비스를 받아 거래처를 확보하거나 이들 기관이 운영하고 있는 무역전문사이트를 통해 거래처를 물색할 수 있다. 특히 대한무역투자진흥공사에서 운영하는 buyKOREA는 우리나라 중소기업의 인터넷 수출을 지원하기 위해 만든 것으로 해외시장동향과 바이어정보를 검색할 있고 제품 홍보도 가능하다.

3) 홍보 및 해외광고의 이용

거래처를 물색하기 위해서 해외 홍보용 카탈로그를 제작하여 예상 거래처에 배포하거나 국내외의 광고매체를 활용할 수 있다. 또한 우리나라는 정보통신강국으로 세계적으로 널리 알려져 있어 인터넷을 통해 우리나라 기업과 상품을 검색하는 외국기업들이 많기 때문에 정보통신망을 이용하여 자기 회사와 수출상품을 홍보하는 것도 좋은 효과를 얻을 수 있다.

[서식 8-1] 권유장

JSK Company, Inc.

45th Floor, Korea Trade Center
159 Samsung-Dong, Kangnam-Ku, Seoul, Korea 135-729

Uniform Import & Export Corporation
1158 7th Av.
New York, NY 10018 U.S.A

Dear Sirs :
Through the courtesy of the New York Chamber of Commerce we have learned your esteemed name and address and we take this opportunity to introduce ourselves to you with the hope of establishing good business relationship for the mutual benefit.
For more than 20 years we have been selling various office equipments, especially automatic copy machines in Korea. We have the capability to manufacture automatic copy machines completely from original concept design through final production.
We have an advanced research and development center and are continuously bringing high quality products to the market. Our SMART brand of automatic copy machines is well known for its high fidelity, reliability, quality of manufacture.
We would like to know if you are interested in marketing our products in your area. With our extensive technical know-how and continued research and development, we are sure that we can supply you with high quality products at very competitive prices.
For your reference, we are enclosing an illustrated catalogue of our product line. Should you require any references our credit standing, you may feel free to the Korea Exchange Bank, Kangnam branch in Seoul or KOTRA organization in your area.
With this brief introduction of ourselves, we shall look forward to receiving your positive inquiry in the near future, and in the meanwhile, we remain.

Very truly yours,

홍보용 카탈로그와 광고는 종합광고대행사나 광고기획사 등 전문가에 의뢰하여 영문과 대상지역의 언어로 제작하는 것이 바람직하다. 홍보용 카탈로그의 배포처는 지역별 상공인명부, 한국무역협회나 대한무역투자진흥공사를 통해 그 명단을 얻을 수 있다. 특히 해외에서 발급되는 전문잡지의 구매자는 특정물품에 관련된 잠재구매자로 판단될 수 있으므로 취급물품을 전문으로 하는 잡지의 배포처 명단을 입수하여 카탈로그를 배포할 수 있다.

4) 해외출장 및 각종 행사의 이용

해외로 출장을 가거나 무역유관기관에서 주선·파견하는 각종 민간무역사절단, 박람회, 전시회 등에 참가하여 유망한 거래처를 물색하여 거래제의를 한다.

해외시장조사를 통해서 자사의 제품을 수입할 가능성이 높은 국가를 일차적으로 선정한 후 현지로 직접 출장 가서 거래처를 물색한다. 출장비용은 많이 소요되지만 예상 거래처와 직접 면담을 할 수 있어 거래가 성립될 확률이 높다. 해외출장을 갈 경우 현지의 거래처에 나눠줄 카탈로그, 안내서, 권유장, 견본 등을 충분히 준비하고, 대한무역투자진흥공사의 현지무역관이나 우리나라 재외공관의 협조를 구하는 것이 효율적이다.

그리고 한국무역협회에서 총괄하여 파견하는 민간무역사절단이나 대한무역투자진흥공사에서 주최하는 각종 박람회, 전시회 등에 참여하면 각종 경비의 지원뿐만 아니라 사전 홍보를 통해 예상 거래처와의 상담을 주선해 주기도 한다. 특히 국제박람회에 출연한다는 것은 자사 제품의 품질이 공식적으로 인정된 것이나 마찬가지여서 거래처에 좋은 인상을 줄 수 있다.

2. 거래제의에 대한 회신

해외의 수출업자가 보내준 권유장에 관심이 있거나 광고에 게재된 물품을 구매하고 싶은 거래처는 가격, 공급능력, 선적시기, 결제방법 등에 대해서 보다 상세하게 수출업자에게 문의하는 회신(counter inquiry)을 한다. 따라서 거래제의에 대한 회신은 수입업자가 최초로 물품의 구매와 관련하여 자기의 의사를 나타내는 것이라 할 수 있다. 수출업자의 거래제의와 이에 대한 수입업자의 회신을 통해 점차 무역거래가 성사되어 가는 것이다.

수입업자가 수출업자의 거래제의에 대해서 회신을 할 때 주의할 점을 요약하면 ①

거래제의에 명시된 상품명, 규격, 품질, 수량, 인도기일 등을 반복하여 재확인할 것, ② 상품의 가격조건 및 수량의 단위를 확인할 것, ③ 견본을 보낼 때는 일련번호를 반드시 붙여 후일에 조회하기 편리하게 할 것, ④ 현재의 시황을 설명하여 주문을 유도할 것 등이다.

회신은 우편, 팩스, 이메일 등으로 할 수 있는데 그 회답내용이야 어떻든 신속해야 한다. 아무리 긍정적인 회신을 해준다고 해도 너무 기일이 늦어지면 상대방은 이미 다른 곳으로부터 회답을 받고 그쪽과 거래가 이루어지고 있을 수 있다. 특히 가격변동이 심한 물품이나 계절적 상품 등은 빠른 통신수단을 이용한다.

제2절 오퍼

1. 오퍼의 발행

수출업자의 거래제의에 대해서 수입업자가 관심을 가지고 구체적인 거래조건을 문의해 오면 수출업자는 대부분 오퍼(offer)를 발행한다. 오퍼는 청약자가 상대방인 피청약자와 일정한 조건으로 계약을 체결하고 싶다는 의사표시를 말한다. 즉 수출업자가 수입업자에게 특정물품을 일정한 조건으로 판매하겠다는 의사표시 또는 반대로 수입업자가 수출업자에게 일정한 조건으로 물품을 구매하고 싶다고 의사를 표시하는 것을 오퍼라 한다.

오퍼는 구두로 행하여도 무방하지만 무역거래에서는 일정한 서식을 갖춘 오퍼장(offer sheet, 청약서)을 사용한다. 그리고 오퍼는 매매조건을 구체적으로 제시하는 것이기 때문에 특정상품의 매매와 관련되는 모든 사항이 오퍼장에 기재되는데, 오퍼를 발행할 때 다음과 같은 점에 유의하여야 한다.

첫째, FTA 체약국 간의 거래에서는 관세 혜택을 보기 위해서 오퍼 상품의 원산지를 분명히 해 둘 필요가 있다.

둘째, 국제 상품의 시세는 수시로 변하기 때문에 모든 오퍼에는 유효기간을 명시하여 일정 기간 오퍼가 유효하도록 한다. 가급적 유효기간을 짧게 잡는 것이 바람직하다.

셋째, 오퍼에는 반드시 언제까지 계약상품을 선적해 줄 수 있다는 인도기일이 표시되어야 한다. 대개는 선적일이 빠르면 빠를수록 수입업자에게 유리하므로 정확하고 자신 있는 선적기일을 제시해 주어야 한다.

마지막으로, 수출업자의 경우 판매수량이 많으면 많을수록 좋은 것 같이 생각되나 상품이란 무한정 공급되는 것이 아니고 특히 기한 내에 얼마나 공급해 줄 수 있느냐가 문제가 되므로 기일 내에 꼭 공급할 수 있는 수량만 오퍼해야 한다.

일반적인 무역거래에서 오퍼장에 기재되는 사항은 [표 8-1]과 같다.

표 8-1 | 오퍼의 주요 기재사항

• 품명(commodity name) • 규격(grade or specification) • 수량(quantity) • 단가(unit price) • 원산지(origin) • 포장방법(packing method)	• 대금결제방법(payment condition) • 보험(insurance) • 선적일자(shipping date) • 발행일자(offer date) • 유효기간(validity) • 주의사항(remarks), 기타

2. 오퍼의 승낙과 효력발생시기

2.1 오퍼의 승낙

오퍼를 받은 당사자는 상대방이 발행한 오퍼의 내용에 자기 나름대로의 조건을 첨가하여 반대오퍼(counter offer)를 보내기도 한다. 이 반대오퍼는 원래의 오퍼에 대하여 그 조건의 변경을 요구하는 식으로 자기의 수정의사를 표시하는 것이다. 일단 반대오퍼가 제시되면 이전의 오퍼는 무효가 된다. 이와 같이 오퍼와 반대오퍼를 상호 몇 차례 보낸 후 최종적으로 오퍼가 승낙되면 곧 무역계약이 체결된다.

오퍼의 승낙(acceptance)은 상대방의 오퍼에 대한 수락의 의사표시를 말한다. 승낙은 원칙적으로 오퍼의 모든 사항에 대하여 무조건으로 동의하는 것이어야 하며, 새로운 사항을 추가하거나 오퍼의 내용을 제한·변경하는 것은 승낙으로 간주되지 않는다.[2] 그리고 승낙은 오퍼의 유효기간 이내에 이루어져야 하고 만약 오퍼장에 승낙방법

2 청약과정에서 간혹 사용되는 청약의 유인(invitation to treat)은 계약체결을 위한 사전예비교섭으로 타인으로 하여금 자기에게 오퍼를 하도록 권유하는 행위이다. 일반적으로 당사자의 오퍼에 대하여 상대방이 승낙하면 계약이 성립되지만 오퍼의 유인은 상대방이 승낙하여도 청약자의 확인이 없으면 계약은 성립되지 않는다. 조건부오퍼는 그 내용상 미확정오퍼에 속하지만 엄밀한 의미에서 보면 오퍼라기보다는 오퍼(청약)의 유인에 불과하다.

이 별도로 명시되어 있으면 그 방법에 따라야 한다.

2.2 승낙의 효력발생시기

승낙의 효력발생시기에 대해서는 크게 발신주의와 도달주의 두 가지 입장이 있다. 발신주의는 피청약자가 승낙의 의사표시를 발신한 시점에서 계약이 성립한다는 것이고, 도달주의는 피청약자의 승낙의사표시가 청약자에게 도달한 시점에서 계약이 성립한다는 것이다.

우리나라, 일본, 영미법계통에서는 대화자 간(대화, 전화, 텔렉스)의 경우 승낙의사표시의 효력은 도달주의 입장이고, 격지자 간(우편, 전보)의 경우는 수락통지를 발신한 때부터 효력이 발생하는 발신주의원칙을 채택하고 있다. 독일법계통 및 비엔나협약에서는 대화자 간 및 격지자 간 구분 없이 모두 도달주의원칙을 채택하고 있다.

비엔나협약(국제물품매매계약에 관한 UN 협약, United Nations Convention on Contracts for the International Sale of goods : UNCCISG, 1980)을 무역계약의 준거법으로 사용하도록 비준을 한 국가 간의 거래에서는 당연히 도달주의원칙이 적용되므로 별문제가 되지 않는다.[3] 그렇지 못할 경우에는 국가나 지역에 따라 승낙통지의 효력발생시기가 다를 수 있으므로 오퍼장에 승낙의 방법과 효력발생시기를 분명히 해두는 것이 중요하다.

표 8-2 | 승낙효력의 발생시기

통신수단 \ 준거법			한국법	일본법	영미법	독일법	비엔나협약
의사표시에 관한 일반원칙			도달주의	도달주의	도달주의	도달주의	도달주의
승낙의 의사 표시	대화자 간	대화	도달주의	도달주의	도달주의	도달주의	도달주의
		전화	도달주의	도달주의	도달주의	도달주의	도달주의
		텔렉스	도달주의	도달주의	도달주의	도달주의	도달주의
	격지자 간	우편	발신주의	발신주의	발신주의	도달주의	도달주의
		전보	발신주의	발신주의	발신주의	도달주의	도달주의

3 무역계약의 당사자들은 서로 법률이 다른 국가에 속하므로 계약의 성립, 이행 및 해석을 위한 준거법(governing law)을 결정해야 한다. 현재 무역계약의 준거법으로 활용될 수 있는 국제조약으로 1980년 비엔나회의에서 확정된 '국제물품매매계약에 관한 유엔협약(United Nations Convention on Contracts for the International Sale of Goods : UNCISG)'이 있다. 이 협약은 국제물품매매를 규율하는 국제적 통일법으로서 일명 비엔나협약이라 한다. 현재 미국, 러시아, 중국 등 주요 국가들이 이 협약을 채택하고 있으며 우리나라도 2005년 3월 1일부터 체약국으로서의 효력을 발휘하고 있다. 체약국이 계속 늘어남에 따라 이 협약은 국제물품매매에 관한 준거법으로서 널리 사용되고 있다.

3. 오퍼의 종류

3.1 국내발행오퍼와 국외발행오퍼

국내에서 발행되는 오퍼를 국내발행오퍼라 하고, 외국에서 발행되어 오는 오퍼를 국외발행오퍼라 한다. 무역거래에서는 국외발행오퍼가 사용되지만 우리나라의 오퍼상들이 외국 수출업자를 대신해서 국내 수입업자에게 발행하는 물품매도확약서는 국내발행오퍼이다.

3.2 판매오퍼와 구매오퍼

수출업자가 판매조건을 제시할 경우에는 판매오퍼(selling offer)이며, 수입업자가 먼저 구매조건을 제시하여 수입의사를 표시할 경우에는 구매오퍼(buying offer)이다. 국제거래에서 오퍼라고 하면 대부분 판매오퍼이며, 구매오퍼는 주문생산이라야만 가능한 특수기계의 수입이나 건설공사의 입찰 등에서 주로 이용되고 있다.

3.3 확정오퍼와 미확정오퍼

1) 확정오퍼

확정오퍼(firm offer)는 오퍼의 유효기간이 명시되어 있고 그 기간 내에는 오퍼의 내용이 변경되거나 취소될 수 없고 반드시 유효기간 내 수락할 것을 조건으로 하는 오퍼이다. 비엔나협약(Vienna Convention)에서는 이를 취소불능오퍼(irrevocable offer)라 한다.

보통 오퍼의 내용이 확정적 또는 취소불능이라는 표현이 오퍼장에 명시되어 있다. 그리고 확정오퍼를 발행하는 청약자는 그 유효기간 내에 일방적으로 오퍼를 철회하거나 오퍼의 내용을 변경할 수 없으며, 만약 상대방으로부터 승낙의 통지가 있으면 오퍼의 내용대로 계약이 성립된다.

확정오퍼의 예문을 보면 다음과 같다.

> We offer you firm subject to your acceptance reaching us by October 20, 2014 as follows.

[서식 8-2] **오퍼장**

Messrs. Base Line Inc. October 30,
2014
2300 Arapahoe, Boulder
CO., USA

Dear Sirs,
We are pleased to offer you as follows :

SUPPLIER : JSK Corporation
ORIGIN : Republic of Korea
PACKING : About 500 yards in a carton box
SHIPMENT : Within 2 months after the date of contract sheet
INSPECTION : Seller's inspection to be final
PAYMENT : By an irrevocable L/C at sight in our favor
VALIDITY : By the end of December, 2014
REMARKS : Subject to our final confirmation

	Item No.	Description	Quantity	Unit Price	Amount
	100% Acrylic Fast Color 0514	Printed Synthetic Fabric 44 × about 500yards	10,000yards	CIF New York in U.S. Currency $0.72	US$7,200

Yours very truly,
JSK Corporation

2) 미확정오퍼

미확정오퍼(free offer)는 유효기간 내의 승낙을 조건으로 하지 않거나 오퍼의 내용이 확정적 또는 취소불능이라는 표현이 없는 오퍼를 말한다. 청약자는 유효기간 내에 일방적으로 오퍼를 철회하거나 그 내용을 변경할 수 있다. 이 오퍼는 여러 가지 오퍼 중에서 제일 많이 사용되며 실무적으로 권유장과 함께 보내어져서 상대방에게 가격, 선적일자 등을 사전에 알려주는 수단으로 사용된다.

미확정오퍼의 예문을 보면 다음과 같다.

> We offer you the following goods on the terms and conditions mentioned hereunder.

3.4 조건부오퍼

일정한 조건을 붙여서 오퍼를 발행하고 그러한 조건이 충족되면 오퍼가 유효한 것으로 간주할 경우 조건부오퍼라 한다.

1) 확인조건부오퍼

오퍼에 '오퍼 발행자의 최종 확인을 조건으로 함(subject to our final confirmation)' 등과 같은 조건부 단서가 붙어 있어 오퍼를 받아볼 당사자가 거래조건을 수락하여도 오퍼 발행자가 이를 재확인해야만 법적으로 효력을 발휘하는 경우를 확인조건부오퍼(offer subject to confirmation)라 한다.

2) 승인조건부오퍼

승인조건부오퍼(offer on approval)는 오퍼와 함께 견본이나 시험용 현품을 보내면서 상대방이 그것에 만족하면 오퍼가 유효하고, 그렇지 않으면 일정 기한 내에 현품을 다시 돌려보내는 조건부오퍼를 말한다. 새로 개발된 품목이나 복잡한 물품은 오퍼상의 명세만 보고는 정확히 판단을 내릴 수 없으므로 견본이나 시험용 현품을 보내어 일단 사용해 보도록 한 후 승낙 여부를 결정할 수 있게 한다.

3) 선착순판매조건부오퍼

오퍼에 'subject to prior sale' 또는 'subject to being unsold' 등과 같은 조건이 있어 상대방이 이를 수락할 당시 해당 물품이 아직 판매되지 않았을 경우에만 유효하게 되는 오퍼를 선착순판매조건부오퍼(offer subject to prior sale)라 한다. 한정된 재고품을 오퍼할 때 많이 이용된다.

4) 무확약오퍼

무확약오퍼에는 예약불능오퍼(offer without engagement)와 통지없이 가격변동조건부 오퍼(offer subject to change without notice) 및 시황변동조건부 오퍼(offer subject to market fluctuation)가 있다. 이들 오퍼는 시장가격의 변동이 심한 경우에 청약자가 사전통지 없이 제시가격을 변경할 수 있다는 내용이 포함된 오퍼로 가격변동이 심한 물품의 거래에서 많이 이용된다.

제3절 무역계약의 개요

1. 무역계약의 의의

무역계약은 국가 간에 이루어지는 물품매매계약(contract of sale of goods)의 일종이다. 영국물품매매법(Sale of goods Act, 1979, Ⅱ-2.1)에 의하면 무역계약은 매도인이 대금을 받고 매수인에게 물품의 소유권을 이전하거나 또는 이전하기로 약정하는 계약을 말한다. 즉 무역계약이라는 것은 수출업자와 수입업자가 자기의 의사에 따라 물품을 사고팔기 위해 법적으로 구속력 있는 합의를 하는 것이다.

무역계약의 대상이 되는 물품은 일반적인 상품과 같은 유체물만 의미하는 것이 아니고 서비스, 소프트웨어 등과 같이 눈에 보이지 않는 무체물도 포함한다. 무역계약이 성립되면 매도인은 계약물품을 인도해야 하고 매수인은 그에 상응하는 대금을 지불해야 한다.

일반적으로 오퍼는 거래를 맺고 싶다는 상호 간의 의사표시일 뿐 당사자들을 법적으로 구속하는 것은 아니다. 오퍼의 내용대로 모든 것이 이행되기 위해서는 매매당사자 간에 정식으로 무역계약이 체결되어야 한다. 무역계약은 오퍼, 반대오퍼(counter offer), 그리고 최종수락과정을 거치면서 추가되거나 삭제된 것을 모두 정리하여 실제 매매거래에 필요한 모든 조건들을 기재하고 상호 간에 서명함으로써 성립된다.

무역계약을 체결하는 것은 매매당사자들이 상호 의도하는 바를 법률적으로 명확히 하고, 당사자들을 구속하는 규칙을 설정해서 불필요한 분쟁을 사전에 방지하는 목적이 있다. 따라서 국제무역거래에서 무역계약서의 작성은 반드시 지켜져야 할 업무이다.

무역거래에서 무역계약이 체결되는 유형을 보면 [그림 8-1]과 같이 세 가지로 구분된다.[4]

첫째, 오퍼에 이은 승낙으로 계약이 체결되는 방법인데 가장 간단한 계약 체결유형이다. 주로 단골거래처 간에 이런 계약이 많이 성립된다.

둘째, 오퍼와 반대오퍼 그리고 승낙으로 계약이 체결되는데 일반적인 계약 체결형태이다. 주로 가격변동이 있을 때 이런 유형으로 계약이 체결된다.

셋째, 청약유인, 오퍼와 반대오퍼 그리고 승낙으로 계약이 체결되는 형태인데 주로 처음 거래하는 당사자들 간에 많이 이용된다.

▌그림 8-1 ▌무역계약 체결의 유형

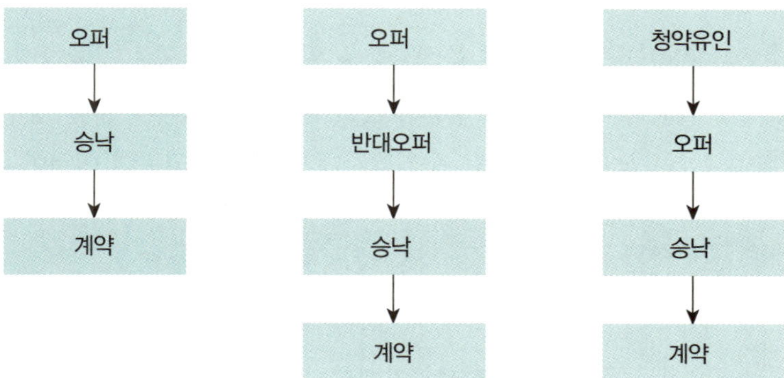

4 Catherine Elliott and Francess Quinn, Contract Law(4th ed.), Pearson Education Limited, London, 2003, pp. 23–25.

2. 무역계약서의 작성방법과 종류

2.1 무역계약서의 작성방법

무역계약은 구두로도 성립되지만 가능한 한 양 당사자가 거래조건들을 확인하고 서명한 계약서를 작성하는 것이 바람직하다. 무역거래에서는 판매서, 구매서, 오퍼장, 각서 등의 계약서가 주로 사용되고 있는데, 이들의 작성방법은 다음과 같다.

1) 판매서

판매서(sales note)는 수출업자가 작성하여 수입업자에게 보내는 특정물품의 구매확인서(confirmation of order)이다. 수출업자가 최종적으로 수락된 오퍼의 내용과 동일하도록 판매서를 2통 작성하여 정식으로 서명한 후 수입업자에게 보내고, 수입업자는 그 내용을 확인한 후 이의가 없으면 역시 정식으로 서명하여 1통은 보관하고 나머지는 수출업자에게 보낸다.

2) 구매서

구매서(purchase note)는 수입업자가 특정물품을 일정한 조건으로 구매하겠다는 주문서이다. 수입업자가 일방적으로 작성하여 보내면 수출업자는 이의가 없을 경우 자기 측 서명란에 서명하여 1통은 보관하고 1통은 수입업자에게 보내게 되는데 이것이 곧 무역계약서가 된다.

3) 오퍼장

오퍼장(offer sheet)에는 주로 거래조건이 기재되어 있기 때문에 별도의 계약서를 작성하지 않고 오퍼장을 그대로 계약서로서 이용할 수 있다. 즉, 수출업자가 발행한 오퍼장에 수입업자가 수락의사표시의 서명을 하거나 또는 수입업자가 발행한 오퍼장에 수출업자가 서명함으로써 오퍼장을 무역계약서로 이용한다. 이 경우도 2통 작성하여 각각 1통씩 보관한다.

4) 각서 형태의 계약서

수출업자와 수입업자가 한 곳에 모여 모든 매매조건을 합의하여 계약서를 작성하는 경우가 있는데, 이런 형식의 계약서를 각서(memorandum)라 한다.

2.2 무역계약의 종류

1) 개별계약

개별계약(case by case contract)은 거래가 성립될 때마다 매매당사자가 거래조건에 합의하여 계약서를 작성하는 경우를 말한다. 판매서, 구매서, 오퍼장 등은 모두 개별계약에 해당된다. 매 거래 시마다 개별계약을 체결해야 하는 번거로움은 따르지만 모든 거래조건을 법적으로 분명히 해둠으로써 분쟁을 미연에 방지할 수 있다.

2) 포괄계약

포괄계약(master contract)은 매매당사자 간에 서로 오랜 기간 거래를 하여 잘 알고 있을 경우 특정품목을 지정하여 일정 기간 포괄적으로 계약을 체결하고 필요할 때마다 선적해 주는 경우에 사용되는 계약형태이다. 포괄계약을 체결할 때는 지정품목에 대해서 일반거래조건을 합의한 일반거래협정서를 당사자 간에 교환한다. 동일품목을 반복해서 거래할 경우 매 거래 시마다 거래조건을 확인해야 하는 개별계약보다 일반거래협정서에 의한 포괄계약이 편리하다.

3) 독점계약

수출입을 특정기업에 국한시킬 경우에는 당사자 간에 독점계약(exclusive contract)이 체결된다. 독점계약이 체결되면 수출업자는 수입국의 지정수입업자 외에는 계약품목을 수출해서는 안 되며, 특히 다른 명의나 제3자를 통해서도 그 시장에 침투하지 않아야 한다. 마찬가지로 수입업자도 수출국의 다른 기업으로부터 동일한 품목을 수입해서도 안 된다.

독점계약을 체결하는 목적은 당사자 간의 이윤극대화에 있기 때문에 수출업자는 가능한 한 저렴한 가격으로 오퍼를 하며 해당 품목의 품질을 보장해 주어야 한다. 그리고 수입업자는 가장 좋은 가격으로 최대한 계약물품을 판매하도록 노력해야 하며 연간 어느 정도 판매량을 보장해 주어야 한다.

3. 전자무역계약

전자무역계약은 주로 전자우편 혹은 전자문서교환(EDI)방식을 활용하여 체결된다. 기존의 우편, 팩스 등을 이용하지 않고 전자우편을 통해 오퍼를 주고받고 계약서를 작성할 수 있으며 혹은 특정당사자 간에 사전 거래약정을 체결하여 EDI방식으로 무역계약을 체결할 수도 있다.

오늘날 전자적 수단을 이용하여 계약을 성립시키는 것 자체는 법적으로 아무런 문제가 되지 않는다. 우리나라 전자문서 및 전자거래기본법(제4조)에서는 "전자문서는 다른 법률에 규정이 없는 한 전자적 형태로 되어 있다는 이유로 문서로서의 효력을 부인할 수 없다"고 규정하고 있다.

그리고 주요 국가들도 이와 유사하게 규정하고 있어 정보통신기술을 이용하여 전자적으로 계약을 체결하는 것 자체에는 별문제가 없다. 그리고 전자적 대리인에 의해 자동으로 청약과 승낙이 된 계약도 유효한 것으로 보고 있다. 전자적 대리인은 컴퓨터가 스스로 의사결정과 의사표시를 할 수 있는 지능형 에이전트(intelligent agent)를 말한다. 예를 들어 상품재고가 부족할 경우 수입업자의 컴퓨터가 자동으로 주문하고 수출업자의 컴퓨터도 이를 자동으로 수령하는 경우이다.

제4절 무역계약의 약정사항

무역계약의 약정사항은 계약을 체결할 때마다 당사자들이 합의해야 할 개별사항과 모든 거래에 공통으로 적용되는 일반거래조건으로 구분된다. 개별약정사항은 품질, 수량, 거래조건, 선적, 보험, 대금결제, 포장, 분쟁해결방안 등으로 개개의 거래내용을 구체적으로 합의한 것이며 일반거래조건은 무역거래의 일반적 기준을 약정한 것으로 보통 계약서의 이면에 인쇄되어 있다.

1. 품질조건

무역거래에서 수입업자가 제기하는 클레임은 대부분 품질불량, 품질상이 등 주로 상품의 품질과 관련될 정도로 품질은 중요한 약정사항이다. 품질조건에서는 품질을 결정하는 방법과 그 시기에 대해서 약정한다.

1.1 품질의 결정방법

1) 견본

견본(sample)에 의해 상품의 품질을 결정하는 방법으로 무역거래에서 가장 많이 이용되고 있다. 견본매매에서는 대부분 매도인이 견본을 만들어 매수인에게 보내지만 매수인이 희망하는 품질을 나타내기 위해 자신의 견본을 먼저 보내기도 한다. 그리고 상대방이 보낸 원래 견본의 색상이나 부피 등을 수정한 반대견본(counter sample)을 이용하기도 한다. 견본은 2종 또는 3종을 한 개의 조(set)로 하여 동일한 번호를 부여해서 사용하며, 매도인과 매수인이 각각 1개씩 보관하고 만약 물품의 생산자가 제3자일 경우에는 생산자도 참조용으로 1개를 보관한다.

2) 상표

버버리, 샤넬, 구찌 등과 같은 유명 상표는 그 자체로 품질을 인정받게 된다. 이처럼 상표만을 가지고 품질을 인정받아 매매의사결정이 이루어지는 방법을 상표매매라 한다.

3) 규격

상품의 규격이 국제적으로 정해져 있거나 수출국에서 공식적으로 인정하는 것일 경우 규격이나 등급으로 품질을 경정하는 방법이다. 예를 들어 국제표준화기구(International Organization for Standardization), 일본의 JIS(Japan Industrial Standard), 우리나라의 KS (Korean Standard) 등과 같은 규칙을 이용한다.

4) 명세서

상품의 재료·구조·성능 등을 자세히 설명한 명세서, 설명서, 청사진 등에 의해서 품질을 결정하는 방법이다. 주로 견본이 곤란한 선박, 철도차량, 기계류, 의료기구 등 고가상품의 거래에서 많이 이용된다.

5) 점검

수입업자가 실제로 상품을 살펴보고 품질을 확인한 후 매매계약을 체결하는 방법으로 수입업자의 대리인이 수출국에 상주할 경우 가능하다. 보세창고도거래(bonded warehouse transaction)에서는 수입업자가 보세창고에서 상품의 품질을 확인할 수 있다.

6) 표준품

농수산품 등 1차 상품의 품질은 해당 연도의 표준품(standard)에 의해서 결정되는데, 이에는 평균중등품질조건, 판매적격품질조건, 보통품질조건이 있다.

① **평균중등품질조건**(fair average quality : FAQ) : 선적지에서 출하된 수확물 중에서 중간의 품질을 표준으로 하는 방법인데, 면화・곡물・차 등의 품질을 결정할 때 많이 사용된다.

② **판매적격품질조건**(good merchantable quality : GMQ) : 외관상으로 품질을 결정하기 어려운 목재나 냉동물품 등의 거래에서는 수입지에서 판매가능성을 전제조건으로 하여 품질을 결정한다. 수입된 목재를 절단하여 보니 내부가 부패되어 있거나 냉동식품을 녹여보니 납덩어리가 들어 있어 판매가 부적격하면 매도인에게 변상요구를 할 수 있다.

③ **보통품질조건**(usual standard quality : USQ) : 공인검사기관 또는 공인표준에 의해 정해진 보통품질을 표준품의 품질기준으로 결정하는 방법인데 주로 원면거래에서 많이 이용된다.

1.2 품질의 결정시기

운송 도중 품질이 변할 수 있는 상품의 거래 시에는 품질의 기준시기를 선적시점과 양륙시점으로 분명히 해야 한다.

1) 선적품질조건

선적품질조건(shipped quality terms)은 선적완료시점에서의 품질을 기준으로 하는 방법이며 일반공산품의 거래에 많이 이용된다. 수출업자는 운송 도중의 변질에 대해서 책임지지 않는다. 곡물거래에서는 이 조건을 'Tale Quale(T.Q)'로 표시한다.[5]

2) 양륙품질조건

양륙품질조건(landed quality terms)은 양륙시점의 품질을 기준으로 하는 방법이며 운송과정에서 변질된 수출업자가 책임을 져야 한다. 이 조건은 호밀(rye)거래에 많이 사용되었다고 하여 'Rye Terms(RT)'이라 한다.

2. 수량조건

2.1 수량의 단위

상품의 수량을 결정할 때 사용되는 단위에는 중량, 길이, 용적, 개수 등이 있다.

1) 중량

중량의 단위는 국가마다 다소 차이가 있는데 무역거래에서는 주로 English Ton, American Ton, Kilo Ton의 단위가 기준이 되고 있다.

중량의 측정방법에는 총중량, 순중량 및 법적중량 등이 있다.

ton은 중량톤(weight ton : W/T)과 용적톤(measurement ton : M/T)이 있다.

- Long ton(L/T) : 2,240파운드(1,016kg)로 주로 영국에서 사용된다.
- Short ton(S/T) : 2,000파운드(907kg)로 주로 미국에서 사용된다.
- Metric ton(M/T) : 2,204파운드(1,000kg)로 주로 유럽에서 사용된다.

중량측정방법에는 총중량조건(gross weight terms), 순중량조건(net weight terms), 정미순중량, 법적순중량(legal net weight) 등이 있다.

① **총중량조건(gross weight terms)** : 포장한 상태로 중량을 측정하는 것이다. 포장용

5 곡물거래에서 운송 도중 해수에 의한 손해만을 수출업자가 부담하는 일종의 조건부선적품질조건이 있는데 이를 Sea Damaged(S.D)조건이라 한다.

기와 포장 속에 있는 내용물을 포함한 중량을 말한다. 이것은 분말과 같이 그 성질상 포장과 분리시키기 어려운 물품에서 사용된다.

② **순중량조건(net weight terms)** : 포장을 빼고 물품만을 단 중량을 말하며 무역거래에서 가장 많이 사용되며 대금이 물품의 중량에 의해서 결정되는 경우에 의혹이 있을 때 적용된다.

③ **정미순중량** : 포장용기와 잡물과 부자재의 중량을 제외시킨 것을 말한다. 예) 농산물에 잡물이 속한 경우 섬유제품에서 부자재를 제외한다.

④ **법적순중량(legal weight)** : 상품의 무게와 법적으로 인정되는 포장무게를 합한 중량을 말한다.

2) 길이

생사・직물 등 섬유제품이나 전선 등의 거래에는 meter, yard, foot, inch 등의 길이 단위가 사용된다.

3) 용적

석유 등 액체에는 barrel・gallon・liter, 곡물에는 bushel, 목재에는 cubic meter(M^3, CBM)・cubic feet(cft)・super feet(SF) 등의 용적단위가 사용된다.

4) 개수

전자제품 등과 같은 일반상품의 개수는 piece・set, 연필・양말 등은 dozen, 핀・조화 등 값싼 잡화제품은 gross를 단위로 한다.[6]

5) 포장단위

면화, 밀가루, 시멘트, 비료, 통조림, 유제품 등의 거래에는 bale, bag, case, can, drum 등의 포장용기가 단위로 사용된다.

6 이들 단위의 관계는 다음과 같다. 1dozen = 12pieces, 1gross = 12dozen(12×12pieces), 1small gross = 10dozen (12×10pieces), 1great gross = 12gross(12×12×12pieces)

2.2 과부족용인조건

운송 도중 감량이 예상되는 품목을 거래할 때는 과부족용인조건(more or less clause : MOL Clause)을 활용하면 일정 비율의 과부족을 인정받을 수 있다. 예를 들어 More or Less 5%로 매매계약을 체결하면 5% 이내의 과부족이 발생해도 클레임이 제기되지 않는다.

3. 거래조건

무역거래에서 상품의 가격을 결정할 때는 운송비, 보험료, 통관비 등 부대비용과 위험을 누가 어디까지 부담할 것인가를 동시에 결정해야 한다. 이에 따라 계약서에는 매매당사자들의 비용부담과 책임한계를 함축하고 있는 FOB, CIF 등과 같은 거래조건이 금액과 함께 표시된다. 제3장에서 설명한 바와 같이 오늘날에는 Incoterms 2010에서 규정하고 있는 11가지 거래조건이 많이 이용되고 있다.

4. 선적조건

대부분의 화물은 해상운송되지만 소량의 고가제품, 유행성 제품 등은 항공운송을 이용하기도 한다. 그리고 컨테이너를 이용하여 송화인의 문에서 수화인의 문(door to door)까지 일괄적으로 운송하는 복합운송도 많이 이용되고 있다. 따라서 오늘날 선적(shipment)의 의미는 계약물품을 선적항의 지정선박에 적재하는 것뿐만 아니라 항공기에 적재하거나 운송인(carrier)에게 인도하는 것까지를 포함한다.

선적조건에서는 선적시기, 분할선적 및 환적, 선적지연에 따른 면책조항 등에 관하여 약정한다.

선적시기를 결정할 때는 선적일을 확정하지 않고 보통 최종선적일 또는 선적월을 정한다. 선적월을 정할 경우에는 수출업자가 임의로 선적시기를 선택해서 정해진 달 내에 선적을 하면 된다. 그러나 선적시기를 표시할 때 신속히(prompt), 즉시(immediately), 가능한 한 빨리(as soon as possible) 등과 같은 막연한 표현을 사용해서는 안 되며 이러한 표현이 사용되었을 경우 은행은 이를 무시한다.

분할선적(partial shipment)은 계약물품을 전량 선적하지 않고 2회 이상 나누어서 선적하는 경우를 말한다. 계약서상에 분할선적을 금지한다는 문언이 없을 경우에는 일반적으로 분할선적은 허용하는 것으로 간주된다. 따라서 상품을 일시에 수입하고자 할 경우에는 분할선적금지를 계약서에 분명히 명시하도록 한다.

환적(transshipment)은 운송 도중 다른 선박이나 운송기관에 옮겨 싣는 경우를 말하는데 환적을 하게 되면 그만큼 운송시간이 많이 소요되고 파손, 분실 등의 위험이 발생할 수 있다. 따라서 목적항구까지 직접 가는 선편이 없을 경우나 여러 운송수단을 사용하는 복합운송인 경우에만 환적을 허용한다. 환적을 금지할 경우에도 이러한 사실을 계약서에 분명히 해두어야 한다.

5. 보험조건

운송보험은 해상보험, 육상보험 및 항공보험으로 구분되지만 무역거래에서 주로 이용되는 보험은 해상보험이다. 해상보험의 담보범위를 연장하게 되면 육상운송의 위험까지도 해상보험에 의해서 담보된다. 그리고 항공화물도 관례에 따라 해상보험으로 담보되며 해상보험의 법률과 원칙이 적용된다. 이에 대해서는 제5장에 자세히 설명되어 있다.

해상보험계약은 거래조건에 따라 매도인 또는 매수인이 체결하는데 CIF 및 CIP 조건을 제외하면 보험에 대한 약정은 별도로 필요 없다. CIF 조건과 CIP 조건에서는 매도인이 매수인을 위해서 보험계약을 체결해 주므로 보험조건, 보험금액 등에 관한 약정이 필요하지만 나머지 가격조건에서는 모두 자신들을 위해 보험계약을 체결하므로 보험에 대한 약정이 필요 없기 때문이다.

6. 결제조건

이 조건에서는 수출대금의 결제방법과 결제시기를 주로 합의하는데 무역거래에서는 수출대금회수불능의 위험이 발생할 수 있으므로 수출업자는 대금결제조건을 가장 신중히 다루어야 한다. 현재 무역거래에서 주로 이용되고 있는 결제방식은 송금방식, 신용장방식, 화환어음 추심방식 등이다.

송금방식은 수입업자가 수출업자에게 직접 대금을 전신으로 송부해 주는 방식인데 우리나라에서 가장 많이 활용되고 있다.

신용장방식은 수입업자를 대신하여 신용장개설은행이 수출업자에게 일정한 조건을 갖출 경우 수출대금을 지급하는 방식이다. 수출업자는 신용장상에서 요구하고 있는 운송서류만 구비하면 개설은행으로부터 수출대금을 받을 수 있기 때문에 수출업자들이 가장 선호하는 결제방식이다.

화환어음 추심방식은 수출업자가 계약물품을 선적한 후 화환어음을 수입업자 앞으로 발행하여 추심함으로써 대금을 찾는 방식인데 이 방식은 은행의 지급보증 없이 전적으로 수입업자의 신용을 토대로 결제가 이루어지기 때문에 본·지사 간의 거래나 상호 신용상태를 확실히 믿을 수 있는 단골거래처 간에 많이 이루어진다.

그리고 대금결제시기는 선불, 동시지급 및 후지급으로 구분된다.

선불방식은 주문과 동시에 대금 전부를 송금하는 방식으로 소량의 견본대금을 지급할 경우나 특별주문 시 이용된다. 그리고 수입업자가 주문과 동시에 대금의 20~30%를 지급하고 나머지 잔금은 선적이 끝난 후 지급하는 일부 선불방식도 있다.

동시지급은 대금교환도조건이라고 하는데 서류상환불과 현물상환방식이 있다. 서류상환불은 수출업자가 물품의 선적을 증명하는 운송서류를 수출지에 있는 수입업자의 대리점이나 거래은행에 제시하여 운송서류와 상환으로 수출대금을 찾는 방법이다. 현물상환방식은 수입지에서 상품과 대금을 서로 교환하는 현금결제방식으로 수입지에 수출업자의 대리인이 있는 경우 이용될 수 있다.

후지급은 물품이 선적된 후 또는 목적지에 도착한 후 일정기간이 지나서 대금을 결제하는 후불방식이다. 그리고 중장기 연불수출 시에는 대금을 계약시점, 선적시점, 도착시점 등 일정 기간으로 나누어 분할지급하는 방식이 이용된다.

7. 포장조건

개품화물의 경우 물품을 안전하게 보관하고 상품으로서의 가치를 유지하기 위해 포장(packing)은 반드시 필요하다. 수출화물의 포장은 가볍고 튼튼해야 하며 포장비용도 저렴해야 한다. 그리고 계약물품임을 쉽게 확인할 수 있도록 외관상 식별이 명확해야 한다. 포장조건에서는 포장방법, 포장의 종류, 화인 등을 약정해야 한다.

포장방법은 물품의 최소 소매단위를 하나하나 개별적으로 포장하는 개장(unitary packing), 개장된 물품을 취급하기에 편리하도록 일정한 양을 묶어 한 번 포장하는 내장(interior packing)이 있다. 그리고 운송 도중 파손이나 도난을 방지하고 하역작업에 편리하도록 몇 개의 내장을 목재나 카톤(carton) 등으로 된 상자에 다시 포장하는 외장

(outer packing)이 있다. 무역계약에서는 보통 내장을 어떠한 방법으로 할 것인지, 모두 몇 개씩을 담이 외장을 할 것인지에 대해 약정한다.

수출화물의 가장 일반적인 포장은 카톤(carton)상자이지만 화물의 성질에 따라 [표 8-3]과 같은 여러 가지의 포장이 사용된다. 매매당사자들은 수출화물에 적합한 포장을 대부분 알고 있기 때문에 무역계약에서는 포장의 종류를 보통 표준수출포장(standard export packing)으로 표현한다.

그리고 화인(shipping marks)은 운송관계자나 수입업자가 쉽게 식별할 수 있도록 포장의 외장에 기호, 번호 등으로 계약물품을 표시하는 것을 말한다. 대부분 수입업자가 화인의 모양을 지시하며 수출업자는 지시내용대로 화인을 표시해야 한다. 그러나 수입업자의 별도요청이 없을 경우에는 수출업자의 임의대로 화인을 하면 된다.

표 8-3 | 포장의 종류

<table>
<tr><th>구분</th><th>포장종류</th><th>재질</th><th>포장명</th><th>약호</th><th>포장대상물품</th></tr>
<tr><td rowspan="19">용기 포장</td><td rowspan="4">상자</td><td>나무</td><td>wooden box; case; chest</td><td>W/B;</td><td rowspan="2">식료품, 손상하기 쉬운 잡화, 홍차, 가벼운 일반잡화,</td></tr>
<tr><td>종이</td><td>carton</td><td>C/S; CST</td></tr>
<tr><td>금속지</td><td>tin-lined case</td><td>C/; CTN</td><td>통조림</td></tr>
<tr><td>투시상자</td><td>crate; skelton case</td><td>CRT</td><td>자동차</td></tr>
<tr><td rowspan="3">베일 (bale)</td><td>마</td><td>burlap; hessian cloth</td><td>–</td><td>면사, 원모</td></tr>
<tr><td>압축베일</td><td>pressed bale</td><td>BL</td><td>원면</td></tr>
<tr><td>가마니</td><td>straw mat</td><td>–</td><td>쌀</td></tr>
<tr><td rowspan="4">부대 (bag)</td><td>마대</td><td>gunny bag</td><td>BG</td><td>미곡, 잡곡</td></tr>
<tr><td>면대</td><td>sack</td><td>SK</td><td>소맥</td></tr>
<tr><td>지대</td><td>paper made bag</td><td>BT</td><td>시멘트, 석회</td></tr>
<tr><td>폴리에틸렌</td><td>polyethylene bag</td><td>BG</td><td>소금, 사료, 분말약품</td></tr>
<tr><td rowspan="3">통</td><td>나무통(대)</td><td>barrel</td><td>BRL</td><td>술, 간장</td></tr>
<tr><td>나무통(중)</td><td>cask</td><td>CSK</td><td>염료</td></tr>
<tr><td>나무통(소)</td><td>keg</td><td>KG</td><td>못, 볼트</td></tr>
<tr><td rowspan="5">특수용기</td><td>드럼관</td><td>drum</td><td>DR</td><td>화공약품, 유지</td></tr>
<tr><td>양철관</td><td>tin; can</td><td>–</td><td>석유, 통조림</td></tr>
<tr><td>용기, 유리</td><td>jar; pot; carboy</td><td>–</td><td>유산, 음료수</td></tr>
<tr><td>대나무</td><td>basket; hamper</td><td>BKT</td><td>과일</td></tr>
<tr><td>철제원통</td><td>cylinder; iron flask</td><td>–</td><td>탄소</td></tr>
<tr><td rowspan="3">무용기 포장</td><td>두루마리</td><td></td><td>roll; coil</td><td>BL; CL</td><td>철판, 신문지, 철사</td></tr>
<tr><td>다발</td><td></td><td>bundle</td><td>BDL</td><td>철근</td></tr>
<tr><td>궤</td><td></td><td>ingot</td><td>–</td><td>철강, 알미늄</td></tr>
</table>

주화인(main mark)은 다른 화물과 식별을 쉽게 하도록 하기 위해서 외장 면에 삼각형, 다이아몬드형, 정방형, 마름모형, 타원형 등의 표시를 하고 그 안에 상호의 약자를 기입한 것을 말한다. 부화인(counter mark)은 같은 선적분 내에서 다른 화물과 식별할 수 있도록 표시한 것이다.

8. 무역계약의 일반거래조건

8.1 일반거래조건의 의의

당사자 간에 무역거래가 이루어지면 무역계약을 체결하기에 앞서 거래의 일반적 기준이 될 조건들을 협정하는데 이런 계약조건을 일반거래조건(general terms and conditions)이라 한다. 따라서 일반거래조건은 계약이 체결되는 모든 당사자들에게 동일하게 적용된다.

일반거래조건에는 품질, 수량, 가격, 선적 등 개별약정사항을 해석하는 기준, 천재지변 등으로 인한 면책사항, 클레임조항, 준거법조항 등이 있는데, 주로 개별계약의 조건을 보충설명하는 것이 된다. 만약 개별거래약정사항과 일반거래조건이 상호 모순되면 개별약정사항을 우선 적용한다.

플랜트 수출 등과 같이 특수한 무역거래인 경우는 당사자들이 직접 만나 일반거래조건을 합의하고 일반거래조건협정서를 별도로 작성하지만 보통 무역거래에서는 계약서의 뒷면에 일반거래조건을 인쇄하여 사용한다. 따라서 보통의 무역계약서는 앞면엔 개별거래약정사항을 기입하고 그 뒷면에 일반거래조건이 명시되어 있다.

8.2 일반거래조건의 주요 조항

1) 본인 대 본인 계약조항

본인 대 본인 계약(principal to principal)조항은 거래당사자 모두 자신의 명의와 계산으로 직접 거래를 하고 계약을 체결하는 것을 나타내는 것이다. 무역거래는 판매대리인이나 구매대리인을 통해 거래가 이루어질 수 있기 때문에 계약을 체결할 때 수출업자와 수입업자 본인들이 직접 계약을 체결할 것을 협정해야만 사후 중개수수료 등의 문제가 제기되지 않는다.

2) 거래상품에 관한 조항

거래상품에 대해서는 개별계약서에 구체적으로 정해진다. 그러나 거래상품에 관한 일반적 사항에 대해서는 일반거래조건에서 정해지는데 여기에는 수량, 선적, 지급, 검사, 포장, 보험, 추가비용, 가격 등에 관한 조항들이 협정된다.

3) 클레임조항 및 중재조항

클레임조항에는 보통 클레임의 제기시기와 방법이 약정되어 있다. 클레임은 거래상품이 목적지에 도착한 후 일정 기일 이내 먼저 빠른 전신수단으로 클레임을 제기하겠다는 사실을 통지하고 그 후 일정 기간 내 공인된 감정인의 보고서(surveyor's report)를 첨부하여 정식으로 제기하도록 한다.

그리고 클레임은 당사자 간에 가능한 한 우호적으로 해결하고 이것이 실패할 경우에는 중재(arbitration)에 의해서 해결하도록 한다. 중재에 관해서는 중재지역, 중재기관, 중재법 등을 약정한 중재조항을 명시해 둔다.

4) 불가항력조항

수출업자의 고의, 과실, 태만 등으로 인한 계약불이행에 대해서는 수출업자가 책임을 져야 하나 천재지변, 전쟁 등과 같은 불가항력에 의한 계약불이행은 면책될 수 있다. 그러나 어떠한 경우가 불가항력에 해당하는가를 구체적으로 단정하기가 어렵기 때문에 이의 범위를 계약서에 명시해 두는 것이 바람직하다.

5) 준거법조항

무역계약의 당사자들은 서로 법률이 다른 국가에 속하므로 계약의 성립, 이행 및 해석을 위한 준거법(governing law)을 결정해야 한다. 그리고 무역계약의 준거법으로 활용될 수 있는 국제조약으로 1980년 비엔나회의에서 확정된 'UN 국제물품매매에 관한 조약(United Nations Convention on Contract for the International Sale of Goods : UNCCISG, 비엔나협약)'이 있다.

[서식 8-3] 무역계약서

Confirmation of Order

Sales Note No.
To Messrs :
Seoul, Korea
Reference :
Contracted through

Order No. :
Commodity :
Quantity :
Price :
Amount :
Packing :
Shipment :
Destination :
Payment :
Remarks :

We confirm our sales as specified herein. Subject to the terms and conditions set forth herein, this confirmation of order ("the Contract") constitutes a contract between Samsung Corporation ("Seller") and the addressee ("Buyer"). Other terms and conditions of the Contract are on the back hereof. If you find anything herein not in order, please let us know immediately, if necessary by cable. Kindly sign and return the duplicate after confirming the above.

Read and agreed to :

Name of addressee:	Samsung Corporation
By :	By :
Typed name :	Typed name :
Date :	Date :

GENERAL TERMS AND CONDITIONS

All business hereunder shall be transacted between Buyer and Seller on a principal to principal basis and both parties agree to the following terms and conditions :

(1) **Quantity** : Quantity shall be subject to a variation of (   )% plus or minus at seller's option.

(2) **Shipment** : Date of bill of lading shall be accepted as conclusive of the date of shipment. Partial shipment and/or transshipment shall be permitted. If shipment is prevented or delayed in whole or in party, by reason of Acts of God, such as fire, flood, typhoon, earthquake, wars, hostilities, governmental restrictions, trade embargoes, strikes, lockouts, labour disputes boycotting of Korean goods, unavailability of transportation or any other causes of a nature beyond Seller's control, then, Seller may, at its option perform the contract of the unfulfilled portion here of within a reasonable time from the removal of the cause preventing or delaying performance, or rescind unconditionally and without liability this contract or the unfulfilled portion here of.

(3) **Payment** : Irrevocable and confirmed letters of credit negotiable at sight draft shall be established through a prime bank satisfactory to Seller immediately after conclusion of contract with validity of at least 15 days after the last day of the month of shipment for negotiation of the relative draft. The amount of such letter of credit shall be sufficient to cover the contract amount and additional charges and/or expenses to be borne by the Buyer. If Buyer fails to provide such letter of credit, Seller shall have the option of reselling the contracted goods for Buyer's account, holding the goods for Buyer's account and risk, and/or cancelling the contract and claiming for damages caused by Buyer's default.

(4) **Inspection** : The inspection of quantity shall be done according to the export regulation of the Republic of Korea and/or by the manufacturers which shall be considered as final. Should any specific inspector be designated by the Buyer, all additional charges thereby incurred shall be borne by the Buyer and shall be added to the invoice amount, for which the letter of credit stipulates accordingly.

(5) **Packing** : Packing shall be at the Seller's option. In case special instructions are necessary the same should be intimated to the Seller in time so as to enable the Seller to comply with it.

(6) **Insurance** : In case of CIF or CIP basis, 110% of the invoice amount, will be insured unless otherwise agreed. Any additional premium for insurance coverage over 110% of the invoice amount, if so required, shall be borne by Buyer and shall be added to the invoice amount for which the letter of credit shall stipulate accordingly.

(7) **Increased Costs** : If Seller's costs of performance are increased after the date of this agreement by reason of increased freight rates, taxes or other governmental charges and insurance rates including war risk, or if any variation in rates of exchange increases Seller's costs or reduces Seller's return, Buyer agrees to compensate Seller of such increased cost or loss of income.

(8) **Price** : The price stated in the contract is subject to change and the actual price to be paid will be that of Seller's current price list ruling at the time of dispatch of the goods. Seller shall notify Buyer in writing or by telex, cable or telegram of any revised price which shall be applied to goods still to be shipped, unless Buyer cancels in writing or by cable or telex the undelivered balance within 15 days from such notification.

(9) **Any Claim** : Dispute, or complaint by Buyer of whatever nature arising under this contract, shall be made in cable within 10 days after arrival of the cargo in the destination port. Full particulars of such claim shall be made in writing and forwarded by airmail so as to reach Seller within 20 days after cabling. Buyer must submit with such particulars as Public Surveyor's report when the quality and quantity of merchandise is in dispute. A claim made after the said 30-day period shall have no effect and Seller shall not be obligated to honor it. Seller shall not under any circumstance be liable for indirect or consequential damages.

(10) **Trade Terms** : The trade terms used herein such as CIF, CIP and FOB shall be in accordance with Incoterms 2010. In all other respects, this Contract shall be governed by and construed in accordance with the laws of Korea.

(11) **Arbitration** : All disputes, controversies, or differences which may arise between the parties out of or in relation to or in connection with this contract or for the breach thereof, shall be finally settled by arbitration in Seoul, Korea in accordance with the Commercial Arbitration Rules of the Korean Commercial Arbitration Board and under the Laws of Korea. The award rendered by arbitrator(s) shall be final and binding upon both parties concerned.

(12) **Deduction** : Buyer may not deduct any amount from the price without Seller's advance written authorization.

(13) **Patents, trade with marks, Designs, etc.** : Buyer is to hold Seller harmless from liability for any infringement regard to patent, trademark, copyright, design, pattern, construction, stamp, etc., originated or chosen by Buyer.

(14) **Force Majeure** : Seller shall not be responsible for non-delivery or delay in delivery resulting from causes beyond its control. In the event of such an occurrence, Seller may at its option either postpone delivery until removal of the causes, or cancel the balance of the order in the Contract.

(15) **Governing Law** : This contract shall be governed in all respects by United Nations Convention on Contracts for the International Sale of Goods, 1980.

IN WITNESS WHEREOF, the parties have caused this Agreement to be executed by their duly authorized representatives as of the date first above written :

Name of addressee

By :	By :
Typed Name :	Typed Name :
Date : ______________	Date : ______________

FTA
FTA 무역실무
Free Trade Agreement

9 CHAPTER 수출이행의 주요 과정

제1절 수출의 의의

1. 수출의 정의

수출은 일반적으로 상품을 외국에 매각하는 행위라고 할 수 있지만 우리나라 대외무역법시행령(제2조 제3호)에서는 다음 각 목의 어느 하나에 해당하는 경우를 수출로 정의하고 있다.

가. 매매, 교환, 임대차, 사용대차,[1] 증여 등을 원인으로 국내에서 외국으로의 물품을 이동하는 것(우리나라 선박에 의하여 외국에서 채취 또는 포획한 광물이나 수산물을 외국에 매도하는 것을 포함한다)

나. 유상으로 외국에서 외국으로 물품을 인도하는 것으로서 산업통상자원부장관이 정하여 고시하는 기준에 해당하는 것

다. 거주자가 비거주자에게 산업통상자원부장관이 정하여 고시하는 방법으로 용역을 제공하는 것

라. 거주자가 비거주자에게 정보통신망을 통한 전송과 그 밖에 산업통상자원부장관이 정하여 고시하는 방법으로 전자적 형태의 무체물을 인도하는 것

위의 정의를 정리해 보면 수출은 물품의 인도, 거주자에 의한 용역의 제공 및 전자적 무체물의 전송 등 세 가지 형태로 구분될 수 있다.

1.1 물품의 인도

최근의 수출거래가 복잡·다양해짐에 따라서 물품의 매매나 교환뿐만 아니라 임대차, 사용대차, 증여 등의 원인으로 우리나라에서 외국으로 물품이 이동되는 것은 모두 수출로 간주된다.

또한 우리나라 선박이 공해상이나 외국의 영해에서 채취 또는 포획한 광물이나 수산물 등을 현지에서 매각하는 것도 그 물품이 우리나라에 속한 것이고 매매에 의해서 외

1 사용대차는 당사자의 일방이 무상으로 사용·수익을 한 후 돌려주기로 약속하고 상대방으로부터 물품을 인도받는 계약을 말하는데, 무상이라는 점에서 임대차와 구분된다. 무상으로 그림을 빌려서 전시회를 개최한 후에 반환하는 것은 사용대차에 해당된다.

국으로 인도되는 것이기 때문에 수출로 간주되고 있다.

한편 대외무역법시행령 제2조 제3호 나목의 "유상으로 외국에서 외국으로 물품을 인도하는 것으로 산업통상자원부장관이 정하여 고시하는 기준에 해당하는 것"은 중계무역형태의 수출과 외국인도수출을 들 수 있다.

중계무역은 수출할 것을 목적으로 물품을 수입하여 수입통관을 거치지 않고 이를 다시 제3국으로 수출하는 거래를 말한다. 관세법상 수입통관을 필하지 않은 물품은 외국물품으로 간주되고 국내 반입이 불가능하기 때문에 중계무역에서 물품이 우리나라 항구나 공항을 경유하더라도 외국에서 외국으로 인도하는 것으로 간주된다.

외국인도수출은 수출대금은 국내에서 영수하지만 국내에서 수출통관되지 아니한 물품을 외국에서 외국으로 인도하는 수출이다. 따라서 해외건설에 사용하기 위하여 외국에서 구입한 시설, 기재 등을 현지에서 사용한 후 현지국가나 제3국으로 직접 판매할 수 있다.[2]

1.2 거주자의 비거주자에 대한 용역의 제공

수출은 물품과 같이 유체물의 이동만 의미하는 것이 아니라 거주자가 비거주자에게 서비스, 지적재산권 등 무형의 용역을 제공할 경우에도 수출로 간주된다. 대외무역법시행령(제3조)에서는 다음과 같이 두 가지 경우를 수출로 간주되는 용역으로 규정하고 있다.

첫째, 다음 각 목의 어느 하나에 해당하는 업종을 영위하는 자가 제공하는 용역은 수출로 인정된다.

가. 경영상담업
나. 법무관련 서비스업
다. 회계 및 세무관련 서비스업
라. 엔지니어링서비스업
마. 디자인
바. 컴퓨터시스템 설계 및 자문업
사. 문화산업진흥기본법 제2조 제1호에 의한 문화산업에 해당하는 업종
아. 운수업

2 따라서 중계무역과 외국인도수출은 물품의 이동경로 면에서 유사한 거래라 할 수 있다.

자. 관광진흥법 제3조 제1항에 따른 관광사업에 해당하는 업종
차. 그 밖에 지식기반용역 등 수출유망산업으로서 산업통상자원부장관이 정하여 고시하는 업종

둘째, 국내의 법령 또는 대한민국이 당사자인 조약에 의하여 보호되는 특허권・실용신안권・의장권・상표권・저작권・저작인접권・프로그램저작권・반도체직접회로의 배치설계권의 양도, 전용실시권의 설정 또는 통상실시권의 허락도 용역으로 간주된다.[3]

1.3 거주자의 비거주자에 대한 전자적 무체물의 전송

정보통신기술의 발달로 소프트웨어, 디지털방식의 정보 등 전자적 형태의 무체물을 거주자가 비거주자에게 전송하는 것도 수출에 해당된다.[4] 전자적 형태의 무체물은 다음 각 호의 어느 하나에 해당하는 것을 말한다(대외무역법시행령 제4조).

① 소프트웨어산업진흥법 제2조 제1호에 의한 소프트웨어
② 부호・문자・음성・음향・이미지・영상 등을 디지털방식으로 제작하거나 처리한 자료 또는 정보 등으로서 산업통상자원부장관이 정하여 고시하는 것(여기에 해당되는 것은 영화, 게임, 애니메이션, 만화, 캐릭터를 포함한 영상물, 음향・음성물, 전자서적 및 데이터베이스이다)
③ 위의 ① 및 ②의 집합체, 기타 이와 유사한 전자적 형태의 무체물로서 산업통상자원부장관이 정하여 고시하는 것

3 의장권은 상품의 형상, 모양, 색채 등으로 미감을 일으키는 아이디어를 독점적으로 사용할 수 있는 권한을 말한다. 그리고 저작인접권은 직접적인 저작권은 아니지만 저작물의 실제 공연, 방송물 등에 대하여 저작물에 준하는 권리를 말한다.

4 거주자라 함은 대한민국 안에 주소 또는 거소를 둔 개인과 대한민국 안에 주된 사무소를 둔 법인을 말하며, 비거주자라 함은 거주자 외의 개인 및 법인을 말한다. 다만, 비거주자의 대한민국 안의 지점・출장소, 기타의 사무소는 법률상 대리권의 유무에 불구하고 거주자로 본다(외국환거래법 제3조 제1항 제14호 및 제15호).

2. 수출의 제한

2.1 수출품목의 제한

1) 수출승인

물품의 수출은 원칙적으로 자유롭게 할 수 있지만 대외무역법에서 정하고 있는 특정 물품에 대해서는 개별수출에 대한 사전승인을 받아야 하는데 이를 수출승인이라 한다. 이에 따라 수출입공고 등에 의해 수출이 제한되는 물품을 수출하고자 하는 경우에는 산업통상자원부장관으로부터 수출승인을 받아야 한다.[5]

수출승인기관의 장은 산업통상자원부장관이지만 수출절차를 간소화하기 위해 이러한 권한은 현재 산업통상자원부장관이 지정하여 고시하는 관계행정기관 또는 단체의 장에 위탁되어 있다. 그리고 수출승인의 유효기간은 수출을 승인한 날로부터 1년 이내이며 필요에 따라 연장될 수 있다.

수출승인대상물품을 수출하고자 하는 자는 다음의 서류를 구비하여 수출승인기관의 장에게 제출해야 한다.

① 수출입승인신청서 3부(업체용, 세관용, 승인기관용) 및 사본
② 수출신용장, 수출계약서 또는 주문서
③ 수출대행계약서(대행수출인 경우)
④ 수출입공고 등에서 규정한 요건을 충족하는 서류(단 해당 승인기관에서 승인요건의 충족 여부를 확인할 수 있는 경우는 제외)

그리고 수출승인기관의 장은 수출승인을 하고자 할 경우에는 다음과 같은 요건을 확인해야 한다.

① 수출승인신청인이 승인을 얻을 수 있는 자격이 있는 자일 것
② 수출하고자 하는 물품이 수출입공고 및 대외무역관리규정에 의한 승인요건을 충족한 물품일 것
③ 수출하는 물품의 품목분류번호(HS)의 적용이 적정할 것

5 플랜트를 수출할 경우에도 산업통상자원부장관의 승인을 받아야 한다(대외무역법시행령 제50조).

2) 전략물자의 수출허가

현재 우리나라는 전략물자의 수출에 대해서는 산업통상자원부장관이나 관계행정기관의 장의 허가를 받도록 하고 있다. 따라서 전략물자 혹은 전략물자에는 해당되지 아니하나 대량파괴무기와 그 운반수단인 미사일의 제조·개발·사용 또는 보관 등의 용도로 전용될 가능성이 높은 물품 등을 수출하려는 자는 전략물자수출허가서에 다음 각 호의 서류를 첨부하여 산업통상자원부장관이나 관계행정기관의 장에게 제출하여야 한다(대외무역법시행령 제33조).

① 수출계약서, 수출가계약서 또는 이에 준하는 서류
② 수입국의 정부가 발행하는 수입목적확인서 또는 이에 준하는 서류
③ 수출하는 물품 등의 용도와 성능을 표시하는 서류
④ 수출하는 물품 등의 기술적 특성에 관한 서류
⑤ 그 밖에 수출허가에 필요한 서류로서 산업통상자원부장관이 정하여 고시하는 서류

그리고 수출허가신청을 받은 산업통상자원부장관 또는 관계행정기관의 장은 15일 이내에 수출허가 여부를 결정하고 그 결과를 신청인에게 알려야 한다.

2.2 수출거래의 제한

모든 수출입거래가 동일한 성격을 지니고 있는 것이 아니고 물품의 이동, 대금의 결제 등에 따라 다양한 특성을 지니고 있기 때문에 수출입거래형태 중 특정거래형태를 지정하고 여기에 해당될 경우에는 이에 대한 별도의 인정절차를 받도록 하고 있다(대외무역법 제13조).

현재 해당 거래의 전부 또는 일부가 다음 각 호의 어느 하나에 해당할 경우 특정거래형태로 분류된다(대외무역법시행령 제20조).

① 대외무역법 제11조(수출입의 제한 등) 제1항에 따른 수출 또는 수입의 제한을 회피할 우려가 있는 거래
② 산업보호에 지장을 초래할 우려가 있는 거래
③ 외국에서 외국으로 물품 등의 이동이 있고 그 대금의 지급 또는 영수가 국내에서 이루어지는 거래로서 대금결제상황의 확인이 곤란하다고 인정되는 거래
④ 대금결제 없이 물품 등의 이동만 이루어지는 거래

이에 따라 다음과 같이 11개의 수출입형태가 그 성격상 특정거래 형태에 해당된다(대외무역관리규정 제21조).

① 위탁판매수출　② 수탁판매수입
③ 위탁가공무역　④ 수탁가공무역
⑤ 임대수출　⑥ 임차수입
⑦ 연계무역　⑧ 중계무역
⑨ 외국인수수입　⑩ 외국인도수출
⑪ 무환수출입

그동안 특정거래 형태 중 중계무역과 무환수출 일부에 대하여 별도의 인정절차가 필요하였다. 이러한 특정거래 형태 인정제도는 신고제도로 운영되었는데, 미신고 시 벌칙규정이 없고 광범위한 예외규정으로 인해 그 사례가 매우 드물어 현재는 폐지되어 있다.

제2절 수출물품의 확보

1. 수출의 준비

1.1 신용장의 수취와 확인

무역계약이 체결되면 수출업자는 수출에 따른 기본적인 사항을 먼저 확인한 후 본격적으로 수출이행에 들어간다. 보통 결제방식에 따라서 수출업자는 몇 가지 사항을 확인할 필요가 있는데 특히 신용장방식일 경우에는 주의를 요하는 경우가 많다.

1) 신용장의 통지와 수취

신용장방식의 거래에서는 무역계약이 체결되면 약정기일 내 수입업자는 자신이 거래하는 은행을 통해 수출업자 앞으로 신용장을 개설·통지해 준다. 대개 신용장은 개설은행의 요청에 따라 수출업자 주소지에 소재하는 제3의 은행이 통지한다.

신용장 통지은행(advising bank)은 수출업자에게 신용장을 통지할 때 통지번호를 부여하고 신용장조건이 변경되는 경우에는 통지번호의 맨 끝에 변경되는 누적횟수를 표시한다. 그리고 통지은행은 상당한 주의를 가지고 신용장의 진위를 검토해야 할 의무가 있다. 만약 진위 여부를 확인할 수 없을 경우에는 그러한 사실을 개설은행 및 수출업자에게 통지해야 한다.

통지은행은 우편으로 개설된 신용장에 대해서는 사전에 개설은행과 교환되어 있는 서명감(specimen signature booklet)에 의해 서명을 대조하는 방법으로 신용장의 진위 여부를 확인한다. 그리고 스위프트(SWIFT)신용장은 개설은행과 통지은행 간에 설치된 Test Key 또는 Authenticator Key에 의해 신용장의 진위 여부가 쉽게 확인된다.

2) 신용장의 주요 확인사항

신용장은 개설은행의 조건부지급확약서이기 때문에 수출업자가 수출대금을 결제받기 위해서는 신용장에서 요구하고 있는 모든 요건을 충족해야 한다. 따라서 수출업자는 신용장을 수취하면 즉시 신용장상의 제반요건이 계약의 내용과 일치하는지, 각 조건들이 이행가능한 것인지 등을 면밀히 검토해야 한다. 수출업자가 확인해야 할 주요사항을 살펴보면 다음과 같다.

① **신용장의 진위 여부** : 수출업자는 먼저 통지된 신용장이 진짜인지 가짜인지를 검토해야 한다. 물론 통지은행이 신용장을 통지할 때 그 진위 여부를 확인하고 애매모호한 경우에는 그러한 사실도 통지하지만 수출업자는 신용장을 실제 사용하는 직접적인 당사자로서 그 진위 여부를 다시 한 번 검토해야 한다.

② **개설은행의 신용상태** : 신용장거래에서 개설은행의 신용도는 아주 중요하므로 신용장개설은행의 신용상태를 면밀히 분석해야 한다. 신용장을 받는 것에만 급급하여 개설은행의 신용을 확인하지 않고 수출함으로써 대금을 받지 못하는 경우도 발생할 수 있다. 만약 개설은행의 신용에 문제가 있으면 확인은행(confirming bank)을 개입시켜 확인을 추가로 받는 것이 안전하다.

③ **화환신용장 확인** : 우리나라에서는 상품대금결제용으로 사용되는 것만 신용장으로 인정되기 때문에 신용장상에 '화환(documentary)'이라는 단어가 있는지 반드시 확인해야 한다.

④ **취소가능 여부** : 우리나라에서 취소가능신용장은 신용장으로서 인정되지 않으므로 무엇보다 이를 먼저 검토해야 한다. 취소가능 여부에 대해서 신용장상에 아무런

언급이 없으면 취소불능신용장으로 간주되므로 신용장상에 '취소가능(revocable)'이라는 문언이 있는지를 확인해야 한다.

⑤ **개설은행의 지급확약문언** : 신용장이라는 것은 곧 개설은행의 보증서를 의미하므로 이 문언이 있어야만 신용장으로서 효력이 발생한다. 특히 개설은행의 지급확약을 받는 당사자가 수출업자로 제한되어 있는지 여부를 검토해야 한다. 만약 수출업자 한 당사자에게만 지급이 확약되어 있으면 지급은행이 지정되어 있어야만 결제가 가능하다.

⑥ **신용장통일규칙의 준수문언** : 신용장거래는 2개국 이상의 거래이므로 준거법에 대한 분명한 명시가 있어야만 사후분쟁이 발생하지 않는다.

⑦ **조건부문언의 검토** : 신용장조건을 이행하는 데 지장을 초래할 수 있는 특수조건이 있는지를 검토해야 한다. 신용장에 특수한 조건을 붙여 그 조건이 이행되어야만 신용장이 유효하게 되는 조건부신용장이 있는데 이러한 조건부신용장은 조건을 이행하는 데 많은 어려움이 있으므로 각별한 주의를 기울여야 한다.[6]

1.2 선수출계약서 등의 확인

만약 결제형태가 D/A, D/P 등과 같이 화환추심어음방식일 경우 수출업자는 수입업자와 선수출계약서를 작성한 후 계약에서 합의된 일자 내 선적을 완료하고 선하증권 등 관련 서류를 수입업자에게로 보내야 한다.[7] 따라서 수출업자는 선수출계약이 체결되는 즉시 수출이행에 필요한 조치를 취해야 한다. 화환추심어음방식의 수출거래는 본·지사 간이나 오랜 단골거래선 간에 이루어지지만 합의된 선적기일을 지키지 못하는 등 수출업자의 귀책사유가 발생하면 아무리 오랜 거래가 있다 하더라도 클레임의 대상이 되거나 수출대금을 받지 못할 수도 있다.

그리고 송금방식으로 거래할 경우에는 수출업자가 수출에 필요한 모든 준비를 완료한 후 이를 수입업자에게 통보하면 수입업자는 계약에서 합의된 일정 기일 내 수출대금을 송금하는 것이 보통이다. 이 경우에도 수출업자는 매매계약에서 합의된 선적기일을 확인한 후 수출물품의 확보 혹은 생산계획을 세워야 한다. 왜냐하면 수입업자는 항상 예상한 선적일자를 토대로 언제 수입이 완료되고 언제부터 국내에서 마케팅을 할 것인가 등

6 예를 들어 선적 전에 견본에 대해 수입업자의 검사를 받은 후 그 검사증을 매입서류에 첨부하도록 요구하는 문언이 있을 경우 수입업자가 검사를 하지 않거나 지연시키면 수출이행은 불가능하게 된다.

7 D/A, D/P 등의 거래에서는 수출업자가 먼저 물품을 선적해서 보낸다는 뜻으로 이런 계약을 선수출계약이라 한다.

의 수입판매계획을 세울 수 있기 때문이다.

2. 원자재의 조달

수출업자는 대개 무역계약이 확정되면 원자재를 조달하여 수출물품을 자체 생산하거나 협력업체(하청업체)를 선정하여 완제품을 발주한다. 수출물품의 생산에 필요한 원자재나 완제품을 국내에서 조달할 경우 내국신용장이나 구매확인서가 많이 이용되고 있다.[8]

2.1 내국신용장에 의한 구매

1) 내국신용장의 의의

내국신용장(local credit)은 수출신용장을 가진 수출업자가 국내에서 수출용 원자재나 완제품을 조달하고자 할 때 사용되는 신용장이다. 이러한 내국신용장은 외국에서 개설되어 온 원신용장(master credit)을 토대로 국내에서 다시 개설되는 방식으로 사용된다.

내국신용장의 개설의뢰인은 수출신용장을 가진 수출업자로서 국내에서 수출용 원자재 또는 완제품을 구매하는 업자이다. 내국신용장의 개설은행은 통상 수출업자의 거래은행으로서 원수출업자의 요청과 지시에 따라 내국신용장을 개설하고, 내국신용장의 수익자에 대해서는 지급을 확약한다.

내국신용장의 수익자는 수출용 원자재나 완제품의 공급업자로서 일반신용장상 수익자가 누리는 혜택을 모두 누릴 수 있다. 수익자는 신용장에 명시된 기일 내 원수출업자에게 계약된 원자재나 완제품을 공급하고 영수증을 교부받아 이를 내국신용장의 개설은행에 가서 매입의뢰하면 대금지급이 이루어진다. 신용장의 독립·추상성에 따라서 내국신용장의 수익자는 원수출업자의 수출이행 여부나 원신용장에 의한 수출대금의 결제 여부에 상관없이 대금결제를 받을 수 있다.

8 수출용 원자재를 해외에서 수입할 수도 있지만 이 경우에는 수입통관절차를 거쳐야 하므로 편의상 제10장에서 다루기로 한다.

2) 내국신용장의 혜택

내국신용장제도의 근본 취지는 수출물품의 생산에 필요한 원자재나 완제품을 가능한 한 국내에서 구매하도록 유도하기 위한 것이다. 이에 따라 우리나라에서는 내국신용장에 의한 거래가 국내거래임에도 불구하고 이를 수출로 인정하여 외화표시로 거래할 수 있도록 하며 또한 무역금융을 제공하는 등 여러 가지 혜택을 부여하고 있다.[9]

내국신용장을 활용할 경우 원수출업자는 수출에 필요한 원자재나 완제품을 구매하는 데 필요한 결제자금의 부담에서 벗어날 수 있다. 그리고 내국신용장개설은행이 지급확약을 하는 관계로 국내 공급업체로부터의 원자재, 완제품 등 물품확보가 보장되어 수출품의 생산을 예측할 수 있다.

한편 내국신용장의 수익자도 비록 국내 업체에 물품을 판매하지만 수출실적으로 인정됨에 따라 무역금융을 활용할 수 있으며, 관세환급의 대상이 된다. 또한 수출품에 해당되는 부가가치세 영세율이 적용되어 조세부담이 없다.

3) 내국신용장의 개설대상과 종류

① **일반수출업자** : 수출용 수입원자재와 국내에서 생산된 수출용 원자재 또는 수출용 완제품을 구매(임가공위탁 포함)하고자 하는 일반수출업자는 내국신용장을 개설할 수 있다.

② **내국신용장 수혜자** : 내국신용장의 수혜자는 해당 내국신용장을 근거로 수출용 원자재 및 완제품을 구매하기 위하여 또 다른 내국신용장을 개설할 수 있다.

③ **임가공위탁업체** : 수출업자가 원자재 및 완제품을 임가공계약에 의하여 위탁생산하고자 하는 경우 해당 수탁가공업체에게 가공임을 지급하기 위하여 내국신용장을 개설할 수 있다.

④ **기타** : 국내 업체 간의 매매계약에 따라 국외에서 어획물을 수집하여 직접 수출하는 경우라도 동 거래의 특수성에 비추어 내국신용장을 개설할 수 있다. 그리고 선수금 영수조건 수출신용장(전대신용장)을 가진 수출업자도 동 수출신용장 등을 근거로 해당 원자재 및 완제품 조달을 위하여 내국신용장을 개설할 수 있다(다만, 원자재자금 및 완제품구매자의 융자금액은 동 선수금을 제외한 금액범위 내로 한다).

9 내국신용장에 의한 수출실적은 우리나라 전체 수출실적에는 잡히지 않는다. 왜냐하면 원신용장에 의한 수출도 수출실적으로 잡고 내국신용장에 의한 실적도 전체 수출실적으로 잡으면 이중으로 수출실적을 계상한 결과이기 때문이다.

[서식 9-1] 취소불능 내국신용장

<table>
<tr><td>취소불능내국신용장</td><td colspan="2">신용장번호</td></tr>
<tr><td>발행신청인(상호·주소·대표자·전화)</td><td colspan="2" rowspan="2">결제통화 및 금액
☐ 원화
(외화금액 US$ @US$)
다만, 환어음 매입 시 대고객 전신환매입률이 발행 시와 다를 경우 원화금액을 동 매입률로 환산한 금액으로 함
☐ 외화
다만, 발행신청인명의 거주자계정으로부터 수익자명의 거주자계정에 이체지급할 것을 조건으로 함</td></tr>
<tr><td rowspan="2">수익자(상호·주소·대표자·전화)</td></tr>
<tr><td>물품인도기일</td><td>유효기일</td></tr>
<tr><td colspan="3">당행은 귀하(사)가 금액의 범위 내에서 다음의 서류를 첨부하여 당행을 지급장소로 하고 신청인을 지급인으로 한 송장금액 100% 해당액의 일람출급환어음을 발행할 수 있는 취소불능내국신용장을 발행합니다. 이 신용장에 의하여 발행된 환어음 "20××년 월 일 한국외환은행 내국신용장번호에 의함"이라고 표시하여야 합니다.
제출서류 :
☐ 물품수령증명서 1통
☐ 공급자발행 세금계산서 사본 1통
☐ 기타</td></tr>
</table>

<table>
<tr><td colspan="5">공급물품명세</td></tr>
<tr><td>HS 부호</td><td>품명 및 규격</td><td>단위 및 수량</td><td>단가</td><td>금액</td></tr>
</table>

<table>
<tr><td>분할인도
☐ 허용함 ☐ 불허함</td><td>서류제시기간
물품수령증명서 발급일로부터 3영업일 이내</td></tr>
<tr><td>기타</td><td>용도</td></tr>
<tr><td colspan="2">원수출신용장 등의 내용</td></tr>
<tr><td colspan="2">종류 ☐ 수출L/C ☐ D/A ☐ D/P ☐ 외화표시 물품공급계약서
☐ 내국신용장 ☐ 외화표시 건설·용역공급계약서</td></tr>
<tr><td colspan="2">신용장(계약서)번호</td></tr>
<tr><td>1. 이 신용장에 의하여 발행된 환어음을 매입한 은행은 반드시 매입일자와 동 금액을 이 신용장 뒷면에 기재하여야 합니다.
2. 물품수령증명서상의 수령인의 서명 또는 인감은 이 신용장 뒷면에 표시(첨부)된 물품매도확약서상의 것과 일치하여야 합니다.
3. 이 신용장에 관한 사항은 다른 특별한 규정이 없는 한 국제상업회의소 제정 화환신용장통일 규칙 및 관례에 따릅니다.</td><td>당행은 이 신용장에 의하여 발행되고 또한 이 신용장조건에 일치하는 환어음이 당행에 제시된 때에는 이를 이의 없이 지급할 것을 환어음의 발행인·배서인, 기타 정당한 소지인에 확약합니다.

책임자 서명날인

하나외환은행 ××지점</td></tr>
</table>

그리고 내국신용장은 공급물품에 따라서 원자재 내국신용장, 완제품 내국신용장 및 임가공 내국신용장으로 구분되며, 또한 표시통화에 따라 원화표시 외화부기 내국신용장, 외화표시 내국신용장 및 원화표시 내국신용장으로 구분된다.

2.2 구매확인서에 의한 구매

1) 구매확인서의 의의

구매확인서는 국내에서 생산된 물품 등이나 수입된 물품을 외화획득용 원료 또는 물품으로 사용하기 위하여 구매하고자 하는 경우 내국신용장 취급규정에 준하여 외국환은행의 장 혹은 전자무역촉진에 관한 법률 제6조에 따라 산업통상자원부장관이 지정한 전자무역기반사업자가 내국신용장에 준하여 발급하는 증서를 말한다. 즉 구매확인서는 국내에서 물품구매자가 구매하는 원자재 또는 완제품이 수출물품을 생산하는 데 사용되는 수출용 원자재 또는 완제품이라는 사실을 외국환은행장 혹은 전자무역기반사업자가 증명한 확인서를 말한다.

실무에서는 구매확인서보다 용도가 더 다양하고 혜택이 많은 내국신용장을 이용하고 있으나 내국신용장개설한도가 부족하여 내국신용장을 개설할 수 없는 경우에 구매확인서를 주로 이용하고 있다. 내국신용장은 무역금융관련규정에 의하여 원칙적으로 원자재금융한도 내에서 무역금융수혜자격이 있는 자만이 개설할 수 있다. 따라서 원자재금융한도가 없거나 무역금융수혜자격이 없는 자는 내국신용장을 개설할 수 없으므로 구매확인서에 의해 수출용 원자재를 국내에서 구매할 수 있다.[10]

구매확인서를 이용하더라도 내국신용장의 경우와 마찬가지로 수출실적 인정, 부가가치세 영세율 적용, 관세환급 등의 혜택을 누릴 수 있다. 그러나 내국신용장은 신용장의 독립성원칙에 따라 개설은행이 수익자에 대해서 모든 책임을 지지만 구매확인서를 발급하는 외국환은행 혹은 전자무역기반사업자는 공급물품대금의 결제에 대하여 책임을 지지 않는다. 그리고 구매확인서는 과거의 실적기준에 따라 발급할 수 없으므로 매번 발급할 때마다 수출신용장이나 수출계약서 등 발급근거를 제시해야 한다.

10 예를 들어 금융감독원이 선정하는 금융기관 대출금기준으로 상위 30대 계열기업군 및 그 소속기업체에 포함되는 대기업은 무역금융 융자대상에서 제외된다. 무역금융에 관한 자세한 것은 제11장 제3절에 설명되어 있다.

2) 구매확인서 발급절차

구매확인서는 물품구매자(수출업자)와 공급자 간에 물품공급계약을 체결하고 구매자가 거래외국환은행 혹은 전자무역기반사업자에게 구매확인서를 신청하면 관련 기관은 물품공급과 대급결제를 확인한 후 구매자와 공급자에게 각각 구매확인서를 발급해 준다.

만약 물품의 제조·가공과정이 여러 단계인 경우에는 각 단계별로 순차적으로 차수 제한 없이 차순위의 구매확인서를 발급할 수 있다. 그리고 구매확인서의 발급신청 시에는 반드시 발급근거서류가 있어야 하므로 비축용으로 발급신청은 할 수 없다.

그리고 구매확인서에 의하여 공급된 물품 등에 대한 수출실적증명서 발급은 대금을 결제한 외국환은행 혹은 전자무역기반사업자에게 신청하면 된다. 만약 공급자와 구매자 당사자 간에 대금을 결제한 경우에는 구매확인서를 발급한 관련 기관에 신청하면 수출실적증명서를 발급받을 수 있다.

참고로 내국신용장과 구매확인서에 의한 원자재공급제도를 비교해 보면 다음의 [표 9-1]과 같다.

표 9-1 | 내국신용장과 구매확인서의 비교

구분	내국신용장	구매확인서
관련법규	무역금융관련규정	대외무역법
개설(발급)기관	외국환은행	외국환은행, 전자무역기반사업자
개설조건	원자재금융한도	제한 없이 발급
수출실적	공급업체의 수출실적 인정	좌동
부가세	영세율 적용	좌동
발행제한	2차까지 개설가능, 단 1차 내국신용장이 완제품내국신용장인 경우에 한하여 3차까지 개설가능	차수 제한 없이 순차적으로 발급가능

3. 생산공장과 생산계약 체결

자가 생산시설이 있는 수출업자는 이 단계가 필요 없으나 순수 수출업자를 기준으로 하면 하청공장들과의 생산계약은 원료가 확보되기 전까지는 이루어져야 한다. 대개의 하청공장들은 직접 외국의 수입업자와 거래를 할 정도의 여건을 갖추지 못한 업자들이므로 여러 가지 면에서 수출업자의 관리 및 감독이 필요하다. 특히 상품제조의 기술과 재정능력에 대한 철저한 검토가 선행되어야 한다.

왜냐하면 일정한 기일 내에 선적할 상품을 기술 미숙으로 여러 번의 시행착오가 있게 해서는 안 되며, 또 공장의 자금사정이 급하다고 수탁한 원료를 매각처분하고 잠적해 버리면 정말 난처해진다. 이러한 사고를 미연에 방지하기 위하여 대개의 수출업자들은 하청공장 전담반을 두어 매일같이 이들 공장을 순회하며 독려하고 있다.

4. 운송계약 및 보험계약의 체결

4.1 운송계약의 체결

우리나라 주요 운송수단은 해상운송과 항공운송인데 한국무역협회 자료(2013)에 의하면 우리나라 수출화물의 약 99%가 해상으로 운송되고 나머지 몇몇 고부가가치의 화물이 항공으로 운송되고 있는 실정이다.

해상운송의 경우 수출업자는 선적기일이 다가오면 적당한 선박을 선택하여 선박회사와 운송계약을 체결하여 수출물품의 선적을 준비해야 한다. 운송계약은 수출화물의 성질에 따라 부정기선운송계약과 정기선운송계약으로 구분된다. 양곡, 원유, 철광석 등의 벌크 화물은 특수 전용선을 이용하는 용선계약이 체결되고 포장단위 화물은 정기선을 이용하는 개품운송계약이 체결된다. 무역거래에서는 대부분 개품운송계약이 이용된다.

그리고 운송계약은 수출업자가 직접 선박회사와 체결할 수 있고 운송주선업자(forwarder)에게 운송 및 선적 일체를 의뢰할 수 있다. 만약 수출업자가 직접 개품운송계약을 체결하려면 먼저 선박회사 소정의 양식인 선적신청서(shipping request : S/R)에 수출품목, 중량 등 선적사항을 기재한 후 이를 선박회사에 인터넷으로 송부하여 서명을 받는다. 선적신청서는 수출업자인 화주가 선박회사에 선박의 예약을 요청하는 일종의 청약서이고 이에 대한 승낙으로 선박회사는 선적예약서(booking note)를 발급한다.

이와 같이 운송계약이 체결되면 선박회사는 수출업자의 선적신청서에 따라 현품을 확인한 다음 운송선박의 책임자(일등항해사) 앞으로 화물을 적재하도록 선적지시서(shipping order)를 발급한다. 선적지시서에는 화물의 명세, 검수인(tally man)이 검수한 용적 및 중량증명, 수출업자의 성명, 선적항 및 양륙항 등이 기재된다. 본선의 책임자는 선적지시서 목록을 작성하여 본선 내의 적치계획을 수립하여 화물을 적재한다. 한편 선적지시서는 수출업자에게도 교부되는데 이것은 선박회사가 화주에게 교부하는 선적승낙서가 된다.

4.2 보험계약의 체결

FOB, CFR 등과 같은 거래조건으로 매매계약을 체결하였으면 수출업자가 보험을 주선할 필요가 없지만, CIF 또는 CIP 거래조건으로로 계약을 했으면 보험계약 체결의무가 수출업자에게 있다. 우선 해상적하보험을 청약하고자 하면 보험회사 소정의 적하보험청약서 양식에 해당 사항을 기재하고 소요되는 보험료를 지불하여야 한다.

보통 적하보험청약서에 기재하는 사항은 ① 피보험자명, ② 선박명 및 출항예정일, ③ 출발항명 및 도착항명, ④ 환적이 있을 때는 환적항명, ⑤ 피보험 화물의 수량·품명 및 명세, ⑥ 적하표시 및 번호, ⑦ 송장금액 및 보험금액, ⑧ 보험조건, ⑨ 신용장번호 등이다.

특히 선박명과 출항예정일은 선하증권의 기재사항과 일치하도록 주의해야 한다. 모든 기재사항에 계약내용과 상이한 변경사항이 생기면 이를 즉시 보험회사에 통고하고 보험회사는 변경사항을 접수하는 대로 배서로서 기재사항을 수정하며, 필요한 때에는 보험료를 반환 또는 추징한다.

보험조건의 선택은 매매당사자 간에 계약 시 합의한 조건으로 해야 하는데, 가끔 수출업자는 CIF 가격을 견적할 때 보험료 산출기준을 Incoterms 규정에 따라 ICC C조건으로만 생각하는데, 종종 수입업자는 보상범위가 가장 넓은 ICC A조건을 원하고 그렇게 신용장을 개설하기도 한다. 이럴 경우 수출업자는 ICC A조건으로 계약을 체결하지 않으면 후에 관련은행에서 결제가 안 된다. 하지만 ICC C조건이 아니라 ICC A조건으로 보험계약을 체결하면 보험요율이 올라 예상보다 매출원가가 높아지므로 사전에 보험조건에 대해서 충분한 합의가 이루어져야 한다.[11]

---

11 실무에서 수입업자가 많이 요구하는 적하보험조건은 보상범위가 가장 넓은 'ICCA including War and Strikes'이다. A조건에다 전쟁과 동맹파업위험을 추가한 것인데 보험요율이 높은 A조건에다 다시 전쟁과 동맹파업위험을 담보하는 요율이 추가되므로 매출원가가 상당히 높아진다.

제3절 수출통관 및 선적

1. 수출통관의 의의

우리나라에서 수출하고자 하는 물품은 반드시 관세법상의 절차를 거쳐야 하는데 이를 수출통관절차라 한다. 수출통관절차는 수출하고자 하는 물품을 세관에 수출신고하고 신고수리를 받은 후 물품을 우리나라와 외국 간을 왕래하는 운송수단에 적재하기까지의 절차를 말한다. 수출통관을 의무화하는 것은 대외무역법, 관세법, 외국환거래법 등 각종의 수출관련법규의 이행사항을 최종적으로 확인하여 불법수출이나 위장수출 등을 방지하기 위한 것이다.

따라서 수출하고자 하는 자는 수출물품을 적재하기 전까지 해당 물품의 소재지를 관할하는 세관장에게 수출신고를 하고 수출신고수리를 받아야 한다. 수출물품에 대해서는 원칙적으로 검사를 생략하고 있으나, 전산에 의한 발췌검사 또는 필요한 경우에는 예외적으로 검사를 실시하는 경우가 있다.

관세법에서 의미하는 수출은 내국물품을 외국으로 반출하는 것을 의미하기 때문에 내국물품은 반드시 수출통관절차를 필해야 외국물품으로 간주되고 비로소 선적이 가능하게 된다. 따라서 수출업자는 선적하기 전에 먼저 수출통관을 필해야만 하며, 이러한 절차를 거치지 않고 선적하는 물품은 소위 밀수품에 해당된다.[12]

그리고 수출신고가 수리된 물품은 수출신고일로부터 30일 이내 우리나라와 외국 간을 왕래하는 운송수단에 적재해야 한다. 그리고 우리나라에 반입된 외국물품을 부득이한 사유 등으로 다시 외국으로 반송할 경우에는 반송신고 및 그 절차에 따라야 한다.

2. 수출통관의 절차

수출통관은 대략 수출신고 및 신고수리의 절차를 거친다. 그러나 전자문서교환 수출통관 자동화시스템에 의하여 수출업자는 세관에 직접 가지 않고 컴퓨터로 신고를 끝낸 뒤 수출물품을 바로 선적할 수 있다.

12 관세법에서 의미하는 내국물품은 ① 우리나라에 있는 물품으로서 외국물품이 아닌 것, ② 우리나라의 선박에 의해 공해에서 포획된 수산물, ③ 입항 전 수입신고가 수리된 물품, ④ 수입신고수리 전 반출승인을 받아 반출된 물품, ⑤ 수입신고 전 즉시반출신고를 하고 반출된 물품을 말한다(관세법 제2조 제5호).

2.1 수출신고

1) 무서류 신고

물품을 수출하고자 하는 자는 수출물품을 선박 또는 항공기에 적재하기 전까지 관할 세관장에게 수출신고를 하고 수리를 받아야 한다. 수출신고는 EDI방식 또는 인터넷에 의한 무서류(paperless : P/L)신고를 원칙으로 한다.

따라서 수출신고인은 전자사서함(KTNET)을 이용하여 수출통관 EDI시스템과 접속하거나 인터넷으로 수출신고 홈페이지에 접속해 수출신고서를 작성하여 신고를 해야 한다. 수출신고는 관세청 통관시스템에서 신고번호가 부여된 시점으로부터 효력이 발생한다. 만약 통관시스템에 기록된 내용과 종이신고서에 기록된 내용이 상이한 경우에는 통관시스템에 기록된 것을 원본으로 한다.

그러나 다음의 경우에는 수출신고서 등 서류를 세관장에게 제출해야 한다.

① 관세법 제226조 규정에 의해 세관장 확인물품 및 확인방법 지정고시 중 수출신고수리 전에 요건구비의 증명이 필요한 물품(다만, 수출승인기관과 전산망이 연계된 품목은 제외한다)

② 계약내용과 상이한 물품의 재수출 또는 재수출조건부로 수입통관된 물품의 수출

③ 수출업자가 재수입 시 관세 등의 감면, 환급 또는 사후관리 등을 위하여 서류제출로 신고하거나 세관검사를 요청하는 물품

④ 수출통관시스템에서 서류제출대상으로 통보된 물품

2) 수출신고인

수출신고는 화주, 완제품공급업자 및 관세사 명의로 할 수 있다. 완제품공급자는 수출물품을 선적할 때까지 수출업무처리를 조건으로 수출업자에게 물품을 공급하는 경우가 많기 때문에 이들도 직접 수출신고를 할 수 있다. 그러나 대부분 수출신고는 관세사, 관세사(합동)법인, 통관취급법인에 위탁하여 처리하고 있다.[13]

---

13 관세사는 관세사 자격시험에 합격하거나 일정기간의 관세행정경력을 갖춘 자로서 화주를 대리하여 세관업무를 수행한다. 관세사(합동)법인은 5인 이상의 관세사를 사원으로 하여 설립된 법인을 말한다. 그리고 통관취급법인은 ① 운송·보관 또는 하역을 업으로 하는 법인, ② 앞의 법인이 자본금의 100분의 50 이상을 출자하여 설립한 법인, ③ 물류정책기본법 제38조에 따라 인증을 받은 종합물류기업 중 대통령령으로 정하는 기업 중 어느 하나에 해당하는 자로 일정한 요건을 갖추어 관세청장에게 등록한 법인을 말한다.

2.2 수출신고심사 및 수리

세관에서는 전송화면상의 수출신고자료가 수출신고서 작성요령에 따라 적합하게 작성되었는지의 여부를 검토한 후 원칙적으로 수출검사를 생략하고서 수출신고를 수리한다. 수출 신고 물품은 다음과 같은 세 가지 방식으로 처리된다.

1) 자동수리

자동수리는 수출신고를 하면 별도의 세관심사 없이 수출통관시스템에서 자동으로 즉시 신고수리하는 것을 말한다.

2) 즉시수리

자동수리대상이 아닌 물품 중 검사가 생략되는 물품으로 세관직원이 신고내용을 심사하고 수리를 하는 경우를 말한다. 여기서 심사란 신고된 세번과 신고가격 등 신고사항의 적정 여부, 법령에 의한 수출요건의 충족 여부 등을 확인하기 위하여 관련 서류나 분석결과를 검토하는 것을 말한다.

3) 검사 후 수리

수출물품에 대하여는 검사생략이 원칙이나 수출 시 현품의 확인이 필요한 경우와 우범물품으로 선별된 물품 중 세관장이 검사가 필요하다고 판단한 물품에 대하여 수출물품을 실제로 검사하고 수출신고를 수리하는 방법을 말한다.

2.3 수출신고필증

수출신고필증은 신고사실을 전산으로 통보받은 후 관세사가 날인하여 수출업자에게 교부한다. 그러나 화주가 수출신고서류를 제출한 경우에는 세관의 담당자가 날인한 후 수출신고필증을 교부한다. 그리고 수출신고가 수리된 물품은 수출신고수리일로부터 30일 이내에 우리나라와 외국 간을 왕래하는 운송수단에 적재해야 한다(관세법 제251조). 수출신고가 수리되었더라도 적재되지 않은 물품은 수출로 인정받을 수 없다.

2.4 적재(출항) 이후 수출신고

수출신고는 수출물품을 적재하기 전에 하여야 하나, 수출물품의 특성을 고려하여 다음 세 가지 경우에는 적재 후에 수출신고를 할 수 있다.

① **적재(출항) 이후 수출신고가능물품** : 선적한 후 공인검정기관의 검정서(survey report)에 의해 수출물품의 수량을 확인하는 산물 또는 광산물이나 물품의 신선도, 자동차운반 전용선박에 적재하여 수출하는 신품자동차 등 선상신고가 불가피하다고 인정되는 물품은 적재한 상태에서 수출신고가 가능하다.

② **현지수출 어패류 신고** : 어패류를 외국 현지에서 수출하는 것이 부득이한 경우에는 수출 후 대금결제 전까지 선박의 출항허가를 받은 세관에 수출실적을 증명하는 서류(예 : Cargo Receipt)를 첨부하여 신고자료를 전송하면 수출신고로 간주된다.

③ **원양수산물 신고** : 우리나라 선박이 공해에서 채취·포획한 수산물을 현지판매하는 경우 대금결제 전까지 수출사실을 증명하는 서류가 첨부된 수출실적보고서를 한국원양어업협회를 경유하여 서울세관장에게 신고자료를 전송하면 된다.

2.5 반송통관

반송은 외국으로부터 우리나라에 반입된 물품을 수입신고를 하지 아니하고 외국으로 다시 되돌려보내는 것을 말하며 이와 관련된 절차를 반송통관이라 한다. 반송하기 위해서는 먼저 수출통관절차와 동일하게 신고서(수출신고서 양식)를 작성하여 세관에 반송신고하여야 하며 반송물품에 대해서는 보세운송에 의하여 물품을 운송하여야 하고 반드시 적재확인을 받아야 한다.

반송통관물품은 다음과 같다.

① 외국으로부터 우리나라 보세구역에 반입된 물품으로서 다음의 사유로 수입신고를 하지 아니한 상태에서 다시 외국으로 반출되는 물품(단순반송물품)

- 주문이 취소되었거나 잘못 반입된 물품
- 수입신고 전에 계약상이가 확인된 물품
- 수입신고 전 수입요건 미구비가 확인된 물품
- 선사(항공사)가 외국으로 반출하는 선(기)용품 또는 선(기)내의 판매용품
- 기타 사유로 반출하는 물품

② 외국으로부터 보세구역에 반입된 물품으로서 수입하고자 수입신고를 하였으나

수입신고수리요건 등의 불비로 통관이 보류되어 다시 외국으로 반출되는 물품

③ 해외에서 위탁가공 후 보세구역에 반입된 물품으로서 수출할 목적으로 다시 외국으로 반출하는 물품

④ 외국으로부터 보세창고에 반입된 물품으로서 국내 수입화주의 결정지연 등으로 수입하지 아니한 상태에서 다시 외국으로 반출되는 물품

⑤ 보세창고에 반입된 해외조립용 수출용 원재료 또는 이미 수출한 물품의 사후보수, 수리를 위한 물품(장기비축 수출용 원재료 및 수출품사후보수용품)

⑥ 박람회 등을 위하여 보세전시장에 반입되어 전시 종료 후 외국으로 반출하는 물품

⑦ 보세판매장에 반입된 외국물품을 판매하지 못하여 운영인이 외국으로 반출하는 물품

3. 수출화물의 검사와 선적

3.1 수출화물의 선적 전 검사

수출물품을 선적하기 전에 선적물품이 계약물품으로 적합한지의 여부를 확인하는 선적 전 검사가 실시되기도 한다. 선적 전 검사는 수입업자의 요청에 따라 또는 수입국정부가 수입국의 무역정책에 따라 선적지에서 실시되는데 검사비용은 일반적으로 수입업자가 부담한다.

특히 고가물품을 수입할 경우 수입업자는 선적 전에 수입업자가 지정한 검사 대리인으로 하여금 수출물품의 품질과 수량을 확인하는 검사를 하는 경우가 있다. 그리고 주로 후진국에서 밀수방지 및 외환관리를 목적으로 전문검사기관의 검사를 받는 것을 공식적으로 규정하기도 한다. 우리나라는 수출물품의 우수성으로 인해 선적 전 검사는 드문 실정이다. 그리고 전문검사기관에 의해 검사가 실시된 경우에는 품질불량으로 인한 클레임을 제기할 수 없다.

3.2 본선 선적

수출신고필증을 받은 물품은 선적지로 직송되어 선적이 되고 선적시점에서 이 물품은 외국물품으로 간주된다. 수출업자는 선적지시서를 본선에 제출하고 일등항해사

(chief mate)로부터 서명을 받아 물품을 선적한다. 만약 수출물품을 재래선박으로 운송하게 되면 본선 적재 시 화물이 선적지시서대로 선적되었는지 여부를 확인하기 위해 검수인의 입회하에 화물의 수량과 상태를 조사하여 그 결과를 검수표(tally sheet)로 작성하여 일등항해사에게 보고한다. 일등항해사는 이를 근거로 수출업자에게 본선수취증(mate's receipt : M/R)을 발급하고, 수출업자는 이를 선박회사에 제출하여 선하증권을 발급받는다.

제4절 운송서류의 구비

수출통관과 선적이 완료되면 수출업자는 수입업자가 요구하는 운송서류(transport document)를 정확히 구비해야 한다. 국제무역에서는 매도인과 매수인이 실제 상품을 확인하고 거래하는 것이 불가능하기 때문에 여러 가지 운송서류를 기준으로 거래가 성립되고 있다. 특히 신용장거래에서는 추상성에 의해 수출업자는 수입업자가 요구하는 제반서류를 정확히 갖추지 못하게 되면 아무리 매매계약서의 내용과 일치하는 상품을 선적했더라도 수출대금을 찾을 수 없게 된다.

FTA 무역거래에서는 상업송장, 선하증권 그리고 원산지증명서는 반드시 필요한 운송서류이고, 그 밖에도 이를 보완하는 여러 가지 부속서류가 거래의 성격에 따라서 사용되고 있다.

1. 송장

송장은 매도인이 매수인 앞으로 작성해 보내는 매매거래의 명세서이며 대금청구서이다. 이 송장은 그 용도에 따라 상업송장과 공용송장으로 구분되나 일반적으로 송장이라고 하면 상업송장을 의미한다.

1.1 상업송장

1) 상업송장의 의의

상업송장(commercial invoice)은 화물을 대표하는 선하증권과 더불어 무역거래에서 반드시 필요한 운송서류이다. 상업송장은 수출업자가 특정 수출거래의 구체적 내용을 기재하여 수입업자 앞으로 보내는 매매거래의 명세서이다. 수출업자는 이 명세서를 근거로 수출대금을 청구하기 때문에 수출업자의 입장에서 보면 상업송장은 대금청구서의 역할을 하게 된다.

반면 수입업자는 상업송장을 통해서 선적화물에 관해서 자세히 알 수 있고 화물이 도착하기 전에 상업송장에 근거하여 수입화물을 전매할 수도 있게 된다. 수입화물이 도착하면 상업송장의 명세와 대조하여 계약한 화물이 실제로 도착되었는지의 여부를 조사할 수 있다. 그리고 상업송장은 관세를 산정하기 위한 세관신고의 증명자료가 된다.

2) 상업송장의 작성방법

상업송장은 법에서 정한 양식이나 기재사항은 없지만 특정 매매거래의 명세서이기 때문에 수출업자는 매매거래와 관련된 모든 사항을 구체적으로 기재해야 한다. 상업송장에 기재될 수 있는 사항을 요약하면 [표 9-2]와 같다.

표 9-2 | 상업송장의 작성요령

작성자	수익자(수출업자)가 개설의뢰인(수입업자) 앞으로
송장금액	신용장금액의 범위 내
상품명세	신용장상의 상품명세와 일치
기재사항	• 상품명(commodity name) • 수량(quantity) • 단가(unit price) • 인도조건(delivery terms) • 지불조건(payment conditions) • 총금액(total amount) • 매수인(consignee) • 매도인(exporter) • 포장방법(method of packing) • 하인(marking), 기타

특히 수출대금을 신용장에 의해서 결제할 경우에는 신용장통일규정에 준하여 상업송장을 작성해야 한다(신용장통일규칙 제18조). 따라서 수출업자는 신용장상에 별도의 명시가 없는 한 상업송장은 수출업자(수익자)에 의해 발행되고 신용장개설의뢰인(수입업자) 앞으로 작성되어야 한다. 그리고 상업송장상에 기재된 상품의 명세는 신용장상

[서식 9-2] **상업송장**

COMMERCIAL INVOICE

Shipper/Seller	Invoice No. and date
	L/C No. and date
Consignee	Buyer(if other than consignee)
	Other references
Departure date	
Vessel/flight From	Terms of delivery and payment
To	

Shipping Marks	No.& kind of packages	Goods description	Quantity	Unit price	Amount

Signed by

의 명세와 반드시 일치해야 한다.[14]

그리고 신용장상에 별도의 명시가 없는 한 은행은 신용장이 허용한 금액을 초과한 금액으로 발행된 상업송장의 수리를 거절할 수 있다. 그러므로 수출업자는 송장금액이 신용장 총액을 초과한 상업송장은 발행해서는 안 된다.

상업송장은 계약이 체결되고 실제 수출거래가 이루어진 후 수출업자가 발행한 서류이기 때문에 선적송장(shipping invoice)이기도 하다. 무역거래의 성격에 따라 선적송장은 다시 수출송장(export invoice), 위탁판매송장(consignment invoice), 매입위탁송장(indent invoice), 견본송장(sample invoice) 등으로 구분되지만 실제 무역거래에서는 구분 없이 상업송장의 표현으로 사용된다.[15]

1.2 공용송장

공용송장(official invoice)은 특수한 목적으로 사용되고 있는데 영사송장과 세관송장이 여기에 해당된다. 공용송장은 대체로 관계관청의 증명을 받는 특정서식에 맞추어 작성된다.

1) 영사송장

영사송장(consular invoice)은 수출국에 주재하고 있는 수입국의 영사가 수출업자가 작성한 송장내용의 진위를 확인한 송장을 말한다. 이 송장은 수입업자의 외화유출(서류상의 가격을 실제가격보다 높게 책정한 경우)과 관세포탈(서류상의 가격을 실제가격보다 낮게 책정할 경우)을 방지하기 위해서 수입하고자 하는 물품의 가격을 수출국에 주재하는 수입국의 영사로 하여금 확인하기 위한 것이다. 몇몇 후진국에서 개설되어 오는 신용장에는 간혹 영사송장을 요구하는 경우가 있지만 점차 폐지되어 가는 추세이다.

---

14 특히 신용장 거래에서는 상업송장상의 명세는 신용장상의 표현과 완전하게 일치해야 한다. 서류의 일치성과 관련하여 분쟁이 발생하는 경우 법원은 선하증권 등의 다른 서류에 비해 상업송장에 대해서는 엄격하게 일치할 것을 요구한다. 왜냐하면 선하증권 등과 같은 서류들의 발급당사자들은 신용장의 조건을 직접 보지 못하는 제3자이지만 상업송장은 신용장을 수취한 수익자가 직접 발행하므로 얼마든지 신용장의 조건에 일치시킬 수 있기 때문이다.

15 간혹 무역거래에서는 견적송장(*pro forma* invoice)이 사용되기도 하는데 이 견적송장은 수출업자가 수입업자의 편의를 위해 정식으로 계약을 체결하기 전 수출물품의 가격을 대충 산정하여 수입업자에게 보내는 일종의 견적서이다.

2) 세관송장

세관송장(customs invoice)은 수입국의 세관 당국이 수입화물에 대하여 수입관세의 부과를 결정하고 수입물품의 통계조사, 쿼터의 통관 수량 계산, 그리고 수입가격의 적정성을 파악하여 부당한 덤핑을 방지하기 위하여 요구하는 송장이다. 국가별로 세관이 요구하는 양식이 다르므로 소정의 양식에 따라 작성되어야 한다.

2. 선하증권

선하증권은 화물을 대표하는 서류인 동시에 유통될 수 있는 유가증권으로서 상업송장과 더불어 반드시 필요한 필수운송서류이다. 복합운송에서 사용되는 복합운송증권(combined transport document)도 선하증권과 동일한 기능을 수행하는 운송서류이다. 그리고 항공화물운송장(airway bill)은 증권의 형태를 띠고 있는 것은 아니지만 실무적으로 많이 사용되고 있다. 이들 서류는 제4장에서 이미 설명되었다.

3. FTA 원산지증명서

3.1 FTA 원산지증명서의 의의

일반적으로 무역거래에서 사용하는 원산지증명서는 수출물품이 수출국가에서 재배, 사육, 제조 또는 가공된 것임을 증명하는 운송서류를 말한다. 원산지증명서는 크게 두 가지 목적으로 사용되는데 하나는 관세혜택을 보기 위한 것이고 다른 하나는 단순히 물품의 국적을 증명하기 위한 것이다. 전자를 관세혜택용 원산지증명서, 후자를 일반 원산지증명서라고 한다.

관세혜택용 원산지증명서 중 가장 대표적인 것이 FTA 원산지증명서이다. 이 증명서는 FTA 체결국가 간 관세의 부과, 징수 및 감면, 수출입물품의 통관 등을 할 때 협정에서 정하는 기준에 따라 물품의 생산, 가공, 제조 등이 이루어진 것을 증명하는 서류를 말한다. 우리나라 FTA 관세특례법상 원산지증빙서류는 수출입물품의 원산지를 입증할 수 있는 것으로 작성자, 기재사항, 유효기간 등 대통령령으로 정하는 요건을 갖춘 서류로 원산지증명서 또는 원산지신고서 등이 이에 해당한다.[16]

일반적으로 FTA를 체결할 때, 물품의 원산지를 판정하는 기준 및 이를 입증하는 절차에 대한 원산지규정을 협의한다. FTA 협정세율을 적용하기 위하여 거래대상 물품이 원산지규정에 따른 원산지상품인지 여부를 판정하고 이를 입증하는 원산지증빙서류를 수출업자는 수입업자에게 송부해야 한다.

3.2 FTA 원산지증명방식

FTA 원산지증명서의 발급방식은 크게 원산지 자율증명제와 원산지 기관증명제로 구분된다.

1) 원산지 자율증명제

이는 수출물품의 원산지를 FTA 협정에서 규정하고 있는 원칙에 따라 수출체약국에서 생산·제조된 사실을 수출업자 스스로 증명하고 관련 원산지서류를 자체 발급하는 방식을 말한다.

원산지증명서 발급과 관련된 업무를 대부분 수출업자가 하기 때문에 발급절차가 신속·편리하고 증명서 발급비용을 절감할 수 있는 효과가 있다. 하지만 원산지를 허위로 증명할 가능성이 있기 때문에 원산지 입증책임, 현지검증제도, 허위증명에 대한 처벌 등 여러 보완제도가 뒷받침되어야 한다.

현재 미주지역의 경우 대부분이 원산지 자율증명제를 채택하고 있는데, 우리나라의 경우 한·미 FTA, 한·EFTA FTA, 한·칠레 FTA 등에서는 모두 원산지 자율증명방식을 택하고 있다.

2) 원산지 기관증명제

이는 원산지를 공신력이 있는 공공기관에서 발급하는 방식이다. 수출업자나 수입업자가 스스로 발급하는 것에 비해 기관에서 발급하기 때문에 상대적으로 공신력이 높아 우회 수입을 방지할 수 있는 효과가 있다. 그러나 원산지 서류발급에 시간, 비용이 들

---

16 그 밖의 원산지증명서류로서는 다음과 같은 것이 있다.
① 가공 원산지증명서(Processing Certificate of Origin) : 단순가공공정만을 수행한 것을 입증하는 증명서
② 재수출·환적 원산지증명서(Re-export/Transshipment Certificate of Origin) : 운송상의 이유로 단순 경유 사실을 입증하기 위한 증명서
③ 경유 원산지증명서(Back to Back Certificate of Origin) : 협정대상 물품이 당사국들의 영역을 통과하는 동안 중간 경유 당사국의 발급기관이 생산업자 또는 수출업자의 신청을 받아 최초 수출국의 원산지증명서 원본을 근거로 발급하는 원산지증명서

고 뿐만 아니라 수출신고 등과 같은 수출부대업무와 중복되어 불필요한 요식행위가 될 수도 있다.

최근에 체결되는 FTA에서는 대부분 원산지 자율증명방식을 채택하는 경향이 있지만 한・싱가포르 FTA, 한・아세안 FTA 등에서는 원산지 기관증명제를 채택하고 있다.

3) 인증수출업자제도

이는 원산지 자율발급과 기관발급을 혼합한 형태로, 인증수출업자 자격을 획득한 수출업자에 한해서만 자율적으로 원산지증명서를 발급할 수 있도록 허용하는 제도이다. 한・EFTA FTA와 한・EU FTA에서 도입되었으며, 원산지증명 및 검증대응능력이 있다고 판단되는 수출업자에게 인증을 부여하여 3년간 원산지증명서를 자율적으로 발급할 수 있도록 허용하고 있다.

3.3 FTA 원산지증명서 양식

FTA 원산지증명서의 서식, 유효기간, 제출방식 등은 FTA별로 동일하지 않다. 한・EFTA FTA는 기존의 특정양식에 원산지를 증명하는 방식 대신에 송품장 또는 기타 상업서류에 당해 물품의 원산지를 기재하는 매우 간편화된 방식(invoice declaration)을 사용하고 있고, 세관에 등록한 성실한 빈번수출자의 경우 송품장에 원산지 서명을 생략하고 세관등록번호로 대체하는 편리한 방식을 채택하고 있는 경우도 있다.

1) 한・미 FTA 원산지증명서

한・미 FTA 원산지증명서는 수출업자, 생산자 및 수입업자가 발급권한을 가지며 원산지물품에 한하여 발급권자가 자유로운 양식으로 원산지증명서를 작성한다. 대부분의 경우 원산지증명서 발급권자는 수출업자 혹은 생산자로 국한되지만 한・미 FTA는 수입업자도 발급이 가능하다. 수입자가 원산지증명서를 발급하는 경우 상품이 원산지상품이라는 증빙서류를 구비하거나 입증할 수 있어야 한다.

원산지증명서는 서면 또는 전자증명으로 가능하며, 별도의 규정된 양식을 정하고 있지 않고 다음 8가지 항목을 포함하여 작성하면 된다.

① 필요한 경우 연락처 또는 그 밖의 신원확인 정보를 포함하여 증명인의 성명

② 상품의 수입업자(아는 경우에 한함)

[서식 9-3] **한·미 FTA 원산지증명서**

Certificate of Origin
Korea-US Free Trade Agreement

1. EXPORTER			2. BLANKET PERIOD
	Name		
	Address		From: __ __ /__ /__ To: __ __ /__ /__
	Telephone		YYYY/MM/DD to YYYY/MM/DD
	Fax		
	E-mail		

3. PRODUCER			4. IMPORTER		
	Name			Name	
	Address			Address	
	Telephone			Telephone	
	Fax			Fax	
	E-mail			E-mail	

5. LIST OF PRODUCT(S) SUBJECT TO PROOF OF ORIGIN

Serial No.	Description of Good(s)	Quantity & Unit	HS No (6 Digits)	Preference Criterion	Country of Origin

6. OBSERVATIONS

I certify that:

- The information in this document is true and accurate and I assume the responsibility for proving such representations.
- I understand that I am liable for any false statements or material omissions made on or in connection with this document.
- I agree to maintain, and present upon request, documentation necessary to support this Certificate, and to inform, in writing, all persons to whom the Certificate was given of any changes that would affect the accuracy or validity of this Certificate.
- The goods originate in the territory of one or both Parties and comply with the origin requirements specified for those goods in the Korea -United State of America Free Trade Agreement.

This Certificate consists of ______ pages, including all attachments.

Authorized Signature:	Company:
Name:	Title:
Date: YYYY/MM/DD	Telephone : Fax:

1) Originating goods (wholly obtained or produced) in accordance with Article 6.1(a) of the Agreement: **WO**

2) Originating goods(undergoes an applicable change in tariff classification or regional value content etc)in accordance with Article 6.1(b) of the Agreement: **PSR**

3) Originating goods (produced exclusively from originating materials) in accordance with Article 6.1(c) of the Agreement: **PE**

③ 상품의 수출업자(생산자와 다른 경우에 한함)

④ 상품의 생산자(아는 경우에 한함)

⑤ 통일상품명 및 부호체계에 따른 품목분류와 품명

⑥ 상품이 원산지상품임을 증명하는 정보

⑦ 증명일

⑧ 포괄증명의 경우 증명 유효기간

그리고 원산지증명서는 기본적으로 단일 선적건에 한하여 1회 사용이 원칙이나 동일 수입업자에 동일물품이 반복 공급되는 경우에 한하여 포괄증명을 발급할 수 있다. 포괄증명의 경우 증명일로부터 12개월 이내 사용가능하다.

원산지증명서는 발급일로부터 4년 동안 유효하다. 단, 포괄증명은 발급일로부터 12개월 이내 사용이 가능하므로 실질적인 유효기간은 12개월로 볼 수 있다. 원산지증명서는 수출입 당사국의 언어를 사용할 수 있으나 수입지 세관이 요청하는 경우 번역본을 제출하여야 한다.

과세가격이 미화 1,000달러 이하의 소액물품은 원산지증명서 발급이 면제되며 상업용 여부와 관계없이 미화 1,000달러 이하의 여행자휴대품, 우편물, 특송물품에 대한 원산지증명이 면제된다. 여행자휴대품 등의 경우 구매영수증, 제품의 원산지표기 등을 통해 원산지를 간단히 확인 후 협정세율 적용이 가능하다. 한·미 FTA는 수출물품을

표 9-3 | 협정별 FTA 원산지증명서 발급기준 비교

협정상대	칠레	아세안	싱가포르	EFTA	인도	미국	EU	터키	페루
증명방식	자율 증명	기관 증명	기관증명	자율증명 (원산지 인증)	기관 증명	자율증명	자율증명 (원산지 증명)	자율증명	기관/자율 (5년 이후)
증명주체	수출자	발급 기관	발급기관	수출자	발급 기관	생산자, 수출입자	인증 수출자	수출자	발급기관
증명서 유효기간	2년	6개월	1년	1년	1년	4년	1년	1년	1년
증명서식	통일 서식	통일 서식	별도서식	송품장 등 상업서류	통일 서식	자율서식	송품장 등 상업서류	송품장 등 상업서류	통일서식
사용언어	영어	영어	영어	영어	영어	영어, 한국어	당사국 언어	영어	영어

자료 : 산업통상자원부, 관세청, 한국무역협회

선적한 이후 소급발급한 원산지증명서도 인정하고 있다.[17]

3.4 그 밖의 관세양허원산지증명서

1) 일반특혜관세 원산지증명서

일반특혜관세제도(generalized system of preferences : GSP)는 개발도상국의 수출확대와 공업화의 촉진을 위해 선진국이 개발도상국을 원산지로 하는 농수산품, 공산품의 제품, 반제품 등에 대하여 일반 관세율보다 낮은 관세율을 적용하거나 무관세를 적용하는 관세상의 특혜제도를 말한다. 이 제도는 1968년 제2차 UN무역개발계획회의(UNCTAD) 총회에서 개발도상국들을 위해 일반적이고도 비상호주의적 무차별 특혜관세를 조기 실시한다는 결의가 있은 후 1971년부터 실시되어 왔다.

GSP 혜택을 받기 위해서는 수출상품이 특혜 공여국이 요구하는 GSP 원산지기준, 직접 운송요건 등에 해당하는지를 입증하는 서류를 제출해야 발급된다. 우리나라는 그동안 이의 혜택을 많이 받아 왔지만 지금은 대부분 규정에서 졸업하여 뉴질랜드, 노르웨이, 우크라이나, 카자흐스탄 등 몇몇 국가와 몇몇 품목에 대해 일반특혜관세규정이 적용되고 있다. 따라서 이들 국가로 수출하는 우리나라 수출업자들은 수출품목이 혜택품목인지 확인할 필요가 있고 해당 사항일 경우 상공회의소로부터 일반특혜관세 원산지증명서를 발급받을 수 있다.

2) 개발도상국 간 특혜관세 원산지증명서

개발도상국 간 특혜무역제도(global system of trade preferences among developing countries : GSTP)는 개발도상국가 간에 무역거래에서 상호 관세양허를 해주는 제도이다.

제2차 세계대전 이후 국제무역질서를 유지해 온 GATT체제가 선진국 위주로 운영되어 와 그동안 추진되어 온 다자간 무역협상이 결과적으로 개발도상국의 무역증진효과보다는 선진국 간의 국제무역질서 재편에 불과했다는 자각에 따라 개발도상국 간의 실효성 있는 무역체제의 확립을 모색하기 시작하였다. 이에 따라 1988년 4월 베오그라드에서 개최된 각료회의에서 개발도상국 간 교역증진을 위해 상호 간 관세, 비관세장벽

17 자율증명의 취지에 맞게 한·미 FTA는 원산지증명서 양식을 별도로 규정하지 않았으나 양식부재가 오히려 수출입자의 업무 혼란을 가중시킬 수 있으므로 우리나라는 '한·미 FTA 원산지증명서 권고양식'을 작성하여 배포하고 있다.

철폐 또는 완화를 통한 생산 및 고용증진을 도모하기 위한 GSTP 협정이 체결되었다.

우리나라는 1989년 6월 11일자로 GSTP가 발효되고 있으며 현재 43개국이 협정국가로 되어 있다. 따라서 GSTP 협정국으로 수출하는 상품이 특혜대상 품목일 경우 관세혜택을 받기 위해서는 이 원산지증명서가 필요하다.

3) 개발도상국 간 관세양허협정(GATT)에 따른 원산지증명서

이는 관세 및 무역에 관한 일반협정(General Agreement of Tariffs and Trade: GATT)에 의해 관세양허협정을 체결한 개발도상국 간의 관세혜택이다. 대상국은 방글라데시, 브라질, 칠레, 이집트, 이스라엘, 멕시코, 파키스탄, 페루, 터키, 튀니지, 우루과이, 루마니아, 유고슬라비아 등이며 대상품목은 GATT 개발도상국 간 관세양허협정의 협정국에서 정한 국별 관세양허품목이다.

4) 아시아 – 태평양무역협정(APTA)에 따른 원산지증명서

아시아–태평양무역협정(Asia–Pacific Trade Agreement : APTA)은 회원국가 간의 무역에는 다른 나라와의 무역보다 상호 관세를 인하함으로써 교역을 활성화하기 위한 협정이다. 1976년 최초회원국은 우리나라, 방글라데시, 인도, 라오스, 스리랑카 등 5개국이었으나 2002년 중국이 가입하여 현재 협약국은 6개국이며 라오스는 자국 양허안을 통보하지 않아 현재 법적 가입국은 아니지만 회원국으로부터 관세특혜를 부여받고 있다.

4. 일반 원산지증명서

4.1 일반 원산지증명서의 의의

이는 단순히 수출물품의 국적을 증명하는 원산지증명서를 말한다. 국가마다 공정한 무역거래 질서를 확립하고 생산자나 소비자를 보호하기 위해 경우에 따라서 거래물품의 원산지증명서를 요구하기도 한다.

현재 우리나라는 교토협약(Kyoto Convention)에 따라 다음 물품에 한하여 원산지를 대한민국으로 판정한다.[18] 수출대상국(수입국)이 별도의 원산지 판정기준이 있을 경우

18 교토협약의 공식명칭은 '세관절차의 간소화 및 조화에 관한 국제협약'인데 우리나라는 2003년 2월에 가입하였다.

에는 예외로 적용될 수 있다.

① 대한민국 영토 내에서 채굴한 광물
② 대한민국 영토 내에서 수확된 농산물, 임산물, 사육·생산된 축산물, 포획물
③ 대한민국 영해에서 포획 또는 채취한 수산물
④ 대한민국 영해 밖의 해상이나 지층에서 채취한 광물 및 수산물(단, 대한민국이 당해 해상이나 지층개발 전유권이 있는 경우에 해당)
⑤ 공해상에서 대한민국 국기를 달고 있는 선박이 포획한 수산물(가공물)
⑥ 대한민국에서 생산된 재료를 사용하며 가공·제조한 물품
⑦ 외국산 원자재를 사용하여 가공·생산된 물품으로서 가공과정에서 새로운 상품적 특성이 부여된 물품

4.2 일반 원산지증명서의 형태

1) 일반(상공회의소) 원산지증명서

우리나라 상공회의소의 규격양식으로 발행되는 일반 원산지증명서를 말한다. 현재 우리나라 상공회의소에서는 웹인증시스템과 EDI를 이용하여 전자문서로 원산지증명서를 발급하고 있다. 몇몇 국가에서는 세관 등에서 원산지증명서를 발급하지만 대부분의 국가에서는 상공회의소에서 원산지증명서를 발급한다. 우리나라에서는 관세특혜를 받기 위한 원산지증명서로 시·도에서 발급되던 것을 2003년 3월 1일부터 상공회의소 및 세관에서 발급하고 있다.

2) 수출업자(제조업자) 원산지증명서

수입업자의 요청에 의해 수출업자 또는 제조업자가 자체 양식으로 작성한 원산지증명서로서, 상공회의소 양식과 상이하게 작성하되 원산지증명서의 중요한 항목은 빠짐없이 기재한 후 수출업자(제조업자)가 서명하여 상공회의소 인증 후 수입업자에게 송부해야 한다.

3) 특정국 원산지증명서

상공회의소의 소정 양식이 아닌 특정국에서 요청하는 특정양식에 따라 발급되는 원산지증명서를 말한다. 예를 들어 멕시코의 ANEXO Ⅲ, 남아프리카공화국의 DA59, 뉴

질랜드의 FORM59A 등이다. 수출업자는 상공회의소 웹인증시스템에서 지원하는 특정국 서식을 선택하여 신청할 수 있다.

4) 남북교역물품 원산지증명서

2003년 채택된 '남북 사이에 거래되는 물품의 원산지 확인절차에 관한 합의서'에 따라 북한으로 반출되는 물품에 대하여 발행하는 원산지증명서이며 한글 또는 한글과 영문을 함께 표기할 수 있고 전국 상공회의소 및 세관에서 발급된다. 반출승인을 요하는 품목에 대해서는 통일부장관의 승인을 받아야 하며, 승인받은 사항을 변경하고자 할 경우에도 마찬가지이다.

5) 제3국 원산지증명서

교토협약 원산지증명서류에 관한 부속서(D2) 제10조에 의거, 물품의 원산국으로부터 수입하여 제3국으로 수출하거나 중개무역일 경우, 물품 원산지에서 발행한 원산지증명서를 기초로 제3국에서 재발행하는 원산국 원산지증명서를 말한다. 제3국 원산지증명서 발급신청은 웹인증시스템을 이용하여 일반 원산지증명서 'Country of Origin' 항에 실제 원산지 국명(중국산인 경우 : The People's Republic of China)을 정확히 기재하여 발급받을 수 있다.

5. 보험서류

무역거래조건이 CIF나 CIP가 되면 수출업자는 반드시 보험서류를 구비해야 한다. 신용장거래에서 일반적으로 이용되고 있는 보험서류에는 보험증권 및 보험증명서가 있다.

수출업자가 매 건의 수출 시마다 적하보험계약을 체결하면 보험증권이 발급되지만, 유사한 거래를 반복할 때는 보험자와 일정기간 수출물품이 자동으로 보험계약이 체결되도록 하는 포괄보험계약이 많이 이용된다. 포괄보험계약에 따라 발급되는 포괄보험증권(open policy)은 매 건의 수출 시마다 이용될 수 없으므로 개별수출 시에는 포괄보험증권을 근거로 보험증명서(certificate of insurance)가 이용된다.[19]

19 보험중개사가 발행한 보험승낙서(cover note)는 달리 합의된 사항이 없는 한 보험서류로서 인정되지 않는다. 왜냐하면 보험중개사는 단지 보험자와 피보험자 사이에서 보험계약의 체결만을 알선할 뿐 보상능력을 갖춘 보

보험증권에 관한 내용과 신용장통일규칙의 규정사항은 이미 설명되었기 때문에 여기서는 구체적 설명을 생략하기로 한다.

6. 포장명세서

포장명세서(packing list)는 상업송장의 부속서류로서 주로 화물을 외관상 식별하기 위하여 사용되는 서류이다. 수출업자가 선적화물의 자세한 명세를 표시하여 수입업자가 수입화물을 일목요연하게 알아볼 수 있도록 한다. 따라서 포장명세서에는 포장 및 포장단위별 명세, 단위별 순중량·총중량, 화인, 일련번호 등이 기재된다.

포장명세서의 실제 기능을 살펴보면 다음과 같다.

① 수출입통관절차에서의 심사자료로 활용되고, 양륙지에서 화물의 분류·판매단계에서도 이용된다.

② 검수 또는 검량업자가 실제 화물과 대조하는 참조자료로서 이용된다.

③ 개별화물의 사고발생분에 대한 확인자료로 사용된다.

④ 선박회사와 운송계약을 체결할 때 운임산정 등의 기준이 된다.

험자가 아니기 때문이다. 그리고 법적으로도 보험중개사는 피보험자를 대리하기 때문에 이들이 발행한 서류는 당연히 보험서류로서 인정될 수 없다.

[서식 9-4] **포장명세서**

<table>
<tr><th colspan="6">PACKING LIST</th></tr>
<tr><td colspan="3">Seller</td><td colspan="3">Invoice No. and date</td></tr>
<tr><td colspan="3">Consignee(or For account & risk of Messrs.)</td><td colspan="3">Buyer(if other than consignee)</td></tr>
<tr><td colspan="3">Notify Party</td><td colspan="3" rowspan="4">⑩ Other references
Country of Origin :
Republic of Korea</td></tr>
<tr><td colspan="3">Departure date</td></tr>
<tr><td colspan="3">Vessel/flight From</td></tr>
<tr><td colspan="3">To</td></tr>
<tr><td>Shipping Marks</td><td>No.&kind of packages</td><td>Goods description</td><td>⑭ Quantity or net weight</td><td>⑮ Gross Weight</td><td>⑰ Measurement</td></tr>
<tr><td colspan="6">//</td></tr>
<tr><td colspan="3"></td><td colspan="3">⑱ Signed by</td></tr>
</table>

제5절 수출대금의 회수

수출이행의 마지막 단계는 수출업자가 수출대금을 최종적으로 회수하는 과정인데 이 과정은 대금결제방식에 따라서 차이가 난다. 수출대금의 회수과정을 신용장방식, 화환추심어음방식 및 송금방식으로 구분하여 살펴보기로 한다.

1. 신용장방식에서의 수출대금 회수

1.1 운송서류의 구비와 환어음의 발행

신용장방식에서 수출업자가 수출대금을 회수하기 위해서는 먼저 신용장상에 명시되어 있는 운송서류를 완벽하게 구비해야 한다. 신용장거래는 독립·추상성이라는 독특한 성질로 인해 모든 거래는 서류에 의해서 판단된다. 실제 선적된 화물이 어떤 상태이든 상관없이 서류만 요건에 따라 갖추게 되면 수출업자는 수출대금을 찾을 수 있고, 반면 아무리 매매계약과 일치된 화물을 선적했다 하더라도 서류가 신용장상의 구비요건과 일치하지 않으면 수출업자는 수출대금을 찾을 수 없게 된다.

신용장방식의 거래에서 보통 요구되는 운송서류는 상업송장, 선하증권(복합운송증권 등), 보험서류, 포장명세서, 원산지증명서 등이고 이 중 상업송장과 선하증권은 필수운송서류이다. 하지만 FTA 체결국가와의 거래에서는 원산지증명서류도 필수운송서류가 된다.

수출업자는 신용장상에서 요구하는 운송서류를 구비한 후 환어음을 발행하여 수출대금을 회수하게 되는데 환어음의 발행 여부는 신용장의 결제유형에 따라서 결정된다. 신용장은 결제유형에 따라 지급신용장, 연지급신용장, 인수신용장 및 매입신용장으로 구분되는데 인수신용장 및 매입신용장인 경우 환어음이 필요하고 지급신용장 및 연지급신용장인 경우에는 환어음을 필요로 하지 않는다.

유럽대륙 국가들은 보통 환어음을 사용하지 않기 때문에 우리나라가 EU 등과의 거래에서 사용하는 신용장은 대부분 지급신용장 혹은 연지급신용장이다. 이 경우 수출업자는 신용장상에서 요구하는 운송서류를 갖추어 이를 지정된 지급은행이나 연지급은행에 제시하면 수출대금을 찾을 수 있게 된다.

반면 미국, 중국, 일본 등과의 거래에서는 환어음이 사용되기 때문에 개설되는 신용장도 매입 혹은 인수신용장이고 수출업자도 운송서류를 구비한 후 환어음을 발행하여 수출대금을 회수해야 한다. 특히 이들 국가는 우리나라와의 교역량이 많은 국가들이기 때문에 아직도 무역거래에서는 환어음의 발행이 주류를 이루고 있다.

1.2 외국환거래약정의 체결

수출업자가 처음으로 외국환은행과 매입거래를 하려면 먼저 매입은행과 외국환거래약정을 체결해야 한다. 외국환거래약정은 수출업자와 매입은행 간의 계약으로서 매입에 따른 제반사항을 약정하는 것이지만 주요 약정사항은 매입은행의 담보확보와 은행의 면책사항 등이다.

현재 우리나라에서는 전국은행연합회에서 제정한 외국환거래약정서를 사용하고 있다. 이 약정서는 무역업자와 은행 간의 수출입거래, 내국신용장 발행, 내국신용장어음 매입(추심)거래에서 공통으로 사용된다.

외국환거래약정 중 수출거래와 관련된 주요 사항을 다음과 같다.

① 수출업자는 수출물품 및 관련 서류를 매입과 관련된 모든 채무를 위한 담보로서 은행에 양도한다.

② 수출업자는 매입은행의 채권보전을 위해 백지로 약속어음을 연대보증인과 공동 발행하여 매입은행에 제공한다.

③ 수출업자는 매입과 관련하여 발생하는 모든 수수료, 이자, 할인료, 지연배상금, 손해배상금 등을 부담한다.

④ 수출업자는 환어음의 지급이 이루어지지 않으면 매입대금의 상환의무를 지고 곧 매입은행에 변제한다.

1.3 운송서류의 지급 혹은 연지급

신용장의 결제유형이 지급 혹은 연지급일 경우 수출업자는 지정된 은행에 가서 운송서류를 제출하고 수출대금을 지급 혹은 연지급을 요청하게 된다. 지급신용장인 경우 신용장개설은행이 수출지역의 특정은행을 지급은행으로 지정해 두고 개설은행을 대신하여 수출대금을 지급할 것을 지시하는 것이 보통이다. 이 경우 수출업자는 지급은행에 운송서류를 제시하면 곧 수출대금을 찾을 수 있다.[20] 한편 연지급신용장인 경우 수출업자가 수출대금을 일정 기간 후 받는다고 계약을 체결했기 때문에 수출업자가 지정된 연지급은행에 운송서류를 제시하면 연지급은행은 약정된 기간 후 수출대금을 지급할 것을 약속하는 연지급약정서를 발급해 준다. 수출업자는 이 약정서를 가지고 있다가 만기일에 연자급은행으로부터 수출대금을 찾을 수 있고 혹 자금이 부족할 경우에는 만기일까지의 이자를 공제하고 수출대금을 미리 찾을 수도 있다.

1.4 운송서류의 매입 혹은 인수

신용장 결제유형이 매입 혹은 인수일 경우 수출업자는 환어음을 발행하여 운송서류와 함께 매입 혹은 인수를 요청하고 수출대금을 찾아간다. 무역거래에서 매입은 수출업자가 발행한 환어음과 운송서류를 관련 은행이 자기 자금으로 매입하는 것을 말한다. 이 과정을 수출업자의 입장에서 보면 수출대금을 지급받는 과정으로 볼 수 있지만 은행의 입장에서 보면 환어음과 운송서류를 다른 곳으로 보내어 대금을 상환받을 수 있다는 가정하에 자기 자금으로 사주는 것을 의미한다.[21]

기한부신용장일 경우 수출업자는 관련 서류와 환어음을 인수은행에 제시하고 환어음의 인수를 요구한다. 인수은행은 이미 개설은행으로부터 지시를 받았기 때문에 수출업자가 제시한 환어음상에 만기일에 지급할 것이라는 서명을 하고 환어음을 수출업자에게 돌려준다. 수출업자는 이 환어음을 가지고 있다가 만기일에 대금을 받을 수 있고 만약 자금이 핍박할 경우에는 만기일까지의 이자를 공제하고 즉시 대금을 회수할 수도 있다.

그림 9-1 운송서류 매입의 개념

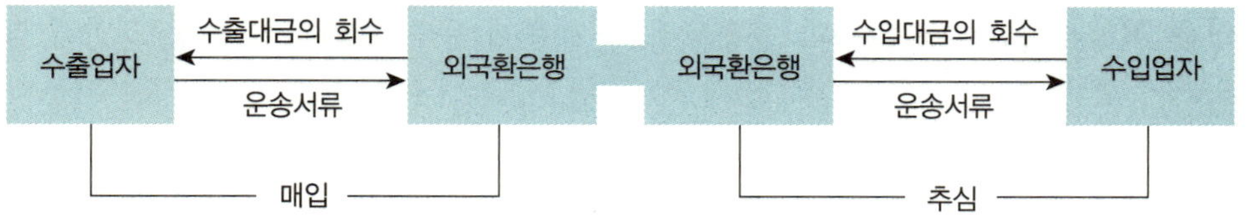

20 이론상으로는 수출업자는 운송서류를 제시하는 즉시 지급은행으로부터 수출대금을 찾을 수 있지만 실무에서는 보통 개설은행으로부터 지급지시가 올 경우 지급하므로 운송서류가 우송되고 검토하는 시일이 필요하다.

21 신용장거래에서는 개설은행이 수출대금의 지급을 확약하고 있으므로 매입은행은 환어음에 대한 실제 지급이 이루어지기 전에 미리 수출업자의 환어음을 매입하고 수출대금을 결제하는데 이를 추심 전 매입이라 한다.

매입은행은 수출업자가 제출한 환어음 및 운송서류 등이 신용장조건과 일치하는지, 운송서류 상호 간의 모순이 없는지 등의 여부를 면밀히 검토하여 매입을 결정한다. 일단 매입이 결정되면 매입은행은 신용장 뒷면에 매입일자, 매입번호, 금액, 은행명 등을 기재한 후 신용장과 함께 매입대금을 지급한다.

매입대금은 매입당일의 전신환매입률(T/T buying rate)로 환산한 원화에서 환가료, 대체료, 우편료, 전신료, 무역금융 융자액 등을 공제한 잔액이다.

전신환매매율은 환어음을 전신으로 결제할 경우 적용되는 환율로서 환어음의 결제가 1일 이내에 완료되므로 우송기간에 대한 이자가 공제되지 않는다. 외국환은행이 일반고객(수출업자)으로부터 전신환을 매입할 때 적용되는 환율이 외국환은행 대고객전신환매입률(telegraphic transfer buying rate)이며 일반고객(수입업자)에게 전신환을 매도할 때 적용하는 환율은 외국환은행 대고객전신환매도율(telegraphic transfer selling rate)이다.

환가료(exchange commission)는 환어음이 개설은행으로 우송되는 기간에 해당하는 이자를 말한다. 매입은행이 수출업자에게 매입대금을 지급하면 환어음과 운송서류가 개설은행으로 송부되어야 그 대금을 돌려받을 수 있기 때문에 매입시점과 개설은행의 지급시점 사이에는 환어음이 우송되는 기간만큼의 이자를 수출대금에서 공제한다.[22]

대체료는 수출대금을 외화로 인출할 때 매입은행에서 징수하는 수수료이다. 동종통화로 매입하면 외화매매율 차에 따른 수수료가 없기 때문에 대체료를 징수한다.

1.5 운송서류의 조건부 매입

수출업자가 매입의뢰한 운송서류상에 하자사항이 발견되면 매입은행은 원칙적으로 매입을 거절하지만 수출업자의 신용상태, 거래관계 등을 감안하여 일정 조건하에서 매입한다.

① **추심 후 매입** : 개설은행 또는 수입업자로부터 추심이 완료된 후 수출대금을 결제한다.

② **조회 후 매입** : 매입은행이 개설은행에 전신으로 서류상의 하자사항을 문의한 후 개설은행의 동의가 있을 경우 매입한다.

---

22 환가료에 적용되는 평균 운송기간은 인근지역(일본, 홍콩, 싱가포르, 말레이시아, 중국, 태국, 인도 등)은 9일, 기타 지역은 10일이다.

③ **조건변경 후 매입** : 신용장의 조건을 준비된 서류에 맞도록 변경하여 매입한다. 이 경우의 매입은 정상적인 매입이다.

④ **하자부 매입** : 하자사항에 대한 모든 책임을 수출업자가 부담한다는 일종의 보증장(letter of guarantee)을 첨부하여 매입하는 방법이다. 하자부 매입에 따른 모든 책임과 비용은 수출업자가 부담한다. 주로 신용장 유효기일이 얼마 남아 있지 않거나 자금이 급히 필요한 경우 이용된다.

2. 화환추심어음방식의 경우

화한추심어음방식(D/A 및 D/P)의 거래는 수출업자가 수입업자의 신용을 토대로 계약물품을 먼저 선적해 보내기로 하는 선수출계약서를 작성함으로써 시작되는데 구체적 실무내용을 살펴보면 다음과 같다.

2.1 수출업자의 환어음 발행

선수출계약에 따라 수출업자는 약정된 기일 내에 계약물품을 선적하고 선박회사로부터 선하증권을 입수해야 한다. 선하증권은 선수출계약서에 명시된 내용과 일치해야 하며, 만약 상업송장, 포장명세서, 원산지증명서 등과 같은 다른 운송서류의 구비가 명시되어 있으면 수출업자는 그러한 서류도 준비해야 한다. 계약서에 명시된 운송서류가 구비되면 수출업자는 환어음을 발행한다.

수출업자가 발행하는 환어음은 다음과 같은 특징을 지닌다.

첫째, 환어음상의 지급인(drawee)은 수입업자가 된다. 따라서 추심조건부 환어음은 개인어음(private bill)이 되고, 이 점이 개설은행을 지급인으로 발행되는 신용장조건부 환어음과 구분된다.

둘째, 환어음의 금액은 수출가액(물품가액)이 되는데 보통 계약서에는 '송장금액의 100%' 식으로 표시된다.

마지막으로 환어음의 만기일은 지급도방식인 경우에는 수입업자가 환어음을 일람하는 즉시 지급하는 일람출급(at sight)조건이고, 인수도방식인 경우에는 약정기일이 경과한 후 지급하는 기한부(usance)조건이다.

2.2 수출업자의 추심신청

선수출계약서에 명시된 조건에 따라 환어음을 발행하고 기타 운송서류를 구비한 수출업자는 통상적으로 자기가 거래하는 은행에 수출대금을 추심해 줄 것을 신청한다. 이에 따라 수출업자는 추심의뢰인(principal)이 되고, 추심의뢰요청을 받은 수출업자의 거래은행은 추심의뢰은행(remitting bank)이 된다.

수출업자가 추심의뢰은행에 추심을 요청할 때 은행마다 차이가 나지만 다음과 같은 서류를 제시한다.

① 외국환거래약정서

② 화환어음(운송서류) 매입(추심)신청서 : 이 신청서는 신용장거래에서 수출업자가 운송서류 매입 시에 사용하는 신청서와 함께 사용하는 경우가 많다.

③ 선수출계약서, 환어음 및 운송서류, 기타

2.3 추심의뢰은행의 추심의뢰

추심의뢰은행은 주로 수입업자가 소재하는 지역에 있는 은행을 추심은행(collecting bank)으로 선정하여 추심지시서와 함께 관련 서류를 송부하고 추심을 의뢰한다. 이때 추심의뢰은행은 추심의뢰인이 제출한 추심신청서의 내용과 제출한 운송서류가 일치하는지 등 서류를 검토해야 한다. 또한 추심의뢰은행은 추심은행에 추심을 의뢰할 때 추심지시서(collection instruction or order)를 작성하고 이를 관련 운송서류와 함께 추심은행에 송부한다. 추심의뢰은행이 추심은행으로 직접 송부할 수 있으며, 또는 다른 중개은행을 통하여 송부할 수도 있다.

2.4 추심은행의 추심완료

추심은행은 서류와 추심지시서가 도착되면 지급인에게 지체 없이 도착통지와 함께 서류를 제시하여야 한다. 그리고 추심은행은 지급인으로부터 지급받은 추심금액(해당되는 경우, 수수료, 지출금 또는 비용을 공제하고)을 추심지시서와 조건에 따라 추심지시서를 송부한 당사자에게 지체 없이 송금하여야 한다.

2.5 추심의뢰은행의 수출대금 지급

추심의뢰은행은 추심은행이 송금한 추심금액에서 추심수수료 등 관련 비용을 공제한 금액을 수출업자, 즉 추심의뢰인에게 지급한다. 추심의뢰은행의 입장에서는 추심이 완료된 것이며, 수출업자의 입장에서는 비로소 수출대금을 회수한 게 된 것이다.

신용장의 경우 개설은행이 지급을 확실히 약속하고 있기 때문에 매입은행은 개설은행으로부터 대금을 받기 전에 미리 수출업자에게 자가 자금으로 대금을 지급하는 추심 전 매입이 가능하다. 하지만 화환추심어음방식의 경우에서는 수입업자의 신용을 바탕으로 모든 거래가 이루어지기 때문에 수입업자가 추심은행에 수입대금을 지급하고 추심은행이 이 금액을 추심의뢰은행에 송금해야만 수출업자는 비로소 수출대금을 찾을 수 있는데 이런 경우를 추심 후 지급이라 한다.

3. 송금방식의 경우

3.1 사전송금방식의 경우

매매계약을 체결할 때 수입업자가 대금을 선적 전에 송금하기로 했을 경우에는 보통 수출물품의 선적이 예정되는 시기 일주일 전쯤 수출업자가 선적시기를 통보하면 수입업자가 송금을 하는 것이 관례이다. 그리고 수출업자는 수출대금의 입금을 확인한 후 관련 운송서류를 신속히 수입업자에게로 우송한다.

3.2 사후송금방식의 경우

사후송금은 수출물품 혹은 운송서류의 인도와 동시에 또는 인도 후 일정 기간 이내에 수출대금 전액을 외국환은행을 통하여 송금받는 거래이다.

수출물품과 수출대금을 서로 교환하는 거래는 주로 귀금속 등 고가품으로서 직접 물품을 검사하기 전에는 품질을 정확히 파악하기 어려운 경우 이루어진다. 이런 거래는 통상 수출업자가 수입업자 지역에 상주하는 수출업자의 지사나 대리인에게 운송서류를 우송하고, 지사나 대리인이 그 운송서류를 이용해서 화물을 찾으면 수입업자와 함께 화물을 검사한 후 수출대금을 회수하게 된다.

운송서류와 수출대금을 서로 교환하는 경우 수출업자가 운송서류를 수입지에 있는 수출업자의 지사 혹은 대리점으로 우송하면 지사 혹은 대리점이 직접 이를 수입업자에게 제시하고 수출대금을 영수한다.

만약 수출물품을 인도한 후 일정 기간 이내에 수출대금을 받기로 외상수출계약을 체결했을 경우에는 수출업자는 먼저 수출물품을 찾을 수 있는 운송서류를 수입업자에게 보내야 한다. 그런 후 약정된 기일이 도래하면 수입업자로 하여금 수출대금을 송금해 줄 것을 요구한다. 그런데 이런 외상수출거래에서는 보통 수출업자가 거래은행과 수출채권에 관한 양수도계약을 체결한 후 이루어지기 때문에 수출업자는 수출채권을 거래은행에 매각하는 경우가 많다. 그러면 수입업자는 수입대금을 약정된 채권양수은행에 입금하게 된다.[23]

23 이런 거래를 O/A(open account)방식이라 한다.

FTA

FTA 무역실무
Free Trade Agreement

10
CHAPTER

수입이행의 주요 과정

제1절 수입의 의의

1. 수입의 정의

일반적으로 수입은 외국에서 물품을 구매해 오는 것을 말하는데 대외무역법에서는 수입에 대해서 다음 각 목의 어느 하나에 해당하는 것으로 규정하고 있다(대외무역법시행령 제2조 제4호).

가. 매매, 교환, 임대차, 사용대차, 증여 등을 원인으로 외국으로부터 국내로 물품이 이동하는 것

나. 유상으로 외국에서 외국으로 물품을 인수하는 것으로서 산업통상자원부장관이 정하여 고시하는 기준에 해당하는 것

다. 비거주자가 거주자에게 산업통상자원부장관이 정하여 고시하는 방법으로 용역을 제공하는 것

라. 비거주자가 거주자에게 정보통신망을 통한 전송과 그 밖에 산업통상자원부장관이 정하여 고시하는 방법으로 전자적 형태의 무체물을 인도하는 것

위의 정의를 정리해 보면 수입은 물품의 인수, 비거주자에 의한 용역의 제공 및 전자적 형태의 무체물의 전송 등 세 가지 형태로 구분될 수 있다.

1.1 물품의 인수

오늘날의 수입은 그 범위가 종전보다 확대되어 물품의 매매나 임대차뿐만 아니라 교환, 사용대차, 증여 등도 모두 수입에 해당된다. 그리고 해외건설현장 등에서 사용하기 위해 시설, 원료, 기재 등을 외국에서 구입하여 사업현장으로 직접 송부하는 외국인수수입이나 중계무역에 의한 수입도 대외무역법상의 수입에 포함된다.

1.2 비거주자의 거주자에 대한 용역의 제공

비거주자가 거주자에게 서비스, 지적재산권 등을 제공하는 것도 수입으로 간주된다. 수입으로 인정되는 용역의 범위는 수출의 경우와 마찬가지로 대외무역법시행령(제3조)

에 따라 다음의 두 가지이다.

첫째, 다음 각 목의 어느 하나에 해당하는 업종의 사업을 영위하는 자가 제공하는 용역은 수입으로 인정된다.

가. 경영상담업

나. 법무관련 서비스업

다. 회계 및 세무관련 서비스업

라. 엔지니어링서비스업

마. 디자인

바. 컴퓨터시스템 설계 및 자문업

사. 문화산업진흥기본법 제2조 제1호에 의한 문화산업에 해당하는 업종

아. 운수업

자. 관광진흥법 제3조 제1항에 따른 관광사업에 해당하는 업종

차. 그 밖에 지식기반용역 등 수출유망산업으로서 산업통상자원부장관이 정하여 고시하는 업종

둘째, 국내의 법령 또는 대한민국이 당사자인 조약에 의하여 보호되는 특허권·실용신안권·의장권·상표권·저작권·저작인접권·프로그램저작권·반도체집적회로의 배치설계권의 양도, 전용실시권의 설정 또는 통상실시권의 허락도 용역으로 간주된다.

1.3 비거주자의 거주자에 대한 전자적 형태의 무체물의 전송

정보통신기술의 발달로 소프트웨어, 디지털방식의 정보 등 전자적 형태의 무체물을 비거주자가 거주자에게 전송하는 것도 수입에 해당된다. 전자적 형태의 무체물로 인정되는 범위는 다음 각 호의 1에 해당하는 것을 말한다(대외무역법시행령 제4조).

① 소프트웨어산업진흥법에 의한 소프트웨어

② 부호·문자·음성·음향·이미지·영상 등을 디지털방식으로 제작하거나 처리한 자료 또는 정보 등으로서 산업통상자원부장관이 정하여 고시하는 것(여기에 해당되는 것은 영화, 게임, 애니메이션, 만화, 캐릭터를 포함한 영상물, 음향·음성물, 전자서적 및 데이터베이스이다).

③ 위의 ① 및 ②의 집합체 기타 이와 유사한 전자적 형태의 무체물로서 산업통상자원부장관이 정하여 고시하는 것

2. 수입의 제한

2.1 수입품목의 제한

1) 수입승인의 의의

현행 수출입승인의 관리체계에 의하면 우리나라는 수입이 제한되는 극히 소수의 품목에 한하여 사전에 수입승인을 받아야 한다. 따라서 물품의 수입 역시 수출과 마찬가지로 원칙적으로 자유롭게 할 수 있지만 대외무역법상 수출입공고 등에서 수입을 제한하고 있는 물품을 수입하고자 할 경우에는 산업통상자원부장관의 승인을 받아야 한다.[1] 승인권한은 해당 물품을 관장하는 기관 또는 단체의 장에게 위탁되어 있다. 수입승인사항이 변경될 경우에도 수입승인기관의 장으로부터 변경승인을 얻어야 한다.

수입승인의 유효기간은 승인한 날로부터 1년이며 필요한 경우 연장된다. 그리고 유효기간 내에 해당 물품을 수입하고 이를 입증할 수 있는 수입신고필증 또는 컨테이너 반입확인서 등을 수입승인기관에 제출해야 한다.

2) 수입승인신청 시 구비서류

물품을 수입하고자 하는 자는 아래의 서류를 구비하여 수입승인기관의 장에게 제출해야 한다(대외무역관리규정 제10조).

① 수입승인신청서 4부(업체용, 세관용, 승인기관용 및 사본)

② 수입계약서 또는 물품매도확약서

③ 수입대행계약서(실수요자와 수입업자가 다른 경우)

④ 수출입공고 등에서 규정한 요건을 충족한 서류(단, 당해 승인기관에서 제한요건의 충족 여부를 확인할 수 있는 경우는 제외)

3) 수입승인의 요건

수입승인기관의 장은 수입의 승인을 하고자 할 경우에는 다음 요건에 합당한지의 여부를 확인하도록 되어 있다.

---

1 한편 우리나라는 수입을 일반수입과 외화획득용 원료·기재의 수입으로 구분하여 같은 물품이라도 외화획득을 위하여 수입할 경우에는 여러 가지 혜택을 제공하고 있다. 이에 대해서는 제10장 제5절에서 상세히 다루기로 한다.

① 수입하고자 하는 자가 승인을 얻을 수 있는 자격이 있는 자일 것
② 수입하고자 하는 물품이 수출입공고 등 및 대외무역관리규정에 의한 승인요건을 충족한 물품일 것
③ 수입하는 물품의 품목분류번호(HS)의 적용이 적정할 것

2.2 수입거래의 제한

수입의 경우도 수출거래와 마찬가지로 수입의 제한을 회피할 우려가 있는 거래, 산업보호에 지장을 초래할 경우가 있는 거래, 외국에서 외국으로 물품 등의 이동이 있고 대금결제상황의 확인이 곤란한 경우, 대금결제 없이 물품 등의 이동만 이루어지는 거래 등은 특정거래 형태로 지정되어 있다.

현재 중계무역 혹은 무환수입거래에 한해서 별도의 인정을 받아야 한다.[2]

제2절 수입대금 결제와 수입화물 입수

1. 수입대금의 결제

1.1 신용장방식의 수입대금결제

1) 외국환거래약정

신용장 결제방식으로 수입할 경우 수입업자는 개설은행(issuing bank)과 신용장거래에 따른 약정을 체결해야 한다. 현재 우리나라에서는 전국은행연합회가 작성한 외국환거래약정서가 사용되고 있는데, 인쇄된 약정서의 내용에 대해서 수입업자(개설의뢰인)가 서명 · 날인함으로써 동의하는 형식을 취한다. 신용장거래에 따른 약정내용은 주로 수입업자와 개설은행 간의 채권 및 채무관계이다.

2 이에 대한 자세한 내용은 제9장 제1절에 설명되어 있다.

2) 운송서류 심사

무역계약에 따라 신용장을 개설한 수입업자는 수입화물을 인수하기 위하여 운송서류가 도착하기를 기다린다. 운송서류는 수출지의 지급, 연지급, 인수 혹은 매입은행을 거쳐서 개설은행에 도착하게 되는데, 통상적으로 은행은 분실, 파손 등의 우려를 염려해서 운송서류를 원본과 부본으로 구분하여 개설은행에 송부한다.

개설은행은 운송서류가 도착하면 즉시 이 사실을 수입업자에게 알리고 운송서류가 신용장상의 요건과 서류상 일치하는가의 여부를 검토하여 이를 수리할 것인지 또는 거절할 것인지를 결정한다. 이때 개설은행은 운송서류가 문면상 신용장조건과 일치하는지 여부에 대해서 상당한 주의를 가지고 심사해야 한다(신용장통일규칙 제16조). 그리고 신용장에 명시되지 않은 일반조건은 신용장통일규칙에 따라 심사한다.

개설은행은 은행영업일(banking days)로 5일 이내에 수리 여부를 결정해야 하며 만약 모든 운송서류가 신용장조건과 일치하면 즉시 서류를 수리하고 매입은행에 대금을 상환해야 한다. 개설은행은 신용장의 독립·추상성에 따라 신용장조건과 일치하는 서류에 대해서는 무조건 신용장대금을 상환해야 할 의무가 있다(신용장통일규칙 제16조).

만약 운송서류를 심사한 결과 서류 상호 간에 모순이 있거나 신용장상의 요건과 일치하지 않을 경우 개설은행은 전신 또는 신속한 방법으로 운송서류의 수리거절을 매입은행에 통보해야 한다. 개설은행은 독자적 판단에 따라 운송서류의 수리 여부를 결정해야 하지만 일단 수입업자에게 운송서류를 서류상의 하자에도 불구하고 인도받을지의 여부를 문의하는 것이 바람직하다. 왜냐하면 수입업자는 시장상황에 따라 꼭 필요한 수입인 경우 서류상의 조그만 하자에도 불구하고 운송서류를 인수할 수 있기 때문이다.

일반적으로 개설은행과 수입업자는 환어음 및 운송서류에 대해서 다음과 같은 사항을 검토한다.

① 신용장에서 요구하고 있는 운송서류가 모두 제시되었는지 여부
② 신용장에서 요구하고 있는 통수대로 운송서류가 제시되었는지 여부
③ 운송서류가 신용장의 요구사항과 일치하는지 여부
④ 운송서류 상호 간에 모순이 있는지 여부
⑤ 서류 발행자의 자격이 충족되었는지 여부
⑥ 운송서류가 소정의 형식을 갖추었는지 여부
⑦ 환어음, 선하증권, 보험증권 등 유가증권의 권리가 정당하게 양도되었는지 여부

3) 수입대금 지급절차

수입업자는 운송서류가 상호 모순이 없고 신용장의 내용과 일치하면 개설은행에 수입대금을 지급하고 운송서류를 인수한다. 만약 신용장조건이 일람불이면 수입업자는 대금을 지급하는 즉시 운송서류를 인수할 수 있다. 그러나 기한부조건으로 수입한 경우에는 수입대금을 당장 지급할 필요가 없기 때문에 운송서류 인수증만 제출하고 운송서류를 인수할 수 있다. 수입업자는 환어음의 만기일에 이자를 추가하여 결제해야 한다.

그러나 수입업자가 정해진 기간 내에 운송서류를 찾아가지 않으면 개설은행은 별도의 이자를 징수한다. 예를 들어 일람불신용장일 경우 수입업자가 운송서류 도착일로부터 3일 이내에 수입대금을 결제하면 추가이자를 부담하지 않지만 4일 이후 7일 이내에 결제하면 10일간의 이자를 부담해야 한다. 그리고 수입업자가 이 기간도 초과하면 개설은행은 수입대금의 변제시점까지 외화연체이자를 징수하고 운송서류를 인도하지 않는다.

1.2 화환어음 추심방식의 수입대금결제

1) 외국환거래 약정

화환어음 추심방식으로 수입할 경우 수입업자는 운송서류를 제시하는 추심은행(collecting bank)과 외환거래가 발생하게 되므로 외국환거래약정을 체결하고 화환어음의 인도 및 지급에 관한 당사자 간의 권리와 의무를 명확히 한다.

2) 운송서류의 심사와 인수

만약 결제가 지급도조건(D/P)이면 수입업자는 추심은행이 제시하는 운송서류를 면밀히 검토하여 계약의 내용과 일치하면 수입대금을 지급하고 운송서류를 찾아간다. 그런데 인수도조건(D/A)일 경우는 수입업자는 추심은행이 제시한 화환어음상에 만기일 지급을 약속하는 인수서명을 하고 운송서류를 찾아간다.

1.3 송금방식의 수입대금결제

1) 외국환거래약정

송금방식으로 수입할 경우 수입업자는 수출업자 계정으로 수입대금을 직접 송금하고, 수출업자는 관련 운송서류를 수입업자에게 우송하므로 수입대금의 결제와 운송서류의 입수가 매우 간단하지만 수입업자는 거래은행과 외국환거래를 하게 되므로 외국환거래 약정을 체결한다.

2) 수입대금 송금 및 운송서류의 인수

선적 전 사전송금방식으로 수입계약을 체결했으면 수입업자는 약정기일 내 수출대금을 수출업자가 선적하기 전에 송금하고 운송서류를 기다린다. 보통 수출업자가 선적 예정일을 통보하면 수입업자가 수입대금을 송금한다. 그런데 사후송금방식일 경우에는 수출업자가 먼저 운송서류를 수입업자에게로 보내준다. 그리고 일정 기간 후 수입업자는 수입대금을 수출업자 앞으로 송금하게 된다.

2. 수입화물의 대도

신용장거래에서 수입업자는 개설은행에 수입대금을 지급하고 운송서류를 찾아가는 것이 일반적인데 간혹 수입대금을 지급하지 않고 나중에 지급하겠다는 각서를 쓰고 운송서류를 찾아갈 수 있다. 이 경우의 각서를 대도(trust receipt : T/R)라 한다. 대도 각서는 수입업자가 수입대금을 지급하지 않고 개설은행으로부터 운송서류를 인도받으면서 수입화물에 관하여 발생하는 일체의 손해에 대하여 자기가 책임을 지겠다고 개설은행에게 서약하는 각서를 말한다.

이는 수입업자의 자금으로 수입하는 것이 아니라 개설은행의 자금으로 수입하는 것이기 때문에 개설은행은 수입화물을 담보물로 이용하는 것이다. 그런데 수입화물이 담보로 잡혀 수입업자가 원래 목적대로 사용할 수 없으면 수입한 의미가 없어지기 때문에 개설은행은 대도와 같은 수입업자의 각서를 받고 수입화물을 처분할 수 있도록 해준다.

물론 개설은행은 대도에 의해서 수입화물에 대한 담보권을 계속 유지할 수 있다. 수입업자는 대도물품을 제3자에게 담보로 제공할 수 없으며 만약 대도물품을 매도할 경우에는 금액, 물품의 인도, 대금의 영수방법 등에 관하여 미리 은행의 동의를 받아야 한다.

우리나라의 경우 외화획득용 원료 등을 수입할 때는 신용장개설담보 없이도 신용장이 개설될 수 있다. 이 경우는 완전히 개설은행의 자금으로 수입되는 것이지만 원료가 가공되어 곧 수출될 수 있기 때문에 개설담보 없이도 수입신용장이 개설되는 것이다. 이와 같이 특수한 경우 수입업자는 수입대금을 결제하는 대신 대도를 개설은행에 제출하고 운송서류를 인수하여 원료를 수입한다.

3. 수입화물의 입수

해상운송으로 수입할 경우 수입업자는 개설은행, 추심은행 혹은 수출업자로부터 직접 받은 운송서류 중에서 선하증권의 원본(3통) 등 기타 서류를 선박회사에 제출하여 수입화물을 찾는다. 이때 선박회사는 선하증권을 받으면서 수입업자에게 화물을 인도할 것을 지시하는 화물인도지시서(delivery order : D/O)[3]를 교부하는데 수입업자는 이 지시서를 본선에 제출하고 화물을 입수하게 된다.

4. 화물선취보증서

수입항에 운송서류가 화물보다 먼저 도착하게 되면 별문제가 없지만 항해일수가 짧은 한국・일본 간, 한국・중국 간 등의 무역거래에서는 운송서류보다 수입화물이 먼저 도착하게 된다. 이렇게 되면 화물은 이미 수입항에 도착해 있는데 선하증권이 도착하지 않아서 화물을 찾을 수 없게 된다. 이런 경우 화물을 빨리 찾기 위해 수입업자는 개설은행에 화물선취보증서(letter of guarantee : L/G)의 발급을 신청하여 선하증권 대신 이 보증서를 선박회사에 제출하고 화물을 찾을 수 있다.

선박회사는 원칙적으로 선하증권의 원본을 받아야 화물을 인도하지만 공신력 있는 개설은행이 보증함으로써 선하증권 대신 화물선취보증서로 수입업자에게 화물을 인도한다. 따라서 화물선취보증서에는 선하증권 원본이 도착하면 즉시 선박회사에 제출할

3 선박회사 또는 그 대리인이 화물의 인도를 지시하기 위하여 본선의 선장 앞으로 발행하는 서류를 가리킨다. 수입업자가 은행에서 교부받은 운송서류와 기타 선적서류를 선박회사에 제시하면 적하목록이나 운임표 등이 정확한가 대조하고, 운임 도착지 지급인 경우에는 운임을 정산한 후 발급하게 된다.

[서식 10-1] 수입화물선취보증서

수입화물선취보증신청서
(Application For Letter of Guarantee)

계	결재

(☐수입물품대도(T/R) 신청 ☐EDI형 서비스 신청)

① 선박회사명(Shipping Co.)		⑥ 신용장(계약서)번호(L/C NO.) :	⑦ L/G번호(L/G NO.)
		⑧ 선하증권번호(B/L NO.)	
② 송화인(Shipper)		⑨ 선박명 (Vessel Name)	
		⑩ 도착(예정)일(Arrival Date)	
		⑪ 항해번호(Voyage No.)	
③ 상업송장금액(Invoice Value)		⑫ 선적항(Port of Loading)	
		⑬ 도착항(Port of Discharge)	
④ 화물표시 및 번호 (Nos. & Marks)	⑤ 포장수 (Packages)	⑭ 상품명세(Description of Goods)	

☐ 본인은 위 신용장의 수입물품을 대도(T/R)신청함에 있어 따로 제출한 외국환거래약정서 및 양도담보계약서의 모든 조항에 따를 것을 확약합니다.

☐ 본인은 EDI방식에 의한 수입물품선취보증서(L/G) 발급의 경우 소정의 서비스 이용료를 납부하고 본건이 발급된 후에는 변경 또는 취소가 불가능함을 확약합니다.

본인은 위 신용장 등에 의한 관계선적서류가 귀행에 도착하기 전에 수입화물을 인도받기 위해 수입화물선취보증을 신청하며 본인이 따로 제출한 수입화물선취보증서(letter of guarantee)에 귀행이 서명함에 있어 다음 사항에 따를 것을 확약합니다.

1. 귀행이 수입화물 선취보증서에 서명함으로써 발생하는 위험과 책임 및 비용은 모두 본인이 부담하겠습니다.
2. 본인은 위 수입화물에 대하여는 귀행이 소유권이 있음을 확인하며 귀행이 수입화물선취보증서에 따른 보증채무를 이행하여야 할 것이 예상될 경우 또는 본인에 대하여 은행여신거래 기본약관 제7조의 사유가 발생할 경우에는 귀행의 청구를 받는 즉시 위 수입화물을 귀행에 인도하겠으며, 수입화물의 인도가 불가능할 경우에는 위 수입물품에 상당하는 대금으로 상환하겠습니다.
3. 본인은 위 수입화물에 관한 관계선적서류를 제3자에게 담보로 제공하지 않았음을 확인하며, 또한 귀행의 서면동의 없이 이를 담보로 제공하지 않겠습니다.
4. 본인은 위 수입화물에 관한 관계선적서류가 도착할 때에는 신용장조건과의 불일치 등 어떠한 흠에도 불구하고 이들 서류를 반드시 인수하겠습니다.

200 년 월 일

신청인 ㊞
주 소
TEL.

인감 및 원본확인	

것과 화물인도에 따른 모든 책임을 부담한다는 개설은행의 약속이 담겨 있다.

수입업자가 화물선취보증서를 신청할 경우 일정수수료와 필요에 따라서는 수입보증금을 추가로 개설은행에 납부해야 한다. 특히 수입업자의 신용이 양호하지 못하거나 담보가 불충분한 경우에는 수입대금 전액을 확보해야만 개설은행이 화물선취보증서를 발급해 준다. 왜냐하면 개설은행이 일단 화물선취보증서를 발급하면 운송서류에 하자가 있더라도 일체의 클레임을 제기할 수 없고 반드시 매입은행 등 신용장거래와 관련된 은행에 상환해 줄 의무가 있기 때문이다.

제3절 수입통관

1. 수입통관의 의의

우리나라로 들어오는 모든 외국물품은 관세법에서 규정하고 있는 일련의 수입통관절차를 거쳐야 한다. 수입통관은 수입신고를 받은 세관장이 신고사항을 확인하여 관세법 및 기타 법령에 따라 적법하고 정당하게 이루어진 경우에 신고인에게 수입을 허용하는 일련의 과정을 말한다.

수입통관을 의무화하는 것은 서류 위주로 거래되는 국제무역의 특수성을 악용하여 서류상의 물품과 다른 물품을 수입하는 위장 수입을 방지하고, 수입물품에 대한 허가, 승인, 표시, 수입요건 구비여부 등을 확인하여 불법으로 수입되는 것을 차단하며, 그리고 수입물품에 대해 적절한 관세를 부과 · 징수하여 관세수입을 확보하기 위해서이다.

외국물품은 일반적으로 수입물품을 의미하지만 관세법(관세법 제2조 제4항)에서 의미하는 외국물품은 첫째, 외국으로부터 우리나라에 도착된 물품(외국의 선박 등이 공해에서 채집하거나 포획한 수산물 등을 포함한다)으로서 수입신고가 수리되기 전의 것, 수출신고가 수리된 물품을 의미한다. 이러한 외국물품은 수입통관절차를 필해야만 내국물품이 되어 국내로 들어 올 수 있다.

일반적인 수입통관은 수입신고, 수입신고서류심사 및 물품검사, 수입신고수리, 수입신고필증 교부 등의 절차로 이루어지는데 우리나라는 1996년부터 전자문서교환(EDI) 수입통관자동화시스템을 운영하여 수입통관절차가 매우 간소화되었다. 수입신고인은 원칙적으로 EDI 방식 또는 인터넷에 의한 무서류 수입신고를 하고, 수입신고가 수리되면 수입신고인의 사무실에서 전자적으로 날인된 수입신고필증을 받아볼 수 있도록 되어 있다.

그리고 수입화물 선별검사시스템(cargo selectivity system : C/S)을 도입하여 전체 수입화물 모두를 검사하지 않고 C/S를 통해 미리 등록된 기준에 따라 우범가능성이 높다고 예상되는 물품만을 골라 집중적으로 검사하고 있다. 이로 인해 세관수입 물품에 대해 시행하고 있는 현품검사의 효율성을 높여 세관통관을 신속히 마칠 수 있다.

우리나라의 통관제도는 수출입신고제이므로 통관절차와 과세절차가 분리되어 있다. 관세 등을 사전 납부했을 경우에는 수입신고필증이 교부되면 즉시 물품을 반출할 수 있고, 사후납부요건에 해당될 경우 납세의무자는 원칙적으로 수입신고수리 후 15일 이내에 관세 및 내국세를 납부하면 된다.

2. 수입통관의 준비

2.1 적하목록 제출

선박회사 또는 항공사는 수입화물을 적재한 선박이 도착항에 입항하기 24시간 전까지, 항공수입인 경우에는 항공기가 착륙하기 2시간 전까지 입항예정지 세관장에게 수입화물에 대한 적하목록(manifest)을 제출해야 한다. 적하목록은 선박, 항공기 등 운송수단에 적재된 화물의 총괄목록이며 선박회사, 항공사 또는 운송주선업자가 발행한다. 세관은 적하목록 기재사항의 누락 여부, 세관의 특별감시가 필요한 우범성 화물에 해당하는지 등의 요건을 심사한 후 이 적하목록을 토대로 하역, 운송, 보관, 통관별로 수입화물을 총괄관리한다.

2.2 수입화물 하역

수입화물을 적재한 선박(항공기)이 입항하면 운항선사는 선하증권단위의 적하목록을 기준으로 하선장소를 정하여 세관장에게 하선신고서를 제출해야 한다. 하선장소는 컨테이너 화물인 경우는 부두 내 또는 부두 밖의 CY(container yard)이며 벌크 화물의 경우는 부두 내이다. 그리고 액체, 분말 등 특수저장시설로 직송되는 물품은 해당 저장시설에 하선한다. 수입물품이 하역되면 선박회사, 검수업자, 하역업자가 공동으로 물품검수를 실시하고, 적하목록과 상이한 것이 있으면 이를 세관장에게 보고해야 한다.

2.3 부두 직통관

수출입화물은 공항 또는 항만에서 하역과 동시에 생산공장까지 직접 반출하는 것이 가장 효율적이기 때문에 미국, 일본, 유럽 등 선진국에서는 입항된 화물이 하역과 동시에 부두 내에서 직통관처리되도록 물류시스템을 선진화하여 운영하고 있다. 반면 우리나라의 주요 항만은 하역기능 위주로 운영되어 통관을 부두 밖에서 하는 관행으로 수입화물은 일단 부두 밖 야적장이나 보세창고로 옮겨진 후 통관됨에 따라 시간, 비용 등이 많이 소요되어 왔다.

이에 화주가 부두 직반출(직통관 및 보세운송)을 희망할 경우 물품의 하선장소를 부두 내로 제한하여 즉시 처리하는 부두 직통관제도를 도입·시행하고 있다. 부두 직반출 대상화물은 입항 전 신고(수입신고, 보세운송신고)물품과 입항 후에 신고하더라도 부두 내 장치 후 직반출을 희망하는 물품 모두이다.

3. 보세구역장치 및 보세운송

3.1 보세구역의 의의

보세제도는 관세징수권을 확보하여 통관질서를 확립하고, 통관업무를 효율적으로 수행하기 위해 수입신고가 수리되기 전의 외국물품을 세관장의 관리하에 두는 제도를 말한다. 보세제도는 보세구역제도와 보세운송제도 두 가지로 구분된다.

보세구역은 보세화물을 반입, 장치, 가공, 건설, 전시 또는 판매하는 구역을 말하는데 지정보세구역, 특허보세구역 및 종합보세구역으로 구분된다(관세법 제154조).

1) 지정보세구역

지정보세구역은 세관에서 직접 관리하는 보세구역을 말하는데 지정장치장 및 세관검사장으로 구분된다. 지정장치장은 통관을 하고자 하는 물품을 일시 장치하기 위한 장소로서 세관장이 지정하는 구역이며 장치기간은 통상 6개월 이내이다.

세관검사장은 통관을 하고자 하는 물품을 검사하기 위한 장소이다. 세관검사장에 반입되는 물품의 채취·운반 등에 필요한 비용은 화주가 부담한다.

2) 특허보세구역

특허보세구역은 세관장의 특허를 받아 개인이 운영하는 보세구역을 의미한다. 특허보세구역은 보세창고, 보세공장, 보세전시장, 보세건설장 및 보세판매장으로 구분된다.

3) 종합보세구역

종합보세구역은 보세창고, 보세공장, 보세전시장, 보세건설장 또는 보세판매장의 기능 중 둘 이상의 기능(종합보세기능)을 종합적으로 수행할 수 있는 구역을 말한다. 종합보세구역은 주로 외국인투자지역, 산업단지, 공동집배송단지, 물류단지, 유통단지, 기타 종합보세구역으로 지정됨으로써 외국인투자촉진·수출증대 또는 물류촉진 등의 효과가 있을 것으로 예상되는 지역 중에서 무역진흥에의 기여 정도나 외국물품의 반입·반출물량 등을 고려하여 관세청장이 지정한다.

3.2 보세구역장치

수입화물이 본선으로부터 하역되면 보세구역에 장치하는 것이 원칙이다. 그러나 다음의 경우 보세구역이 아닌 장소에 장치할 수 있는데 이를 타소장치라 한다(관세법 제155조 제1항).

① 수입신고가 수리된 물품
② 거대중량 기타의 사유로 보세구역에 장치하기 곤란하거나 부적당한 물품
③ 재해 또는 부득이한 사유로서 임시장치한 물품
④ 검역물품, 압수물품, 우편물품

3.3 보세운송

보세운송은 세관장에게 신고한 후 외국물품을 국내의 보세구역 간에 이동하는 것을 말한다. 보세운송구간은 개항, 보세구역, 타소장치의 허가를 받은 장소, 세관관서, 통관역, 통관장 및 통관우체국이다. 통관역은 국외와 연결하며 국경에서 근접한 일반수송용 철도역 중에서 관세청장이 지정하는 곳을 말하고, 통관장은 관세통로에 근접한 장

소 중에서 세관장이 지정한 곳이다.

만약 수입업자가 내륙에 위치한 자신의 공장에 수입화물을 장치하고 관할세관에서 통관하기를 원하면 항만에서 내륙공장까지 수입화물의 보세운송이 허용된다. 보세운송을 하려면 화주, 보세운송업자, 관세사 등 보세운송신고인은 원칙적으로 세관에 적하목록을 제출하고 당해 물품이 하역된 이후 보세운송신고서에 적하목록 사본을 첨부하여 보세운송신고를 해야 한다. 그러나 재보세운송하는 물품, 검역물품, 위험물품, 불법수출입방지를 위하여 세관장이 지정한 물품 등은 세관장으로부터 승인을 받아야 한다(관세법 제226조 제3항).

4. 수입신고

4.1 수입신고의 의의

물품을 수입하고자 하는 당해 물품의 품명, 규격, 수량, 가격 등을 세관장에게 무서류방식으로 신고해야 한다. 수입업자는 수입신고를 함으로써 비로소 물품을 수입하려는 의사를 공식적으로 표현하게 되며 수입신고를 하는 시점에서 수입과 관련된 적용법령, 과세물건, 납세의무자 등이 확정된다.

수입신고는 화주, 관세사, 관세사법인 또는 통관취급법인의 명의로 해야 한다. 그리고 수입신고 시에는 세관이 수입물품에 대하여 적정한 관세를 부과하여 징수할 수 있도록 수입신고서에 선하증권 또는 항공화물운송장 사본, 원산지증명서(해당 물품에 한함), 기타 필요한 승인서류 등을 세관에 제출해야 한다.

4.2 수입신고의 시기

수입신고는 원칙적으로 수입물품을 적재한 선박 또는 항공기가 입항한 후에 할 수 있지만 신속한 통관을 위하여 선박 또는 항공기가 입항하기 전에도 가능하다. 현행 수입신고는 수입신고시기에 따라 [그림 10-1]에서와 같이 출항 전 수입신고, 입항 전 수입신고, 입항 후 보세구역 도착 전 수입신고 및 보세구역장치 후 수입신고의 4가지 유형으로 구분된다.

그림 10-1 수입신고의 시기에 의한 수입신고유형

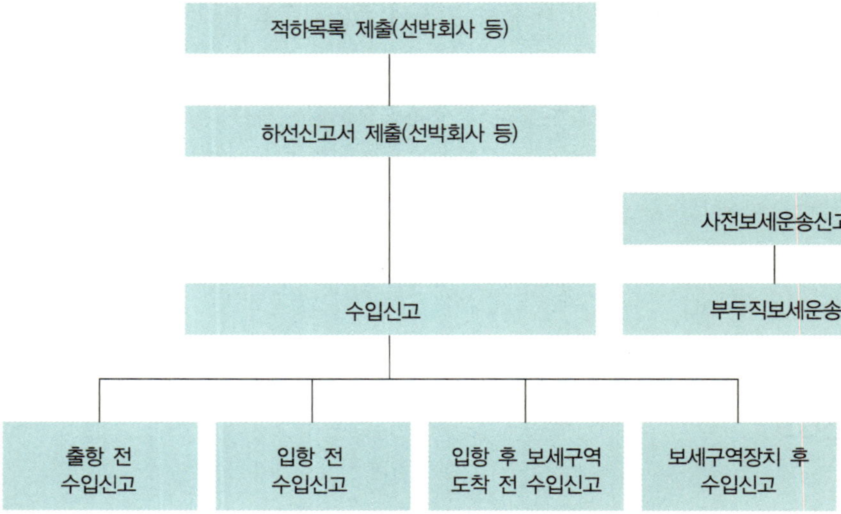

1) 출항 전 수입신고

항공기로 수입되는 경우 또는 일본, 대만, 홍콩, 중국 등에서 선박으로 수입되는 경우에는 출항 후 입항하기까지 시간이 너무 짧기 때문에 출항 후 수입신고하는 것이 곤란하다.

이런 경우 선박 또는 항공기가 물품을 적재한 항구 또는 공항에서 출항하기 전에 수입신고가 가능하다. 컨테이너 화물은 한 컨테이너에 동일 화주의 화물만 적재된 FCL 화물인 경우에 한한다.

2) 입항 전 수입신고

입항 전 수입신고는 수입물품을 선(기)적한 선박 또는 항공기가 물품을 적재한 항구 또는 공항에서 출항한 후 하선신고 시점을 기준으로 도착지에 입항하기 전에 수입신고하는 것을 말한다. 컨테이너 화물은 FCL 화물인 경우에 한하여 입항 전 수입신고가 가능하지만 신고대상에는 제한이 없다.

3) 입항 후 보세구역 도착 전 수입신고

입항 후 보세구역 도착 전 수입신고는 수입물품을 적재한 선박 또는 항공기가 입항하여 하역신고한 후 해당 물품이 반입될 보세구역(타소장치장 포함)에 도착하기 전 수입신고하는 것을 말한다. 입항 후 보세구역 도착 전 신고대상에는 제한이 없다.

4) 보세구역장치 후 수입신고

보세구역장치 후 수입신고는 수입물품을 보세구역에 장치한 후 관할세관에 수입신고하는 것을 말한다. 신고대상업체 및 대상물품에는 아무런 제한이 없다.

5. 물품검사

수입신고가 완료되면 세관에서는 신고서의 형식적 요건과 법률적 수입요건, 신고 시 제출서류 여부 등만 확인하고 수입신고를 수리하는 것이 원칙이다. 그러나 세관 직원이 수입신고서와 제출서류만으로는 각종 표시, 용도, 기능 등을 확인할 수 없거나, 신고된 물품 이외에 은닉된 물품이 있는지 여부, 수입신고사항과 현품이 일치하는지 여부 등의 확인이 필요한 경우에는 수입물품을 직접 확인하는 경우가 있는데 이를 물품검사라 한다.

물품검사대상은 다음과 같다.

① 서류심사만으로 신고사항을 확인하기 곤란한 물품
② 수입화물선별검사(C/S)시스템에 의해 선별된 물품
③ 통관심사과정에서 현품의 확인이 필요하다고 인정하는 물품

수입신고를 한 물품이 검사대상으로 선정되면 수입자는 수입물품을 세관에서 검사할 수 있는 장소로 반입하여야 하는데 검사장소는 선박 내, 부두 내 검사장소, 입항지 보세창고, 일반 보세창고 등인데 수입물품 및 수입신고시기에 따라 달라진다.

출항 전 신고 및 입항 전 신고물품으로서 곡물, 원유, 광물 등 선상에서 검사가 가능하다고 세관장이 인정하는 물품은 선상에 적재한 상태로 검사가 가능하고, 출항 전, 입항 전 신고한 컨테이너 물품으로서 부두 직통관지역으로 반입된 물품의 검사장소는 부두 내이다. 그리고 출항 전, 입항 전 신고물품 중 검사대상으로 선정된 물품의 검사장소는 입항지 보세창고이며 수입물품이 장치된 일반 보세창고도 검사장소로 이용된다.

6. 수입신고수리

세관장은 수입신고가 관세법의 규정에 따라 적법하고 정당하게 이루어진 경우 수입신고를 지체 없이 수리하고 수입신고인에게 수입신고필증을 교부해야 한다.

수입신고인은 수입신고가 수리된 후 운송기관, 관세통로 또는 장치장소로부터 물품을 반출할 수 있다. 그러나 납부해야 할 관세 등에 상당한 담보를 제공하고 세관장으로부터 반출 승인을 얻은 경우에는 수입신고수리 전에도 수입물품을 반출할 수 있다.

현행 수입신고제하에서는 수입신고수리 후 관세를 납부하는 사후납부제도이므로 수입업자는 수입신고가 수리된 날로부터 15일 이내에 관세 등 수입세금을 국고수납은행 또는 우체국에 납부해야 한다. 사후납부는 신용담보 또는 포괄담보업체로서 담보면제된 경우와 각 신고건별로 개별담보를 제공한 경우에 해당된다.

참고로 수입신고시기에 따른 수입통관절차를 요약·구분해 보면 [표 10-1]과 같다.

표 10-1 | 수입신고시기에 의한 수입통관절차 구분

구분	출항 전 신고	입항 전 신고	입항 후 보세구역 도착 전 신고	보세구역장치 후 신고
신고시기	우리나라 입항 5일 전(항공기는 1일 전)으로 물품을 적재한 선박(항공기)이 적재항 출항 전	우리나라 입항 5일 전(항공기는 1일 전)으로 선박(항공기) 출항 후 입항(하선[기] 신고)전	입항 후 당해 물품이 반입될 보세구역 도착 전	당해 물품의 보세구역 장치 후
신고대상 제한	항공기로 수입되는 물품과 일본, 중국, 대만, 홍콩으로부터 선박으로 수입되는 물품	제한 없음	제한 없음	제한 없음
신고세관	입항예정지 세관		도착예정 보세구역 관할세관	장치물품 보세구역 관할세관
검사대상 통보시기	선박(항공기)이 출항하였음을 입증하는 자료를 제출하는 시점	수입신고일	수입신고일	수입신고일
검사생략 물품의 신고 수리시기	적하목록 제출 후		보세구역 도착보고 후	수입신고 후
검사대상 물품의 신고 수리시기	검사 후	검사 후	검사 후	검사 후

7. 수입신고의 취하와 각하

수입신고의 취하는 신고인의 요청에 따라 수입신고사항을 취소하는 것을 말한다. 수입신고는 정당한 사유가 있는 경우에 한하여 세관장의 승인을 얻어 취하할 수 있다. 그러나 운수기관, 관세통로 또는 관세법에서 규정된 장치장소에서 물품을 반출한 후에는 취하하지 못한다(관세법 제250조 제1항).

반면 수입신고의 각하는 세관장이 직권으로 해당 수입신고를 거절하거나 취소하는 것을 말하는데, 만약 수입신고 시 요건을 갖추지 못하였거나 기타 부정한 방법으로 수입신고한 경우 세관장은 수입신고를 각하할 수 있다(관세법 제250조 제3항).

제4절 관세의 확정과 납부

1. 관세의 의의

관세(customs, customs duties, tariff)는 일국의 관세선(관세영역)을 통과하는 물품에 대해서 부과하는 조세를 말한다. 관세선은 대부분 정치적 국경과 일치하지만 그렇지 않은 경우도 있다. 예를 들어 자유무역지대는 한 나라의 영역에 설치되어 있지만 관세제도상 다른 나라와 동일하게 다루어지는 영역이며 반대로 다른 나라에 설치된 보세구역은 자국과 다름이 없다.

관세는 조세의 일종이기 때문에 조세법률주의에 따라 원칙적으로 국회의 의결을 얻은 법률이나 이와 동일한 효력을 지니는 국제조약에 의해서 부과된다. 그러나 관세는 그 성질상 국내외 경제여건의 변동에 따라 신속한 조치를 취할 필요가 있기 때문에 대통령령이나 부령 등의 명령에 위임되는 경우가 많다.

그리고 관세는 관세영역을 출입하는 모든 물품에 부과된다. 즉 외국으로부터 자국에 물품이 들어올 경우에는 수입관세, 자국의 물품이 외국으로 나갈 경우에는 수출관세가 부과되는데 대부분의 국가들은 수출을 장려할 목적으로 수출관세를 부과하지 않는다.

한편 관세를 부과하는 목적은 크게 국가 재정수입의 확보와 국내 산업의 보호에 있다. 국내 산업이 거의 없어 주로 수입에 의존할 경우 또는 국내 산업이 이미 확립되어 있어 더 이상 보호할 필요가 없을 경우에는 주로 재정수입을 목적으로 한 재정관세(revenue tariff)가 부과된다. 일반적으로 후진국일수록 재정관세가 많아 총 조세수입에서 관세가 차지하는 비중이 높다.

그리고 국내 산업을 보호할 목적으로 부과되는 관세를 보호관세(protective tariff)라 하는데 주로 유치산업을 보호할 때 이 관세가 부과된다. 수입물품에 일정 관세가 부과되면 수입이 억제되므로 그만큼 국내 상품의 소비가 촉진되어 국내 산업이 보호될 수 있다.

2. 관세의 종류

2.1 종가세 · 종량세 · 선택세

관세는 과세방법에 따라 수입물품(과세물건)의 가격을 기준으로 부과되는 종가세, 수량을 기준으로 부과되는 종량세, 그리고 종가세와 종량세 중 높은 세액을 선택해서 적용하는 선택세 등이 있다.

1) 종가세

종가세(ad valorem duties)는 수입물품의 가격을 과세기준으로 하여 산정된 세액이다. 즉 물품의 가격이 과세표준이 되고 여기에 관세율이 곱해져 관세금액이 산정된다.

수입물품의 실제가격× 관세율(%) = 종가세액

종가세는 수입되는 물품의 실제가격에 비례해서 산정되므로 상품별로 균등하고 공평하게 부과될 수 있다. 그러나 과세가격의 기준을 정하고 실제가격을 확인하는 데 시간과 비용이 많이 드는 단점이 있다.

현재 우리나라는 대부분 종가세이며 종량세대상품목은 영화용 필름(HS 3706.10), 비디오테이프(HS 8524.23) 등 몇 개 되지 않는다.

2) 종량세

종량세(specific duties)는 수입물품의 수량을 기준으로 부과되는 관세이다. 과세물건의 개수, 중량, 길이, 용적 등이 과세표준이 되고 여기에 단위 수량단위당 세액이 곱해져 관세금액이 산출된다.

과세물건의 수량 × 수량단위당 세액 = 종량세액

종량세는 수입물품의 수량에 의해서 산정되므로 모든 관세금액이 상품의 가격에 상관없이 간단명료하게 산정될 수 있는 장점이 있으며 대량으로 수입되는 저가물품에 적용할 경우 관세효과가 크다. 그러나 종량세는 수입물품의 가격을 반영하지 못하므로 공평한 과세가 되지 못한다.

3) 선택세

선택세는 한 품목에 대해서 종가세와 종량세를 동시에 적용하여 그 중 높은 것을 관세로 확정하는 방법이다. 관세를 높게 부과하는 것이 목적이라면 고가품이거나 시세가 상승하는 품목에 대해서는 종가세를 적용하고, 저가품이나 시세가 하락하는 상품에는 종량세를 적용한다. 그 반대일 경우에는 고가상품에 종량세, 저가상품에는 종가세를 적용한다.

현행 선택세율대상품목은 밤(HS 0802.20), 은행(HS 0802.90), 대추(HS 0810.90) 등이 있다.

2.2 국정관세 · 협정관세

1) 국정관세

국정관세(national tariff)는 한 나라가 자국의 법령에 의하여 자주적으로 부과하는 기본관세를 말한다. 국정관세는 외국으로부터 아무런 제약을 받지 않고 관세주권에 의해 오직 자국의 경제, 사회정책의 목적으로 부과된다.

우리나라의 국정관세에는 기본관세, 잠정관세, 탄력관세, 환급에 갈음하는 관세 등이 있다.

2) 협정관세

협정관세(conventional tariff)는 국가 간의 관세협정에 의해 결정되는 관세를 말한다. 관세협정은 주로 국제무역을 증진하기 위해 국정관세율을 인하하거나 더 인상하지 않을 것을 양허하는 협정이기 때문에 협정관세율은 국정관세율보다 일반적으로 저율이다. 현재 우리나라의 경우 협정관세는 FTA 협정관세와 그 밖의 협정관세로 구분될 수 있다.

FTA 협정관세는 우리나라와 FTA 협정을 체결한 국가 간의 무역거래에 적용되는 관세인데 체결국가에 따라 협정내용은 다르다.

그 밖의 협정관세로는 WTO 협정 일반양허관세, WTO 협정 개발도상국 간 양허관세, ESCAP 개발도상국가 간 무역협정에 의한 양허관세, UNCTAD 개발도상국가 간 특혜무역제도(GSTP)에 의한 양허관세 등이 있다.

3. 세율조정관세

3.1 세율조정관세의 의의

관세는 조세법률주의에 따라 국회의 의결을 거쳐서 결정 또는 변경되는 것이 원칙이다. 그러나 국내외 경제상황의 변동에 신속히 대응하여 국내 산업을 보호하고 국민경제를 안정시키기 위해 일정 범위 내에서 관세율의 인상 또는 인하를 행정부에 위임하고 있는데 이를 세율조정관세 혹은 탄력관세라 한다.

탄력관세는 법률의 경직성으로부터 벗어나고 국내외 여건에 유동성 있게 대처하도록 입법부권한의 일부를 사전에 정해진 법률에 의해 행정부에 위임한 관세이다. 따라서 행정부는 반드시 관세법에서 정해진 범위 내에서 세율조정관세를 발동하고 세율을 변경시켜야 한다.

일반적으로 세율조정관세가 발동되는 경우는 다음과 같다.

첫째, 국내 산업을 보호하기 위해서 또는 국제수지의 악화를 방지하기 위해서 특정물품의 수입을 긴급히 억제할 필요가 있을 경우

둘째, 국내공급이 부족하여 국내가격이 폭등하는 경우 이를 안정시키기 위해 특정물품의 수입을 긴급히 증가시킬 필요가 있을 경우

셋째, 산업구조의 급격한 변동으로 품목 간의 세율을 조정할 필요가 있을 경우 등

3.2 세율조정관세의 종류

1) 덤핑방지관세

덤핑방지관세(anti-dumping duties)는 외국물품이 덤핑으로 수입되어 일반관세로는 도저히 국내 산업을 보호하지 못할 경우 덤핑의 효과를 상쇄시키기 위해 정상가격과 덤핑가격의 차액을 일반관세에 추가하여 부과하는 관세를 말한다. 이 관세의 주요 목적은 정상 이하로 수입되는 물품의 가격을 정상가격으로 인상시켜 수입을 긴급히 억제하기 위해서이다.

덤핑방지관세는 1904년 캐나다에서 처음 실시되었는데 오늘날에는 세계 모든 국가들이 국내 산업을 보호하기 위해 이 관세를 이용하고 있다. 우리나라 관세법(제51조)에서도 정상가격 이하로 수입되는 물품으로 인하여 국내 산업이 실질적인 피해를 볼 경우 덤핑방지관세를 발동하여 국내 산업을 보호하도록 규정하고 있다. 특히 덤핑방지관세의 부과대상 및 세율 등을 기획재정부령으로 정하도록 함으로써 국내 산업피해가 신속히 구제되도록 하고 있다.

2) 상계관세

상계관세(countervailing duties)는 수출국 정부로부터 수출보조금을 받은 물품이 낮은 가격으로 대량수입되는 것을 막기 위해 보조금만큼을 관세로 부과시켜 수출국 정부의 지원효과를 상쇄시키는 제도를 말한다. 후진국, 개발도상국 등에서는 자국의 수출산업을 장려하기 위해 여러 가지 수출지원정책을 실시하고 있는데 만약 정부로부터 보조금을 받게 되면 수출업자는 그만큼 수출가격을 낮출 수 있어 해외시장진출이 용이하다. 그러나 수입국의 입장에서는 국내시장교란이 발생하고 국내 산업이 피해를 볼 수 있으므로 수출보조금만큼 관세를 부과하여 수입가격을 정상가격으로 인상시켜 수입을 억제한다.

우리나라는 직접·간접으로 수출보조금 등을 받은 물품의 수입으로 국내 산업이 실질적으로 피해를 받고 이를 보호할 필요가 있을 때는 기획재정부령으로 해당 물품과 수출업자 또는 수출국을 지정하여 상계관세를 추가로 부과할 수 있다(관세법 제57조). 그리고 보조금 등을 받은 물품의 수입으로 실질적인 피해를 입은 자는 증빙서류를 첨부하여 무역위원회에 상계관세의 부과를 요청해야 한다. 피해조사기간 동안에는 잠정상계관세가 부과될 수 있다.

3) 보복관세

보복관세는 자국의 수출품에 대해서 상대방 국가가 부당하게 고율의 관세를 부과하거나 자국의 선박, 항공기 등에 대해서도 불리한 취급을 하는 경우 상대방 국가의 물품, 선박, 항공기 등에 대해서도 똑같이 불리한 대우를 하기 위해 부과하는 관세를 말한다.

이러한 보복관세는 상대방 국가로부터 관세보복을 유발시켜 결국에는 양국 간의 관세전쟁이 일어날 가능성이 있기 때문에 각국에서는 보복관세를 좀처럼 발동하지 않는다. 단지 보복관세제도를 채택하고 있다는 자체만으로 상대방의 편파적 조치를 사전에 막을 수 있는 효과가 있다.

우리나라의 관세법에서는 교역상대국이 우리나라 수출물품 등에 대해 부당한 조치를 취할 경우 그 나라로부터 수입되는 물품에 대하여 피해상당액의 범위 내에서 관세를 부과하도록 규정하고 있다. 보복관세를 부과할 때는 관련 국제기구 또는 당사국과 미리 협의할 수 있으며, 보복관세의 대상 국가, 물품, 수량, 세율 및 적용시한은 대통령령으로 정한다(관세법 제63조).

4) 긴급관세

긴급관세는 특정물품의 수입에 대한 긴급대응조치로서 추가로 부과되는 관세를 말한다. 특정물품의 수입증가로 인하여 동종물품 또는 직접적인 경쟁관계가 있는 물품을 생산하는 국내 산업이 심각한 피해를 볼 경우 이를 구제하기 위한 긴급관세가 발동될 수 있다(관세법 제65조).

일국이 일방적으로 긴급관세를 발동하면 상대국도 이에 대한 보복적인 긴급관세를 부과할 수 있으므로 이러한 조치는 필요한 범위 내에서만 시행되어야 한다. 우리나라의 경우 긴급관세는 무역위원회의 긴급관세 부과건의가 있는 경우에 해당 국내산업의 보호 필요성, 국제통상관계, 긴급관세부과에 따른 보상수준, 국민경제 전반에 미치는 필요성 등을 검토하여 부과 여부 및 그 내용이 결정된다. 피해조사기간 동안에는 필요에 따라 잠정긴급관세가 부과될 수 있다.

5) 농림축산물에 대한 특별긴급관세

이 관세는 우리나라가 우루과이협상에서 양허한 농림축산물의 수입물량이 급증하거나, 국제가격이 하락하는 경우 당초 양허한 세율을 초과하여 관세를 부과할 수 있는 특별긴급관세이다. 이는 저가 농림축산물의 수입이 일시적으로 급증하여 우리나라 농어가의 피해가 예상될 때 이를 방지하기 위해 외국산 농림축산물에 대해서 특별히 긴급관세를 부과하는 것이다.

관세협정에 의해서 국내외 가격차에 상당한 율로 양허한 농림축산물의 수입물량이 급증하거나 수입가격이 하락할 경우에는 대통령령이 정하는 바에 따라 양허한 세율을 초과하여 관세를 부과할 수 있다. 특별긴급관세의 적용대상, 품목, 세율, 적용시한, 수량 등은 기획재정부령으로 정한다(관세법 제68조).

6) 조정관세

조정관세는 수입자유화정책에 따라 무분별하게 수입되는 것을 방지하기 위해 부과되는 관세이다. 우리나라는 다음의 경우 100분의 100에서 해당 물품의 기본세율을 뺀 율을 기본세율에 가산한 율의 범위 안에서 관세를 부과할 수 있다(관세법 제69조).

① 산업구조의 변동 등으로 물품 간의 세율이 현저히 불균형하여 이를 시정할 필요가 있는 경우
② 국민보건, 환경보전, 소비자보호 등을 위하여 필요한 경우
③ 국내에서 개발된 물품 중 일정 기간 보호가 필요한 경우
④ 농림축산물 등 국제경쟁력이 취약한 물품의 수입증가로 국내 시장이 교란되거나 산업기반을 붕괴시킬 우려가 있어 이를 시정 또는 방지할 필요가 있는 경우

7) 할당관세

할당관세(tariff quota)는 일정 수입수량을 정해 놓고 그 범위 내에서 수입될 때에는 낮은 세율을 적용하고, 수입수량을 초과하여 수입될 때에는 높은 세율을 적용하는 제도를 말한다. 즉, 할당관세는 수량제한(quota)과 관세를 동시에 사용하여 수입을 조절하는 것이다.

따라서 물자수급을 원활히 하기 위해 특정물품을 수입할 필요가 있을 경우에는 일정 수량까지 수입되는 분에 대해서는 기본세율에서 과세가격의 100분의 40의 범위의 율을 감한 율의 범위 안에서 관세를 부과한다. 그러나 특정물품의 수입을 억제할 필요가 있는 분에 대해서는 기본세율에 과세가격의 100분의 40의 범위의 율을 가산한 율의 범위 내에서 관세를 부과할 수 있다(관세법 제71조).

8) 계절관세

계절관세는 계절에 따라 가격차이가 심한 농산물, 자연산품 등의 가격과 수입량을 계절적으로 조절하여 연중 안정적으로 가격을 유지하기 위한 제도이다. 즉 특정물품이 부족하여 국내가격이 상승하는 계절에는 해당 물품의 세율을 낮추어 수입을 증가시키고, 반대로 특정물품이 남아돌아 국내 가격이 하락하는 계절에는 세율을 인상시켜 수입을 억제시킨다.

현행 관세법(제72조)에 의하면 가격이 계절에 따라 현저하게 차이가 있는 물품으로서 동종물품, 유사물품 또는 대체물품의 수입으로 국내시장이 교란되거나 생산기반이 붕괴될 우려가 있는 경우에는 계절구분에 따라 해당 물품의 국내외 가격차에 상당한 율의 범위 안에서 기본세율보다 높게 관세를 부과하거나 100분의 40의 범위의 율을 기본세율에서 빼고 관세를 부과할 수 있다.

9) 국제협력관세

관세는 궁극적으로 국가 간의 무역을 저해하는 요인이 될 수 있기 때문에 국가나 국제기구는 가능한 한 세율을 인하시키려고 관세협정을 체결한다. 그리고 사안에 따라서 필요할 경우에는 특정 국가들 간에 한시적으로 일정 품목에 대해 관세를 인하하는 협상을 벌이는 경우도 있다.

이와 같이 국제적인 관세협력을 위해 제정된 관세가 국제협력관세이다. 즉 국제협력관세는 우리나라 정부가 대외무역을 증진시키기 위해 특정국가 혹은 국제기구와 관세협상을 할 경우 기존의 세율을 인하할 수 있도록 제정된 관세를 말한다. 따라서 정부는 관세협상 시 필요하다고 인정되면 국제협력관세를 발동할 수 있다. 그러나 기본관세율의 100분의 50의 범위를 초과하여 관세를 양허할 수는 없다(관세법 제73조).

10) 편익관세

정치적·경제적 유대관계를 두텁게 하기 위해 지금까지 조약에 의한 관세혜택을 받지 않은 나라로부터 물품이 수입될 때 기존 타국에 대해서 조약에 의하여 부과하고 있는 관세상의 혜택범위 내에서 일방적으로 관세의 편익을 제공하면 이를 편익관세라 한다.

편익관세는 최혜국대우와 내용은 비슷하지만, 최혜국대우는 타국과의 조약에 의하여 편익을 부여하는 반면, 편익관세는 일방적으로 최혜국대우의 범위 내에서 편익을 주게 되는 것이며 상대방 국가는 편익을 달라고 요청할 권리는 없다.

우리나라의 관세법(제74조)에서도 대통령령으로 적용대상 국가, 물품 등을 지정하여 기존 조약국에게 부여한 편익한도 내에서 편익관세를 부여할 수 있도록 규정하고 있다. 그러나 편익관세의 적용으로 국민경제에 중대한 영향이 초래되거나 초래될 우려가 있는 경우, 기타 편익관세의 적용을 정지시켜야 할 긴급한 사태가 있는 경우에는 편익관세의 적용은 정지된다.

11) 일반특혜관세

일반특혜관세는 주로 선진국들이 개발도상국가나 후진국의 경제발전을 도모하기 위해 이들 국가의 제품을 수입할 때 세율을 인하해 주는 관세를 말한다. 특혜관세는 혜택을 받지 못하는 국가들한테는 차별관세가 되므로 일찍이 폐지되었지만 일반특혜관세는 특정국가가 아니라 개발도상국가나 후진국에 특혜를 베푸는 관세이다.

그동안 우리나라는 주요 선진국들로부터 일반특혜관세의 혜택을 받아 왔지만 이제는 어느 정도 경제성장이 이루어져 우리나라가 개발도상국가들에게 관세혜택을 베풀어야 할 입장에 놓여 있다. 이에 따라 개발도상국가(특혜대상국)를 원산지로 하는 물품 중에서 특혜대상물품은 기본세율보다 낮은 세율을 적용하도록 한다(관세법 제76조). 특히 UN에서 결의한 최빈개발도상국가 중 대통령령이 정하는 국가를 원산지로 하는 물품에 대해서는 다른 특혜대상국보다 우대하여 일반특혜관세를 부과한다.

4. 관세의 확정

수입물품에 대해서 관세 및 내국세를 부과하기 위해서는 과세물건, 납세의무자, 세율 및 과세표준의 과세요건을 갖추어야 한다.

4.1 과세물건

관세법(제14조)에서는 수입물품에 대하여 관세를 부과한다고 규정하여 관세의 과세물건을 수입물품으로 제한하고 있다. 수입물품은 유체물과 무체물로 구분되는데 이 중 유체물로서 이동할 수 있는 것만 과세물건이 된다. 그리고 관세는 수입신고를 할 때의 물품의 성질과 수량에 의하여 부과된다(관세법 제16조). 따라서 과세물건의 확정시기는 수입신고시점으로 하는 것이 원칙이다.

4.2 납세의무자

납세의무자는 관세를 납부할 법률상의 의무를 부담하는 자, 즉 납세책임자를 말한다. 수입신고를 한 물품에 대해서는 그 물품을 수입한 화주가 원칙적으로 관세납부의무자가 된다(관세법 제19조). 따라서 통상적인 수입거래에서는 수입업자, 수입대행 시에는 수입을 위탁한 자, 수입신고가 수리되기 전 보세구역에 장치된 물품을 양도한 경우는 양수인, 기타 물품인 경우는 선하증권상의 수화인 등이 관세의 납세의무자가 된다.

4.3 세율

세율은 세액을 결정하기 위해 과세표준에 대하여 적용되는 비율을 말하는데 종가세인 경우에는 백분율(%)로 표시하고 종량세인 경우에는 수량단위당 금액으로 한다. 관세율은 관세법 별표의 관세율표에 따르는데 현행 우리나라의 관세율은 국정세율과 협정세율로 구분된다.

1) 국정세율

국정세율은 국정관세에 적용되는 세율로서 여기에는 기본관세율, 잠정세율, 세율조정관세율, 환특세율이 있다.

① **기본관세율** : 이는 관세법의 별표인 관세율표상의 기본세율을 말한다. 기본세율은 국회의 승인을 받아 확정된다.

② **잠정세율** : 이는 특정품목에 대하여 기본세율과는 다른 세율을 잠정적으로 적용하기 위한 세율이다.

③ **세율조정관세율** : 세율조정관세율은 국제경제상황에 능동적으로 대처하기 위해 일정 범위 내에서 행정부가 세율을 결정할 수 있는 세율조정관세에 적용되는 세율을 말한다.

④ **환급에 갈음하는 관세 등의 세율인하(환특세율)** : 이는 관세의 환급과 동일한 정도의 효과를 낼 수 있도록 기본세율을 인하해 주는 것을 말한다. 우리나라는 관세환급제도에 따라 수출용 원재료를 수입할 때 부과된 관세 등은 원재료가 수출물품의 제조에 사용되어 수출된 경우에는 다시 되돌려준다.[4] 그러나 수출용으로만 사용될 것으로 예상되는 원재료의 수입 시에는 관세징수 및 환급의 번거로운 절차를

4 관세환급제도는 제11장에서 자세히 설명하기로 한다.

거칠 필요 없이 처음부터 세율을 인하하여 적용하고 관세를 환급해 주지 않는 것이 오히려 수출업자를 효과적으로 지원할 수 있다.

2) 협정세율

협정세율은 국가 간의 관세협정에 의해서 결정되는 협정관세에 적용되는 세율이다. 현재 우리나라에서 시행되고 있는 협정세율은 FTA 협정세율를 비롯하여 다음과 같은 협정세율이 있는데 FTA 협정세율의 중요성이 점차 높아지고 있다.

① **FTA협정세율** : 이는 우리나라가 FTA를 체결한 칠레, 싱가포르, 리히텐슈타인, 미국 등과의 교역에 적용되는 협정세율을 말한다.

② **WTO 협정 일반양허관세율** : 이는 WTO 회원국에 적용하는 일반양허관세율이다. WTO 회원국으로부터 수입될 경우 원산지증명서에 의해 원산지를 확인하고 양허세율을 적용한다.

③ **WTO 협정 개발도상국 간의 양허세율** : 이는 WTO 개발도상국 간의 무역협정에 관한 의정서에 가입한 국가에 적용되는 양허관세율을 말한다.

④ **ESCAP 개발도상국 양허세율** : 이는 ESCAP(아시아 태평양 경제사회위원회)의 개발도상국 간 무역협상에 관한 1차 협정(방콕협정)에 가입한 국가에 적용되는 양허관세율을 말한다.

⑤ **GSTP 양허세율** : 이는 UNCTAD 개발도상국 간 특혜무역제도(GSTP)에 관한 협정에 가입한 국가에 적용되는 일반양허관세율이다.

4.4 FTA 협정세율 적용요건

이는 FTA 협정 상대국에게 적용하는 세율을 말하는데 국정세율보다 저율이다. 수입업자가 FTA 협정세율을 적용받기 위한 기본요건은 ① 거래당사자가 FTA 협정대상국에 해당하는지 여부, ② 거래대상물품이 FTA 협정대상물품으로 협정세율이 적용되는지 여부, ③ 거래대상물품이 운송요건을 충족 하는지 여부, ④ 거래대상물품이 협정국 물품임을 입증하는 원산지증명서의 구비 여부 등이다.

1) 협정대상국 여부

FTA 협정세율을 적용하기 위한 첫 번째 요건은 거래당사자가 협정대상국 소재인지를 파악하는 것이다. 3자 무역(중계무역・중개무역 등)을 진행할 때 협정국 당사자가 아닌 비협정국 당사자가 발행한 송장의 경우 한・아세안, 한・칠레, 한・인도 FTA에서는 원산지증명서에 제3자 정보를 기재 하여야만 협정세율 적용이 가능하다. 이 외의 협정은 별도의 표시규정이 없기 때문에 다른 요건을 충족하면 인정가능하다.

2) 협정대상물품 여부

거래대상물품이 FTA 협정 상품양허안에 규정된 양허세율 적용품목이어야 한다. 하지만 일부 민감품목 및 산업보호가 필요한 품목에 대해서는 협정세율의 적용이 제외되는 경우가 있다.

3) 직접 운송 여부

협정대상물품은 협정국 간 직접 운송되어야 한다. 단 부득이한 사유로 환적 또는 일시 장치되는 경우 역외 영역을 경유해도 협정세율의 적용이 가능하지만 이 경우도 자유로운 유통을 위해 반출되지 않아야 하며 하역, 재선적 또는 양호한 상태로 물품을 보존하기 위한 공정을 수행한 경우에만 인정된다.

한・EU, 아세안 FTA 등에서는 직접 운송요건을 명시적으로 규정하고 있고 한・미 FTA, 한・칠레 FTA의 경우 비체약국에서의 작업범위만 규정하고 있다. 그리고 타국을 경유한 물품의 경우 단순경유 또는 환적임을 입증하는 서류를 제출해야 하고 입증서류는 경유국에서 운송 당시에만 발행되는 경우가 많으므로 협정 적용을 위해 사전에 서류를 구비하여야 한다.

4) 원산지증빙 여부

수입업자는 협정 적용을 신청할 때에 원산지증빙서류를 갖추고 있어야 하며 세관장이 요구할 경우 이를 제출하여야 한다. 원산지증빙서류의 제출요구를 받은 자는 요구받은 날로부터 30일(페루의 경우 90일) 이내에 제출하여야 한다. 다만, 부득이한 사유로 기한연장을 신청하는 경우 30일을 초과하지 않는 범위에서 한 차례만 기한을 연장할 수 있다.

다음과 같은 경우는 원산지증빙서류 구비가 면제된다.

① 과세가격이 미화 1천 달러 이하인 물품(다만, 수입물품을 분할하여 수입하는 등 수입물품의 과세가격이 미화 1천 달러을 초과하지 아니하도록 부정한 방법을 사용하여 수

입하는 경우는 제외)

② 동종·동질물품을 계속 반복적으로 수입하는 경우로서 당해 물품의 생산공정 또는 수입거래의 특성상 원산지의 변동이 없는 물품 중 관세청장이 정하여 고시하는 물품

③ 특례법 제14조(원산지 등에 대한 사전심사)의 규정에 따라 관세청장으로부터 원산지에 대한 사전심사를 받은 물품(다만, 법 제14조의 규정에 따른 사전심사시의 조건과 동일한 경우에 한함).

④ 물품의 종류·성질·형상·상표·생산국명 또는 제조자 등에 따라 원산지를 확인할 수 있는 물품으로 관세청장이 정하여 고시한 물품

그럼에도 불구하고 세관장은 관세탈루의 우려 등 필요하다고 인정하는 경우 수입업자에게 원산지증빙서류의 제출을 요구할 수 있다. 세관장은 수입업자가 세관장으로부터 요구받은 원산지증빙서류를 제출하지 아니하거나 수입업자가 제출한 원산지증빙서류만으로 당해 물품의 원산지를 인정하기가 곤란한 때에는 협정관세의 적용배제규정에 따라 협정관세를 적용하지 아니할 수 있다.

4.5 FTA 협정세율 신청시기

수입업자는 협정대상요건에 해당할 경우 수입신고수리 전까지 협정관세 적용신청을 할 수 있다. 다만, 수입신고수리 전까지 원산지증빙서류를 갖추지 못할 경우 수입신고수리일로부터 1년 이내에 사후 적용을 신청할 수 있다. 그러나 사후 적용을 신청할 경우 해당 원산지증명서는 수입신고일 또는 협정관세 적용 신청일을 기준으로 유효기간 이내의 것이어야 한다.

4.6 관세율 적용순서

관세율은 여러 가지 종류가 있기 때문에 이들 관세율이 상호 경합될 경우에는 어느 관세율이 우선하여 적용되는지를 분명히 해야 한다.

관세율의 적용순서를 보면 먼저 협정세율은 국가 간의 관세협정에 따라 결정된 세율이므로 국정세율보다 우선하여 적용된다. 그리고 국정세율 중 세율조정관세율이 제일 먼저 적용되고 그 다음 잠정세율, 기본세율이 적용된다. 그러나 탄력관세율 중 덤핑방

지관세, 보복관세, 긴급관세, 농림축산물에 대한 특별긴급관세 및 상계관세와 같이 상대방 국가의 불공정거래에 적용되는 관세율은 협정세율에 우선하여 최우선적으로 적용된다.

표 10-2 | 관세율 우선적용순위

순위	관세율의 종류	적용순위
1	덤핑방지관세, 상계관세, 보복관세, 긴급관세, 특정국물품긴급관세	가장 우선 적용 (세율의 높낮이에 관계없음)
2	FTA 협정관세 (칠레, 싱가포르, EFTA, 아세안, 인도, EU, 페루, 미국 FTA)	3, 4, 5, 6, 7보다 낮은 경우에 한하여 우선적용
3	• WTO 일반양허관세(공산품, 수산물 및 단순양허한 농림축산물에 대한 양허관세, 단순양허한 농림축산물 중 시장접근물량 설정물품에 대한 양허관세) • WTO 개발도상국가 간의 양허관세 • 아태협정(APTA) 양허관세(일반양허, 방글라데시에 대한 양허관세, 라오스에 대한 양허관세) • UN 개발도상국 간 협정관세(GSTP) • 특정국가와의 관세협상에 따른 국제협력관세	4, 5, 6, 7보다 낮은 경우에 한하여 우선적용
	• WTO 일반양허관세(국내외 가격차에 상당한 율로 양허하거나 국내시장 개방과 함께 기본세율보다 높은 세율로 양허한 농림축산물에 대한 양허관세) • 아태협정(APTA) 양허관세(녹차와 누에고치의 일반양허관세)	6, 7보다 우선하여 적용, 4, 5보다 낮은 경우에 한하여 우선적용
4	조정관세, 계절관세	5, 6, 7보다 우선적용
	할당관세	5보다 낮은 경우에 한하여 우선적용, 6, 7보다 우선적용
5	최빈개발도상국에 대한 특혜관세(GSP)	6, 7보다 우선적용
6	잠정관세	7보다 우선적용
7	기본관세	

4.7 과세표준

1) 과세표준의 의의

과세표준은 세액결정의 기준이 되는 과세물건의 가격 또는 수량을 말한다. 관세의 과세표준은 수입물품의 가격 또는 수량으로 하는데 현행 과세율표에는 대부분이 종가세대상품목이고 종량세대상품목은 몇 개 되지 않는다. 따라서 관세의 과세표준은 곧 종가세의 과세표준이 되는 과세가격을 말한다.

관세의 과세가격은 바로 수입물품의 가격을 말하는데 이 가격은 FOB 가격, CIF 가격 등처럼 여러 가지 형태가 있으며 또한 동일한 형태의 가격도 시간, 장소, 거래수량 등에 따라서 달라진다. 그러므로 관세액을 산정하기 위해서는 먼저 여러 가지 수입물품의 가격 중 어느 가격을 과세가격으로 할 것인가를 결정해야 한다.

2) 거래가격에 의한 과세가격의 결정

과세가격을 결정하는 방법에는 6가지가 있으며 이 중 거래가격을 과세가격으로 결정하는 방법을 제1방법이라 한다. 제1방법은 수입업자가 실제로 지급한 실제가격을 과세가격으로 정하는데, 실제거래가격은 수입업자가 실제로 지급하였거나 지급해야 할 금액에서 가산요소금액을 더하고 공제요소금액을 뺀 금액으로 한다. 이 가격은 곧 수출지의 선적항에 물품의 선적을 완료하기까지의 금액에 수입항까지의 운임 및 보험료가 포함된 CIF 가격이다.

거래가격 = 구매자가 실제로 지급하였거나 지급하여야 할 금액
+ 가산요소금액 − 공제요소금액

'구매자가 실제로 지급하였거나 지급하여야 할 가격'은 수입물품의 대가로 구매자가 판매자에게 또는 판매자를 위하여 직접·간접으로 지급하였거나 지급할 총금액을 말하며 여기에는 다음 금액이 포함된다.

① 구매자가 판매자에게 신용장 등의 방법에 의해서 지불하는 금액
② 구매자가 당해 수입물품의 대가와 판매자의 채무를 상계하는 금액
③ 구매자가 판매자의 제3자에 대한 채무를 변제하는 금액
④ 구매자가 판매자의 요청에 의하여 수입물품의 대금 일부를 제3자에게 지불하는 경우, 그 금액 또는 그 금액에 상응하는 물품대금이나 용역대금
⑤ 기타 별도로 지불되는 금액으로서 수입물품의 가격의 일부에 해당하는 금액

'가산요소금액'에는 중개수수료, 용기 및 포장비용, 생산지원비용, 로열티, 사후귀속이익, 운임·보험료 등이 있다.

① **수수료 및 중개료** : 구매자가 부담하는 것이어야 하며 대리점 수수료는 제외된다.

② **용기 및 포장비용** : 당해 물품과 동일체로 취급되는 용기의 비용과 당해 물품의 포장에 소요되는 노무비 및 자재비로서 구매자가 부담하는 비용이다.

③ **생산지원비용** : 구매자가 당해 물품의 생산 및 수출거래를 위하여 무료 또는 인하된 가격으로 물품 및 용역을 공급한 경우 그 가격 또는 인하차액을 말한다.

④ **로열티** : 수입물품과 관련되고 수입물품의 거래조건으로 지급하는 로열티금액으로서 구매자가 수입물품에 대한 구매선택권이 없는 경우 해당된다.

⑤ **사후귀속이익** : 수입물품의 판매, 처분, 사용 등에 따른 이익의 일부가 직접 또는 간접으로 판매자에게 귀속되는 금액이다.

⑥ **운임・보험료** : 수입물품이 수입항에 도착하여 본선하역준비가 완료될 때까지 실제 소요되는 운임, 보험료 및 기타 운송관련 비용이다. 그러나 보험료는 수입물품이 실제 보험계약이 체결된 경우에만 과세가격에 포함된다.

'공제요소금액'은 수입물품을 국내에 반입한 후 발생하는 비용을 말한다. 여기에는 수입항 도착 후 수입물품의 건설・설치 등에 필요한 비용, 수입물품의 운송에 필요한 비용, 수입물품에 부과된 세금・공과금, 연불이자 등이 있다.

3) 기타 과세가격의 결정방법

제1방법으로 과세가격을 결정하기 위해서는 거래가격, 가산요소금액 및 공제요소금액이 모두 객관적이고 수량화될 수 있는 자료에 근거해야 된다. 따라서 다음과 같은 경우에는 거래가격을 과세가격으로 사용할 수 없기 때문에 제2방법부터 제6방법을 순차적으로 검토해야 과세가격을 결정한다.

① 판매가 아닌 경우 : 무상수입물품, 임차수입물품 등

② 당해 수입물품의 처분상 어떠한 제한이 있는 경우 : 수입 후 전시용, 광고용 물품으로만 사용하도록 제한된 경우 등

③ 수입물품에 대한 거래의 성립 또는 가격의 결정이 다른 조건이나 사정에 의하여 영향을 받은 경우

④ 금액으로 환산할 수 없는 사후귀속이익이 있는 경우

⑤ 판매자와 구매자가 특수한 관계인 경우

표 10-3 | 과세가격의 6가지 결정방법

결정방법	내용
제1방법	거래가격으로 과세가격 결정
제2방법	동종·동질의 수입실적가격으로 과세가격 결정
제3방법	유사물품의 수입실적가격으로 과세가격 결정
제4방법	당해 또는 동종·동질, 유사물품이 국내에 수입되어 판매되는 가격에서 수입 이후 발생되는 법정 공제요소금액(수수료, 이윤, 일반경비)을 공제한 가격으로 과세가격 결정
제5방법	당해 수입물품을 수출국에서 생산하는 데 소요된 비용을 산정하여 산출한 가격으로 과세가격 결정
제6방법	합리적 기준에 따라 세관장이 과세가격 결정

5. 관세의 산정

통상 과세가격은 수입물품의 실제거래가격인 CIF 금액이므로 이 금액에 과세 환율을 곱하여 수입물품의 가격을 원화로 환산한 다음 여기에 관세율을 곱하여 관세를 산정한다.

종량세대상물품인 영화용 필름, 비디오테이프 등은 수입물품의 수량에 관세율표상의 일정액을 곱하여 산출하며, 선택세가 적용되는 은행, 밤, 대추 등은 종가세와 종량세를 각각 산출하여 그 중 높은 것을 관세로 한다.

6. 관세의 납부

관세의 납부방식에는 신고납부방식과 부과고지방식이 있는데 원칙적으로 관세 등은 신고납부방식으로 납부한다.

6.1 신고납부방식

이는 납세의무자가 수입신고를 할 때에 대통령령이 정하는 바에 의하여 과세표준, 세율 및 납부세액을 납세신고하고 수입관련 세금을 스스로 납부하는 자진신고납부제도를 말한다.

납세신고는 수입신고 시에 납세신고사항을 추가로 기재하여 신고하는 것을 말하며 납세신고자는 수입신고가 수리된 날로부터 15일 이내에 신고세액을 납부해야 한다.

6.2 부과고지방식

부과고지방식은 세관장이 처음부터 납부세액을 결정하여 납부고지서를 발부하면 납세의무자는 납세고지서를 받은 날로부터 15일 이내에 납부세액을 납부하는 방식이다.

현재 부과고지의 대상은 과세가격 결정에 관한 자료가 미비한 무환수입물품이나 심사에 신중을 요하는 탄력관세 적용물품 등 특수한 경우에 한한다. 이러한 특수물품에 대해서는 납세의무자가 세액을 결정하여 자진신고하는 것이 어렵기 때문에 처음부터 세관에서 세액을 결정하여 고지하는 것이다.

제5절 외화획득용 원료 · 기재의 수입관리

1. 제도의 개요

우리나라는 수출상품의 국제경쟁력을 제고하고 외화획득을 도모하기 위해 수입을 일반수입과 외화획득용 원료 · 기재의 수입으로 구분하여 이를 차등관리하고 있다. 이에 따라 외화획득에 기여할 물품을 제조 · 가공하는 데 소요되는 원료의 수입에 대해서는 일반수입에 비해 행정, 금융, 세제 면에서 여러 가지 혜택이 주어지고 있다.

1.1 외화획득용 원료 · 기재의 정의

외화획득용 원료 · 기재라 함은 외화획득용 원료, 외화획득용 시설기재, 외화획득용 제품, 외화획득용 용역 및 외화획득용 전자적 형태의 무체물을 말한다(대외무역법시행령 제2조 제5호).

외화획득용 원료란 외화획득에 기여하는 물품과 용역 및 전자적 무체물을 생산(물품의 제조 · 가공 · 조립 · 수리 · 재생 또는 개조)하는 데 필요한 원자재 · 부자재 · 부품 및 구성품을 말하며, 이는 그 원료에 노동, 기술, 기타 원료 등이 부가되어 새로운 형태의 생산물로 변형될 수 있는 것을 뜻한다.

외화획득용 시설기재라 함은 외화획득에 기여하는 물품을 생산하는 데 사용되는 시설 · 기계 · 장치 · 부품 및 구성품(하자 및 유지 · 보수에 필요한 부품 및 구성품 포함)을 말한다. 시설기재는 제품으로 변형되지 않지만 이를 사용함으로써 외화획득용 물품을 생산할 수 있다.

외화획득용 제품이란 수입된 후 생산과정을 거치지 아니하는 상태로 외화획득에 기여하는 물품을 말한다. 이는 수입한 물품을 국내에서 가공하거나 변형하지 않은 상태 그대로 외화획득을 위해 사용되는 것을 뜻하며 외국인 관광객이나 국내 거주 외국인 등에게만 공급되는 물품을 말한다.

그리고 외화획득용 용역은 외화획득에 제공되는 물품 등을 생산하는 데에 필요한 용역을 말하고, 외화획득용 전자적 형태의 무체물은 외화획득에 제공되는 물품 등을 생산하는 데에 필요한 전자적 형태의 무체물을 말한다.

1.2 외화획득용 원료 · 기재 수입의 우대사항

일반수입에 비해 외화획득용 원료 · 기재의 수입 시 적용되는 우대사항을 구체적으로 살펴보면 다음과 같다.

첫째, 수출입공고 등의 적용이 원칙적으로 배제된다. 외화획득용 원료 · 기재는 수출입공고, 통합공고 등에서 수입이 제한되더라도 제한요건을 충족하지 않고서도 수입될 수 있으며 수입수량에도 제한이 없다.

둘째, 외화획득용 원료의 수입통관 시에는 수입물품에 대한 원산지표시가 면제된다. 그리고 보세창고에 장치한 경우 장치기간 제한을 받지 않으며, 우선적으로 부두 직통관대상에 해당된다.

마지막으로 관세환급의 대상이 된다. 외화획득용 원료를 사용하여 생산한 물품을 수출할 경우 수입 시 납부한 관세 등을 관세환급특례법에 의해 환급받을 수 있다.

1.3 외화획득의 범위

외화획득을 위하여 원료 · 기재를 수입한 자 및 수입을 위탁한 자는 일정 기간 내에 그 수입에 대응하는 외화획득을 이행해야 한다. 그리고 외화획득용 원료 · 기재를 수입한 자가 원료 · 기재 또는 그 원료 · 기재로 제조된 물품을 부득이한 사유로 인하여 당초의 목적 외로 사용하고자 할 때에는 산업통상자원부장관의 승인을 얻어야 한다(대외무역법시행령 제30조).

대외무역법상 외화획득의 범위는 다음의 방법으로 외화를 획득하는 것을 말한다(대외무역법시행령 제26조).

① 수출

② 주한 국제연합군이나 그 밖의 외국군기관에 대한 물품 등의 매도

③ 관광

④ 용역 및 건설의 해외진출

⑤ 국내에서 물품 등을 매도하는 것으로서 산업통상자원부장관이 정하여 고시하는 기준에 해당하는 것. 여기에는 다음과 같은 것이 있다(대외무역관리규정 제31조).

가. 외국인으로부터 외화를 받고 국내의 보세지역에 물품을 공급하는 경우

나. 외국인으로부터 외화를 받고 공장건설에 필요한 물품을 국내에서 공급하는 경우

다. 외국인으로부터 외화를 받고 외화획득용 시설·기재를 외국인과 임대차계약을 맺은 국내업체에 인도하는 경우

라. 정부·지방자치단체 또는 정부투자기관이 외국으로부터 받은 차관자금에 의한 국제경쟁입찰에 의하여 국내에서 유상으로 물품을 공급하는 경우(대금결제통화의 종류를 불문한다)

마. 외화를 받고 외항선박(항공기)에 선(기)용품을 공급하거나 급유하는 경우

바. 절충교역거래(off-set trade)의 보완거래로서 외국으로부터 외화를 받고 국내에서 제조된 물품을 국가기관에 공급하는 경우

⑥ 무역거래자가 외국의 수입업자로부터 수수료를 받고 행한 수출알선[5]

2. 외화획득용 원료의 수입 및 사후관리

2.1 외화획득용 원료의 수입

외화획득용 원료·기재의 수입은 외화획득용 원료의 수입, 시설기재의 수입 및 제품의 수입, 용역 등의 수입으로 세분될 수 있다. 그러나 외화획득용 시설기재의 수입은 부작용이 많아 그에 대한 관리제도가 폐지되었으며, 외화획득용 제품도 외국으로 다시 수

5 외화획득의 이행기간은 다음과 같다(대외무역법시행령 제27조)

1. 외화획득용 원료·기재를 수입한 자가 직접 외화획득의 이행을 하는 경우 : 수입통관일 또는 공급일로부터 2년
2. 다른 사람으로부터 외화획득용 원료·기재 또는 원료·기재로 제조된 물품 등을 양수한 자가 외화획득의 이행을 하는 경우 : 양수일로부터 1년
3. 외화획득을 위한 물품 등을 생산하거나 비축하는 데에 2년 이상의 기간이 걸리는 경우 : 생산하거나 비축하는 데에 걸리는 기간에 상당하는 기간

출하기 위한 것이 아니라 국내에서 사용하기 위한 것이므로 제한적으로 운용되고 있다.

따라서 외화획득용 원료·기재의 수입관리에 대한 주요 내용은 대부분 외화획득용 원료의 수입에 관한 것이다. 외화획득용 원료수입의 절차는 일반수입과 동일하며 단지 대응수출을 의무화하고 꼭 필요한 양만 수입하도록 사후관리 절차가 따른다.

2.2 외화획득용 원료의 사후관리

1) 사후관리의 의의

외화획득용 원료의 수입에는 대응수출을 전제로 여러 가지 혜택이 부여되고 있다. 따라서 외화획득용 원료를 수입한 자가 혜택을 받고 수입한 원료를 당초의 목적대로 사용하였는지를 관리할 필요가 있는데 이를 외화획득용 원료의 사후관리제도라 한다.

이에 따라 사후관리기관의 장 및 자율관리기업의 장은 특별히 승인을 얻어 수입한 외화획득용 원료 및 그 원료로 제조된 물품에 대해서는 외화획득이행 여부에 대한 사후관리를 해야 한다.

2) 사후관리기관

사후관리기관은 다음과 같다(대외무역관리규정 제42조).

① 외화획득용 원료 중 수입승인을 받아야 하는 농림수산물에 대한 사후관리는 당해 품목을 관장하는 중앙행정기관의 장이 지정하는 기관의 장

② 위 ①의 내용에 의한 원료 등을 제외한 원료 등의 사후관리는 당해 외화획득용 원료의 승인기관의 장

③ 위 ②의 내용에 의한 원료 중 자율관리기업으로 선정된 자가 수입(국내구매 또는 양수 포함)한 원료의 사후관리는 해당 자율관리기업의 장

3) 자율관리기업

수출입물량이 증가함에 따라 사후관리업무를 사후관리기관이 직접 주도하는 데는 여러 가지 어려움이 따르므로 성실한 무역업체를 자율관리기업으로 지정하여 스스로 사후관리업무를 수행하도록 하고 일정 기간단위로 사후감독만 하고 있다.

자율관리기업의 선정요건은 다음과 같다(대외무역관리규정 제43조).

① 전년도 수출실적이 미화 50만 달러 상당액 이상인 업체, 수출유공으로 포상을 받

은 업체 또는 중견 수출기업

② 과거 2년간 미화 5천 달러 상당액 이상 외화획득 미이행으로 보고된 사실이 없는 업체

4) 사후관리카드의 정리

사후관리대상품목을 수입하거나 국내에서 구매한 업체는 매분기별로 수입하거나 국내 구매한 원료 등에 대하여 '외화획득용 원료수입(구매)내역 신고서'를 작성해서 분기종료 후 다음 달 20일까지 사후관리기관의 장에게 신고해야 한다(대외무역관리규정 제45조).

사후관리기관의 장은 수입신고필증 사본, 구매내역신고서 및 공급이행신고서를 외화획득 이행의무자별로 수입신고수리일 또는 원료 등의 구매일 순으로 관리해야 한다. 또한 품목분류번호(HS 10단위)별로 분기마다 수입 또는 구매한 총량과 금액 등을 '외화획득용 원료 사후관리이행 정리카드'에 기재해야 한다(대외무역관리규정 제46조).

5) 외화획득이행 및 공급이행 신고

외화획득 이행의무자는 외화획득을 이행하고 '외화획득이행신고서'를 작성하여 수출선적일 또는 외화입금일로부터 3개월 이내 사후관리기관의 장에게 신고해야 한다. 사후관리기관의 장은 외화획득이행신고가 있을 때에는 지체 없이 '외화획득이행신고서'에 표시된 원료량을 정리카드에서 차감하여 정리하고 당해 수출신고필증(외화입금증명서)의 뒷면에 사후관리사실을 확인·표시해야 한다(대외무역관리규정 제47조).

한편 사후관리대상품목을 원료 등으로 공급한 자는 '외화획득용 원료공급이행신고서'에 인수자의 날인 또는 물품수령증을 받아 공급대금결제일로부터 3개월 이내에 사후관리기관의 장에게 신고해야 한다. 그리고 공급자 사후관리기관의 장은 공급이행의 신고가 있을 때에는 외화획득 이행신고에 준하여 공급이행을 정리하고 내국신용장 등의 원본서류 뒷면에 사후관리 사실을 확인 표시하여야 한다(대외무역관리규정 제48조).

6) 외화획득용 원료의 사용목적 변경승인

외화획득용으로 수입한 원료 등을 당초와는 다른 목적으로 사용하고자 하는 자는 외화획득이행기간 만기일 이전에 '외화획득용 원료 사용목적 변경승인신청서' 4부에 구비서류를 첨부하여 관할 시·도지사 또는 사후관리기관의 장에게 변경신청해야 한다(대외무역관리규정 제49조).

3. 자율소요량계산서

3.1 기준소요량의 고시

외화획득용 원료 수입은 일반 수입에 비해 여러 혜택이 있기 때문에 외화획득을 빙자해서 불필요한 원료가 수입될 수 있다. 이에 정부는 필요한 만큼의 원료를 수입하도록 기준소요량을 고시하고 해당 업체로 하여금 이를 기준으로 자율소요량계산서를 작성하도록 한다.

기준소요량은 외화획득용 물품 등의 1단위를 생산하는 데 소요되는 원자재의 양을 말하는데 단위실량과 평균손모량을 합한 양이다. 단위실량은 외화획득용 물품 등의 1단위를 형성하고 있는 원자재의 양을 말하고 평균손모량은 외화획득용 물품 등을 생산하는 과정에서 생기는 원자재의 손모량(손실량 및 불량품 생산에 소요된 원자재의 양을 포함한다)의 평균량을 말한다.

외화획득용 물품 등의 생산을 관장하는 중앙행정기관의 장(산업통상자원부장관이 관장하는 품목 중 목재가구에 대하여는 임업연구원장, 기타 품목에 대하여는 기술표준원장)은 사후관리대상 원료 등에 대해서는 기준소요량을 고시해야 한다.

3.2 자율소요량계산서의 작성

사후관리대상품목을 외화획득용 원료 등으로 사용하거나 공급한 업체는 자율소요량계산서를 작성해야 한다. 자율소요량계산서는 단위자율소요량 또는 기준소요량에 외화획득용 물품 등의 수량을 곱한 물량으로 표시해야 한다. 단위자율소요량은 기준소요량이 고시되지 아니한 품목에 대하여 외화획득용 물품 등 1단위를 생산하는 데 소요된 원자재의 양을 해당 기업이 자율적으로 산출한 것으로서 단위실량과 평균손모량을 합한 양을 말한다.

자율소요량계산서에는 단위자율소요량의 산출근거를 품목 및 규격별로 명확히 표시해야 한다. 그리고 기준소요량이 고시된 품목이라 하더라도 수출계약서 등의 관련 서류에 소요원료의 품명, 규격, 수량 등이 표시된 경우에는 이에 따라 자율소요량계산서를 작성할 수 있다.

[서식 10-2] 자율소요량계산서

자율소요량계산서

외화획득이행물품 등 명세(관련 서류명 및 번호 :)

① HS부호	② 품명 및 규격	③ 단위 및 수량	④ 가격조건 및 단가	⑤ 금액	⑥ 비고

자율소요량 명세

⑦ HS부호 (10단위)	⑧ 품명 및 규격	⑨ 단위당기준소요량, 단위자율소요량	⑩ 단위 및 수량	⑪ 자율소요량 (⑨ × ⑩)	⑫ 비고

자율소요량 계산근거 및 내역

대외무역관리규정 제4-3-8조의 규정에 의하여 위와 같이 자율소요량계산서를 작성 및 제출합니다.

년 월 일

업체명 :
주 소 :

작성업체 대표 (인)

수입승인 기관·단체의 장 귀하

210mm × 297mm
일반용지 60g/㎡

FTA

FTA 무역실무
Free Trade Agreement

CHAPTER 11

무역관련 제도

제1절 관세환급제도

1. 관세환급제도의 의의

우리나라는 부존자원이 빈약하여 원자재를 대부분 해외에서 수입하여 이를 가공 후 다시 수출하는 가공무역이 주종을 이루고 있다. 이러한 가공무역에서 수출업자를 지원하고 수출경쟁력을 높이기 위해 수출용 원재료를 수입할 때 납부한 관세를 환급해 주는 관세환급제도를 실시하고 있다.

즉 관세환급제도는 수출용 원재료를 수입할 때 납부한 관세 및 내국세를 당해 원자재를 사용하여 만든 물품을 수출할 경우 수출업자에게 환급해 주는 제도를 말한다. 이 제도는 수출물품의 가격경쟁력을 떨어뜨릴 우려가 있는 수출용 원재료에 대한 관세부담을 덜어줌으로써 수출을 촉진하기 위한 세제상의 지원제도라 할 수 있다.

과거에는 수출용 원재료의 수입 시 처음부터 수입관세 및 내국세를 면제해 주는 사전면세제도가 시행되었다. 그러나 사전면세제도하에서는 대응수출을 위한 사후관리가 필요하고 면세혜택으로 인해 해외원자재에 지나치게 의존하는 경향이 높았다. 이에 따라 국산원자재의 사용을 촉진하고 무분별한 원자재 수입을 막기 위해 1975년부터 원재료 수입 시에도 일반수입과 마찬가지로 관세를 납부하도록 하고 가공수출 후 이를 환급해 주는 관세환급제도가 시행되었다.

2. 관세환급대상의 원재료 및 수출범위

2.1 관세환급대상의 원재료

관세 등의 환급을 받을 수 있는 수출용 원재료는 다음의 하나에 해당하는 것이어야 한다(관세환급특례법 제3조).[1]

① 수출물품을 생산한 경우에는 생산 시의 물리적·화학적 변화과정에서 당해 수출물품에 물리적으로 결합되거나 화학적 반응 등으로 수출물품을 형성하는 데 소요되는 원재료

1 관세환급특례법은 「수출용 원재료에 대한 관세 등 환급에 관한 특례법」을 말한다.

② 수입한 상태 그대로 수출한 경우에는 수출물품

만약 국내에서 생산된 원재료와 수입된 원재료가 동일한 질과 특성을 가지고 있고 상호 대체사용이 가능하여 수출물품을 생산할 때 이를 구분하지 않고 사용된 경우에는 수출용 원재료가 사용된 것으로 간주된다.

2.2 관세환급대상의 수출범위

수출용 원재료에 대한 관세 등을 환급받을 수 있는 수출의 범위는 다음으로 한정된다(관세환급특례법 제4조).

① 관세법의 규정에 의하여 수출신고가 수리된 수출. 다만, 무상으로 수출하는 것에 대하여는 기획재정부령이 정하는 수출에 한한다.
② 우리나라 안에서 대가를 외화로 받는 판매 또는 공사 중 기획재정부령이 정하는 것
③ 관세법에 의한 보세구역 중 기획재정부령이 정하는 구역 또는 자유무역지역의 지정 및 운영에 관한 법률에 의한 자유무역지역의 입주기업체에 대한 공급
④ 기타 수출로 인정되어 기획재정부령으로 정하는 것

3. 관세환급의 방법과 신청

3.1 관세환급의 방법

1) 개별환급

개별환급제도는 수출물품 제조에 소요된 원재료의 품명·규격·수량과 동원재료의 수입 시 납부세액을 원재료별로 개별적으로 확인하여 환급금을 산출하는 방법이다. 따라서 환급신청자가 수출물품에 대한 원재료의 소요량을 계산한 소요량계산서를 작성하여 일일이 환급액을 산정하여 환급을 신청해야 한다. 소요량계산서 작성업체는 수출물품명, 소요량산정방법, 소요량산정의 기준이 되는 기간 및 적용기간 등을 관할지 세관장에 신고한다.

이 방식은 환급세액을 정확하게 산출할 수 있지만 환급금 산출에 많은 시간이 소요된다. 이에 따라 정부는 소요량계산업무를 간소화하기 위해 수출물품별 평균소요량을

기준으로 한 표준소요량을 고시하고 있다. 환급신청자는 소요량계산서를 자체 작성하여 환급을 신청할 수 있고 고시된 표준소요량을 활용하여 환급액을 산정하여 신청할 수도 있다.

2) 간이정액환급

간이정액환급제도는 개별환급을 받을 능력이 없는 중소기업의 수출을 지원하고 환급절차를 간소화하기 위하여 도입된 제도로서 환급신청연도가 속하는 연도의 직전 2년간 매년 환급액이 6억 원 이하인 중소기업에서 제조한 수출물품에 대한 환급액 산출 시(내국신용장등에 의한 국내거래물품에 대한 기초원재료 납세증명서 발급 시 포함)에 정부가 정하는 일정 금액(간이정액환급률표상의 금액)을 수출물품 제조에 소요된 원재료의 수입 시 납부세액으로 보고 환급액 등을 산출토록 한 제도이다.

3.2 관세환급의 신청

관세 등의 환급을 신청하고자 하는 자는 대통령령이 정하는 바에 따라 물품이 수출 등에 제공된 날로부터 2년 이내에 관세청장이 지정한 세관에 환급신청을 해야 한다.

1) 환급신청인

환급신청인은 수출신고가 수리된 일반적인 수출인 경우는 수출업자, 수출위탁업자 혹은 수출물품의 생산자 중에서 수출신고필증에 환급신청인으로 기재된 자이다. 그 밖의 환급대상 수출의 경우는 수출 등에 제공한 사실을 확인하기 위해 관세청장이 정하는 서류에 당해 물품을 수출, 판매 또는 공급 등을 하거나 공사를 한 자로 기재된 자이다.

2) 일괄환급신청의 원칙

동일 수출물품에 대한 관세 등의 환급신청은 당해 수출물품의 생산에 소요된 모든 원재료에 대하여 일괄하여 신청해야 한다.

3) 추가환급신청의 대상

다음의 경우는 추가환급신청의 대상이 된다(관세 등 환급사무처리에 대한 고시).

① 일괄하여 환급신청하였으나 세관장의 착오로 일부 환급금이 부족하게 지급된 경우
② 원재료를 수입할 때 세율 적용착오 등의 사유로 추징된 관세 등이 환급신청 시에 누락되었거나 환급결정된 후에 추징된 경우
③ 환급신청 시에 수출가격을 착오로 과소하게 기재하거나 수출신고 시에 수출가격을 착오로 과소신고하여 간이정액환급을 과소하게 받은 경우
④ 환급신청인의 착오로 소요원재료와 규격이 상이한 원재료로 환급받아 당해 원재료에 대한 관세 등이 추징되고 정당한 원재료로 추가환급신청하는 경우
⑤ 관세 등의 환급을 받은 당해 물품에 대한 기납증(기초원재료납세증명서) 및 분증(분할증명서)의 세액이 정정된 경우
⑥ 환급신청한 소요원재료의 소요량 산정 시 단위실량의 과소산정 또는 소요원재료의 수량단위를 착오로 기재하여 과소환급된 경우
⑦ 기타 환급신청시점에 환급신청인의 귀책사유 없이 과소환급된 경우로서 세관장이 추가환급함이 타당하다고 인정하는 경우

4) P/L(paperless) 환급신청

환급신청인은 환급신청서 작성요령에 따라 작성된 전자문서를 관세환급시스템에 전송하여야 한다. 관할세관장은 접수번호, 서류제출심사대상 여부 등을 기재한 접수통지서를 환급신청인에게 전자문서로 통지한다. 만약 서류제출심사대상으로 결정되면 환급신청서, 수출신고필증 등의 서류를 접수통지를 받은 날로부터 3일 이내에 제출해야 한다.

5) 환급 후 심사

환급심사는 일단 환급한 후에 환급대상물품의 특성, 업체의 성실도 등을 감안하여 선별 심사함을 원칙으로 한다. 그러나 환급 전 심사대상의 경우는 환급심사사항을 정밀심사한 후 환급금을 결정 · 지급한다.

6) 환급금의 지급

환급신청인은 금융기관 또는 체신관서에 법인 또는 대표자 명의의 계좌를 개설하고 관할세관장에게 통보하여야 한다. 세관장이 환급금을 지급하고자 하는 경우에는 한국은행에 환급금 이체 및 지급요구서를 전자문서로 송부하면 한국은행은 환급신청인의

계좌에 환급금을 입금하고 당해 세관장에게 환급금 이체 및 지급필통지서를 전자문서로 송부한다. 당해 세관장은 환급금 결정사항과 한국은행의 이체 및 지급필통지서가 일치하는지 여부를 관세환급시스템에 의해 확인한다.

4. 관세환급 보완제도

관세환급제도에서는 수출업자가 일단 납부한 관세를 되돌려 받을 수 있기 때문에 결과로 보면 면세효과가 있지만 환급 시까지 관세납부에 따른 자금부담이 따르고 관세환급에 따른 서류절차상의 문제점이 제기되었다. 이에 따라 현재 기초원재료 납세증명제도, 분할증명제도, 평균세액증명제도, 사후정산제도 등을 신설하여 관세환급제도의 미비점을 보완하고 있다.

4.1 기초원재료 납세증명제도

수출업자가 수출용 원재료를 해외에서 직접 수입하여 수출물품을 가공하여 수출한 후 개별환급을 신청하고자 할 경우 원재료를 수입할 때 납부한 관세 등을 증명하는 증빙자료로서 수입신고필증을 제출해야 한다. 그러나 수출업자가 수출용 원재료를 항상 해외에서 조달하는 것은 아니며 국내 타 업체가 기초원재료를 수입하여 가공한 중간원재료를 공급받아 이를 제조·가공하여 완제품을 수출하는 경우가 있다. 이 경우 최종 수출업자가 완제품을 수출한 후 관세환급을 받을 수 있도록 원재료 수입 시 납부한 관세 등을 증명해 주는 것이 기초원재료 납세증명제도이다.

기초원재료 납세증명서는 환급신청 시 수입신고필증에 갈음하여 사용될 수 있다. 만약 국내제조과정이 여러 단계일 경우에는 그 제조단계에 따라 전 단계 기초원재료 납세증명서를 근거로 2차, 3차 기초원재료 납세증명서를 발급받을 수 있는데 수입신고수리일 또는 전 단계 거래일로부터 1년 내에 거래되어야 한다.

4.2 분할증명제도

분할증명제도는 수입신고필증 분할증명서 및 기초원재료납세증명 분할증명서 두 가지 경우가 있는 데 수입신고필증 분할증명서는 외국으로부터 수입한 원재료를 제조·

가공하지 않고 수입한 원상태대로 수출용 원재료로 국내 공급하는 경우에 공급자의 신청에 의거 세관장이 증명하는 제도이다. 원상태의 국내거래는 수출물품의 외화가득률 제고에 전혀 도움이 되지 아니하므로 수출이행기간의 연장 등 각종 지원조치의 대상에서 제외된다.

그리고 기초원재료납세증명 분할증명서는 내국신용장 등으로 구매하여 기납증이 발급된 물품을 제조·가공하지 않고 매입한 상태대로 수출용 원재료로 공급하는 경우에 공급자의 신청에 의거 세관장이 증명하는 서류이다.

4.3 평균세액증명제도

관세환급제도에서는 원칙적으로 수출물품을 만들 때 사용한 원자재와 수입할 때 관세 등을 납부한 원자재는 동일한 것이거나 서로 정확하게 관련을 갖는 것이어야 한다. 이러한 사항들이 관세환급과 관련된 모든 서류에 정확하게 기재되고 제시되어야 환급이 가능하다.

그러나 품명, 규격 등이 복잡하고 다양하게 표기되는 물품인 경우에는 이러한 원칙에 맞도록 서류를 작성하고 관리하는 데 여러 가지 어려움이 따른다. 이에 따라서 원자재를 HS 10단위별로만 구분토록 하고 같은 HS 10단위에 속하는 모든 원자재의 수량 및 납부세액을 통합한 후 환급에 사용할 때에는 평균세액을 적용토록 함으로써 복잡한 품명, 규격 등의 확인을 생략하고 서류를 간편하게 관리할 수 있도록 한 제도가 평균세액증명제도이다. 이 제도는 원하는 업체에만 적용되는 임의제도이며 자신이 원하는 물품에만 한정적으로 적용할 수도 있다.

4.4 일괄납부제도(사후정산제도)

관세환급제도하에서는 수출용 원재료의 수입 시에도 일단 관세를 납부해야 하므로 환급받을 때까지 수출업자의 관세부담이 가중되어 왔다. 이를 완화하기 위해 관세를 징수하지 않고 일정 기간 후 환급액으로 상쇄시키는 사후정산제도가 시행되고 있다.

즉 사후정산제도는 일괄납부업체로 지정받은 자가 수출용 원재료를 수입할 때에 일정 기간 이내에 수출 등에 제공할 것을 조건으로 관세 등을 부과는 하되 징수를 하지 아니한 상태에서 통관하여 물품을 생산하도록 하고 그 물품이 수출된 후 환급받아야 할 금액과 관세 등을 상계처리하도록 함으로써 수출용 원재료 수입에 따른 관세부담을 완전히 면제시켜 수출을 촉진시키기 위한 제도이다.

일괄납부업체로 지정받고자 하는 자는 일정한 자격요건을 갖추어 해당 지역의 세관장에게 지정신청서를 제출해야 하며 담보를 제공하거나 신용담보업체로 지정받아야 한다.

일괄납부업체는 수출용 원재료에 대한 관세 등을 6개월의 범위 내에서 대통령이 정하는 기간별로 일괄납부할 수 있다. 이 경우 일괄납부업체는 수출용 원재료의 수입신고수리일이 속하는 분기가 종료되는 달의 다음 달 15일까지 해당 지역의 세관장에게 일괄납부해야 할 관세 등과 지급이 보류된 환급금을 정산하고 그 내역을 기재한 신고서를 세관장에게 제출해야 한다.

제2절 무역금융제도

1. 무역금융의 의의

무역금융은 넓은 뜻에서 보면 무역거래에서 일어나는 모든 금융을 말하지만 일반적으로 의미하는 무역금융은 정부가 정책적으로 무역거래에 필요한 각종 자금을 지원해 주는 것을 말한다. 현재 우리나라 정부는 수출경쟁력을 향상시키기 위해 무역거래나 이와 관련된 국내거래 및 해외 현지거래의 각종 단계에 필요한 자금을 일반금융에 비해 보다 편리하게 지원하는 무역금융제도를 실시하고 있다.

우리나라의 무역구조는 해외에서 원자재를 수입·가공하여 이를 수출하는 가공무역이 많은 비중을 차지하고 있어 우리나라 수출업자들은 구조적으로 원자재 수입을 위한 상당한 자금이 필요하다. 그리고 우리나라의 금융시장도 선진국에 비해 자금력이 약하여 일반 시중은행의 자금만으로는 수출업자들에 대한 충분한 지원이 불가능하며 또한 여신금리가 높아 수출업자들의 이자부담도 매우 큰 편이다. 이에 따라 정부는 수출업자를 비롯한 관련 당사자들에 대한 금융지원을 통해 수출경쟁력을 강화하고 수출을 증대시키는 정책을 시행해 왔다.

그러나 우리나라의 대외교역량이 늘어남에 따라 정책적 무역금융은 통화량 팽창의 한 요인이 되어 왔고, 투기성 자금으로 활용되는 등 그동안 많은 부작용이 제기되었다.

그리고 WTO는 이러한 무역금융을 정부의 보조금으로 규정하여 그 사용을 규제하고 있으며 나라마다 상대국의 특정수출품에 대한 정부의 지원을 상쇄시키기 위해 상계관세(countervailing duties), 덤핑방지관세(anti-dumping duties) 등을 규정하고 있어서 수출업자들을 무한정 지원할 수 없게 되었다.

이에 따라 오늘날의 무역금융은 정부의 특혜적인 금융지원보다는 무역거래에 필요한 각종 자금을 융자해 주는 상업적 차원에서의 금융으로 그 성격이 점차 바뀌고 있다.

현재 우리나라 무역금융이 지니고 있는 특성을 살펴보면 다음과 같다.

첫째, 무역금융은 중앙은행의 자금지원으로 이루어지는 정책금융이다. 한국은행은 금융통화운영위원회가 정한 총액범위 내에서 한국은행차입한도를 사전에 포괄적으로 배정하여 금융기관별로 자금을 지원하고 있으며 금리 면에서도 우대금리를 적용하고 있다. 따라서 개별기업에게 무역금융을 제공한 융자취급은행은 한국은행으로부터 취급액의 일정 금액을 차입받을 수 있다.

둘째, 무역금융의 융자대상은 포괄적이다. 물품, 건설, 기타 용역의 수출에 직접・간접으로 참여하는 모든 업체들은 무역금융의 수혜대상이 될 수 있다. 따라서 국내의 수출용 원자재 공급업자, 수출용 완제품 공급업자 등 내국신용장(local credit)을 받은 국내업체들도 무역금융을 활용할 수 있다.

셋째, 무역금융은 용도별, 시기별로 지원된다. 무역금융은 생산자금, 원자재 수입자금, 원자재 구매자금, 농수산물 비축자금 및 농수산물 수집자금으로 구분하여 각 자금의 소요시기에 맞추어 지원하고 있다.

넷째, 무역금융은 신용장기준 또는 실적기준으로 지원된다. 무역금융은 수출증대를 목적으로 수출신용장, 선수출계약서(D/A, D/P), 외화표시 물품공급계약서 등에 의해 지원되며 과거 수출실적을 기준으로 지원되기도 한다. 특히 실적기준 금융은 과거 수출실적이 있는 업체가 앞으로도 동일한 정도로 수출할 것이라는 전제하에 과거 일정기간의 수출실적을 융자대상으로 하기 때문에 융자절차가 간편하고 원자재 사전비축이 가능하다.

마지막으로 무역금융은 수출이행을 의무화한다. 무역금융은 용도별로 지원되는 정책금융이므로 용도 외의 다른 목적에 사용되어서는 안 되며, 또한 금융만 수혜하고 대응수출을 이행하지 않은 경우 해당업체는 불이행 이자를 추징당하며 수혜자격도 정지될 수 있다.

2. 총액한도 무역금융

2.1 총액한도 무역금융의 의의

총액한도 무역금융은 수출경쟁력 향상을 위해 정책적으로 지원되고 있는 무역금융을 말한다. 이는 현재 금융통화운영위원회가 제정한 「한국은행의 금융기관에 대한 대출규정」에 따라 한국은행총재가 제정한 「한국은행의 총액한도 대출관련 무역금융 취급세칙」 및 동 취급절차에 의해 시행되고 있다.

따라서 한국은행은 총액한도를 설정해 두고 무역금융 등과 같은 정책금융을 취급한 금융기관을 지원하게 된다. 우리나라 무역규모가 커짐에 따라 일반금융기관의 자금만으로는 충분한 지원이 어렵기 때문에 금융기관들은 한국은행으로부터의 대출을 통해 무역금융을 지원하고 있는 것이다.

총액한도 무역금융은 신용장 등의 기준과 실적기준으로 구분되고 자금의 용도도 생산자금, 원자재자금 및 완제품구매자금으로 구분된다. 그리고 중소 수출업자들이 편리하게 이용할 수 있도록 자금의 용도를 구분하지 않는 포괄금융제도가 있다.

무역금융은 대외거래와 직접 연결되는 대출제도이므로 무역금융의 취급기관은 외국환은행으로 한정되어 있다. 따라서 무역금융을 받고자 하는 자는 거래외국환은행을 지정해야 하며 필요한 경우 여러 외국환은행을 거래은행으로 지정할 수 있다. 거래외국환은행은 해당 업체의 수출실적관리카드를 비치하고 관리해야 하며 관리카드상의 수출실적에 의해 해당 업체의 무역금융한도를 결정해야 한다.

2.2 총액한도 무역금융의 대상

1) 대상업체

한국은행의 무역금융 취급세칙에 의해 지원되고 있는 총액한도 무역금융의 융자대상은 중소기업 및 비계열대기업이다. 비계열대기업은 금융감독원장이 선정하는 금융기관 대출금 기준으로 상위 30대 계열기업군 및 그 소속기업체에 포함되지 않는 대기업을 말한다. 다만, 「금융기관의 신용정보 교환 및 관리규약」에 의거 적색거래처로 분류된 업체는 제외된다.

그러나 한국은행의 대출한도와 상관없이 금융기관의 자체 자금으로 무역금융을 지원하는 경우에는 융자대상업체에 대한 제한은 없다.

2) 대상수출

무역금융의 대상이 될 수 있는 수출거래는 다음과 같다.

① 수출신용장(Master L/C), 선수출계약서(D/A, D/P조건 수출계약서) 및 기타 수출관련 계약서에 의한 물품, 건설 및 용역의 수출

② 다음의 외화표시 물품공급계약서에 의하여 물품, 건설, 용역 등을 공급하고자 하는 자

가. 외국정부, 외국공공기관 또는 국제기구와 체결된 물품공급계약서

나. 선박건조 공급(개조공급 포함) 및 대외무역법이 정한 산업설비의 수출을 위한 계약서

다. 정부, 지방자치단체 또는 정부투자기관이 외국으로부터 받은 차관자금에 의한 국제경쟁 입찰에 의하여 국내에서 유상으로 물품을 납품하기 위하여 체결된 계약서

③ 내국신용장에 의한 수출용 원자재 및 완제품의 국내 공급

④ 관세법에 의하여 설치된 보세판매장에서 자가생산품을 외국인에게 외화로 판매한 실적 및 외항항공・외항해상운송・선박수리업체의 외화입금실적

⑤ 위탁가공무역방식에 의한 수출(내국신용장에 의하여 국내에서 조달하는 원자재만이 융자대상에 포함)

3) 융자대상제외거래

수출업자가 보유한 수출신용장 등에 대해서 아무런 조건 없이 금융을 허용하면 금융공급이 과대해지고 금융을 중복으로 유용할 수 있다. 이에 따라 무역금융은 수출물품 제조업자가 수출이행에 필요한 자금을 중복으로 혜택받을 여지가 없거나 금융자금을 확실히 회수할 수 있을 경우에만 지원된다. 따라서 다음과 같은 경우는 융자대상에서 제외된다.

① 해외 수입업자로부터 전액 선수금을 받은 단순송금방식 수출

② 전액 선수금 조건의 전대신용장(Red Clause L/C)에 의한 수출(일부 선수금조건은 나머지 금액 융자가능)

③ 한국수출입은행의 수출자금 대출을 이미 수혜한 신용장
④ 한국수출입은행이 개설한 내국신용장
⑤ 융자대상 증빙에 대하여 무역어음이 발행된 경우
⑥ 중장기 연불수출방식에 의한 수출신용장
⑦ 중계무역방식 수출
⑧ 융자한도를 초과하여 개설된 내국신용장(개설의뢰인 및 그 내국신용장의 수혜자도 무역금융 이용 불가)

2.3 총액한도 무역금융의 용도

무역금융의 융자금은 그 용도에 따라 생산자금, 원자재자금 및 완제품 구매자금으로 구분된다.

1) 생산자금

생산자금은 수출용 완제품 또는 원자재를 국내에서 제조·가공하는 데 소요되는 자금으로서 수출금액 중에서 원자재의 수입 및 국산원자재 구매액을 제외한 부분, 즉 가득액 부분에 대하여 지원하는 자금이다. 그리고 중고품, 농수산물 및 자가생산한 원자재 등과 같이 상거래 관례상 내국신용장에 의하여 조달하기 곤란한 수출용 원자재 및 완제품을 구매하는 데 소요되는 자금은 생산자금으로 융자가능하다.

2) 원자재자금

원자재자금은 수출품 생산에 필요한 수입원자재를 해외로부터 직접 수입하거나 국내에서 생산된 국산원자재 또는 국내의 유통업자(사업자등록증상의 도매업자, 조달청, 중소기업협동조합)로부터 수입원자재를 원상태로 내국신용장에 의해 구매하는 데 소요되는 자금이다. 수입신용장 또는 내국신용장개설 후 관련 어음의 결제자금으로 융자된다.

원자재수입에 따른 해상운임을 따로 지급할 경우에는 당해 선박회사 또는 대리점이 발급한 운임증명서에 의거 동 운임결제를 위한 자금도 원자재자금으로 융자가능하다.[2]

2 수입원자재를 FOB 조건으로 수입할 경우이다.

3) 완제품구매자금

완제품구매자금은 주로 생산시설이 없는 무역상사가 해외로부터 수취한 수출신용장 등을 근거로 수출용 완제품을 국내에서 내국신용장을 개설하여 구매하는 경우 지원하는 자금이다. 내국신용장하에서 발행된 어음의 결제자금으로 융자가 이루어진다.

2.4 총액한도 무역금융의 방식

무역금융은 신용장기준금융, 실적기준 및 포괄금융방식으로 이루어진다. 각 자금별 신용장기준 또는 실적기준방식 중 업체가 편리한 방법으로 선택할 수 있으며, 필요에 따라 융자방식을 변경할 수 있다.

1) 신용장기준금융

신용장기준금융은 해당 업체의 과거 수출실적, 매출액, 신용상태 등을 감안하여 신용장 등의 융자대상 증빙 건별로 자금을 지원하는 방식을 말한다. 수출업체가 보유하고 있는 수출신용장, 내국신용장, 송금방식 수출계약서(사전송금방식 제외), D/A, D/P 계약서 등의 융자대상 금액범위 내에서 매 건별로 대출금 및 지급보증을 수출입절차에 맞추어 취급하고 당해 수출대금으로 융자금을 회수하는 방식이다.

신용장기준금융은 신용장 융자대상 증빙 건별로 일일이 용도별로 융자를 받아야 하므로 절차가 복잡하고 원자재의 사전비축이 곤란하다. 주로 무역금융을 처음 이용하는 신규업체들이 많이 활용하고 있다.

2) 실적기준금융

실적기준금융은 과거 수출실적이 있는 업체가 향후에도 동일 금액만큼 수출할 것으로 간주하여 과거 일정기간의 수출실적을 융자대상으로 하여 개별수출신용장 등의 내도와는 관계없이 일괄적으로 융자하는 금융제도이다.

신용장의 내도 시마다 일일이 융자서류를 구비하여 융자신청을 해야 하는 신용장기준금융과는 달리 절차가 간편하며 원자재의 사전비축이 용이하여 무역업체들이 많이 이용하고 있다.

실적기준금융의 융자대상이 될 수 있는 수출실적은 수출신용장, 선수출계약서(D/A 혹은 D/P), 기타 수출계약서에 의한 수출실적과 내국신용장에 의한 수출용 완제품 또는 원자재 공급실적이다. 무역어음이 인수·취급된 수출신용장 등에 의한 수출실적은 무역어음 인수금액을 제외한 나머지 부분만을 수출실적에 포함한다.

그러나 중계무역에 의한 수출실적은 융자대상에서 제외되고 현지 또는 제3국에 수출되는 위탁가공무역의 경우에는 국산원자재 무상수출만이 수출실적으로 인정된다. 수출실적은 FOB 가격을 기준으로 산정한다.

융자대상 수출실적의 인정시점은 수출신용장 및 내국신용장의 경우는 환어음이 매입(추심)의뢰 되었을 때이며, 수출계약서 및 외화표시 물품공급계약서의 경우는 대금이 입금되었을 때이다. 그러나 선수금영수방식 수출은 그 수출이 이행되었을 때가 수출실적의 인정시점이 된다.

실적기준금융에서 하나의 수출신용장 등과 관련된 무역금융의 취급과 수출대금의 영수는 동일한 외국환은행을 통하여 이루어져야 한다. 그리고 실적기준금융 이용업체와 포괄금융 이용업체가 발행한 수출환어음 또는 내국신용장 어음의 매입과 추심은 융자취급은행을 통해 이루어져야 하며 만약 융자취급은행을 통하지 않은 수출대금 혹은 공급대금 영수실적은 그 업체의 수출실적에 포함되지 않는다.

3) 포괄금융

포괄금융은 일정 요건을 갖춘 수출업자에 대해서 생산자금, 원자재자금 등 자금용도의 구분 없이 수출신용장금액의 일정 비율 또는 과거 수출실적의 일정 비율에 해당하는 금액을 일괄지원하는 방식이다. 포괄금융은 주로 무역금융제도의 활용을 위한 전문인력이 없는 중소업체를 위하여 일괄융자함으로써 중소업체를 지원하기 위한 금융이다.

포괄금융을 이용하고자 하는 업체는 당해 업체의 무역금융 융자한도의 결정 등 무역금융에 관한 종합관리를 담당할 주거래외국환은행을 지정하고, 동 외국환은행에 포괄금융 수혜업체로 신청해야 한다. 지정은행은 신청업체가 자격요건에 해당하는지를 검토한 후 포괄금융 수혜업체로 선정한다.

포괄금융 이용업체의 자격은 전년도 또는 과거 1년간 수출실적이 5천만 달러 미만인 제조 수출업체이며, 수출실적 보유기간이 1년 미만인 업체도 수출실적이 5천만 달러 미만인 경우는 포괄금융 수혜업체가 될 수 있다. 주거래외국환은행은 매년 1월 중 수혜자격요건을 재심사한다.

포괄금융 수혜업체에 대한 무역금융, 수출환어음 매입 등 모든 외환 및 수출입업무는 주거래외국환은행이 취급한다. 그러나 주거래외국환은행이 배정하는 한도범위 내에서 부거래외국환은행에서도 취급가능하다.

그리고 포괄금융 수혜업체 및 실적기준금융 수혜업체가 발행한 수출환어음 또는 내국신용장 어음의 매입과 추심은 동 업체에 대한 융자취급은행을 통하여 이루어져야 한다.

포괄금융은 신용장기준과 실적기준으로 구분되는데 신용장기준은 수출신용장 등의 금액 내에서 자금용도 구분 없이 업체별로 한도를 산정하여 융자하는 방법이다. 수출신용장 수취 등 융자대상 증빙이 생길 때마다 수시로 이용가능하다.

실적기준 포괄금융은 신용장 등 융자대상 증빙과는 관계없이 과거 수출실적에 근거하여 산정된 소정의 융자한도 및 융자기간 범위 내에서 필요시마다 수시로 융자하는 방법이다.

2.5 총액한도 무역금융의 융자내용

1) 융자한도

신용장기준금융의 융자한도는 거래외국환은행이 업체별 수출실적관리카드상의 실적을 근거로 매년 초에 업체별 및 자금별로 설정한다. 만약 거래외국환은행이 2개 이상인 경우에는 1개의 외국환은행으로 수출실적을 이전받아 융자한도를 산정할 수 있다. 실적기준금융의 융자한도는 외국환은행이 수출업체의 과거 수출실적과 자금별 예상소요금액을 감안하여 자율적으로 산정한다.

자금의 종류별 융자한도는 대체로 생산자금은 2~3개월간 수출실적, 원자재자금은 6개월간 수출실적, 완제품구매자금은 2개월간, 수출실적금융 및 포괄금융은 4~6개월간 수출실적 범위 내에서 정해진다.

수입신용장 및 내국신용장이 융자한도범위 내에서 개설되었을 때는 어음결제시점에서 융자한도가 부족하더라도 원자재자금, 완제품구매자금을 융자한다. 그러나 융자방법을 변경할 경우, 이미 융자된 대출금, 지급보증잔액이 새로 변경된 대상자금의 융자한도를 이미 초과하였을 때는 융자한도 내로 축소될 때까지 신규융자는 불가능하다.

2) 융자금액

신용장기준의 융자금액은 당해 업체가 보유한 수출신용장 등 수출관련 증빙의 외화금액에 융자취급일 전월 평균매매기준율을 곱한 금액범위 내이며 구체적으로 다음과 같다.

① 수출신용장 등의 융자대상 금액은 당해 수출신용장 등의 금액 중 본선인도(FOB) 가격 기준

② 선수금영수조건의 수출신용장이나 수출계약서 및 외화표시 물품공급계약서의 경우 융자대상 금액은 당해 수출신용장이나 계약서 금액에서 이미 영수한 선수금을 차감한 금액

③ 무역어음이 인수·취급된 수출신용장 등의 경우 융자대상 금액은 당해 인수취급액을 차감한 금액기준

④ 회전신용장의 경우 융자대상 금액은 당해 신용장의 액면금액 이내

⑤ 위탁가공무역방식의 경우 융자대상 금액은 국산원자재를 무상수출하는 금액(단, 가공물품을 현지나 제3국에 수출하는 경우에 한하여 융자, 국산원자재를 가공하지 않고 수출하는 경우는 생산자금, 포괄금융 융자대상에서 제외)

실적기준금융의 생산자금 및 포괄금융의 융자금액은 외국환은행이 업체별로 산정한 융자한도에 융자취급일 전월 평균매매기준율을 곱한 금액범위 내이다.

실적기준금융의 원자재자금 및 완제품구매자금은 내국신용장 어음, 수입신용장 발행어음, 수입대금(수입화물 운임 포함)금액에 평균매매기준율을 곱한 금액이 된다. 그리고 생산자금은 융자한도에 평균매매기준율을 곱한 금액이다.

3) 융자기간

무역금융의 융자기간은 수출품 생산에 필요한 자금의 소요기간 등을 감안하여 외국환은행이 자율적으로 결정하고 있는데 현재는 대체로 3~6개월 범위 내이다. 신용장기준금융의 융자기간은 자금소요기간 등을 감안하여 외국환은행이 결정한다. 그러나 융자기간 만료 전이라도 수출대금이 입금되면 회수가 가능하다.

4) 융자시기

생산자금 및 포괄금융은 자금의 소요시기에 따라 수시로 융자되고, 원자재자금은 선적서류나 물품의 인수와 동시에 수입어음을 결제하거나 수입대금을 지급할 때 또는 내국신용장어음을 결제할 때 융자가 이루어진다. 그리고 완제품구매자금은 내국신용장어음을 결제할 때 융자된다.

3. 무역어음제도

3.1 무역어음의 개요

무역어음제도는 수출업자가 수출신용장을 근거로 선적 전에 발행한 기한부어음(무역어음)을 금융기관이 인수하고 이를 중재기관을 통해 할인·매각하여 그 대금으로 수출자금을 지원하려는 취지에서 1989년 8월 1일부터 시행된 무역금융의 일종이다.

이 제도는 수출업자가 수출에 필요한 자금을 선적 전에 조달한다는 점에서는 일반수출입금융과 비슷하지만 일반수출입금융에 비해 자금조달방식에 있어서 무역어음을 발행한다는 점이 다르다. 또한 일반수출입금융은 재원의 일부가 한국은행의 재원으로 뒷받침되는 반면 무역어음제도는 금융기관의 자체 자금 또는 할인·매입한 무역어음을 일반투자가에게 재매각하여 조달한 자금을 재원으로 한다는 점에서 차이가 있다.

무역어음에 의한 수출자금의 조달은 [그림 11-1]에서처럼 이루어진다.

먼저 수출업자는 수출에 필요한 자금을 조달하기 위해 융자대상 증빙서류인 수출신용장 등을 근거로 기한부무역어음을 발행하고, 이 어음의 지급을 보증하기 위해 금융기관의 인수를 받는다.

그림 11-1 무역어음의 유통과정

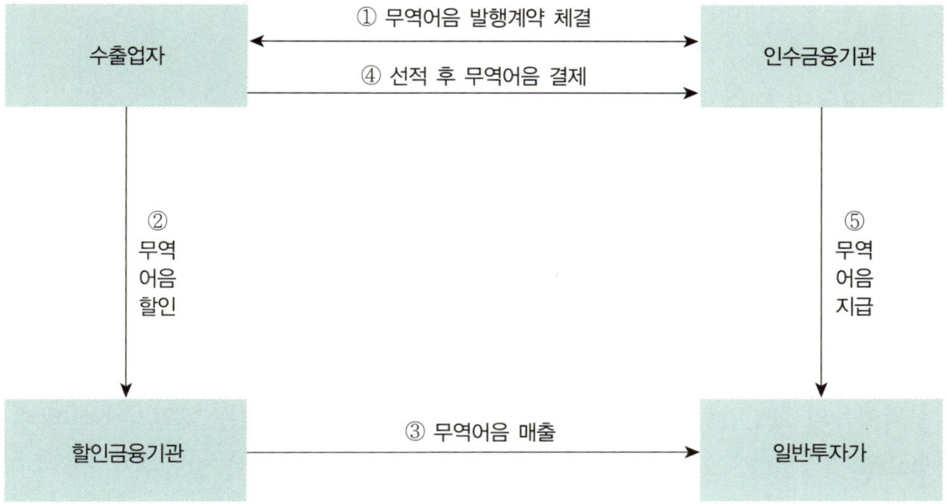

다음으로 수출업자는 금융기관이 인수한 무역어음을 중개기관(할인기관)에 매각하여 수출자금을 조달하고, 이 자금으로 수출물품을 제조·가공하여 선적한다. 무역어음의 대금은 수출물품을 선적한 후 매입은행(negotiating bank)으로부터 받은 수출대금으로 결제한다.

무역어음을 매입한 할인기관은 어음을 만기까지 그대로 보유하거나 일반투자가들에게 다시 매각한다. 일반투자가들은 만기일에 무역어음의 인수기관으로부터 대금을 지급받는다.

3.2 무역어음의 유통과정

1) 무역어음의 발행

무역어음을 발행할 수 있는 자는 무역금융 취급세칙상의 융자대상 수출증빙인 수출신용장, 내국신용장, 선수출계약서(D/A, D/P) 및 외화표시 물품공급계약서를 받은 자이다.

수출업자는 무역어음 인수기관을 지급장소(지급지)로 하여 환어음형태로 무역어음을 발행한다. 어음의 만기일은 최장 270일 이내에서 무역어음 인수일로부터 선적일 또는 물품인도일에 최장 10일을 가산한 기일 이내이어야 한다.

어음금액은 외화표시 수출신용장 등의 FOB 금액에 인수당일의 대고객전신환매입률을 곱한 금액 이내이며 최소금액은 500만원이다.

2) 무역어음의 인수

무역어음의 인수기관은 은행 및 종합금융회사이며 인수금액은 일정 산식에 의해 산출된 한도액 이내에서 수출업자의 수출실적, 생산능력 등을 감안하여 금융기관이 자율적으로 산정한다. 그리고 인수기관은 연 1.5% 이내의 인수수수료를 선취할 수 있다.

3) 무역어음의 할인

무역어음의 할인기관은 은행 및 종합금융회사이며 할인금리는 할인기관에 의해 자율적으로 결정된다. 그리고 할인기관은 할인·매입한 무역어음을 일반투자가에게 다시 매출하여 자금을 조달할 수 있다.

제3절 무역보험제도

1. 무역보험의 의의

무역보험은 무역거래를 포함한 해외거래에서 발생하는 각종 위험 중 주로 대금결제 등의 위험을 담보하는 보험을 말한다. 처음에는 수출거래에 따른 대금회수불능 등의 위험을 주로 담보하는 수출보험으로 출발했는데 최근 들어 우리나라를 비롯한 대부분의 국가에서는 수입거래 시 발생하는 선적불능 등으로 인해 수입업자가 입는 손실까지 담보하는 종합적인 무역보험으로 운영하고 있다.

무역거래에는 많은 위험이 따르는데, 예를 들어 수입업자가 일방적으로 계약을 파기하거나 고의로 약정된 기일 내에 대금을 결제하지 않거나 혹은 파산으로 수출업자가 대금을 회수할 수 없는 경우도 있고, 수입국 내에서의 전쟁, 비상조치 등으로 외환거래가 제한되어 대금회수가 지연되거나 불가능해질 수 있다. 거꾸로 수입대금을 이미 지급했는데 수출업자가 선적하지 않음으로써 수입이 불가능해져 수입업자가 손실을 입을 수도 있다.

이러한 위험은 수출업자 혹은 수입업자에게만 영향을 미치는 것이 아니라 수출업자에게 생산, 집화, 가공자금 등을 융자해 준 금융기관 혹은 수입업자에게 수입대금을 융자해 준 금융기관에까지 연쇄적으로 손실을 끼친다. 이러한 이유 때문에 국내의 금융기관은 수출업자 혹은 수입업자를 과감히 지원하지 못하게 되고 활발한 무역거래를 도모할 수 없게 된다.

이에 따라 수출업자 혹은 수입업자 그리고 그 밖의 해외거래자를 보호하고 금융기관으로 하여금 적극적으로 이들을 지원하도록 하기 위해 제정된 보험이 바로 무역보험이다. 즉 무역보험은 수출입국 내에서의 전쟁, 내란, 환거래의 제한과 같은 비상위험이나 계약당사자의 파산, 대금지급의 지연, 선적 불이행 등과 같은 신용위험으로 인하여 수출업자, 수입업자 또는 그 밖의 해외거래자 등이 입게 되는 손실을 보상해 주는 비영리 정책보험을 말한다.

2. 무역보험의 담보위험과 기능

2.1 무역보험의 담보위험

무역보험에서 담보하는 위험은 크게 비상위험과 신용위험으로 구분된다.

1) 비상위험

비상위험(political risk)은 수입국 사정에 의해 발생하는 위험으로 수입국에서의 전쟁, 혁명, 내란, 환거래제한, 환거래중지, 지급유예 등이 해당된다. 비상위험은 수출계약 당사자에게 책임지울 수 없는 불가항력적 위험이다.

2) 신용위험

신용위험(credit risk)은 수입업자의 신용악화로 인해 발생하는 위험으로 수입업자의 지급불능, 지급거절, 지급지체, 인수거절, 인수불능 등이 해당된다. 이러한 위험은 수입업자가 파산하거나 재정상태가 악화되어 당연히 이행해야 할 채무를 태만히 하거나 이행하지 않음으로써 발생한다.

2.2 무역보험의 기능

1) 불안제거기능

무역보험은 수출계약 이행불능 또는 수출대금 회수불능의 위험으로 인해 수출업자, 금융기관 등이 입게 되는 손실 그리고 수입과정에서 우리나라 수입업자 혹은 수입업자에게 수입자금을 지원해 준 금융기관 등이 입게 되는 손실을 보상해 줌으로써 무역거래에 따른 불안을 제거해 준다.

2) 금융창출기능

무역보험은 금융기관에 대해 지급보증을 해줌으로써 금융기관으로 하여금 적극적으로 수출업자 혹은 수입업자들을 지원해 주도록 유도하며 또한 보험사고가 발생했을 때 수출업자나 수입업자가 입은 손실을 보상함으로써 자금의 유동성을 제고시키는 금융창출의 기능이 있다.

3) 무역진흥기능

무역보험은 종국적으로 무역거래를 활성화하는 역할을 한다. 수출거래에 따른 불안이 제거되고 수출에 필요한 자금이 원활히 지원됨으로써 수출증대를 기대할 수 있다. 수출업자들은 수입업자가 선호하는 D/A, D/P와 같은 결제방식을 활용하고 해외무역전시회에 적극 참여하여 신시장을 개척하며 또한 선박, 산업설비와 같은 고가의 자본재 상품을 중장기 연불조건으로 수출하는 등 무역보험의 보호 아래 과감한 수출활동을 전개한다.

그리고 수입업자에게도 수입에 따른 불안을 해소해 줌으로써 수입원가를 낮추고 수입원자재를 가공수출할 경우에도 수출단가를 낮출 수 있는 효과를 기대할 수 있다.

4) 무역관리제도로서의 기능

무역보험은 담보위험의 범위, 보상율, 보험료율 등을 조정하여 특정수출거래를 활성화시키거나 제한시킬 수 있어 무역거래를 간접적으로 통제할 수 있다. 또한 무역보험은 개발도상국가에 대한 경제협력수단으로도 활용된다. 민간수출업자로서는 위험도가 높은 개발도상국가와의 거래를 단독으로 추진할 수 없기 때문에 무역보험이 이를 인수하여 자금 및 신용이 약한 개발도상국의 수입업자에게 신용을 제공하고 우리나라와의 거래를 가능하도록 한다.

5) 신용조사기능

무역보험은 보험사고를 사전에 방지하기 위해서 수입국의 사정, 수입업자의 신용상태 등을 조사·분석하는 신용조사의 기능을 수행한다.

3. 무역보험계약

3.1 보험자 및 보험계약자

무역보험은 정부가 최종적으로 보상책임을 지는 정책보험이므로 무역보험의 보험자는 정부이다. 우리나라도 무역보험사업에서 대규모 보험금 지급으로 손실이 발생할 경우에는 정부에서 이를 보전하도록 되어 있다. 현재 무역보험업무는 한국무역보험공사를 통해 이루어지며 산업통상자원부가 감독권을 행사하고 있다.

보험계약자는 보험종목에 따라 수출업자, 수입업자, 금융기관, 해외건설업자, 해외투자자 등이 된다.

3.2 보험요율 및 보상한도

우리나라의 무역보험요율은 수출경쟁력 강화를 통한 수출진흥 그리고 수입거래안정이라는 목적을 위해 비교적 저율로 책정되어 있다. 기본요율은 보상비율, 신용기간, 담보범위, 위험도 등을 고려하여 책정되고 여기에 보험기간, 포괄보험, 국별 정세안정도 등에 따라 할인율이 적용된다.

무역보험은 손실액에 대하여 전액 보상하는 것이 아니며 통상 손실액의 90~95% 정도만 보상한다. 이는 손실액 전부를 완전히 보상해 줄 경우 보험계약자는 무역보험을 악이용할 수 있고 계약상대방의 신용파악을 소홀히 하거나 무역계약 체결 시 거래조건을 신중하게 고려하지 않을 수도 있기 때문이다.

3.3 인수방식

무역보험계약은 개별보험방식 또는 포괄보험방식으로 인수된다. 개별보험은 보험계약자가 보험계약을 청약할 때마다 보험자가 그 내용을 심사하여 인수 여부를 결정하는 방식이다. 보험계약자는 위험이 크다고 생각되는 무역거래만 선택해서 청약할 수 있고 보험자는 위험이 높다고 판단되는 거래에 대해서는 보험계약인수를 거절할 수 있다.

이에 반해 포괄보험은 보험계약자와 보험자가 사전에 포괄보험특약을 체결하여 특약에서 정한 일정 기간 동안의 모든 무역거래는 의무적으로 보험에 가입하고 또한 보험자도 이를 자동적으로 인수하는 방식이다.

개별보험에 비해 포괄보험을 이용할 경우 다음과 같은 장점이 있다.

첫째, 포괄보험은 개별보험보다 보험료율이 50~75% 정도 할인되어 보험계약자의 부담이 경감된다.

둘째, 위험국가와의 무역거래도 자동으로 보험계약이 체결되므로 과감하게 시장개척에 나설 수 있다.

셋째, 대상물품의 전부를 보험에 가입하도록 함으로써 특정위험만을 집중적으로 보험에 가입하는, 이른바 보험의 역선택을 방지할 수 있어 위험의 평준화를 기할 수 있다.

마지막으로, 매 건마다 보험계약을 체결할 필요가 없기 때문에 보험계약 체결에 따른 업무가 간소화되고 보험이용한도의 우대혜택도 받을 수 있다.

4. 무역보험종목의 해설

4.1 단기성 보험

1) 단기수출보험(선적 후)

단기수출보험은 결제기간 2년 이하의 수출계약을 체결하고 수출물품을 선적한 후 수입업자 혹은 개설은행(신용장거래인 경우)으로부터 수출대금을 받을 수 없게 된 때 입게 되는 손실을 보상하는 종목이다. 담보위험은 수입업자 혹은 신용장개설은행의 지급불능, 지급지체, 수입화물에 대한 인수거절 등의 신용위험과 전쟁, 송금중지, 환거래제한 등의 비상위험이다.[3]

단기수출보험의 가입거래대상은 [표 11-1]과 같이 일반수출, 위탁가공무역, 중계무역 및 재판매이다. 계약방식은 개별보험과 포괄보험방식이 있으므로 수출업자는 수출구조 및 특성에 따라 자율적으로 선택할 수 있다.

표 11-1 | 단기수출보험(선적 후) 거래대상

구분	내용
일반수출	국내에서 외국으로의 수출을 말하며 국내에서 자체 생산하거나 국내 제조업체로부터 구매한 물품을 수출하는 방식
위탁가공무역	해외에 진출한 국내기업의 현지법인이 생산가공한 물품 또는 제3국 기업에 위탁하여 동 국가에서 가공한 물품을 제3국에서 수입국으로 직접 선적하는 거래
중계무역	제3국에서 생산된 물품을 구매하여 제3국에서 수입국으로 직접 선적하는 방식
재판매	수출업자가 해외지사(해외법인 포함)에 물품을 수출하고 동 해외지사가 당해 물품을 현지 또는 제3국에 재판매하는 거래

3 한국무역보험공사 자료, 2013.

2) 단기수출보험(포피팅)

포피팅(forfaiting)은 수출업자가 발행한 기한부어음을 포피터(forfaiter)가 할인·매입해 주는 금융기법을 말한다.[4] 수출업자가 가액이 큰 물품을 중장기 연불조건으로 수출할 경우 신용장개설은행이 수출업자가 발행한 기한부어음에 대해 보증을 해주는데 수출업자는 이 보증어음을 포피터에 할인매각하여 수출대금을 일람조건의 수출과 같이 회수할 수 있다. 반면 포피터는 만기에 보증은행으로부터 대금을 지급받아야 하는데 수입국의 비상위험이나 개설은행(보증은행)의 파산 등으로 수출대금 미상환위험이 발생할 수 있다.

단기수출보험(포피팅)은 포피팅 수출금융을 취급한 은행, 즉 포피터가 신용장개설은행으로부터 만기에 수출대금을 회수하지 못하여 입게 되는 손실을 보상해 주는 종목이다. 따라서 이 종목의 보험계약자는 은행이 되고 대상거래는 기한부신용장이 사용되는 거래인데 결제기간은 720일 이내이다.

3) 단기수출보험(EFF)

이 종목은 은행이 수출입업자 간 거래에서 발생한 수출채권을 비소구조건으로 매입한 후 매입대금을 회수할 수 없게 된 경우 입게 되는 손실을 보상한다. 수출채권을 비소구(without recourse)조건으로 매입한 은행의 미회수위험을 담보하므로 보험계약자는 금융기관이고 결제기간은 180일 이내(신용장 360일)이다. 수출은 일반수출 및 위탁가공수출 모두 해당된다.[5]

4) 단기수출보험(농수산물 패키지)

단기수출보험(농수산물 패키지)은 간편한 한 개의 보험으로 농수산물 수출 시 발생하는 여러 가지 위험(대금미회수위험, 수입국 검역위험, 클레임비용위험)을 한 번에 보장하는 농수산물 수출기업용 맞춤형 종목이다.

5) 중소중견플러스보험

중소중견플러스보험은 수출기업의 전체 수출거래를 대상으로 위험별로 책임금액을

---

4 포피팅은 현금을 대가로 채권을 포기 또는 양도한다는 뜻으로 무역거래에서는 수출업자가 발행한 기한부어음을 포피터(금융기관의 일종)가 할인·매입해 주는 금융기법을 말한다.

5 EFF는 수출자금지원수단(export financing facility)을 말한다.

설정하여 운영되는 종목이며 담보위험은 기본위험으로 수입업자 신용위험이 있고, 그 밖에 신용장위험, 수입국위험 등이 있다. 단기수출보험은 개별수출거래 건별로 보험계약이 체결되는 반면 중소중견플러스보험은 마치 수출기업이 화재보험, 자동차보험에 가입하는 것과 마찬가지로 전체 수출거래를 보험에 가입하고 보험계약자가 선택한 담보위험으로부터 손실이 발생하면 약정된 책임범위 내에서 보상이 이루어진다.

보험계약기간은 1년이며 수출업자 신용등급이 F급 이상이고 전년도(최근 1년간) 수출실적이 백만 달러 이하의 중소수출기업을 대상으로 한다.

4.2 신용보증

신용보증은 무역보험공사가 금융기관 등에 신용을 보증하는 것으로 선적 전, 선적 후, 네고 및 문화콘텐츠 네 가지 경우로 구분된다.

1) 수출신용보증(선적 전)

이는 수출업자가 외국환은행, 수출유관기관 등으로부터 수출물품의 제조, 가공, 조달 등에 필요한 자금을 대출받을 때 무역보험공사가 수출신용보증서를 발행하여 연대보증하는 제도이다.

2) 수출신용보증(선적 후)

선적 후 수출신용보증은 수출업자가 선적 후 발행한 기한부환어음을 외국환은행이 매입할 수 있도록 무역보험공사가 수출신용보증서를 발행하는 것을 말한다. 수출업자가 기한부조건으로 수출할 경우 선적을 하더라도 일정 기간 후 수출대금을 회수할 수 있게 되는데 무역보험공사가 발행한 보증서를 담보로 하여 수출과 동시에 수출대금을 받을 수 있게 된다. 대상거래는 일반수출거래와 위탁가공무역이다.

3) 수출신용보증(네고)

수출기업이 수출계약에 따라 물품을 선적한 후 금융기관이 환어음 등의 선적서류를 근거로 수출채권을 매입(네고)하는 경우 무역보험공사가 연대보증하는 것을 말한다. 대상거래는 결제기간 180일 이내 무신용장(D/A, D/P 및 O/A 거래)이고 재판매거래는 제외된다.

4) 수출신용보증(문화콘텐츠)

이는 수출계약이 체결되었거나 외화획득이 예상되는 문화상품(영화, 드라마, 게임, 공연 등)의 제작사가 총제작비에 소요되는 자금 중 일부를 금융기관으로부터 대출 시, 무역보험공사의 보증서를 담보로 대출을 받는 제도를 말한다.

4.3 수입보험

수입보험은 수입거래에서 우리나라 수입업자가 입는 손실을 보상하는 제도로서 2011년부터 시행되고 있다. 수입업자가 해외 수출업자의 계약불이행으로 적기에 화물을 인도받지 못하거나 수입에 따른 선불금을 회수하지 못하는 경우 등 수입과정에서 입는 손실을 보상해 준다. 수입보험의 주요 내용은 수출보험과 동일하고 현재 수입업자용 및 금융기관용으로 운영되고 있다.

수입보험의 수입업자용은 국내수입업자가 수입대금의 전부 혹은 일부를 미리 지급하는 조건으로 수입할 경우 비상위험 또는 신용위험으로 인해 선급금을 회수할 수 없게 된 경우에 발생하는 손실을 보상하는 종목이다.

그리고 수입보험의 금융기관용은 금융기관이 주요 자원 등의 수입에 필요한 자금을 수입업자에게 대출(지급보증)한 후 대출금을 회수할 수 없게 된 경우에 발생하는 손실을 보상한다.

4.4 중장기성 보험

1) 중장기수출보험(선적 전)

이는 자본재상품 수출계약을 체결한 후 상품의 제작기간 중 발생하는 신용위험 및 비상위험으로 인하여 수출 자체가 불가능하게 되어 수출업자가 입는 손실을 보상하는 보험이다. 이 보험에서 담보하는 신용위험은 수입업자의 파산, 수입국 법원의 채무동결 혹은 채권단과의 채무조약 협약으로 인한 수입업자의 지급불능 등이며, 비상위험은 전쟁, 혁명, 수입국의 모라토리움 선언, 송금지연조치, 공공수입업자의 일방적인 계약파기 혹은 특별한 사유로 인한 계약의 해제, 해지 등이다.

2) 중장기수출보험(공급자신용 및 구매자신용)

중장기수출보험은 결제기간이 2년 이상인 수출계약에 적용되는 보험인데 공급자신용의 경우와 구매자신용의 경우로 구분된다.

① **중장기수출보험(공급자신용)** : 공급자신용은 수출업자가 수입업자에 대해 직접 신용을 공여하는 것, 다시 말해서 수출업자가 거액의 자본재를 장기의 연불조건으로 수출하는 것을 말한다. 중장기수출보험(공급자신용)은 수출업자가 결제기간 2년을 초과하는 중장기 연불조건으로 자본재상품을 수출하고 수입국의 비상위험이나 수입업자의 신용위험으로 인해 수출업자가 수출대금을 받지 못할 경우 손실을 보상해 주는 보험이다.

② **중장기수출보험(구매자신용)** : 구매자신용은 수입업자가 금융기관으로부터 대출을 받아 자본재 등을 연불조건으로 수입하는 경우를 말한다. 구매자신용을 제공한 금융기관이 수입국의 비상위험이나 수입업자의 신용위험으로 인해 대출금을 회수하지 못함으로써 입는 손실을 보상해 주는 종목이며 보험계약자는 금융기관이다.

3) 해외사업금융보험

이는 국내외 금융기관이 외국인에게 수출증진이나 외화획득의 효과가 있을 것으로 예상되는 해외사업에 필요한 자금을 2년 초과 조건으로 공여하는 금융계약을 체결한 후 대출 원리금을 상환받을 수 없게 됨으로써 입게 되는 손실을 보상하는 제도이다. 최근 해외사업 추진방식은 과거와 같은 단순 발주형이 아니라 사업기획에서 금융까지 포함하는 투자개발형으로 변화하고 있어, 이런 방식의 해외사업에 필요한 소요자금에 대한 금융계약을 지원할 수 있는 제도를 마련함으로써 해외사업 참여가능성을 높일 수 있다.

이 보험의 적용대상 해외사업은 ① 해외사업을 영위하는 외국법인의 주식 등의 지분취득계약(필수), ② 해외사업관련 원재료 공급계약, ③ 해외사업관련 생산물 구매계약, ④ 해외사업관련 운영 및 관리계약, ⑤ 기타 수출증진이나 외화획득효과가 예상되는 해외사업관련 계약 등이다. 그리고 적용대상 금융거래는 해외사업에 필요한 자금을 공여하기 위해 국내외 금융기관이 외국인을 상대로 체결한 상환기간 25년 이내의 금융계약이다.

4) 해외투자보험

일반적으로 해외투자에는 투자국 내에서의 전쟁, 혁명, 내란 등으로 해외사업을 계속 수행하는 것이 불가능하거나 투자국 정부에 의한 투자자산의 몰수, 수용 등과 같은 여러 가지 위험이 발생한다. 이러한 위험은 당사자에게 있어서 불가항력일 뿐만 아니라 손실을 보상받는 것이 어렵다. 비상위험으로부터 해외투자자를 보호하고 해외투자를 장려하기 위해 해외투자보험이 운영되고 있는데 여기에는 다음의 두 가지 종목이 있다.

① **해외투자보험(주식, 대출금, 보증, 부동산)** : 우리나라 국민이 해외투자를 행한 후 투자 상대국의 수용, 전쟁, 송금불능, 약정불이행, 불가항력의 비상위험 등으로 인하여 투자원금, 배당금 혹은 이자 등을 회수할 수 없게 되거나 보증채무의 이행으로 입게 되는 손실을 보상하는 제도이다. 해외투자대상은 주식 등에 대한 투자, 대출금에 대한 투자, 보증채무에 대한 투자, 부동산에 대한 권리 등에 대한 투자 등이다.

② **해외투자보험(투자금융)** : 해외사업과 관련하여 금융기관이 국내 개발사업자의 해외사업에 필요한 소요자금을 대출하는 경우 투자국의 비상위험 또는 신용위험으로 인해 금융기관이 대출금을 회수하지 못할 경우 입는 손실을 보상해 주는 보험이다. 국내 기업이 자원개발, 부동산개발 등 해외사업 및 해외투자를 수행하기 위해서는 장기간 대규모 자금이 필요한데 이에 소요되는 자금을 금융기관이 원활히 지원해 주도록 정부가 정책적으로 만든 보험종목이다.

5) 해외공사보험

이 보험은 해외공사계약 상대방의 신용위험 발생, 해외공사 발주국 또는 지급국에서의 비상위험 발생에 따른 손실을 보상해 주는 보험이다. 해외공사 시에는 발주자의 채무불이행, 파산 등 신용위험만 발생하는 것이 아니라 발주국 또는 지급국에서의 전쟁, 내란, 정변이나 환거래의 제한, 금지 등 해외공사 계약당사자 간에 불가항력적인 비상위험이 발생할 가능성이 있어 이런 위험으로부터 해외공사를 수주한 국내업체를 보호하기 위한 제도이다.

해외공사보험은 건설 및 기술용역 거래와 동 수출이행을 위해 반입된 관련 장비의 손실을 대상으로 한다. 건설 및 기술용역의 거래에서 담보하는 손실은 수출불능, 공사대가의 회수불능 및 공사비용의 회수불능이며, 건설장비의 경우는 장비에 대한 권리박

탈, 권리의 상실 등으로 취득한 금액의 국내 송금불능, 전쟁, 혁명 등의 사유로 인한 장비에 관한 권리의 손해 등이다.

6) 해외자원개발펀드보험

해외자원개발펀드를 해외자원개발사업에 투자하여 피투자국의 전쟁, 수용, 송금제한 등의 비상위험과 투자 상대방의 파산, 해당 자원의 가격변동 등의 신용위험으로 손실이 발생하는 경우 손실액의 일부를 보상하는 제도가 필요하다. 우리나라와 같이 경제발전에 필요한 에너지원을 대부분 해외에 의존하고 있는 경우에는 석유 등 에너지자원의 안정적인 공급원의 확보가 필요하며 이를 위해서는 자원개발을 위한 투자가 필요한데 자원개발사업에는 위험도가 높고, 미래수익이 불확실하며 대규모 투자가 이루어져야 하기 때문에 펀드조성이 어려운 실정이다.

해외자원개발펀드보험은 해외자원개발 투자거래의 안정성을 제고함으로써 펀드에 대한 민간자금의 유입을 촉진하고 주요 전략자원을 장기적으로 안정적으로 확보하기 위해 만든 보험이다. 이 보험의 세부대상은 융자, 주식, 수익권 등이며 보상하는 손실은 융자 등의 원리금 미회수손실, 주식 등의 투자원금 미회수손실, 수익권 등의 투자원금 미회수손실 등이다.

7) 서비스종합보험

서비스종합보험(일시결제방식)은 국내에 주소를 둔 기업이 외국기업에게 운송, 관광 등의 서비스를 제공하고 서비스제공 상대방으로부터 서비스대금을 지급받지 못하게 됨으로써 발생하는 손실을 보상하는 제도이다. 결제기간 180일 이내의 무신용장 및 신용장거래를 대상으로 하고 서비스형태는 운송, 관광 등 무형의 순수서비스, 소프트웨어 등 콘텐츠가 제공되는 서비스, 그리고 해외엔지니어링, 산업재산권 등의 기술서비스이다.

그리고 기성고·연불방식은 국내 수출업체가 시스템통합(SI), 기술서비스, 콘텐츠, 해외엔지니어링 등의 서비스거래를 수출하고 이에 따른 지출비용 또는 확인대가를 회수하지 못함으로써 입게 되는 손실을 보상하는 제도이다.[6]

6 기성고(completed amount)는 공사의 진척도에 따른 공정을 산출해 현재까지 시공된 부분만큼의 소요자금을 말한다.

8) 수출보증보험

수출보증보험은 수출거래, 해외건설공사계약 등과 관련하여 보증서(bond)를 발급한 금융기관이 이를 이행함으로써 입게 되는 손실을 보상해 주는 보험제도이다. 따라서 수출보증보험의 보험계약자는 보증서를 발급한 금융기관이 된다.

주로 거액의 수출계약, 해외건설공사계약 시에는 수입업자나 발주자들이 공신력 있는 은행의 보증서를 요구하는 경우가 많다. 만약 수출업자나 해외건설업자들이 계약에서 정한 채무를 이행하지 않으면 보증서를 발급한 은행이 수입업자나 발주자들에게 보증금을 지급해야 하므로 은행은 확실한 담보가 없으면 보증서를 발급하지 않는다. 이에 따라 수출보증보험은 금융기관으로 하여금 수출업자나 해외건설업체 등을 위하여 보증서를 쉽게 발급할 수 있도록 은행의 보증채무부담에 따른 위험을 담보하고 있다.

수출보증보험의 대상이 되는 보증서는 다음과 같다.

① **입찰보증(bid bond)** : 입찰보증은 낙찰이 되었음에도 불구하고 계약을 하지 않는 경우에 대비하기 위해 응찰 시 필요한 보증서이다. 해외건설공사계약, 해외건설용역계약 또는 수출계약서에는 입찰로 인한 채무를 상대방에게 보증하도록 하는 보증조항이 포함되어 있으며 이 조항에 따라 입찰자는 응찰 시에 입찰보증을 반드시 제출해야 한다.

② **계약이행보증(performance bond)** : 이행보증은 계약 체결 시에 제출하는 것으로서 낙찰자가 약정된 계약을 이행하지 않을 경우에 대비하여 상대방이 요구하며 보증금액은 보통 계약금액의 10% 전후이다.

③ **선수금환급보증(advance payment bond)** : 해외 발주자가 수주자에게 일정한 금액을 미리 지급한 경우에 수주자가 계약을 이행하지 않으면 이미 지급된 선수금에 상당한 금액을 보상받을 수 있도록 한 보증이다.

④ **유보금환급보증(retention payment bond)** : 유보금 적립 후 공사 완료 시까지 공사의 하자가 발생하였을 경우 지급하도록 되어 있는 보증이다.

⑤ **하자보증(maintenance bond)** : 하자보증도 이행보증과 마찬가지로 계약 체결 시에 제출하는 것으로서 공사가 완공된 후 일정 기간 내에 하자가 발생했을 경우 발주자가 보상받을 수 있도록 한 것이며, 보증금액은 보통 계약금액의 5% 이내이다.

9) 이자율변동보험

이 보험제도는 결제기간이 2년을 초과하는 수출계약에 대해 수출대금금융계약을 체결하고 수출보험공사와 구매자신용으로 중장기수출보험에 가입한 금융기관이 이자율 변동에 따라 입게 되는 손실을 보전하기 위한 것이다. 이자율변동보험제도에서도 이자율변동에 따라 손실이 발생하면 보험자가 보상하지만 반대로 이익이 발생하면 이를 환수하게 된다.

선박, 산업설비 등과 같은 자본재의 거래에는 많은 자본이 필요하여 수출업자가 금융을 이용하여 자본재를 수출하기도 하고 반대로 금융기관이 자본재 수입대금을 수입업자에게 제공하는 경우도 있다. 후자와 같이 구매자신용으로 자본재를 연불 수출할 경우 금융기관은 중장기수출보험에 가입하여 금융대금 미회수에 따른 위험에 대비한다.

그러나 중장기수출보험은 장기간의 대출에 따라 발생할 수 있는 이자율 변동에 의한 손실은 보상하지 않기 때문에 이를 보완하기 위해 이자율변동보험제도가 제정되었다. 이에 따라 구매자신용을 제공한 금융기관은 이자율변동보험에 가입하여 장기간의 대출에 따른 이자율변동에 의한 손실을 보상받을 수 있게 되며 또한 고정금리의 대출이 가능하여 자본재수출의 경쟁력을 높일 수 있다.

10) 수출기반보험

금융기관이 국적외항선사(한국 국적의 선사로서 해운법상 외항화물운송사업을 영위하는 자) 또는 국적외항선사의 해외현지법인에게 상환기간 2년 초과의 선박 구매자금을 대출하고 대출 원리금을 회수할 수 없게 된 경우에 발생하는 손실을 보상하는 제도이다.

4.5 환변동보험

수출 또는 수입을 통해 외화를 획득 또는 지급하는 과정에서 발생할 수 있는 환차손익을 제거, 사전에 외화금액을 원화로 확정시킴으로써 환율변동에 따른 위험을 헤지(hedge)하는 종목이다.[7]

예를 들어 수출계약을 체결할 때 계약시점에서 무역보험공사가 보장하는 환율과 실

7 환 헤지는 환율변동에 따른 위험을 없애기 위하여 현재 수준의 환율로 수출이나 수입, 해외투자에 따른 거래금액을 고정시키는 것을 말한다.

제 결제시점에서의 환율이 변동할 경우 수출업체들이 입는 환차손은 보험자가 보상하고 만약 환차익이 발생하게 되면 이를 보험자가 환수한다.

4.6 기타 보험종목

1) 탄소종합보험

이는 교토의정서에서 정하고 있는 탄소배출권 획득사업을 위한 투자, 금융, 보증과정에서 발생할 수 있는 손실을 종합적으로 담보하는 보험이다.[8] 여기서 탄소배출권사업은 친환경기술 등을 사용하여 감축한 온실가스 배출량만큼 탄소배출권을 확보하여 배출권거래시장에서 매매할 수 있는 사업을 말한다.

2) 녹색산업종합보험

녹색산업에 해당되는 경우 기존이용 보험약관에 수출업자가 선택한 특약을 추가하여 우대하는 제도이다. 특약은 주로 부보율 확대, 보험료 할인, 연속수출기간연장, 이자보상 등이다. 적용대상은 저탄소녹색성장기본법에 의하여 인증된 녹색기술, 녹색사업 또는 녹색전문기업이다.

3) 부품 소재 신뢰성보험

부품 소재 신뢰성보험은 국산 부품 및 소재의 신뢰성을 보장하는 보험이다. 즉 국산부품이나 소재를 사용하는 기업이 이들 제품의 결함으로 인해 대내외적으로 입을 수 있는 재산피해를 담보하는 보험이다. 신뢰성보험으로 우리나라 기업들은 국산 부품이나 소재를 안정적으로 사용할 수 있고 이로 인해 국산 부품이나 소재들은 지속적으로 개발될 수 있다.

4.7 기타 무역보험서비스

1) 국외기업 신용조사서비스

이는 국외기업에 대한 신용조사를 제공하는 서비스이다. 수출업자 등 해외거래자의

8 교토의정서(Kyoto Protocol)는 지구온난화를 방지하기 위하여 선진국 등의 온실가스 배출감축의무 및 구체적 이행 방안을 규정한 국제의정서로서 2005년부터 발효되고 있다.

의뢰가 있을 경우 유료로 무역보험공사는 해외지사나 유명 신용조사기관과 연계하여 국외기업의 개요, 재무제표 등의 신용조사를 실시하여 의뢰인에게 정보를 제공한다.

2) 해외미회수채권 추심대행서비스

수출 또는 기타 대외거래와 관련하여 발생한 해외미회수채권에 대하여 수출보험공사가 해외 네트워크를 통해 채권회수를 대행하는 서비스이다. 주로 미수채권을 보유하고 있는 수출업체나 은행 등이 이용하고 있다.

3) 글로벌 성장사다리지원사업

이는 단편적인 무역보험 제공에 그치지 않고, 중소기업을 수출성장단계별로 구분하여 차별화된 맞춤형 무역보험서비스를 제공함으로써, 기업이 해당 단계에서 착실히 성장한 후 다음 단계로 도약할 수 있도록 지원하는 중소기업 수출육성프로그램이다.

제4절 FTA 활용지원제도

1. FTA 활용지원제도의 의의

전 세계의 세계화 흐름과 더불어 자유무역협정(FTA) 체결이 확산되고 있다. 우리나라도 결코 예외는 아니며, 현재 우리나라는 칠레를 시작으로, 미국, 유럽연합과 자유무역협정을 체결함으로써 무역영역을 확장하고 있다.

우리나라는 천연자원이 부족하여 대부분의 원자재를 해외에서 수입해서 제작하는 경우가 많으며, 국내에서 생산되는 재화나 서비스의 상당량이 해외로 수출되고 있어 국내 경제규모의 상당부분이 해외시장에 의존하고 있다. 이렇듯 대외의존도[9]가 높은 우리나라의 경우 수출시장을 안정적으로 확보하고 통상마찰을 완화하여 수출입거래를 활성화하는 것이 우리나라 경제성장의 동력이라고 할 수 있다. '수출의존도'나 '무역의

9 경제협력개발기구(OECD) 중에서 한국의 무역의존도는 전체 34개국 중에서 8위(97%)인 것으로 나타났다. 그러나 상위 순위에 든 나머지 국가들은 모두 EU 회원국으로, 국가 간 교역장벽이 없는 EU의 특성상 무역의존도가 높게 나타나는 것이 일반적인 것을 고려하면 한국의 무역의존도는 꽤 높은 편이다. 경제규모가 가장 큰 미국의 무역의존도는 24%로 OECD 국가 중 최하위인 34위이며, 경제규모 세계 3위인 일본 또한 28%로 33위이다.

존도'가 높다는 것은 다른 말로 '수출활용도'나 '무역활용도'가 높다는 것을 의미하기도 한다. 이렇듯 경제규모와 무역의존도를 고려해 보면 우리나라에 있어서 무역의 중요성을 짐작할 수 있고 이는 자유무역과 FTA의 필요성을 동시에 말해 주고 있다.

글로벌 경기침체가 이어지면서 세계 각국에서 '무역보호주의'가 기승을 부리고 있어 무역의존도가 높은 우리나라의 경우 수출에 큰 타격을 입게 된다. 그러므로 자유무역 활성화 기조에 맞춰 FTA를 활성화하기 위한 시책을 통해 수출주도형 산업의 경쟁력 강화를 위한 적극적인 조치가 필요하다.

또한 우리나라 경제구조상 FTA에 취약한 산업분야를 보호·발전시키기 위한 지원제도의 활성화를 통해 FTA로 인해 타격이 예상되는 취약분야에 대해서는 신속한 산업구조조정 등을 실시하고, 특히 농업부문은 피해를 최소화하고 자원의 효율적인 분배를 위해 시장기능의 원활한 작동을 지원하는 정책들이 필요하다.

FTA 활용률 제고를 위한 정부지원제도에는 무역피해기업 및 예상기업에 대한 지원정책으로 무역조정지원(융자 + 컨설팅)과 사업전환지원(융자 + 컨설팅)이 중소기업진흥공단에 의해 제공되고 있다. 또한 자금금융지원이 중소기업청, 한국수출입은행, 중소기업진흥공단에 의해서 제공되고 있으며, 조달청의 해외조달시장진출지원 제공을 비롯해 기회활용기업을 위해 FTA 활용 맞춤정보를 지원하는 시책들이 산업통상자원부와 관세청을 통해 지원되고 있다. 또한 관세청, 무역협회, 무역투자진흥공사, 산업기술진흥원 등을 통해 많은 프로그램과 정보가 제공되고 있다.

2. FTA 활용지원제도의 종류

2.1 무역조정지원제도

1) 제도의 의의

무역조정지원제도란 자유무역협정(FTA) 등 무역자유화로 인해 피해를 본 기업과 근로자의 자발적 구조조정을 지원하는 제도로 우리나라 정부는 2006년 4월 「제조업 등 무역조정지원에 관한 법률」을 제정하여 2007년 5월부터 실시하고 있다.

무역조정지원제도의 목적은 FTA에 따른 수입증가로 매출 등이 감소[10]되는 피해기업

10 FTA 체결 상대국으로부터의 수입이 주된 원인이 되어 6개월간 매출액 또는 생산량이 25% 이상 감소되는 심각

에 대하여 융자, 상담 및 정보제공, 기타 연계지원을 통하여 기업의 경쟁력 회복, 생산성 향상, 구조조정 등 산업구조의 고도화를 도모하는 것이다.

표 11-2 | 무역조정지원제도 개요

구분	내용
지원요건	수입증가로 6개월간 매출액 또는 생산량이 20% 이상 감소하거나 해당 기업의 영업이익, 고용인원, 가동률, 재고 등을 고려한 피해가 20% 이상 감소한 경우
지원내용	무역조정지원기업으로 지정된 기업에 융자[1] 및 상담,[2] 정보제공 등을 지원
신청장소	기업이 중소기업진흥공단의 각 지역본(지)부에 신청
신청기간	연중 수시 신청가능
제출서류	무역조정지원기업 지정신청서 등

1) 2011년 예산은 200억 원으로 대출금리(변동금리)는 공공자금관리기금 대출금리에서 0.7% 차감하고, 대출기간은 시설자금 8년(거치3년)이고, 운전자금은 5년(거치 2년)이며, 대출한도는 업체당 40억 원(운전자금 5억 원)으로 규정하고 있다.
2) 2011년 예산은 1.5억 원으로 무역조정전략(사업전환, 사업구조 개편 등), 경영·기술개선 및 경영혁신 상담지원 등 맞춤형 컨설팅을 지원하고 있으며, 대출한도는 업체당 2,400만 원(소요비용의 80%)으로 규정하고 있다.

2) 제도의 현황

FTA체결로 인한 피해기업의 지원대책인 무역조정지원제도의 운영성과는 저조한 것으로 나타났다.11 무역조정지원제도가 제구실을 못하는 이유는 무역조정지원제에 대한 낮은 인지도와 지나치게 엄격한 지원자격 때문이다.12 그리하여 2011년 11월 국회에서 무역조정지원기업 지정요건 중 매출액 또는 생산량 감소기준을 기존 25%에서 5~10%로 낮추고, 기업의 무역피해 입증부담을 경감하도록 하는 법을 개정하여 2012년 7월부터 발효하였다. 또한 중소기업이 직접 작성하기 어려웠던 무역피해 사실입증서 등 신청절차를 업종별 현장전문가 파견을 통해 지원하고 있다.

한 피해를 입었거나 입을 것이 확실시되는 기업으로 상품과 서비스업종(단, 농업 및 임업, 어업, 광업, 제조업과 건설업을 제외)에 대하여 지원한다.

11 2011년 기준, 무역조정대상 기업으로 판정받은 기업은 총 7개이고, 그 중 6개 기업이 지원을 받았으며, 총 지원규모는 융자금액 17억 5천만 원, 컨설팅비용 6,400만 원, 무역조정지원 근로자는 총 65명에 불과하다.

12 2008년 'FTA추진에 따른 무역피해기업 정밀실태조사'에 의하면, 중소기업 1,008곳을 대상으로 설문조사를 실시해 보니, 이 제도에 대해 응답기업의 84.7%가 '모른다'라고 답하였다.

표 11-3 | 무역조정지원제도 개정안 개요

구분		2012년 개정 이후
지원기준 완화 및 변경	무역조정지원기업의 지정피해 요건	6개월간 매출액 또는 생산량이 전년 대비 10% 이상 감소한 경우
	무역조정지원위원회 소속 변경	기획재정부 소속 (위원장 : 기획재정부장관)
	무역조정지원센터 업무범위	무역조정지원센터(중소기업진흥공단)의 실태조사를 통해 무역피해 판정가능
	신청절차	작성서류 2종
신설	1인 사업주 지원	신설
	상담지원기준 완화	6개월간 매출액 또는 생산량이 전년 대비 5% 이상 감소한 경우

2.2 사업전환지원제도

1) 제도의 의의

2006년 3월 한계중소기업의 활로모색과 구조조정, 신속한 퇴출을 통해 경제의 효율적 운용을 촉진하기 위한 「중소기업 사업전환 촉진에 관한 특별법」을 제정하고 중소기업청은 중소기업진흥공단을 사업전환지원센터로 지정하여 본격적인 사업전환지원사업을 추진하고 있다. 사업전환지원제도는 FTA로 인해 경쟁력이 저하된 업종, 품목의 사업을 축소 또는 폐지하고 새로운 업종, 품목에 진출하는 중소기업의 사업전환을 지원하는 제도로 중소기업의 경쟁력 강화와 고부가가치 창출기업으로의 전환 지원을 주요 내용으로 하며, 기존의 대기업과 중견기업의 구조조정이 아니라 소규모 중소기업들의 사업구조조정을 최우선으로 하는 지원제도이다.

표 11-4 | 사업전환지원제도 개요

구분	내용
지원대상	제조업 또는 서비스업을 3년 이상 영위하고, 상시 근로자수가 5인 이상인 기업으로서 FTA 이행에 따라 당해 업종의 경영이 어려워 새로운 업종으로 사업을 전환하고자 하는 중소기업
지원내용	융자, R&D보조, 세제지원 등을 실시
신청장소	기업이 신청서를 작성하여 중소기업진흥공단의 각 지역본(지)부에 신청
신청기간	연중 수시 신청가능
지원절차	중소기업진흥공단에 사업신청을 하면 서류 및 현장실사를 거쳐 지원대상 업체를 선정

2) 제도의 현황

중소기업청과 중소기업진흥공단은 2006년 9월 사업개시 이후 2008년까지 총 509개 업체의 사업전환계획을 승인하고 2,538억 원의 정책자금 융자와 22억 원의 컨설팅, 그리고 56억 원의 기술개발자금을 지원하였다. 또한 중소기업진흥공단은 중소기업들의 애로사항과 현장 여론에 귀 기울이기 위해 사업전환이행실적조사(매년) 및 외부연구기관을 통한 사업전환실태조사(2년마다)를 실시하고 있다. 사업전환과 관련한 지원은 사업전환에 필요한 시설 및 운전자금 융자지원, 신제품·신기술개발(R&D)사업지원과 컨설팅비용으로 나뉜다.

표 11-5 | 사업전환지원의 내용

사업전환에 필요한 시설 및 운전자금 융자지원 (2010년 : 1,475억 원)	
대출금리	연 4.83%(변동금리, 2010년 1/4분기 기준)
대출기간	시설 8년(거치 3년) / 운전 5년(거치 2년)
대출한도	업체당 40억 원(운전자금 5억 원)
신제품·신기술개발(R&D)사업지원(2010년 : 40억 원)	
사업별로 과제당 1억 원 한도 내(소요비용의 75%)에서 지원	
사업전환계획 진단·분석에 필요한 컨설팅비용(2009년 : 20억 원)	
• 업체당 1,600만 원 한도 내(소요비용의 65%) • 구조조정(기업회생), M&A, 신규사업진출 등	

2.3 자금금융지원제도

1) 제도의 의의

성장가능성이 높고 우수한 기술력을 가진 중소기업의 자금난을 해소하고 경쟁력을 키워나갈 수 있도록 정책자금을 지원하는 제도이다. 이들 금융지원제도를 통해서 중소기업이 보유한 우수한 기술의 사장을 방지하고, 중소기업의 생산성 향상과 더불어 경쟁력 강화를 통한 성장동력을 창출하는 데 그 목적이 있다.

2) 제도의 현황

자금지원을 제공하는 기관별로 지원정보를 종합하면 다음과 같다.

① **중소벤처기업부** : 성장가능성이 높은 중소기업에게 시설자금, 융자자금 등 금융지

표 11-6 | 중소벤처기업부의 금융지원

제도명	목적
중소기업 정책자금 융자계획(공통사항)	우수한 기술력과 사업성은 있으나 자금력이 부족한 중소·벤처기업의 창업을 활성화하고 고용창출을 도모
창업기업지원자금	우수한 기술력과 사업성은 있으나 자금력이 부족한 중소, 벤처기업의 창업을 활성화하고 고용창출을 도모
개발기술사업화자금	중소기업이 보유한 우수기술의 사장을 방지하고 개발기술의 제품화·사업화를 촉진하여 기술기반 중소기업을 육성
신성장기반자금	사업성과 기술성이 우수한 성장유망 중소기업의 생산성 향상, 고부가가치화 등 경쟁력 강화에 필요한 자금을 지원하여 성장동력 창출
긴급경영안정자금	생산 및 판매활동에 소요되는 자금을 지원하여 중소기업의 안정적인 경영기반 조성
사업전환자금	경쟁력이 약화된 중소기업의 구조조정에 필요한 자금지원을 통해 원활한 사업전환 및 무역조정지원 도모
투·융자 복합금융자금	기술성과 미래 성장가치가 우수한 중소기업에 대해 융자에 투자요소를 복합한 방식의 자금지원으로 창업활성화 및 성장단계 진입을 도모
소상공인지원자금	소상공인의 창업과 경영안정지원을 통해 신규 고용창출, 고용유지 및 국가경제의 균형발전지원
매출채권보험제도 안내	중소기업이 물품 또는 용역을 제공하고 구매기업으로부터 취득한 매출채권(어음)을 보험에 가입하고, 향후 구매기업의 채무불이행 시 보험금 지급을 통해 중소기업의 연쇄부도 방지 및 경영안정지원
중소기업 신용보증지원제도	담보가 부족하여 자금조달에 애로를 겪는 중소기업이 금융기관으로부터 자금대출을 받을 수 있도록 각종 채무이행에 대하여 신용보증을 지원
소기업·소상공인 신용보증	지역신용보증재단을 통하여 신용상태가 양호하지만 담보력이 취약한 지역 내 소기업 및 소상공인에 대한 신용보증지원으로 창업 및 경영안정지원
소상공인 일자리창출 및 성장산업 특례보증	일자리창출기업에 대한 보증지원 강화를 통해 고용촉진을 도모하고 실업난 해소 및 성장산업(수출업, 1인 창조기업, 지식서비스업)에 대한 보증지원 확대를 통한 경제활성화 도모
서민지원 햇살론 사업안내	'햇살론' 활성화 시 서민금융이 확대되어 서민의 금융애로 해소 기대 • 그 동안 서민금융회사가 서민의 낮은 신용도와 취약한 담보력 때문에 서민대출을 꺼려 왔으나 보증공급으로 이를 보완하여 서민대출에 주력할 수 있는 여건 조성 • 서민 입장에서는 사금융·제도권 금융회사보다 금리와 이용도 면에서 유리한 조건으로 대출받을 수 있어 금융소외현상 완화
사회적 기업 전용 특별보증	사회적 기업에 특화된 전용보증지원을 통해 사회적 기업을 육성하여 취약계층에게 사회서비스 제공 또는 일자리창출을 확대, 지역사회 이바지 도모
청년 전용창업 특례보증	고용창출효과가 큰 지식서비스산업 등에서의 젊은 인재의 적극적인 창업유도를 통해 일자리창출 및 미래 성장잠재력 확충 도모

원을 실시하고 있다. 중소벤처기업부에서는 중소기업 건강관리시스템을 통해서 중소기업의 체질을 강화하고 위기관리 역량을 높여 생존율을 제고하는 정책을 실시하고 있다. 그 외에 다양한 금융지원정책을 통해 우수한 기술력과 사업성을 가진 중소기업의 자금력 부족을 보완하는 정책들을 실시하고 있다.

② **한국수출입은행** : 수출 중소, 중견기업의 성장과 발전을 위해 금융지원을 한다. 중소기업우대지원에는 수출실적을 기반으로 한 포괄금융지원(포괄수출금융)과 기술력이 있으나 신용도가 취약한 수출중소기업에 대한 개별수출거래지원(특례신용대출)이 있다.

표 11-7 | 한국수출입은행의 중소중견기업우대지원

우대분야		중소기업
금리	대출금리	0.1~0.5%p 우대
수수료	무역어음재할인 수수료	0.1%p 우대
	약정수수료	면제
지원대상 여부		• 수출실적에 기반한 포괄금융지원(포괄수출금융) • 기술력이 있으나 신용도 취약한 수출중소기업에 대한 개별수출거래지원(특례신용대출)
지원가능 거래확대	수출환어음 매입대상	30일 이상 2년 미만(대기업의 경우 90일 이상)
지원한도 확대	수입자금대출/해투관련 대출	소요자금총액의 90%(대기업의 경우 80%)
	포괄수출금융	차세대 수출거래(녹색, 신성장 등) 중소기업 및 수출입은행 선정 우수고객의 경우 수출실적의 100%
환관리서비스		• 선물환서비스, 통화전환옵션대출(외화↔원화, 외화↔여타외화), 환율고정부대출 등을 무료로 제공 • 환위험관리진단(기업방문), 환위험관리 실무전문가교육(본점, 매월 1회), 환위험관리설명회(지방순회) 등
신용등급 평가 시 우대		• 수출유망중소기업(중소기업수출지원센터 지정) • 부품소재 신뢰성 인증기업(산업통상자원부) • 기술혁신형 중소기업(Inno-Biz)(중소기업청) • 세계일류상품기업(산업통상자원부) • 기타 수출지원, 기술개발관련 정부부처로부터 지원요청이 있거나 당행이 우대하기로 방침을 정한 기업
자발적 외부감사법인 우대		• 수출입은행 신용평가시스템에서 산출된 시스템 등급보다 상향하여 최종등급을 부여받을 수 있음 • 신용평가 시 비외감법인에 대해 적용하는 재무등급 상한선을 적용받지 않아 신용평가에 유리함

③ 중소기업진흥공단 : 우리나라의 산업기반을 이루고 그 핵심역할을 하게 될 중소기업의 체질을 개선하고 국제경쟁력을 키워나갈 수 있도록 정책지원을 하고 있다. 대표적인 서비스로 정책자금 융자도우미는 기업 스스로가 단계별 점검을 통해 중소기업진흥공단에서 지원하는 자금융자사업의 이용가능성을 확인하고 가장 적합한 자금을 안내받는 시스템이다.

표 11-8 | 정책자금 융자도우미

구분	내용
지원규모	4조 8,700억 원
융자한도	개별기업당 중소기업청 소관 정책자금의 융자잔액 기준으로 45억 원(수도권을 제외한 지방소재기업은 50억 원)까지이며, 매출액의 150% 이내에서 지원
대출금리	중소기업진흥채권 조달금리에 분기별로 연동되는 변동금리 적용을 원칙으로 하되, 시설자금의 경우 각 사업별로 고정금리를 적용
융자방식	• 중소기업진흥공단에서 융자신청·접수하여 융자대상 결정 후 중소기업진흥공단(직접대출) 또는 금융회사(대리대출)에서 신용, 담보부(보증서 포함) 대출 • 보증서담보는 시설자금에 대해서만 취급가능(단, 경영안정자금(이차보전), 공고 시행 전 발급된 보증서를 담보로 한 대출은 예외) • 청년전용창업자금 중 민간금융 매칭형은 취급은행에서 신청·접수부터 대출까지의 모든 절차를 수행

2.4 해외조달시장진출지원

1) 제도의 의의

FTA 체결과 확대는 우리나라 중소기업의 해외조달시장 진입에 대한 장벽 완화에 기여하여 양허범위가 확대되고 입찰참여 여건이 개선되는 등 우리 기업의 FTA 체결국 조달시장에 대한 진출환경은 개선되고 있다. 우수 조달기업의 해외조달시장 진출을 위해 조달청의 전문성과 국제 네트워크를 적극 활용하여 국제조달에 관심이 있거나 참여하고자 하는 중소기업을 지원하기 위해 해외조달시장정보시스템을 구축하여 2003년 10월 30일부터 서비스 제공을 시작하였고, 조달청이 선정한 우수조달물품 생산기업을 대상으로 2012년부터 해외조달시장 진출을 본격적으로 지원하고 있다.

해외조달시장 진출제도를 통해 국내 조달시장에서 성능·품질이 검증된 우수 조달기업은 해외조달시장에서도 수출경쟁력을 보유하게 되고, 해외수출실적을 보유한 기업에 대한 우수조달물품 지정기간연장 등 제도개선을 통해 우수 조달기업의 해외수출 관심 및 실적이 증가하고 있다.

2) 제도의 현황

조달시장은 안정적인 판로를 제공하지만, 국내 조달시장은 중소기업 제품으로 포화 상태에 있다. WTO/GPA(세계무역기구 정부조달협정) 및 FTA 체결로 해외조달시장 개방이 확대되고 있지만, 우리 기업의 진출성과는 아직 미흡하다.

조달청은 중소기업이 개발한 신기술 제품을 우수 조달물품으로 지정하여 안정적인 판로를 제공하고 있다.[13] 그러나 공공기관이 '중소기업 기술개발제품 우선 구매'정책에 따라 수의계약 등을 통해 판로를 지원하고 있고, 조달청이 구매한 중소기업 제품 중 9.7%가 이러한 우수 조달물품이다.

조달청 우수 조달물품 구매현황을 보면 2011년 1조 2,638억 원이고 2012년에는 1조 4,854억 원이다. 우리 기업의 해외조달시장 진출을 체계적으로 지원하기 위해 2012년 운영하던 '해외조달시장헬프데스크'를 '해외조달시장 진출지원센터(Global Procurement Assistant Center : G-PAss)'로 확대해 2013년부터는 우수 조달기업 중 해외조달시장에서 수출경쟁력을 갖춘 '국가별 조달시장 진출 집중지원기업(PQ기업 : Pre-Qualified)'[14] 76개사를 대상으로 국가별 전담자를 지정해 기업별로 맞춤형 상담과 수출에 필요한 실질적인 정보를 실시간으로 제공하고 있다. 해외조달시장 관련 설명회 건수는 2011년 9회에서 2012년 19회, 2013년 5월 말 기준 17회로 증가하고 있다.

2.5 기업 FTA 활용지원제도

1) 제도의 의의

기업 FTA 활용지원제도는 대기업처럼 FTA 관련 부서 신설과 전담인력 고용 등으로 FTA 활용에 대비하고 있는 기업이 아닌 중소기업처럼 자금 및 인력부족 등으로 인하여 FTA에 전혀 대비하지 못하고 있는 기업들에게 사용자가 언제 어디서나 쉽고 간편하게 이용할 수 있도록 FTA 관련 정보를 체계화한 종합적인 정보제공체계(Information-Hub)를 구축하는 것이다. 또한 정보력이 취약한 중소기업에게 FTA 체결 및 시장현황, FTA 관련 관세, 통관, 원산지규정 및 FTA 활용지원정책 등을 사이버 동영상 강좌를 통해 쉽고 재미있게 설명함으로써 FTA에 대한 이해 및 활용도를 제고시키고자 하는 목표를 가진다.

13 우리나라 전체 중소기업 320만 개사 중 물품 조달기업은 14만 개사로 4.4%이고 우수 조달기업은 751개사이다.
14 국내 정부조달을 통해 조달청에서 기술력과 신뢰성을 인정하고, 해외조달시장에서 수출경쟁력을 갖춘 우수 조달 중소기업을 말한다.

2) 제도의 현황

기획재정부는 기업의 FTA 활용지원을 위한 'FTA 종합지원포탈'을 오픈하여 FTA 체결에 따른 경제효과를 극대화 하기 위해 기업의 적극적인 FTA 활용을 강조하고 있다. 종합지원포탈 이용을 통해 이용자가 쉽고 간편하게 체계화된 FTA 관련 정보를 이용할 수 있도록 하였고, 이를 통해 FTA의 이해 및 체결현황에 대한 일반적인 정보제공뿐만 아니라 수입/수출품목에 대한 원산지 특혜관세 적용방법 등을 기업의 상황에 따라 단계적으로 알 수 있는 Q&A형식의 FTA 활용정보를 제공하고 있다.

또한 FTA 지원대책분야를 '피해지원'과 '경쟁력 강화'부분으로 나누고, 농업, 수산업, 제조업, 제약산업, 서비스업 등 수요자 중심의 메뉴로 구성하였다. 기업 실무자가 FTA 협정 전반 및 산업별, 분야별 협정내용을 심화학습하여 FTA를 적극 활용할 수 있도록 동영상 강좌를 제공하고 있으며, 중소기업이 실제 비즈니스에 활용할 수 있는 실질적인 정보와 사례중심(FTA 일반, 해외시장정보 및 진출방향, 원산지증명, 관세환급 등)으로 제작하였다. FTA 관련 정보를 FTA 국내대책본부에서 원스톱(one-stop)으로 제공할 수 있도록 하여 국민들이나 기업실무자 등 FTA 활용주체의 접근성 및 편의를 제고하였다. FTA 활용촉진을 위해, 기업 및 수요자 맞춤형 정보를 제공하고 있으며, 사이버 홍보관을 주축으로 FTA를 보다 쉽고, 친밀감 있게 국민들에게 다가갈 수 있도록 스토리북과 같은 친밀성 짙은 팝업북 형태의 홍보관을 구축하여 홍보하고 있다.

정부는 우리기업의 FTA 활용역량을 강화하기 위하여 2010년부터 수출 중소기업을 중심으로 다양한 지원방안을 추진하고 있다. 기업의 수출 역량을 강화하기 위해 전문컨설팅을 제공(FTA닥터)할 뿐만 아니라, FTA를 활용하기 위한 전문인력을 육성하고, 원산지관리프로그램(FTA-ASS)을 보급하는 등의 수출기업지원방안을 시행 중이다.

표 11-9 | 기업 FTA 활용지원제도 개요

유형	내용
FTA 닥터	활용능력이 부족한 수출 중소기업을 대상으로 관세사-회계사 등으로 구성된 전문가가 현장을 방문, 무료 전문컨설팅 서비스 제공
FTA-PASS	FTA 활용기반이 취약한 중소수출기업의 부담을 해소하기 위한 원산지관리프로그램
FTA 홈페이지 운영	유관기관의 온라인 FTA 홈페이지를 통해 국민들과의 기업들의 FTA에 대한 이해를 돕고 FTA 활용정보를 제공
FTA 활용지원센터 운영	주요 광역시·도에 지역 FTA 활용지원센터를 설치하여 중앙정부와 지자체 간 협력, 지원

FTA
FTA 무역실무
Free Trade Agreement

12 CHAPTER 클레임과 중재

제1절 클레임

1. 클레임의 개요

1.1 클레임의 의의

무역거래의 마지막 단계는 클레임의 제기와 이를 해결하는 것이라 할 수 있다. 물론 모든 무역거래에서 클레임이 제기되는 것은 아니지만, 문화, 관습, 법체계 등이 다른 국가와 거래를 하다 보면 여러 마찰이 생길 수 있다. 특히 무역거래에서는 당사자들이 서로 만나 품질, 수량, 선적 등을 직접 확인하는 것이 아니고 모든 것을 서류로 결정하기 때문에 품질불량, 수량부족, 선적지연 등 여러 요인으로 클레임이 제기될 수 있다.

클레임(claim)의 본래 의미는 당연한 권리를 요구, 청구 또는 주장할 수 있는 것을 의미하지만 일반적으로 무역거래에서 클레임은 피해자가 가해자에게 손해배상을 청구하는 것을 말한다. 즉 무역거래 당사자 중 일방이 매매계약을 이행하는 과정에서 고의나 과실로 계약의 일부 또는 전부를 이행하지 않음으로써 발생된 손해를 구제받기 위해서 상대방이 손해배상을 청구하는 것을 클레임이라 한다.

무역거래에서 클레임의 대부분은 주로 상품의 품질불량, 선적지연, 선적불이행 등을 이유로 수입업자가 수출업자에게 제기하는 경우이며 수출업자가 수입업자에게 클레임을 제기하는 경우는 대금결제와 관련되는 것 외에는 별로 없다. 때때로 어느 일방이 고의적으로 클레임을 제기하는 경우도 있으나 대개는 당사자 중 일방이 부주의로 인해 무역계약을 이행하지 않거나 이행을 지체함에 따라 클레임이 발생하는 경우가 많다.

1.2 클레임의 원인

무역거래에서 종종 제기되는 클레임의 원인을 살펴보면 다음과 같다.

1) 상품에 관한 클레임

수입업자가 제기하는 클레임은 대부분 품질불량, 규격상이, 수량과부족 등 거래상품의 하자에 관한 것이다.

① **품질불량** : 클레임 중에 제일 많이 일어나는 것으로 계약상품과 다른, 즉 저질의 상품이 도착했을 경우 제기되는 클레임이다. 대개 계약 시에 견본을 교환하여 계약서에도 'as per sample'과 같은 단서를 삽입하나 대량생산을 하다 보면 원료도 꼭 같은 것을 못 구할 수 있고, 운송 도중에 퇴색, 변질 및 파손되는 경우도 있다. 또한 기술자의 부주의로 저질품이 생산될 수도 있으며, 아니면 수입업자의 단순한 주관적인 판단으로 이루어질 수도 있는 것으로 무역에서 가장 빈번히 일어나고 제일 해결하기 까다로운 클레임이다.

② **규격상이** : 계약 시에 상품의 규격에 대해서 정확히 명시를 하지만 실제로 많은 양의 상품을 다루다 보면 계약규격과 조금씩 다른 규격이 선적되어 클레임을 당하는 수가 있다.

③ **수량과부족** : 계약된 상품의 수량과 실제로 도착한 수량과의 차이로 야기되는 클레임 건수도 상당히 된다. 상품에 따라서는 수송 도중에 감량이 되는 것이 있고, 증량되는 것도 있기 때문에 계약 시 선적수량조건 혹은 양륙수량조건을 명백히 해두는 것이 좋다. 그리고 상품의 단위는 매우 적으나 그 총수량이 워낙 많은 상품을 거래할 경우에는 '과부족용인조건(more or less clause)'을 활용하면 어느 정도 수량의 차이는 인정받을 수도 있다.

2) 포장에 관한 클레임

국제무역에서는 상품의 장거리 수송이 반드시 뒤따르기 때문에 방수되고 견고한 자재로 상품을 포장하여야 한다. 또한 중간에 환적이 되거나 여러 형태의 운송수단이 이용되는 경우에는 상품이 손상되지 않도록 특별히 견고한 포장을 하여야 한다. 포장에 대한 클레임으로는 불량포장, 부정포장, 포장결함 등을 들 수 있다.

3) 선적에 관한 클레임

선적에 관계된 클레임은 선적지연(delay)과 선적불이행(non-delivery)이 대표적인 원인이다.

① **선적지연** : 계약상이나 신용장상에 명시된 선적일 내에 선적을 하지 못하고 지연되어, 즉 명시된 선적일이 경과한 후에 선적된 것에 대한 클레임으로 상품에 따라서 클레임의 정도가 다르다. 계절을 타지 않는 상품에 대해서는 다소 지연되어도 계약상품이 도착하면 별문제가 없으나 계절적인 상품은 일정한 기간 내에 도착하

지 않으면 판매기회를 상실하게 되어 1년간 재고로 남게 되며, 또 1년 후에 유행이 바뀌면 완전히 상품의 가치를 상실하게 되므로 클레임이 제기된다.

② **선적불이행** : 선적불이행은 계약 당시보다 상품의 시세가 올랐거나, 원자재가격이 폭등하여 채산이 맞지 않을 경우, 혹은 불가항력에 의해 수출업자가 계약물품을 선적하지 않은 것인데 불가항력에 의한 선적불이행은 대부분 수출업자의 면책이 인정된다.

4) Market Claim

이는 시장상황이 좋지 않을 경우 수입업자가 사소한 하자를 잡아 클레임을 제기하는 것이다. 특히 계약 당시에 비해 수입국의 시장가격이 폭락할 경우 수입업자는 운송서류상 사소한 하자만 발견되어도 대금지급을 거절하는 경우가 많다.

5) 운송에 관한 클레임

상품의 운송 도중에 발생하는 하자에 대한 클레임도 자주 제기된다. 특히 자연조건인 풍랑, 기온의 변화가 상품에 상당한 피해를 주는 경우가 많은데 항해 중에 일어날 수 있는 위험으로는 누손위험, 증발위험, 혼합위험, 기름의 위험, 빗물 및 담수의 위험, 땀과 열의 위험, 곰팡이의 위험 등이 있다. 이러한 위험들은 대부분 해상보험에 의해 보상이 되지만 수출업자는 이것이 운송 도중에 발생했다는 사실을 입증해야 한다.

6) 결제에 관한 클레임

수출업자가 제기하는 클레임의 대부분은 지급지연이나 대금미회수와 같은 결제에 관한 클레임이다. 신용장거래에서는 수입업자 대신 개설은행이 지급을 확약하고 있어 이와 같은 클레임이 제기되는 경우는 별로 없으나, 사후 송금방식이나 화환어음 추심방식(D/A 및 D/P)에서는 오로지 수입업자의 신용을 믿고 거래하는 것이기 때문에 수입업자의 파산, 재정상태의 악화 등으로 인해 대금지급이 지연되거나 회수가 불가능한 경우가 발생한다.

1.3 클레임의 청구내용

무역거래에서 클레임을 제기할 때 피해자가 청구하는 손해배상의 내용은 대략 다음과 같다.

1) 손해배상금의 청구

이는 피해자가 상대방의 고의나 과실로 인해 입은 손해를 금전으로 보상해 줄 것을 요구하는 것이다. 환차손, 운임의 미회수, 수수료 등의 미지급과 같은 클레임에서는 금전 외 다른 대체보상이 불가능하고, 설령 하자물품 대신 새로운 물품으로의 대체가 가능한 클레임일지라도 수입지에서의 시장상황이 좋지 않아 새로 수입해도 별 전망이 없을 경우 금전보상을 요구한다. 이런 이유 때문에 무역거래의 클레임은 금전보상이 대부분을 차지하고 있다.

2) 대체품의 청구

수입상품의 품질이 계약하고 다를 경우 혹은 수량이 부족한 경우의 클레임 시에는 계약내용하고 다른 만큼의 대체품을 별도로 요구한다든지 추후 선적분에서 부족한 수량만큼을 추가하여 선적해 줄 것을 요청한다. 이와 같은 물품의 대체는 단골거래선 간이나 수입상품의 경기가 좋을 경우 수입업자들이 많이 요구한다.

3) 매매계약의 취소 · 해약

이는 매매계약을 완전히 취소하거나 잔여계약을 해약시키는 것이다. 약정된 선적기일이 경과하여도 선적이 제대로 이행되지 않으면 선적중지요청과 함께 계약 자체의 취소를 요구하고 계약불이행에 대한 손해배상금을 별도청구할 수 있다.

할부선적(installment shipment)의 경우 수출업자가 할부선적기간을 준수하지 않으면 당해 할부부분은 물론 그 이후의 모든 할부부분이 자동으로 무효가 될 수 있다. 만약 먼저 선적한 부분에 하자가 있을 경우 이에 대한 손해배상을 청구함은 물론 나머지 부분을 해약하는 클레임을 제기할 수 있다.

4) 대금지급의 거절

이는 수입업자가 수입상품을 확인한 후 하자가 있을 경우 그 대금지급을 거절하는 것이다. 이런 클레임은 신용장방식의 거래에서는 제기될 수 없고 간혹 인수도조건(D/A)과 같이 수입업자의 신용으로 수입하는 거래에서 제기되기도 한다. 신용장거래에서는 독립 · 추상성에 의해 수입업자가 반드시 대금을 지급해야 화물을 찾을 수 있으므로 대금지급 거절과 같은 클레임은 제기될 수 없다. 그러나 인수도조건은 수입업자가 약정한 기한에 수입대금을 지급할 것을 약속하고 운송서류를 찾아 화물을 입수하기 때문에 종종 수입화물에 하자가 있거나 잘 팔리지 않을 경우 이런 클레임을 제기할 수 있다.

2. 클레임의 제기와 해결

2.1 클레임의 제기

클레임은 합의된 기간 내에 적절한 절차에 따라 제기되어야만 법률적인 보장을 받을 수 있다. 무역계약 체결 시 클레임의 제기, 해결방법 등을 약정했을 경우에는 약정된 사항에 따르고, 그렇지 않은 경우 클레임은 국제상관습, 국제규칙, 국내법 등에 따라 합법적이고 적절한 시기 내 제기되어야 한다.

1) 클레임 상대방(가해자)의 확정

클레임 제기 시 가장 중요한 것은 누구에게 클레임을 제기해야 하는가? 즉 클레임 상대방인 가해자를 확정하는 것이다. 만약 상대방을 잘못 선정하여 클레임을 제기하면 아무런 효력도 없을 뿐만 아니라 그 후 가해자를 찾았다 하더라도 클레임 제기시효를 놓칠 수도 있다. 따라서 피해사항을 철저히 분석하여 그에 따른 책임소재가 누구에게 있는가를 파악해야 한다.

무역거래에서 클레임의 상대방은 계약당사자이므로 대부분 수출업자 또는 수입업자가 된다. 그러나 운송 도중 운송인의 과실이나 천재지변 등으로 화물손상이 발생했을 경우 선박회사 혹은 보험회사도 클레임의 직접적인 당사자가 될 수 있다. 경우에 따라서는 은행의 과실로 운송서류를 잘못 전달하여 화물이 엉뚱한 제3자에게 인도되었을 경우에는 관련 은행도 클레임의 당사자가 될 수 있다.

2) 클레임 제기기간

클레임은 그 제기시기를 놓치면 시효에 걸릴 뿐 아니라 증거를 상실하게 되어 해결에 많은 어려움이 따르므로 반드시 약정된 기간 내에 제기되어야 한다. 클레임 제기기간은 보통 매매계약서상에 다음과 같이 구체적으로 명시되어 있다. 예를 들어 "화물이 목적지에 도착한 후 10일 이내에 전신 등 빠른 통신수단을 이용하여 클레임을 제기한다는 의사를 표시하고, 의사표시 후 15일 이내 클레임에 관한 자세한 내역서 등을 항공등기우편으로 보낸다"와 같이 클레임 제기일자를 분명히 해둔다.

"Any claim or complaint by buyer of whatever nature arising under this contract, shall be made in cable within then days after arrival of the cargo in the destination port. Full particulars of such claim shall be made in writing and forwarded by air mail to seller within 15 days after cabling. Buyer must submit with such particulars as HanKook Public Surveyor's Report, when the quality and/or quantity of merchandise is in dispute."

"본 계약하에서 매수인이 제기하는 어떠한 클레임 또는 불만은 물품이 목적항구에 도착한 후 10일 이내 전신으로 통지하기로 한다. 전신통지 후 15일 이내 클레임에 관한 상세한 내역서를 서면 작성하여 매도인에게 우송하기로 한다. 매수인은 품질 및/또는 수량상에 하자가 있을 경우 한국공증검사보고서와 같은 내역서를 제출해야 한다."

만약 클레임 제기기간에 대한 약정사항이 없으면 국제관습, 국제규칙 또는 각국의 법률에 따르지만 이에 대한 규정이 모두 다르기 때문에 클레임처리조항에 제기시기를 명확히 규정해 두는 것이 바람직하다. 참고로 클레임 제기기간에 대한 각국의 입법 예를 살펴보면 다음과 같다.

표 12-1 | 클레임 제기기간에 관한 입법 예시

구분	클레임 제기기간
한국 상법	발견즉시 통지(발견이 곤란한 경우 6개월의 기간 인정)
일본 상법	즉시검사, 하자발견 즉시 통지
미국 통일상법	합리적 기간 내 물품검사 및 하자통지
영국 물품매매법	합리적 기간 내 물품검사 및 하자통지
Warsaw-Oxford Rules	합리적 검사 후 3일 이내 통보
비엔나협약	단기 내 검사, 합리적 기간 내에 통지(최대소멸시효기간 2년)

3) 클레임의 통지

클레임 사유가 확정되면 클레임 제기 의사표시, 클레임의 주요 내용 등을 요약한 클레임 통지서를 전신 등 빠른 수단을 이용해서 보낸 후 곧이어 클레임 제기서장을 작성해서 항공등기우편으로 보내야 한다. 앞에서 예를 든 클레임처리조항에서는 전신으로 클레임을 통지한 후 15일 이내 우편으로 클레임에 관한 상세한 내용을 적은 클레임 제기서장을 보내도록 규정하고 있다.

클레임을 제기할 때 보통 클레임진술서, 손실명세서, 검사보고서, 기타 청구서나 증빙서류가 필요하다. 클레임진술서에는 클레임의 대상이 되는 거래내용, 클레임의 원인, 클레임의 해결방법 등을 명시한다. 그리고 손해배상을 청구할 경우에는 손실명세서를 작성하여 상대방에게 송장가격과 배상금액을 표시하고 실제 손실의 내역과 부대비용도 명시한다. 더 나아가 클레임의 정당성을 주장하려면 국제적으로 권위 있는 검정기관에서 발급한 검사보고서와 같은 증빙자료를 첨부하는 것도 효과적이다.

2.2 클레임의 접수

무역거래 당사자로부터 클레임이 제기되면 클레임의 제기내용을 검토하고 상대방에게 자신의 입장과 해결방안을 통보한다.

1) 클레임 제기시기의 검토

클레임의 통지를 받으면 클레임이 약정된 기간 내에 제기되었는가를 검토한다. 클레임처리조항에서 약정된 기간이 지난 뒤 제기된 클레임은 법적인 시효를 상실한 것이므로 클레임을 거절해도 상관없다.

2) 클레임내용 조사

합법적인 기간 내 제기된 클레임에 대해서는 클레임진술서에 기재된 내용을 면밀히 확인하여 클레임의 정당성 여부를 검토하는데 보통 다음과 같은 사항을 우선적으로 조사하는 것이 바람직하다.

① 본인이 클레임의 책임당사자인지의 여부
② 클레임이 적법한 절차에 따라 제기되었는지 여부
③ 클레임이 계약조건의 미비에 인한 것인지 여부
④ 하자를 입증하는 객관적인 증빙자료의 제시 여부
⑤ 공인검정기관이 인정한 물품검사인지 여부
⑥ 하자의 정도가 계약상 또는 관습상 허용되는지 여부

⑦ 손해배상청구액은 합리적인 산출근거에 의한 것인지 여부
⑧ 해당 계약의 특성을 충분히 감안했는지 여부

3) 해결방안 통보

클레임의 내용을 면밀히 조사한 후 이에 대한 자신의 입장을 빠른 시일 내에 전달해야 한다. 무역클레임의 해결과정에서 첫 응답은 향후 분쟁해결의 방향을 설정하는 것이기 때문에 매우 중요하므로 자신의 입장을 명확히 해야 한다. 모든 클레임은 당사자 간의 합의에 의해서 해결한다는 원칙하에 각 개별거래의 특성을 감안하여 대응한다.

만약 클레임 제기자가 지속적으로 거래할 당사자일 경우나 거래관계를 계속 유지하고 싶은 상대라면 가능한 우호적 해결자세를 지니는 것이 바람직하다. 클레임 액수가 적을 경우에는 즉시 배상조치해 줌으로써 상대방의 호감을 살 수도 있어 오히려 앞으로의 거래를 더 우호적으로 발전시킬 수 있는 계기가 될 수 있다. 혹은 당사자 간에 자주적으로 교섭하고 양보하여 서로 납득할 수 있는 타협점을 찾을 수 있다. 만약 타협을 통해서 클레임의 청구내용을 합의하면 타협계약서를 작성하여 클레임을 종결한다.

그러나 상대방의 의도가 불분명하거나 Market Claim과 같이 사소한 하자를 이유로 클레임을 제기할 경우에는 여기에 따른 반대자료를 첨부해서 항변해야 한다. 특히 배상할 용의가 있다든지, 계속 거래를 통하여 해결하겠다는 등의 애매모호한 표시는 상대방에게 클레임을 인정한다는 의사표시가 될 수 있으므로 삼가야 한다.

제2절 중재

분쟁을 해결한다고 하면 곧 법정소송을 생각하기 쉽지만 소송에 의한 판결은 우리나라의 재판권이 상대국까지 미치지 못하므로 외국에서의 승인 및 집행이 보장되지 않는다. 따라서 국가 간에 이루어지는 무역거래에서는 소송을 통해 분쟁을 해결하는 것은 불가능하고 알선, 조정 혹은 중재 등과 같은 비사법적 분쟁해결방안(alternative dispute resolution : ADR)에 의해 최종적으로 해결된다.

1. 알선

1.1 알선의 의의

알선은 중재와는 달리 형식적 절차를 요하지 않으며 ADR에서 타협 다음으로 비용과 시간차원에서 바람직한 해결방법이다.

알선(intermediation)은 공정한 제3자가 클레임에 개입하여 당사자 간에 원만한 타협이 이루어지도록 조언함으로써 분쟁을 해결하는 방법이다. 제3자는 당사자의 일방 또는 쌍방의 의뢰에 의해 클레임 해결에 개입하지만 형식적 절차를 거쳐 선정되지는 않는다. 그리고 제3자의 조언은 법률적인 구속력이 전혀 없으며 양 당사자 모두가 이를 받아들일 경우에만 효력이 있다.

이와 같이 알선은 어디까지나 양 당사자의 자발적인 합의를 통해서 분쟁을 해결하는 것이기 때문에 쌍방이 협력하지 않으면 실패할 가능성이 크다. 하지만 제3자가 제시하는 조언은 앞으로의 분쟁해결에 참고자료로 활용될 수 있기 때문에 분쟁해결에 상당한 영향력을 미칠 수 있다.

알선은 대개 분쟁해결을 위한 공식적 절차에 앞서 이루어지는데 우리나라에서는 분쟁해결의 경험과 지식이 풍부한 대한상사중재원의 직원이 개입하여 양 당사자의 의견을 듣고 해결합의를 위한 조언을 하거나 타협을 권유한다(실제 대한상사중재원[1]에 의뢰된 클레임 중 상당수가 알선단계에서 해결되고 있다).

알선절차에 소요되는 모든 경비는 무료이다. 알선이 성공할 경우에는 당사자 간에 비밀이 보장되고 거래관계를 계속 유지할 수 있다. 알선은 국내기업 간의 클레임을 해결하는 국내알선, 국내기업이 외국기업에 대하여 신청하는 대외알선 및 외국기업이 국내기업에 대하여 신청하는 대내알선으로 구분된다.

1.2 온라인 알선

알선은 일반 알선과 온라인 알선으로 구분되는데 일반 알선은 알선의 접수만 온라인으로 가능하고 진행은 오프라인으로 이루어진다. 일반 알선은 국내, 국제 사건 모두 신청이 가능하다.

1 우리나라에서 무역거래를 비롯한 국내외 거래에 따른 분쟁을 알선, 조정, 중재 등 비사법적인 방법으로 해결하는 대표적인 ADR기관으로 1966년 설립되었다.

반면 온라인 알선은 기존의 알선과는 달리 알선의 신청 및 답변과 같은 일련의 알선 절차 전부 혹은 일부를 온라인상에서 수행하는 사이버 알선을 말한다. 신청인은 대한상사중재원 홈페이지에 등재되어 있는 사이버알선신청하기 프로그램을 통하여 사이버 알선을 신청하게 되며 이를 이메일을 통하여 피제기자에게 통지하여 피제기자가 사이버 알선에 동의하면 알선이 개시된다. 만약 피제기자가 사이버 알선을 원하지 않는 경우에는 일반적인 알선절차로 전환되어 진행된다. 현재 사이버 알선은 국내건(국내기업간의 클레임)에 한하여 신청이 가능하다.

2. 조정

2.1 조정의 의의

조정(conciliation)은 당사자 일방 또는 쌍방의 요청에 의해 공정하고 중립적인 제3자를 조정인으로 선정하고 조정인이 제시하는 조정안을 양 당사자가 합의함으로써 클레임을 해결하는 방법이다. 알선은 제3자를 선정하는 데 형식적 절차가 필요 없지만 조정은 반드시 조정인을 선정해야 하는 절차를 거쳐야 한다. 하지만 조정인이 제시한 조정안은 알선의 경우와 마찬가지로 법적 강제력은 없다.

조정인은 해당 분야에 대해 경험이 풍부하고, 전문적 지식을 갖춘 전문가로 구성되는 것이 보통이다. 조정인은 거래관행, 상관습 등을 반영하여 양 당사자 모두 만족할 만한 조정안을 제시하지만 이 조정안은 반드시 양 당사자가 합의해야만 효력이 있고 어떠한 구속력도 가지고 있지 않다. 그러나 조정안은 대체로 당사자의 입장을 수용한 것이기 때문에 이를 받아들이는 경우가 상당히 많은 편이다.

조정이 지니고 있는 장점을 살펴보면 다음과 같다.

첫째, 조정은 신속히 끝날 수 있다. 조정절차가 비교적 간결하고 조정인이 선정된 날로부터 일정 기일 내에 조정이 끝나도록 되어 있어 조정은 신속히 끝날 수 있다.

둘째, 조정은 비공개이다. 조정은 분쟁당사자의 영업비밀, 사생활보호를 위해 절차가 비공개로 진행된다. 아울러, 조정 중에 당사자의 진술 또는 제출한 자료는 소송절차 등에서 원용하지 못하도록 되어 있다.

셋째, 전문가의 조력을 받을 수 있다. 무역분야의 전문가로 구성된 조정위원회가 거래관행 및 전문적 지식에 근거하여 적절한 조정안을 제시한다.

넷째, 거래관계를 유지할 수 있다. 조정은 당사자가 조정인의 조력을 받아 우호적으로 분쟁을 해결하는 제도이므로 분쟁해결 후에도 계속적인 거래관계를 유지할 수 있다.

마지막으로 분쟁당사자의 의견을 존중한다. 당사자가 분쟁해결전문가인 조정인의 도움을 받아 스스로 분쟁해결책에 대하여 결정을 내릴 수 있도록 하고 있고, 아울러 절차 진행에 있어서도 당사자의 의견을 충분히 반영한다.

현재 대한상사중재원에서는 대외무역법에 따른 무역분쟁조정과 「부품・소재전문기업 등의 육성에 관한 특별조치법」에 따른 신뢰성분쟁조정을 시행하고 있다.

2.2 무역분쟁조정

무역분쟁조정은 우리나라 대외무역법에 따라 다음과 같은 분쟁이 발생한 경우 대한상사중재원에서 조정위원회를 구성하고, 이 조정위원회에서 분쟁에 관한 적절한 조정안을 제시함으로써 분쟁을 신속하고, 공정하게 처리하는 절차를 말한다.[2]

① 무역거래자 상호 간 또는 교역상대국의 무역거래자와 물품 등의 수출, 수입과 관련하여 분쟁이 발생한 경우(대외무역법 제44조)

② 선적 전 검사와 관련하여 수출업자와 선적 전 검사기관 간에 분쟁이 발생한 경우(대외무역법 제45조)

무역거래에서 간혹 우리나라 제품의 품질을 믿지 못하거나 품질에 대한 정확한 검사가 필요한 경우 수입업자는 검사기관을 지정하여 선적 전 검사를 맡도록 한다. 그런데 이런 선적 전 검사는 자칫 심각한 무역장벽이 될 수 있고 검사기관의 기준과 수출업자의 기준이 다를 수도 있기 때문에 분쟁이 생길 여지가 있다. 이에 우리나라 대외무역법(제45조 제2항)에서는 수출업자와 선적 전 검사기관 간에 분쟁이 발생할 경우 산업통상자원부장관이 조정을 명할 수 있도록 규정하고 있다.

2.3 신뢰성분쟁조정

우리나라 산업구조상 취약한 분야 중 하나가 핵심부품산업이라 할 수 있는데 아무리 많은 자본을 투입해서 핵심부품을 개발하더라도 이에 대한 신뢰도가 떨어져 우리나라 수출업자들이 과감하게 이를 사용하려고 하지 않고 있다. 이에 우리나라 부품이나 소

2 조정신청일로부터 30일 이내에 조정사건을 처리한다. 그리고 조정은 비공개로 진행된다.

재를 사용하는 기업이 이들 제품의 결함으로 인해 대내외적으로 입을 수 있는 재산상의 피해를 담보하는 신뢰성보험 등 신뢰성보장사업이 실시되고 있다.

하지만 신뢰성이란 주관적 관점에 따라 달라질 수 있고 이로 인한 피해액을 정확히 산정하는 것이 어렵기 때문에 신뢰성과 관련된 분쟁이 자주 발생하게 된다. 이와 같이 신뢰성인증을 받은 부품·소재를 이용하여 제품을 생산하거나 생산된 제품을 사용한 자가 그 부품·소재의 하자로 인하여 손해를 입은 경우, 신뢰성보장사업자, 피보험자, 지정인증기관, 지정평가기관 혹은 그 밖의 이해관계자 간에 발생하는 분쟁을 신뢰성분쟁이라 한다.

신뢰성보장사업과 관련된 분쟁은 전문성을 요함으로 가급적 조정에 의해 신속히 해결하도록 유도하고 있다. 우리나라 「부품·소재전문기업 등의 육성에 관한 특별조치법」에 따라 신뢰성보장사업과 관련한 분쟁은 대한상사중재원에서 조정에 의해 해결하도록 규정하고 있다. 이에 따라 신뢰성분쟁이 발생한 경우, 전문적 지식을 갖춘 공정한 조정인이 분쟁에 대한 의견, 조언, 대안모색, 조정안제시 등 조정절차를 통해 해결되고 있다.

3. 중재

3.1 중재의 의의

중재(arbitration)는 분쟁당사자들의 합의와 신청에 의해 사법인이 아닌 제3자를 중재인(arbitrator)으로 선정하고 중재인의 판정에 최종적으로 복종함으로써 분쟁을 해결하는 민간인에 의한 자주적인 분쟁해결방법을 말한다.

중재의 특성을 구체적으로 살펴보면 다음과 같다.

첫째, 중재는 반드시 양 당사자 간의 합의에 의해 성립된다. 조정은 분쟁당사자 중 일방이 신청해도 가능하지만 중재는 반드시 양 당사자 간에 합의된 중재계약에 의해서만 성립된다.

둘째, 중재는 직소금지를 원칙으로 한다. 중재는 당사자들이 법원의 소송절차에 의하지 않고 자신들이 클레임을 해결하는 것이므로 중재계약이 성립되기 위해선 먼저 재판을 받을 수 있는 권리를 포기해야 한다.[3]

3 우리나라 중재법 제9조에서는 "중재합의의 대상인 분쟁에 관하여 소가 제기된 경우에 피고가 중재합의 존재의 항변을 하는 때에는 법원은 그 소를 각하하여야 한다"라고 규정하고 있다. 즉, 중재합의가 있음에도 불구하고 상대방이 법원에 소를 제기하였을 경우, 1차 변론기일 전까지 본 안건 항변을 통하여 중재계약이 있음을 주장,

셋째, 중재는 민간인에 의한 자주적인 분쟁해결방법이다. 중재판정을 담당하는 중재인은 사법인이 아닌 민간인으로서 해당 분야에 대한 전문지식을 갖춘 전문가들이고 분쟁당사자들은 자신들의 실정에 맞는 중재인을 직접 선정할 수 있다.

넷째, 중재인의 중재판정은 최종적이다. 즉 중재는 일심제이고 정해진 기간 내 중재판정이 이루어지므로 당사자들은 분쟁해결에 많은 시간과 비용을 절약할 수 있다.[4]

다섯째, 중재판정의 효력은 법원의 확정판결과 동일하고 국제협약에 따라 외국에서의 승인 및 집행이 보장된다. 이에 따라 중재는 무역거래의 적합한 분쟁해결방안으로 인정받고 있다.

여섯째, 중재는 비공개리에 진행될 수 있다. 이에 따라 사업상의 비밀이나 회사의 명성을 그대로 유지할 수 있다.

일곱째, 중재는 중재절차를 관리하는 국가 중재기관에 의하여 수행된다. 일반적으로 중재는 기관중재와 임시중재로 구분되는데 두 경우의 판정효력은 동일하다.[5] 우리나라의 경우 상설중재기관으로서 대한상사중재원이 운영되고 있다.

마지막으로 법원은 중재법에서 정한 경우를 제외하고는 이 법에 관한 사항에 관여할 수 없고 중재합의는 독립된 합의 또는 계약에 중재조항을 포함하는 형식으로 할 수 있다. 중재판정은 양쪽 당사자 간에 법원의 확정판결과 동일한 효력을 가진다.

3.2 중재의 대상

중재의 대상은 당사자가 자유로이 처분할 수 있는 사법상의 분쟁으로서 현재 또는 장차에 발생할 수 있는 모든 분쟁이다. 당사자가 자유로이 처분할 수 있는 분쟁은 절차의 개시, 심판의 대상, 절차의 종결 등에 대하여 당사자에게 주도권을 주어 그 처분에 맡기는 분쟁을 말한다.[6] 그리고 중재는 상거래에서 발생한 분쟁뿐만 아니라 민사분쟁도 대상이 될 수 있다.

입증하면 법원은 소 각하판결을 하게 된다.

4 중재법 제35조에서는 "중재판정은 당사자 간에 있어서 법원의 확정판결과 동일한 효력을 가진다"라고 규정하여 분쟁을 한 번으로 해결함을 확실하게 하고 있다. 이는 중재판정이 일단 내려지면 소송과 같이 불복절차인 항소나 상고제도가 허용되지 않는다는 것을 의미하며 중재판정은 곧 대법원의 판결과 동일한 효력이 있다는 것을 의미한다.

5 기관중재는 분쟁이 발생하기 전에 미리 중재를 부탁할 상설중재기관을 당사자 간에 합의·결정해 두는 경우이고, 임시중재는 분쟁이 발생한 후에 중재인을 임시로 결정하여 중재절차에 들어가는 경우를 말한다. 상설기관중재는 임시중재에 비해 자체적으로 중재규칙을 가지고 있어 모든 중재절차는 그 규칙에 따라 행하게 된다.

6 당사자가 자유로이 처분할 수 있는 분쟁은 절차의 개시, 심판의 대상, 절차의 종결에 대하여 당사자에게 주도권을 주어 그 처분에 맡기는 분쟁을 말한다. 따라서 당사자가 자유로이 처분할 수 없는 법률관계인 형사사건, 비송사건, 강제집행사건, 형사소송사건 등은 중재의 대상이 아니다.

중재의 대상이 될 수 있는 분쟁을 구체적으로 살펴보면 다음과 같다.

① **거래양태별** : 매매(동산, 부동산, 유가증권 및 기타 재산), 대여금, 임대차, 고용, 제조, 가공, 수선, 공급, 도급, 매니지먼트(management)계약(연예인, 운동선수 등), 광고, 보증 등

② **거래행위별** : 상행위, 대리, 중개, 위탁매매, 운송, 신탁, 보험 등

③ **거래외형별** : 무역, 합작투자, 기술제휴, 건설, 해운, 특허, 대리점, 수출입알선, 부동산매매, M&A, 건물전세, 상품제조판매, 도소매 등

3.3 중재합의

중재는 반드시 분쟁당사자들이 모든 분쟁은 최종적으로 중재에 의해 해결한다고 합의한 중재합의가 있어야만 성립된다. 이런 중재합의가 없을 경우 분쟁은 알선, 조정, 소송 등에 의해 해결된다. 중재합의는 어느 지역에서, 어떤 법에 의해, 어떤 중재기관에 의해 중재에 임한다는 점, 법정소송을 배제하는 점, 중재인의 중재판정은 법적 구속력이 있고 당사자들은 이에 복종한다는 점 등을 합의한다.

그리고 중재합의는 반드시 서면으로 작성되어야 효력이 발생한다. 우리나라도 중재합의 서면주의에 의해 중재합의 내용은 당사자들이 서명한 문서에 포함되어 있거나, 혹은 서신·전보·전신 등 기타 통신수단에 의하여 교환된 문서에 포함되어 있어야만 한다(중재법 제8조 제3항).

중재합의의 형식은 매매계약서에 중재조항(arbitration clause)을 삽입하여 사전에 약정하는 방식과 클레임이 발생한 후에 중재를 합의하는 중재부탁계약(submission to arbitration)을 체결하는 방식이 있다. 그러나 클레임이 발생한 후에는 불리하다고 판단하는 당사자가 중재부탁계약의 체결에 선뜻 동의하지 않기 때문에 매매계약을 체결할 때 중재합의 내용을 계약서에 삽입해 두는 것이 바람직하다.

3.4 표준중재조항

중재합의에 필요한 법적 요건을 충족시키기 위해서 우리나라에서 작성되는 모든 매매계약서는 만일 분쟁이 발생하면 대한상사중재원의 중재에 회부할 것을 골자로 하는 표준중재조항(standard arbitration clause)의 삽입을 권고하고 있다.[7]

---

7 대한상사중재원 자료

1) 국내중재조항

국내 매매거래 등에서는 다음과 같은 표준중재조항을 삽입함으로써 분쟁을 중재에 의해 신속히 해결할 수 있다.

> 이 계약으로부터 발생되는 모든 분쟁은 대한상사중재원에서 국내중재규칙에 따라 중재로 최종 해결한다.

2) 표준 국제중재조항

국제중재조항에는 중재를 행할 중재지역, 중재를 담당하는 중재기관, 적용할 준거법 등이 구체적으로 명시되는데 우리나라 대한상사중재원에서 권고하는 표준중재조항을 단독중재인인 경우와 3인 판정부의 경우로 나누어 살펴보면 다음과 같다.

〈단독중재인의 경우〉

> All disputes which may arise between the parties, in relation to this contract, shall be finally settled by arbitration in Seoul, Korea in accordance with the Domestic (International) Arbitration Rules of the Korean Commercial Arbitration Board and under the Law of Korea. The dispute shall be decided by a sole arbitrator appointed by agreement of both parties.
>
> 이 계약과 관련하여 당사자 간에 발생하는 모든 분쟁은 대한민국 서울에서 대한상사중재원의 국내(국제)중재규칙과 대한민국법에 따라 중재에 의하여 최종적으로 해결한다. 중재판정부는 양 당사자들의 합의에 따라 1인으로 구성한다.

〈3인 판정부의 경우〉

> All disputes which may arise between the parties, in relation to this contract, shall be finally settled by arbitration in Seoul, Korea in accordance with the Domestic (International) Arbitration Rules of the Korean Commercial Arbitration Board and under the Law of Korea. The arbitral tribunal consists of three arbitrators, each party shall appoint one arbitrator and the two arbitrators chosen by them shall appoint a third arbitrator, as a presiding arbitrator.
>
> 이 계약과 관련하여 당사자 간에 발생하는 모든 분쟁은 대한민국 서울에서 대한상사중재원의 국내(국제) 중재규칙과 대한민국법에 따라 중재에 의하여 최종적으로 해결한다. 중재판정부는 3인으로 구성하되 각 당사자는 각자 1인의 중재인을 선정하고, 이에 따라 선정된 2인의 중재인들이 합의하여 의장중재인을 선정한다.

3) 기타 국제중재조항

무역거래에서 실제 분쟁이 발생하더라도 수출업자는 자국에서 자국의 중재기관에 의해 중재할 경우 여러 가지 편리하지만 반면 수입업자도 역시 자국에서 자국의 중재기관에 의하는 것이 편리하다. 따라서 무역계약을 체결하면서 당사자 간에 중재를 행할 지역이나 중재기관을 서로 자기 지역으로 주장하는 바람에 계약이 지연되거나 아예 성사되지 않는 경우가 있다.

이런 문제점을 해결하기 위해 중재지역을 중재신청인의 국가, 중재피신청인의 국가 혹은 제3국으로 지정하는 중재조항을 활용할 수 있다. 만약 당사자들이 신청인주의나 피신청인주의에 의한 중재합의에 실패하고 국제기구 내 중재기관을 활용하려는 중재합의를 하였다면 그 중재기관이 권장하는 중재조항을 인용하는 것이 바람직하다.[8]

〈예 1 : 신청인 국가에서 중재할 경우 한 · 중 기업 간의 중재조항〉

All disputes in relation to this contract shall be finally settled by arbitration in the country of the claimant. In case the claimant is (a Korean enterprise), the arbitration shall be held at the Korean Commercial Arbitration Board. In case the claimant is (a Chinese enterprise), the arbitration shall be held at the China International Economic and Trade Arbitration Commission.

이 계약과 관련하여 발생하는 모든 분쟁은 신청인의 국가에서 중재로 최종해결한다. 만일 신청인이 (한국기업)일 경우 대한상사중재원에서, 만일 신청인이 (중국기업)일 경우 중국국제경제무역중재위원회에서 진행한다.

〈예 2 : 피신청인 국가에서 중재할 경우 한 · 일 기업 간의 중재조항〉

All disputes related to this contract shall be finally settled by arbitration in the country of the respondent. In case the respondent is (a Korean enterprise), the arbitration shall be held at the Korean Commercial Arbitration Board. In case the respondent is (a Japanese enterprise), the arbitration shall be held at the Japan Commercial Arbitration Association.

이 계약과 관련하여 발생하는 모든 분쟁은 피신청인의 국가에서 중재로 최종해결한다. 만일 피신청인이 (한국기업)일 경우 대한상사중재원에서, 만일 피신청인이 (일본기업)일 경우 일본상사중재협회에서 진행한다.

8 이 밖에도 중재협정을 이용하는 방식도 있는데 대한상사중재원은 각국의 중재기관들과 중재협정을 체결하여 이 협정의 내용에 따른 중재를 하도록 권고하고 있다. 현재 중재원은 40개국 47개 기관들과 중재협정 및 업무협조약정을 맺고 있는데 중재 장소 등의 결정은 주로 피신청인의 나라에서 하도록 정하고 있다(대한상사중재원 자료).

〈예 3 : 국제상업회의소 부설 국제중재법원을 활용할 경우 중재조항〉

All disputes arising out of or in connection with the present contract shall be finally settled under the Rules of Arbitration of the International Chamber of Commerce by one or more arbitrators appointed in accordance with the said Rules.

현존하는 계약으로부터 또는 관련하여 발생하는 모든 분쟁은 국제상업회의소 중재규칙에 따라서 선임된 1인 또는 그 이상의 중재인에 의하여 동 규칙에 따라서 최종적으로 해결된다.

3.5 중재절차

1) 일반적 절차

중재절차는 중재합의로 정할 수 있으나 당사자 간의 합의가 없거나 당사자의 의사가 분명하지 아니한 경우에는 상사중재규칙에 의한다.

우리나라에서의 중재는 [그림 12-1]과 같은 절차를 거친다.

① **중재신청** : 클레임을 제기하는 당사자(신청인)는 중재합의에서 정하는 바에 따라 대한상사중재원(사무국)에 중재를 신청한다. 중재신청 구비서류는 중재신청서에 중재합의서 또는 중재조항이 포함되어 있는 계약서, 청구의 근거를 입증하는 서류, 중재비용 예납영수증 등이다.

② **중재신청의 접수통지** : 사무국은 일방당사자가 중재신청서를 제출하는 경우 당해 신청이 대한상사중재원 중재규칙 제10조의 규정에 적합한 것인지의 여부를 확인하고 적합한 경우에는 이를 접수한다.[9] 사무국은 양 당사자에게 중재신청이 접수되었음을 통지함과 동시에 중재인 선정을 의뢰함으로써 중재절차는 개시된다. 이 때 피신청인 측에 중재신청서 1부를 보낸다.

③ **답변서 제출 및 반대신청** : 피신청인은 신청인의 중재신청서를 검토한 후 중재신청 접수통지의 수령일(기준일)로부터 국제중재의 경우 30일(국내중재의 경우 15일) 이

9 제10조 (신청) ① 이 규칙에 의한 중재를 신청하고자 하는 자는 중재원의 사무국에 중재신청서와 함께 제9장 소정의 중재비용 및 다음과 같은 서면을 제출하여야 한다.
  1. 중재의 합의를 인증하는 서면
  2. 대리인이 있는 경우 위임장
 ② 중재신청서에는 다음 사항을 기재하여야 한다.
  1. 당사자의 성명 및 주소(법인인 경우에는 그 대표자의 성명 및 주소를 함께 기재한다)
  2. 대리인이 있는 경우에는 그 성명 및 주소
  3. 중재신청의 취지
  4. 중재신청의 이유 및 입증방법

내에 사무국에 답변서를 제출하여 답변할 수 있다. 사무국은 답변서를 제출받음과 동시에 그 답변이 적합한 것인지의 여부를 확인하고 적합한 경우에는 이를 접수하고 양 당사자에게 접수사실을 통지하며, 신청인에게는 답변서 1부를 보낸다.

그리고 피신청인은 신청인의 중재신청에 대하여 반대의 중재신청을 할 수 있다.[10] 그러나 중재판정부는 반대신청이 늦어 상대방의 이익을 해하거나 절차의 완결을 지연하게 하는 것으로 인정하는 경우에는 직권 또는 상대방의 신청에 의하여 이를 불허할 수 있다. 반대신청의 접수 및 통지와 반대신청에 대한 답변 등 반대신청의 절차는 중재신청의 절차와 동일하다. 그리고 피신청인의 반대신청은 신청인의 중재신청과 병합심리한다.

④ **중재인 선정** : 중재판정부는 사무국에 접수된 중재사건을 심리하고 판정을 내리는 업무를 수행하며, 1인 혹은 수인의 중재인으로 구성된다. 중재판정부는 당사자의 중재합의로 정해질 수 있지만 사무국에 의해 선정될 때에는 당사자가 반송한 중재인후보자 선정명단의 당사자 선정희망순위에 따라 선정된다.

⑤ **심리절차** : 중재판정부는 심리의 일시, 장소와 방식을 결정하고, 사무국은 당사자에게 국내중재의 경우 10일, 국제중재의 경우 심리개시 20일 전까지 이를 통지한다. 심리절차는 비공개를 원칙으로 하고 당사자 이외의 사람은 중재판정부의 허가를 받아야 심문에 출석할 수 있다. 중재판정부는 증인의 증언 중에 다른 증인의 퇴석을 요구할 수 있다. 중재판정부는 당사자를 직접 심문하지만 당사자의 서면합의가 있으면 서면심리에 의한 중재심리로 대체할 수 있다.

⑥ **중재판정** : 중재판정은 신속히 하여야 하며, 당사자의 합의 또는 법률의 규정 중 다른 정함이 없는 한 심리종결일로부터 30일 이내에 판정을 내린다. 그리고 판정의 범위는 중재계약의 범위 내에서 계약의 현실이행뿐만 아니라 공정하고 정당한 배상이나 기타의 구제를 명할 수 있다.

당사자 간의 합의가 있으면 중재판정의 일부 또는 특정쟁점의 해석에 대하여 당사자는 중재판정의 정본을 받은 날로부터 30일 이내에 신청하면 신청을 받은 날로부터 30일 이내에 이에 대하여 판단해야 하며, 중재절차 시 주장되었으나 중재판정에 포함되지 아니한 청구에 대한 추가 판정은 당사자의 신청을 받은 날로부터 60일 이내에 추가판정을 한다. 사무국은 판정의 정본을 당사자 또는 대리

10 동일사안에 대해 피신청인이 중재신청을 하는 것을 반대신청이라 하는데, 피신청인이 스스로 판단하여 직접 하는 방법과 답변의 취지나 이유가 반대신청의 내용을 포함하고 있다고 판단할 경우 그 부분에 대하여 중재판정부의 요구에 의해 행하는 방법 등 두 가지가 있다.

인에게 송부하고, 원본은 송부사실을 증명하는 서면을 첨부하여 관할법원에 송부한다.

2) 신속절차

신속절차는 중재제도의 강점을 최대로 살려 국내외 상사분쟁을 보다 더 신속·저렴하게 해결함으로써 중재이용자들에게 편익을 제공하는 중재제도이다. 당사자 간에 신속절차에 따르기로 하는 별도의 합의가 있는 중재사건[11] 또는 신청금액이 1억 원 이하인 국내중재의 경우 신속절차를 이용할 수 있다.

▌그림 12-1 ▌중재절차

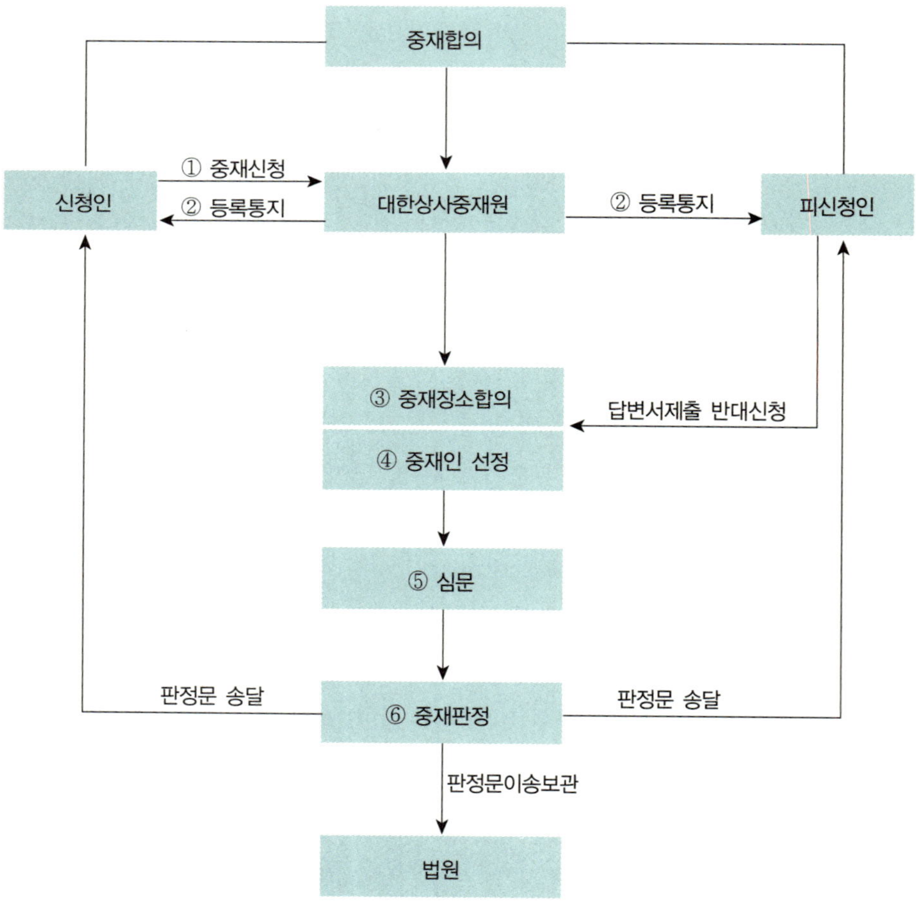

11 신속절차를 합의할 경우에는 "이 계약으로부터 발생되는 모든 분쟁은 대한상사중재원 국내중재규칙의 신속절차에 따라 중재로 최종해결한다"는 조항을 계약서에 삽입하면 된다.

신속절차를 이용할 경우 중재인은 당사자 간에 별도의 합의가 없으면 사무국에서 1인 선정된다. 중재판정부는 심리일시와 장소를 결정하며, 사무국은 이를 심리개시 3일 전까지 구술, 인편, 전화 또는 서면 등 적합한 방법으로 당사자에게 통지하는데 심리는 1회로 종결함을 원칙으로 하나 중재판정부는 상당한 이유가 있다고 인정하는 경우에는 심리를 재개할 수 있다.

신속절차에서도 피신청인은 심리종결 전까지 반대신청을 할 수 있다, 그리고 중재판정부는 심리종결일로부터 10일 이내에 판정하여야 하며, 당사자가 합의하면 판정이유의 기재를 생략할 수도 있다.

3.6 뉴욕협약

무역거래의 분쟁은 대부분 수출업자와 수입업자간의 분쟁이기 때문에 중재에 앞서 외국에서 내려진 중재판정의 승인 및 집행이 국제조약에 의해 보장되어야 한다. 이에 따라 중재판정의 범위를 외국까지 확대시키고 중재판정의 승인 및 집행에 관한 요건을 간단히 할 목적으로 '외국중재판정의 승인 및 집행에 관한 유엔협약(The United Nations Convention on the Recognitions and Enforcement of Foreign Arbitral Awards : New York Convention)이 1958년 뉴욕에서 채택되었다.

뉴욕협약의 주요 내용은 상호주의원칙에 따라 외국에서 내려진 중재판정의 효력을 인정하고 그 집행을 보장하는 것이다. 그리고 뉴욕협약은 외국중재판정의 승인 및 집행을 받기 위한 신청요건도 간결히 하여 신청인이 중재합의서 및 중재판정문의 원본을 집행국의 해당 법원에 제출하면 집행이 가능하도록 규정하고 있다.

뉴욕협약의 결과로 각 회원국들은 외국중재판정의 승인 및 집행을 보장받을 수 있게 되었으며 세계 주요 국가들은 대부분 뉴욕협약에 가입하고 있다. 우리나라도 1973년 2월 42번째 국가로 이 협약에 가입하였으며 현재 대한상사중재원에서 내려진 중재판정은 뉴욕협약 회원국 간에서는 그 승인 및 집행을 보장받을 수 있다.

[서식 12-1] 중재신청서

중재신청서

I. 당사자의 성명 및 주소

(가) 신청인

법 인	(1) 법인명칭		(2) 법인주소 전화번호	
	(3) 대 표 자 성 명		(4) 대 표 자 주 소	
개 인	(5) 성 명		(6) 주 소 전화번호	
대리인	(7) 성 명		(8) 주 소 전화번호	

(나) 피신청인

법 인	(9) 법인명칭		(10) 법인주소 전화번호	
	(11) 대 표 자 성 명		(12) 대 표 자 주 소	
개 인	(13) 성 명		(14) 주 소 전화번호	

II. 중재신청의 취지

III. 중재신청의 이유 및 입증방법 :

20 년 월 일

위 신청인________________인

(구비서류) :

가. 중재신청서 ………………………………………… 5부

나. 중재합의를 인증하는 서면의 원본 또는 사본 ………………… 5부

다. 중재신청에 주장하는 청구의 근거를 증명하는 서증의 원본 또는 사본 …… 5부

라. 법인등기등본(개인인 경우 주민등록등본) ……………………… 1부

마. 대리인 신청 시는 위임장 ……………………………… 1부

바. 소정의 중재비용

사단법인 **대한상사중재원** 귀중

[서식 12-2] 중재합의서

중재합의서

여기 당사자들은 아래 내용의 분쟁을 대한상사중재원의 중재규칙 및 대한민국법에 따라 대한상사중재원에서 중재에 의하여 해결하기로 하며, 본 분쟁에 대하여 내려지는 중재판정은 최종적인 것으로 모든 당사자에 대하여 구속력을 가지는 것에 합의한다.

(1) 분쟁내용 요지 :

(2) 부가사항(중재인수나 위 규칙 제8장에 따른 신속절차 등에 관하여 합의할 수 있음) :

	당 사 자(갑)	당 사 자(을)
상 사 명 :		
위 대표자 :		
주소 :		
전화번호 :		
서명 또는 기명날인 :		
일자 :		

사단법인 **대한상사중재원** 귀중

참·고·문·헌

◉ 국내문헌

강원진, 「무역결제론」(개정판), 박영사, 2010.
강원진, 「무역계약론」(제4판), 박영사, 2013.
구종순, 「무역실무」(제7개정판), 박영사, 2017.
구종순, 「해상보험」(제6개정판), 유원북스, 2015.
구종순 · 허은숙, 「무역결제」, 박영사, 2007.
김관우 · 백형관, 「FTA 원산지 실무완성」, 도서출판 두남, 2013.
권오, 「국제무역운송론」, 청목출판사, 2012.
경윤범, 「국제운송론」, 형설출판사, 2013.
남풍우, 「무역결제론」(개정7판), 도서출판 두남, 2011.
도중권 · 라공우, 「해상보험론」, 도서출판 청람, 2012.
박광서, 「무역결제」(제2판), 삼영사, 2010.
방희석, 「국제운송론」(개정3판), 박영사, 2013.
배정한, 「국제무역대금결제」, 삼영사, 2004.
서정두, 「Incoterms 2010 인코텀즈 해설」, 청목, 2011.
석광현, 「국제물품매매계약의 법리」, 박영사, 2010.
이시환 · 김광수, 「Incoterms 2010: 국내 및 국제거래조건의 사용에 관한 ICC 규칙」, 도서출판 두남, 2010.
이시환 · 김정희, 「국제운송론」(제3판), 대왕사, 2013.
이천수, 「무역계약론」, 대진, 2013.
임석민, 「국제운송론」(제5판), 삼영사, 2011.
임석민, 「선하증권론」(개정판), 도서출판 두남, 2010.
유기준 · 송대원, 「해상판례연구」(제2판), 박영사, 2009.
윤영호, 「FTA 원산지증명과 비즈니스 모델」, 도서출판 두남, 2009.
장흥훈, 「전자신용장통일규칙론」, 도서출판 두남, 2002.
전순환, 「무역결제론」, 한올, 2013.
정용화, 「관세율표 · 상품학」, 박영사, 2009.
채진익, 「무역계약론: 국제비즈니스와 계약법」, 청목출판사, 2012.
허재창, 「무역계약론」, 탑북스, 2011.
관세청, 「FTA 활용 성공기업 DNA로 본 비즈니스모델 40선」, 2012.
기획재정부, 「FTA 활용 실무매뉴얼」, 2011.

기획재정부, 「FTA 이해」 제1권, 제2권, 2013.

◉ 외국문헌

Afendia, Nkengafe, "Export Letters of Credit and Their Use by Local SMEs", Lambert Academic Publishing, 2011.

Aikens, Richard · Lord Richard · Bools Michael, "Bills of lading", Informa Law from Routledge, 2012.

Allan, McNell, "Bills of Exchange, Cheques and Promissory Notes", Gale, Making of Modern Law, 2010.

Born, Gary B., "International Arbitration Law and Practice", Kluwer Law International, 2013.

Branch, Alan E., "Export Practice and Management", Thomson, 2005.

Bridge, M.G., "The International Sale of Goods"(3rd. ed.), Oxford University Press, 2013.

Byrne, James, "International Letter of Credit Law and Practice", West, 2011.

Carr, C.C., "International Trade Importing/Exporting", Createspace, 2011.

Chhina, Ramandeep Kaur, "Standby Letters of Credit in International Trade", Wolters Kluwer, 2012.

Ellinger, Peter · Neo, Dora, "The Law and Practice of Documentary Letters of Credit", Hart, 2010.

Elliott, Catherine · Quinn, Frances, "Contract Law"(4th ed.), Pearson Education, 2003.

Ferrari, Franco, "Contracts for the International Sale of Goods", Martinus Nijhoff Publishers, 2011.

Gaskell, Nick, "Bill of Lading : Law and Contract"(2nd. ed.), Lloyd's List, 2012.

Gow, William, "Marine Insurance: A Handbook", Nabu Press, 2010.

Graham, James · Hooper, Frederick, "The Import and Export Trade, or, Modern Commercial Practice", BiblioLife, 2009.

Horowitz, Deborah, "Letters of Credit and Demand Guarantees Defences to Payment", Oxford University Press, 2010.

Huebner, Solomon Stephen, "Marine Insurance", Nabu Press, 2010.

Jervis, Barrie G., "Marine Insurance", Adlard Coles Nautical, 2005.

Kim, Y. Peter, "Sale of Goods under The CISG", Dong-A University Press, 2011.

Kouladis, Nicholas, "Principles of Law Relating to International Trade", Springer, 2006.

Leggett, Eugene, "A Treaties on the Law of Bills of Lading", Nabu Press, 2010.

Mcilwrath, Michael · Savage, John, "International Arbitration and Mediation A Practical Guide", Kluwer Law International, 2010.

Merkin, Robert M., "Marine Insurance Legislation"(4th. ed.), Informa, 2010.

Morris, Robert Clark, "International Arbitration and Procedure", Kessinger Publishing, 2008.

Murray, Carole, "Schmitthoff's Export Trade"(11th ed.), Sweet & Maxwell, 2007.

Sellman Pamela · Evans Judith, "Law of International Trade", Old Bailey Press, 2000.

Sherlock, Jim · Reuvid, Jonathan, "The Handbook of International Trade: A Guide to the Principles and Practice of Export", Blue Ibex, 2008.

Smith, J.C., "The Law of Contract"(4th ed.), Sweet & Maxwell, 2002.

Stevens, Edward F., "Shipping Practice", Wilson Press, 2009.

Taderera, Faustino, "Principles and Practice of Exports", Lambert Academic Publishing, 2010.

Taderera, Faustino, "Principles and Practice of International Logistics: Supply Chain, Shipping, Warehousing", Lambert Academic Publishing, 2010.

Templeman Frederick, "Marine Insurance: its principles and practice, Nabu Press, 2010.

Turner, Chris, "Unlocking Contract Law", Hodder & Stoughton, 2004.

Ward, Thomas H. Mba, "Letters of Credit and Documentary Collections", Xlibris Corporation, 2009.

Warner, Susan, "The Letter of Credit", Nabu Press, 2010.

Winter, William D., "Marine Insurance: its principles and practice", Nabu Press, 2010.

찾 · 아 · 보 · 기

◉ 국문

ㄱ

ㅇ

ㅈ

ㅊ

ㅋ

ㅌ

ㅍ

ㅎ

◉ 영문

A

Ⓓ

Ⓔ

Ⓕ

Ⓚ

Ⓛ

Ⓜ

Ⓝ

Ⓞ

Ⓟ

| 저자약력 |

구종순(具鍾淳)

서강대학교 경상대학 무역학과 졸업
서강대학교 대학원 무역학과 졸업(경영학석사)
고려대학교 대학원 무역학과 졸업(경영학박사)
한남대학교 무역학과 조교수 역임
행정고시(국제통상직) 출제·선정위원 역임
관세사 출제·선정위원 역임
University of Colorado 방문교수 역임
Fulbright Senior Research Scholar
대한상사중재원 중재인 역임
한국해운물류학회 회장 역임
현, 충남대학교 무역학과 명예교수

[저서]
해상보험(제6판), 유원북스, 2016.
무역대금결제(개정판), 박영사, 2016.
무역실무(제7판), 박영사, 2017.
무역개론(제3판), 유원북스, 2018.

이메일 : jskoo@cnu.ac.kr

이제현(李濟鉉)

한남대학교 경상대학 졸업
서강대학교 대학원 졸업(경영학석사)
서강대학교 대학원 졸업(경영학박사)
한국능률협회 상임교수·비상임교수
관세청 관세평가분류원 관세평가위원
관세청 평택세관 보세창고 평가위원
한국무역학회, 한국해운물류학회 이사
Western Carolina University Visiting Professor
현, 한남대학교 경상대학 무역학과 교수

[저서]
신용장실무론(공저), 박영사, 2002.
전자무역, 도서출판 두남, 2006.
무역학원론, 교우사, 2006.
무역결제론(공저), 박영사, 2007.
무역실무연습, 교우사, 2009.
전자무역실무, 박영사, 2010.

이메일 : ljh69@hnu.kr

FTA 무역실무 (제2판)

2019년 2월 20일 1판 1쇄 발행
2021년 8월 20일 2판 1쇄 발행

저　자 | 구종순·이제현
발행인 | 이수영
발행처 | 도서출판 청람
서울시 마포구 독막로 288(대흥동, 세양상가 109호)
전　화 | 02)3272-2601~2
팩　스 | 02)3272-2603
홈페이지 | www.crbooks.co.kr
이메일 | crbooks@daum.net
등　록 | 2000년 8월 26일 제6-0509호

ISBN 978-89-5972-830-5 93320 [정가 28,000원]